ZUMTHOR
DAS ALLTAGSLEBEN IN HOLLAND
ZUR ZEIT REMBRANDTS

Reclam
Bibliothek

PHILOSOPHIE
GESCHICHTE · KULTURGESCHICHTE

Paul Zumthor

DAS ALLTAGSLEBEN IN HOLLAND ZUR ZEIT REMBRANDTS

Aus dem Französischen übersetzt von Kerstin Henning

Reclam-Verlag Leipzig

Mit 8 Reproduktionen von Grafiken Rembrandts

ISBN 3-379-01434-6

Originaltitel: La vie quotidienne en Hollande au temps de Rembrandt

Reclam-Bibliothek Band 1434
1. Auflage, 1992
Umschlaggestaltung: Friederike Pondelik unter Verwendung einer Reproduktion des Gemäldes „Die Fischhändlerin" von Adriaen Ostade
Printed in Germany
Satz: INTERDRUCK Leipzig GmbH
Druck und Binden: Dresdner Druck- und Verlagshaus GmbH
Gesetzt aus Garamond-Antiqua

Glauben Sie mir, in bezug auf die Art und Weise, wie man in diesem Land lebt, finde ich wenig Unterschied zu uns. In mancher Hinsicht geht es gelackter zu, in anderer schlichter. Aber die Süße der Freiheit ist hier so stark wie nirgends.

(Aus einem Brief von Buzenval,
2. Januar 1593)

EINFÜHRUNG

Der Untertitel dieses Buches, *in der Zeit Rembrandts* meint im strengen Sinn die Jahre 1606 bis 1669, in denen der Maler lebte. Die Wahl dieser chronologischen Fixpunkte ist nicht ganz und gar willkürlich. Was die Niederländer ihr „goldenes Jahrhundert“ nennen, das klassische Zeitalter ihrer Geschichte, überschritt kaum die Dauer eines Menschenlebens: es beginnt mit der Epoche, da in Frankreich die Herrschaft von Henri IV. zu Ende geht, zwischen 1600 und 1610; es läuft aus zwischen 1675 und 1680, als Ludwig XIV. auf dem Gipfel seiner Macht ist.

Historisch unterteilt sich diese Periode in drei Etappen, sowohl auf politischer Ebene als auch auf der der Ideen und Ausdrucksformen. Bis 1621 werden der abflauende Krieg gegen die Spanier, die finanziellen Schwierigkeiten, die dieser nach sich zieht, und dann der Abschluß des Waffenstillstands von heftigen Wirren begleitet, inmitten derer sich ein Gleichgewicht zwischen der noch überschäumenden Lebenskraft und der Einsicht, die ein teuer erzielter Erfolg eingibt, anzubahnen sucht. Von 1621 bis 1650 sind die Niederlande mit wechselndem Glück am europäischen Dreißigjährigen Krieg beteiligt, während sich in Übersee ihr Reich gründet und konsolidiert und sie innerhalb ihrer Grenzen unerhörte Reichtümer anhäufen. Nach 1650 macht die Abschaffung des Statthalteramts die triumphierende, aber insgeheim schon durch eben ihre Prosperität korrumpierte Republik zu einer Konföderation mit mehr ökonomischem als politischem Charakter, die gänzlich beherrscht wird von der Provinz Holland und den Händlern von Amsterdam.

Um dem Leser die Herstellung der notwendigen Bezüge zu erleichtern, gebe ich hier eine chronologische Übersicht der Ereignisse.

6. Januar 1579	Union von Arras zwischen den zehn katholischen Provinzen der Südniederlande unter spanischer Kontrolle
23. Januar 1579	Utrechter Union zwischen den sieben Nordprovinzen Holland, Zeeland, Utrecht, Geldern, Overijssel, Groningen und Friesland. Die später den Spaniern abgenommenen Gebiete bilden die Generalstaaten
10. Juni 1584	Ermordung von Wilhelm I.
1584–1587	Der Titel Generalgouverneur der Provinz wird dem Grafen von Leicester angeboten, der so englischen Schutz absichert
1584–1597	Erste Seefahrten in den Hohen Norden, den Fernen Osten und nach Amerika
1585	Fall von Antwerpen. Moritz von Nassau wird Statthalter
1588	Nach der Demission von Leicester nimmt Moritz die Regierung des Landes in die Hand
	Niederlage der „unbesiegbaren" spanischen Armada
1590	Erste niederländische Seefahrten zum Mittelmeer
1602	Gründung der Ostindienkompanie
1609	Abschluß eines zwölfjährigen Waffenstillstands mit Spanien
1618–1619	Politische, soziale und religiöse Kämpfe, die in der Opposition von Gomaristen und Arminiern (Remonstranten), von Moritz und d'Oldenbarnevelt ihren Ausdruck finden
	Synode von Dordrecht; d'Oldenbarnevelt wird zum Tode verurteilt: Triumph der Volkspartei, der Gomaristen und Moritz'
1619	Gründung von Batavia
1621	Wiederaufnahme des Krieges

1625	Tod von Moritz. Nachfolger wird sein Bruder Friedrich-Heinrich
1629	Einnahme von ’s-Hertogenbosch
1637	Einnahme von Breda
Oktober 1639	Seesieg von Tromp über Oquendo; Mißerfolg des letzten spanischen Angriffs gegen die Vereinigten Provinzen
1647	Tod Friedrich-Heinrichs. Nachfolger wird sein Sohn Wilhelm II.
30. Januar 1648	Unterzeichnung des Vertrags von Münster, des Westfälischen Friedens, der die Unabhängigkeit der Vereinigten Provinzen besiegelt
1650	Konflikt zwischen Wilhelm II. und den Generalstaaten wegen der Truppenentlassung. Tod Wilhelms II., Geburt des künftigen Wilhelms III.
1651	Abschaffung des Statthalteramts, außer in Friesland und in der Provinz Groningen
	Die Navigationsakte eröffnet eine Periode von Feindseligkeiten zwischen der Republik und England
1652	Gründung der Kolonie am Kap der Guten Hoffnung
1652–1654	Erster Krieg gegen England
1653–1672	Jan de Witt, Ratspensionär der Provinz Holland, regiert die Republik tatsächlich
1665–1667	Zweiter Krieg gegen England
April 1672	Ludwig XIV. überfällt die Republik, besetzt Utrecht, Geldern, Overijssel. Ein Volksaufstand zwingt die Staaten (Stände), das Statthalteramt zugunsten von Wilhelm III. wieder einzuführen.
20. August 1672	Ermordung von Jan de Witt
Ende 1673	Wilhelm III. schlägt die französischen Truppen zurück
Februar 1674	Frieden mit England

1677	Wilhelm III. heiratet die Tochter des künftigen Jakob II.
August 1678	Vertrag von Nijmegen
1685	Ludwig XIV. hebt das Edikt von Nantes auf, Zustrom der französischen Flüchtlinge nach Holland
1689	Wilhelm III. wird an der Seite seiner Frau König von England

Hinsichtlich ihrer Bestandteile wies die Republik große Unterschiede auf. Die schon im Europa des 17. Jahrhunderts übliche Verwendung des Namens Holland für das ganze Land war in diesem Sinne mißbräuchlich. Gewiß, trotz ihrer geringen Ausdehnung zog die Provinz Holland aufgrund ihres Reichtums und ihrer Macht die Aufmerksamkeit des Auslands stärker an als alle anderen Provinzen zusammen. Jedoch wurde das von der Utrechter Union vereinte Territorium im örtlichen Sprachgebrauch seit langem Nederland (Niederlande) genannt. Auch im vorliegenden Buch werde ich diese Begriffe (außer in den Überschriften, wegen dem Drang nach Kürze) in ihrer eigentlichen Bedeutung verwenden: Holland, holländisch für die Provinz; Niederlande, niederländisch für die Vereinigten Provinzen. Die letzteren betrachte ich selbstverständlich als Gegensatz zu den Südniederlanden unter spanischer Regentschaft, die ich der Einfachheit halber Belgien nenne, obwohl man sie im 17. Jahrhundert oft mit Brabant bezeichnete.
Obgleich das „Land der Generalstaaten“, katholisch und gemeinsam von den Provinzen verwaltet, am Rande des politischen Lebens blieb, bildete sich angesichts des südlichen und östlichen Auslands eine nationale Einheit heraus. Gefestigt durch das Handeln so bemerkenswerter Männer wie Moritz von Nassau und d’Oldenbarnevelt, triumphierte sie über die Kleinstaaterei. In der Tat war der Krieg gegen die Spanier bei allem Glauben an die zahlreichen gemeinsamen Interessen durchaus mit dem Wunsch verbunden, das Recht der Selbstverwaltung auf örtlicher Ebene zu erobern. Die höchste Gewalt der Republik ging aus den gewählten Stadträten hervor,

die sich jedoch seit dem 16. Jahrhundert durch Kooptierung selbst erneuerten und so den Notabeln des Ortes die Macht sicherten. Eine Stadtverwaltung umfaßte einen legislativen Rat (mit 36 Mitgliedern in Amsterdam), Ratsherren (9 in Amsterdam), die das Gericht bildeten, und Bürgermeister als Exekutivgewalt (4 in Amsterdam), Schatzmeister, einen Ratspensionär als Rechtsexperten. So bildete sie eine kleine Republik, die mit ihresgleichen im Rahmen der Provinz verbündet war. Jene, mit außerordentlicher Macht versehen, besaß ihre eigene Regierung von analoger Struktur. Der aus Delegierten der Städte und des Adels gebildete Rat trug hier den Namen Staaten (Stände); die beschließenden Stimmen zählten nicht nach Deputierten, sondern nach Körperschaften: in den Staaten von Holland eine Stimme für jede Stadt und eine für den Adel. Geldern und Overijssel räumten letzteren einen größeren Platz ein. Nur Friesland und Groningen hatten eine bäuerliche Vertretung, die Dörfer gruppierten sich, hier als Amtsbezirk, dort unter dem Namen Ommelanden zu Gemeinschaften des öffentlichen Rechts. Die Zentralregierung mit Sitz in Den Haag, deren wichtigstes Organ die aus den Vertretern der Provinzen hervorgegangenen Generalstaaten bildeten, war nichts als eine Vereinigung von deren Botschaftern. So gab es hier statt Diskussionen oft Diplomatie, List und Kuhhandel. Weniger denn souveräner Rat, repräsentierten die Generalstaaten die Souveränität der Provinzen. Die Union existierte nur kraft des Einvernehmens aller. Das Aufeinanderprallen winziger Belange konnte das Einvernehmen in Frage stellen. 1648 war Zeeland soweit, sich abzuspalten. Die Einheit wurde schließlich wiederhergestellt. Aber diese Zwischenfälle untersagten jegliche Politik von größerer Tragweite.

Der Statthalter hat in der konstitutionellen Ordnung einen ungewissen Platz inne. Als militärisches Oberhaupt mit Privilegien versehen wie dem Recht der Begnadigung oder der Berufung bestimmter Ratsherren, aber ohne rechtliche und steuerliche Befugnis, ist er in der Republik keineswegs eine einmalige Persönlichkeit:

seit Beginn des 17. Jahrhunderts haben Friesland und Groningen ihren eigenen Statthalter. Derjenige, welcher in Den Haag „herrscht“, ist auf politischer Ebene eher Vermittler denn geistiger Urheber; auf Gefühlsebene ist er in den Augen der meisten Niederländer ein nationales Symbol.

Hier eine genealogische Übersicht der Familie von Oranien-Nassau im 16. und 17. Jahrhundert:

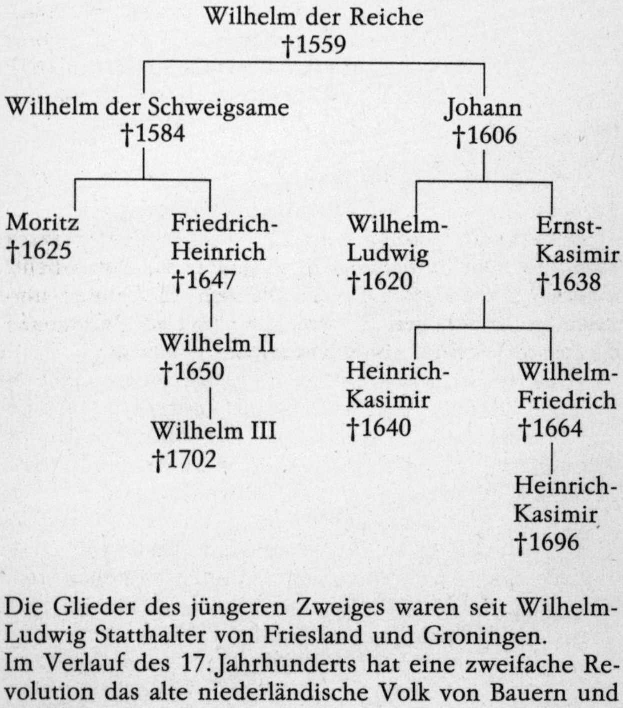

Die Glieder des jüngeren Zweiges waren seit Wilhelm-Ludwig Statthalter von Friesland und Groningen.

Im Verlauf des 17. Jahrhunderts hat eine zweifache Revolution das alte niederländische Volk von Bauern und Fischern, das bis dahin abseits von dem großen Wege der Zivilisation geblieben war, erschüttert. Der antipapistische Glaube und der Widerstand gegen die Spanier gaben ihm die notwendige Kraft, um aus seiner bisherigen Mittelmäßigkeit auszubrechen und auf unbekanntem Weg zu finanziellem Reichtum und hoher Geisteskultur zu gelangen. Der heroisch geführte Krieg unterwarf eine verhältnismäßig wenig entwickelte Gesellschaft außergewöhnlichen Forderungen. Dieser Druck verursachte bei einer Elite das plötzliche Hervorbrechen eines echten Schöpfertums. Als der Krieg beendet war, wirkte dieses weiter. Manchmal entfaltete es sich in mutwilligen Handlungen, es leistete sich den Luxus, Kunst zu machen. Und seine letzten und schönsten Feuer ließ es in den paar Jahren lodern, die das „goldene Jahrhundert" bilden. Aber schon nach dem Westfälischen Frieden zeigt es sich nur mehr bei einer kleiner werdenden Zahl von Individuen. Als die Krise von 1672 hereinbricht, verlöscht es. In diesen Rahmen ist das Buch gestellt.

Amsterdam, März 1959 *P. Z.*

P. S. Nach Möglichkeit habe ich die den Dokumenten entnommenen numerischen Angaben vereinheitlicht: indem ich die verschiedenen Münzen in Gulden umwandelte, indem ich für die Längen- und Raummaße moderne Dezimaleinheiten verwendete.

ERSTER TEIL
DER RAHMEN DES LEBENS

DIE STADT

Das Antlitz der Stadt

William Temple, der Botschafter von England in Den Haag war und 1673 einen langen Bericht über die Niederlande veröffentlichte, bewunderte den besonderen Reiz „und häufig die Pracht“[1] der niederländischen Städte. Das goldene Jahrhundert war in der Tat eine Epoche großer Investitionen in den Bereichen des Baus und des Urbanismus. Der reiche Bürger brüstete sich mit dem Glanz seiner Stadt, wie er es in anderen Ländern mit seinem Familienerbe tat.

Eine rotbraune oder schwarze oder eine rosa Linie auf dem gleichmäßigen Grün der Weiden. Vielleicht ganz hinten am Horizont ein Profil von Dünen. So steht die Stadt flach auf der Erde. Außer im Osten und Norden des Landes, wie in Nijmegen, gibt es keinerlei Bodenerhebungen, die in Frankreich, Deutschland oder anderswo den Städten meistens als Sockel dienen. Einige Türme, ein Kirchturm, Dächer zeichnen sich ganz unten am grenzenlosen niederländischen Himmel ab, der vom Sprühregen verschleiert ist oder von mildem Licht. Eine lange Backsteinmauer, eine Erdaufschüttung. Die Mehrzahl der Städte ist zu Beginn des 17. Jahrhunderts noch von ihren Befestigungsanlagen umgeben: Mauerwerk aus Ziegeln oder Erdumwallung, Zinnen und Schießscharten, Erker, Graben. Hier und dort ein schweres Tor, zugleich Zugbrücke, manchmal, wie in Zutphen, öffnet es sich nicht auf eine Straße, sondern auf einen Kanal, den seine Wölbung überspannt. Ehrlich gesagt, werden diese Festungsanlagen kaum noch unterhalten. Man pflanzt hier Bäume, legt Rasen an, macht einen Ort für Spaziergänge daraus. Gegen 1670 besitzt Leiden noch breite und tiefe Gräben, aber sein Wall ist nur mehr ein langer, grasbewachsener Hügel mit einer längsverlaufenden lebenden Hecke, von Ziegeln bedeckt, unterbrochen von ein paar kleinen Bollwerken. Fast überall hat man die alten Festungen zerstört, die einst die Tore verbanden. Die letzten noch vorhandenen wurden eher aus ästhetischen Gründen erhalten, wenn nicht der Platz eine außergewöhnliche militärische Bedeutung hatte. Ein massiver Turm trägt die Uhr. Er hat zwei oder drei Stockwerke, deren Säle verschiedenen städtischen Vereinen dienen: der Wache, den Gilden, als „Kammer der Rhetorik". Das Stadttor von Hoorn, aus Ziegeln und grauen Steinen, trägt das Wappen der Stadt und ist zwischen seinen zwei schweren runden Türmen so gebaut, daß der an ihm vorbeiführende Weg eine ziemlich starke Krümmung macht; oder das von Zierikzee, aus geweißten Ziegeln, überragt von einer Schutzwand aus Zinnen.

Die Mehrzahl der holländischen Städte ist nach dem einen oder anderen der drei typischen Modelle gebaut: rund, mit mehr oder weniger kreisförmigen Straßen wie Leiden, Haarlem, Gouda; oder fast viereckig mit geradlinigen Straßen: Delft, Alkmaar; und schließlich spitz, ungleichschenklig zwischen zwei Wasserarmen wie Dordrecht oder Medemblik. Entlang des Hauptkanals, der die Achse bildet, reihen sich unregelmäßige Fassaden aneinander, Verkaufsstände unter Vordächern, eine hoch gewölbte Brücke, noch ein Kanal, und dort ist der lange Marktplatz, der vom Gebäude der Stadtwaage beherrscht wird, die Fleischhalle, das Rathaus, Zeichen städtischer Freiheiten, und über allem eine Reihe von spitzen Dächern, das Schiff einer langen gotischen Kirche wie in Gouda. Dieser Platz ist der Mittelpunkt, um den herum das Leben sich organisiert.

Da noch zu Beginn des 17. Jahrhunderts der Boden in den meisten Städten nur aus Sand oder Lehm bestand, beginnen die Stadtverwaltungen, ihre Marktplätze und die dorthin führenden Hauptstraßen zu befestigen. Auf diese Weise wollen sie den Handelsverkehr fördern. Gegen 1650 sind die meisten der öffentlichen Straßen in den Städten gepflastert, und die kalvinistischen Prediger

beklagen sich ob der Verbreitung eines derartig verdammenswerten Luxus. Man wendet zwei unterschiedliche Bepflasterungen an: in der Straßenmitte, wo die Fahrzeuge rollen, ist das Material, Stein oder Ziegel, hart und grob. An den Häusern entlang dient ein Belag aus kleinen, dicht gepflasterten Backsteinen, die widerstandsfähiger sind, den Fußgängern als Weg, ebenso an der Seite des Kanals. Tatsächlich hat die typische holländische Straße zwischen ihren zwei Häuserzeilen und ihrer doppelten Fahrbahn einen Kanal. Selbst auf dem Land ist das Bauernhaus von einem Graben umgeben. Es scheint, als hätte der Holländer seine Heimstätte an das Vorhandensein von Wasser gekoppelt. In den reichen Vierteln wird der Kanal oft von großen Bäumen, Ulmen oder Linden, gesäumt, sie beugen sich über dieses schwarze Wasser, dessen lehmiger Grund alt ist wie das Zinnamalgam eines Spiegels, und in der Sonne erscheint ihr auf dem Kopf stehendes Bild, zu dem sich das der hohen Barockgiebel und der vergitterten Fenster mit den zurückgeschlagenen Laden gesellt.
Die Sanierungsarbeiten der Straßenbepflasterung haben sich nicht auf die gesamte Stadt erstreckt. Man findet noch ungepflasterte Straßen, richtige Kloaken, vor allem in den alten und armen Vierteln mit Holzhäusern von mittelalterlichem Typ, deren Stockwerke über das Erdgeschoß hinausragen und die so gedrängt stehen, daß kein Kanal sie trennt und man sich von einem zum anderen die Hand reichen kann. Hier, am Rande des Elends, wimmelt es von verschiedenstem Volk, zumindest in den großen Städten. Die im goldenen Jahrhundert durch Bevölkerungsboom und Mietspekulationen bedingte permanente Wohnungsnot verwandelte diese baufälligen Häuser in Mietskasernen. Geschäftemacher kaufen die Häuser, unterteilen die Räume, um die Anzahl der Wohnungen zu vergrößern, und vermieten sie zu Wucherpreisen. Leiden, Amsterdam und Weesp gelingt es nicht, die Elendsbehausungen loszuwerden, und auch nicht jene, die Nutzen daraus ziehen. Selbst von den Hauptstraßen hat man die Holzhäuser nicht ganz und gar entfernt. Man baut jedoch fast nur noch mit Backstei-

nen. Ein helles Grau dient gemeinhin zur Verzierung der Fassaden, für Sockel und Vorsprünge. Bruchstein bleibt ein seltener Luxus. Die ersten Häuser, für die man dieses Material verwendete, waren Nachbildungen alter Gebäude, deren Stockwerke an der Vorderfront über die Grundmauern hinausreichten. Später war man um mehr Regelmäßigkeit bemüht, das Gebäude dehnte sich auf dem Boden aus, und es kam dazu, daß, hatte man ausreichend Land zur Verfügung, die Häuser mehr in die Breite gebaut wurden als in die Höhe. Die umgekehrte Proportion blieb jedoch bei vielen die geläufigere. Es ist wahr, daß die Höhe der Fenster die Fassaden in den Augen der Fußgänger schmaler erscheinen läßt, als sie in Wirklichkeit sind.

Die holländische Stadt hat wenig große Häuser. Man bevorzugt relativ kleine Gebäude, die voneinander getrennt stehen, selbst mitten im Stadtzentrum. Der Zwischenraum ist manchmal nur wenige Zentimeter breit. Im Prinzip ist das Haus für nur eine einzige Familie gedacht. Da der Bevölkerungszuwachs die Schaffung neuer Wohnungen erfordert, erweitert man, statt die vorhandenen Gebäude zu erhöhen, eher die Ausdehnung der Stadt, manchmal in beträchtlichen Maßen. Zwei, seltener drei Etagen über dem Erdgeschoß sind die Norm. In Amsterdam findet man einige Gebäude mit vier, ja bis zu sieben Etagen: In dem Maße, wie das Jahrhundert voranschreitet, wird für den Bourgeois die Höhe seines Hauses zum Zeichen seines Reichtums.

Selten hat die Vorderfront des holländischen Hauses mehr als fünf oder sechs Fensterkreuze. Es erstreckt sich eher in die Tiefe. Das Klima wirkt auf das Material so schnell korrodierend, daß es üblich ist, das Äußere der Mauern zu teeren. Daher rührt der dunkle Farbton der Stadt, von dem die Helligkeit der Sandsteinornamente absticht. Viele der Fassaden haben einen „Bauch“. Diese Besonderheit schreibt man der Absicht der Architekten zu: die Krümmung soll das Eindringen des Regens verhindern. Eine untere Etage, das „Souterrain“, dessen Boden sich auf Höhe des Kanals befindet, also unterhalb der Straße, ist von dieser durch einen Graben von etwa einem Meter Breite getrennt, der von einem Gitter bedeckt wird. Eine Außentreppe mit fünf oder sechs Stufen verschafft Zutritt. Das manchmal leicht erhöhte Erdgeschoß öffnet sich durch eine Mitteltür mit oder ohne Vortreppe zur Straße, und es hat kleine, bleiverglaste Fenster. Oberhalb der letzteren schützt eine waagerechte Markise, der *luifel*, die im allgemeinen aus gestrichenem Holz besteht und die ganze Fassade entlangläuft, den Teil des Bürgersteigs vor Sonne und Regen, wo der Handwerker arbeitet, wo der Bürger an den Sommerabenden auf einer Bank die frische Luft genießt. Die Markisen verschwinden im Laufe des Jahrhunderts nach und nach. Etwas oberhalb von ihnen befinden sich die Fenster der ersten und zweiten Etage. Die letzte, unter dem Dach, hat meistens nur ein einziges Fenster oder, wenn sie als Warenlager dient, eine große Tür, die ins Leere geht und von einem Haken überragt wird, der zum Heraufziehen der Güter benutzt wird. Ein Ziegeldach mit seitlich stark geneigten Flächen bildet auf dem Gipfel der Fassade einen dreieckigen Giebel, der manchmal von einer Luke durchbrochen ist und den die Architekten des goldenen Jahrhunderts zu einem der wichtigsten äußeren Schmuckelemente des Hauses machen sollen. Hier und da nehmen sie geradlinige Erweiterungen vor, indem sie die Dachflucht auf beiden Seiten verlängern.

Dies ist der übliche Typ des holländischen Stadthauses. Die Details sind je nach Stellung und Reichtum des Besitzers sehr verschieden. Die reichsten Wohnstätten haben keine Markisen, sondern Fensterläden auf Höhe der Straße. Die Bänke und Außenrahmen der Fenster sind mit Karyatiden, Löwen und mythologischen Figuren verziert. Pilaster steigen entlang der Fassade empor, bald werden die Sockel aus Marmor sein, manchmal mit Fayencen versehen. Niedriger, selten eine Etage übersteigend, bieten die Häuser der einfachen Leute den Augen des Besuchers als einzigen Luxus den Lack, der die Holzteile, Fensterrahmen, Türen und Laden bedeckt. Grün, rot, braun und weiß, schützt dieser Lack ein sprödes Material vor der Luftfeuchtigkeit und gibt so, noch

stärker als der Backstein, der holländischen Straße ihr pompöses Gepräge.
Aber die Straße ist nicht einfach eine Aneinanderreihung von Fassaden und ein Ort, den man durchquert. Sie übt eine soziologische, wenn nicht politische Funktion aus. In der Tat sind die verschiedenen Berufsstände in speziellen Straßen zusammengefaßt, so in der Böttcher-, der Schuhmacher- und der Bäckerstraße. Die Konzentration von gleichen Tätigkeiten am selben Ort macht die Ausübung des Kontrollrechts, über das die einzelnen Innungen verfügen, einfacher und wirksamer. In Utrecht sind die Schneider ermächtigt, in ihrer Straße Schwarzarbeiter oder solche, die sich weigern, ihrer Gilde beizutreten, zu verhaften und einzusperren. So ist die Stadt ein Konglomerat kleiner Welten, von denen eine jede ihre eigene Farbe hat, ihre Geräusche, ihre spezifischen Gerüche. Von Haus zu Haus belauert und überwacht man sich hier und hält die Ordnung der Tradition aufrecht. Die Berufe geben den Straßen und Plätzen ihre Namen: Glaserkanal, Weinhafen, Käse-, Blumen-, Gewürzstraße, Fluß der Schmiede … Amsterdam hat seine Herrengracht. Oft trägt das Haus selbst einen Namen, der dem Beruf seines Bewohners entlehnt ist. Die Reichen schmücken ihren Giebel mit ihrem Familiennamen und ihrem Wappen. Ansonsten bringt man an der Fassade ein schmiedeeisernes Bild an, auf dem eine realistische oder allegorische Darstellung auf den Beruf, der hier ausgeübt wird, verweist oder auf die Tugenden, die man hier verehrt. Einen Krug für den Töpfer, eine Schere oder den heiligen Martin, wie er seinen Mantel zertrennt, für den Schneider. Man sagt „zur Schere gehen". In einem Verkaufsvertrag bezeichnet man namentlich „das Glockenhaus in der Hauptstraße gegenüber der Bürste nahe bei der Straße zu den Schmieden in der Stadt Dordrecht". Ein frommer Bürger, der drei Häuser nebeneinander bauen ließ, nennt sie Glaube, Hoffnung und Barmherzigkeit, mit biblischen Figuren auf den Fensterbänken. Andere greifen auf die Erinnerung an ihre Lektüre zurück: Amsterdam hat sein Haus „Zu den vier Söhnen des Haimon". In den

Dörfern begnügt man sich mitunter damit, ein Brett an einen Baum gegenüber der Tür zu nageln. Das Aufblühen von Handwerk und Handel im Verlauf des 17. Jahrhunderts vermehrt die Insignien. Dordrecht ist berühmt für die Anzahl und Vielfalt der seinen. Manche wenden sich wegen der Herstellung ihres Zunftzeichens an einen renommierten Maler. Es kommt vor, daß ein Haus mehrere Insignien trägt, weil ein neuer Besitzer die von seinen Vorgängern angebrachten wegen der dekorativen Wirkung behält. Der Konditor weist sich aus durch ein Bild des heiligen Nikolaus, des heiligen Obert oder einfach durch einen Ofen. Der Arzt mit einer Urinflasche. Der Chirurg pflanzt vor seinem Fenster oder seiner Tür einen Stab mit gelber Spitze und weißen, roten und blauen Streifen auf. Diese sinnbildlichen Farben verkünden, daß man hier Zähne zieht und Brüche richtet (weiß), zur Ader läßt (rot) und den Bart schert (blau). An der Wand von Tabakwarenläden stellt ein Bild einen Bauern oder Matrosen dar, manchmal einen berühmten Seefahrer, die Pfeife in der Hand und von einem Sinnspruch umgeben.[2]
Die Schiffe auf dem Kanal, die Karren, Kübel und Fässer, mit denen die Lebensmittel transportiert werden, sind blau, rot, grün und schwarz gestrichen.
Aber gleichermaßen wie durch ihre Farben lebt die holländische Stadt durch ihre Töne. Lärm aus den Werkstätten, Geschrei der Händler, das Rollen der Fahrzeuge: letztendlich schwache Geräusche im Vergleich zu dem ohrenbetäubenden Getöse auf französischen Straßen.[3] Stunde für Stunde erzittert der Himmel unter dem Geläut unzähliger Glocken. Der Brauch des Glockenspiels gilt in Holland als nationale Kunst. Mehrere seiner Glockenspiele sind berühmt: das der Alten Kirche von Amsterdam, das von Sankt Johannes in 's-Hertogenbosch, das der Utrechter Kathedrale, von Sankt Gervatius in Maestricht und von der Stadtwaage in Alkmaar. Einige von ihnen haben mehr als hundert Glocken.[4]
Die meisten Städte sind noch wie im Mittelalter von öden Landstrichen, selbst von Wiesen oder Feldern durchsetzt. Und diese freien Flächen werden in den

Städten, die im Wachstum begriffen sind, bebaut. Dort legt man auch die „Promenaden" an: lange Plätze, die für Spaziergänge und diverse öffentliche Spiele bestimmt sind, Bäume umgeben sie, und Schenken reihen sich hier aneinander. Die Promenade von Utrecht, 1637 angelegt, mißt fast siebenhundert Meter und gilt als eine der schönsten Europas, besonders wegen der Pracht der Linden, die ihr Schatten spenden. Die Linde ist übrigens der dekorative Baum schlechthin in den niederländischen Städten. In dem neuen Viertel im Nordosten der Stadt hat die Verwaltung von Amsterdam einen öffentlichen Garten geschaffen. Zur damaligen Zeit ist das eine Seltenheit. In Den Haag wurde entlang des Naturparks, der Wäldchen genannt wird, außer einer Promenade ein Grüngehege angelegt, wo man hinter Gittern wilde Tiere hält. Hier wachsen ohne künstliche Anordnung große Eichen auf einem leicht hügeligen Gelände, dem Lieblingsort der eleganten Damen für Spaziergänge.

Den Haag als Wohnstadt bemüht sich mehr als die Handelsstädte um Formen von Schönheit, die zum Zeitvertreib einladen oder eitlem Sinn schmeicheln. Die wenigen Kanäle, die es durchziehen, mit frischerem und reinerem Wasser als anderswo, sind die einzigen, die nicht das Schauspiel von Booten bieten, die alle Stadtviertel durchfurchen, in einem Hin und Her wie in einem Handelshafen. An das Wäldchen schließt sich ein „schickes" Viertel an: Villen ausländischer Botschafter, Palais der Prinzen von Oranien, ein massives Geviert, beherrscht vom Turm seiner Kirche und vor sich die unermeßliche Fläche seines „Teiches". Die Stadt besticht durch ihren heiteren und erhabenen Charakter, sie ist eine Kapitale von fast französischer Lebensart, deren Gepflegtheit in den Niederlanden nicht ihresgleichen hat.

Drei Meilen nördlich kam der Reisende auf dem Weg nach Amsterdam durch Leiden, in das er durch eines der acht Tore, von denen seine Befestigungsanlagen unterbrochen waren, hineingelangte. Als große Industriestadt, deren Ruhm eine renommierte Universität begründete, bildete Leiden, fünf Meilen von Haarlem entfernt, sie-

ben von Amsterdam, zehn von Utrecht, fünf von Gouda und drei von Delft, den Kern des städtischen Ensembles, der im wesentlichen die Provinz Holland ausmachte.
Im Süden bezog diese Rotterdam mit ein, das, sechs Meilen vom Meer gelegen, diesseits und jenseits einer gewaltigen Maas angesiedelt war, auf der bei Flut die größten Schiffe bis in das Herz der Stadt vordrangen. Die Handelshäuser dort hatten die Besonderheit, auf beiden Seiten und nicht nur auf einer auf einen Entladungskai hinauszugehen. Im Verlauf des 17. Jahrhunderts, da die Stadtverwaltung gezwungen war, neue Wohnungen zu bauen, nahm sie den Eignern den bis dahin von Schiffswerften genutzten Platz weg und ließ für sie auf den Weiden im Westen der Stadt breite Docks und die notwendigen Wasserwege anlegen ...
Rotterdam, stromaufwärts Dordrecht und Middelburg, Hauptstadt von Zeeland auf der Insel Walcheren, konkurrieren durch Aktivität und Energie mit Amsterdam. Aber Amsterdam fürchtet sie nicht, soviel Vorsprung hatte es ihnen gegenüber seit dem Ruin von Antwerpen gewonnen. Die ehemals großen Städte des 16. Jahrhunderts, die Häfen von Enkhuizen und Hoorn an der Zuiderzee, werden langsam zu toten Städten und gesellen sich bald in ihrem Halbschlummer zu den anderen Marktflecken dieses Binnenmeeres, zu Medemblik und Monnikendam.
Amsterdam, eine der größten Städte des Westens, ist ein Wunder der zivilisierten Welt, weniger wegen der Schönheit seines Antlitzes als durch seine Lebensintensität. Für die damalige Zeit ist Amsterdam riesig: Zu Beginn des 18. Jahrhunderts brauchte man fast zwei Stunden, um zu Fuß von einem Ende zum anderen der halbrunden Grachten zu gehen, an denen entlang es gebaut ist. Wie ein Fächer breitet es sich um sein Zentrum aus, den Hafen, die Börse, das Rathaus, den Damplatz, es konzentriet sich organisch, ohne mit dem Wachsen aufzuhören. Die Harmonie seiner Anlage ist sein Hauptanziehungspunkt. Amsterdam als ideeller Mittelpunkt der Union bietet dem Geistesleben die größte Freiheit

und die günstigsten ökonomischen Bedingungen. Es ist das Zentrum jeglichen Handels. Seine Wirkung ist universell. Daher die geistige Unabhängigkeit seiner Einwohner und das Mißtrauen, das sie gegen das hegen, was aus Den Haag kommt. Die ökonomische Bestimmung Amsterdams wird deutlich aus der Anzahl seiner Speicher, die, an den Kanälen aneinandergedrängt, zwischen unbefestigten Stegen und anmutigen Arkadenbrücken bis ins Herz der „schönen Viertel" reichen: hoch neben den Herrenhäusern aufragend, weit offen zur Straße oder zum Wasser hin, die Kisten, Säcke, Fässer und Kessel um sie gestapelt, die die Lastkähne im Hafen umgeschlagen haben. Überall in dieser Stadt wird zwischen häufig mißlungenen ästhetischen Versuchen ein Bedürfnis nach ganz gewöhnlicher Leistung deutlich. Diese Metropole wurde offensichtlich an dem für ihre Entwicklung am wenigsten vorteilhaften Ort gebaut: an der von Sümpfen durchzogenen Mündung der Amstel in die IJ-Bucht. Die ursprüngliche Ansiedlung erfolgte auf ein paar Streifen Land, die senkrecht zu dieser Bucht verlaufen. Dann umgab man diesen Stadtkern mit einem halbkreisförmigen Kanal, dem Singel („Gürtel"). Überall haben die Erbauer in feuchtem Erdreich gearbeitet, sobald einige Meter ausgehoben waren, stieß man auf Wasser. Alle Häuser von Amsterdam sind auf Pfeilern errichtet, die, aus langen und widerstandsfähigen Trägern zusammengesetzt, mit dem Rammbock in diesen schwammigen Boden hineingetrieben, als Fundamente dienen. Die Volksweisheit meint dazu ironisch:

> Amsterdam, die große Stadt,
> ist gebaut auf Pfählen.
> Und wenn sie einst zusammenbricht,
> wer wird die Schulden zählen?[5]

Eine Backsteinmauer, mit tausend gemauerten Bögen verstärkt, unter denen in ungeheurem Schmutz die Familien der Elenden leben, umgibt die Stadt. Jenseits des Grabens öffnen sich sechsundzwanzig Tore auf ebenso viele Straßen, die in der Altstadt zusammentreffen, wo sich die Amstel in der Vielfalt der Wasserwege aus dem alten Hafen verliert. Dieser befindet sich im Norden der Altstadt und durchdringt sie, in seinem Herzen liegt das Inselviertel, enge Gassen, von Warenlagern gesäumt, von Brücken zerschnitten, wo sich nachts die Ratten tummeln. Im Osten bildet sie ein Netz von zwielichtigen Gäßchen, wo Spelunken neben würdigen Häusern stehen. Der Zustrom jüdischer Flüchtlinge aus Portugal und Spanien, dann von wallonischen und flämischen Protestanten machte schon vor 1600 die Vergrößerung dieser ursprünglichen Stadt notwendig. 1601 wurde ihr Durchmesser erweitert, er brachte es damals auf vierhundert Schritte. Der so gewonnene lächerliche Raum war innerhalb weniger Jahre ausgefüllt. Im Hinblick auf neue Erweiterungen legte man die Sümpfe östlich der Stadt trocken. Nichts blieb dem Zufall überlassen: 1610 wurde ein Bebauungsplan dem Einverständnis der Stadt anheimgestellt. Zwei Jahre später begannen die Arbeiten. Man riß die alten Stadtwälle nieder, ließ aber die hohen Türme, von denen sie beherrscht wurden und die seitdem das Stadtzentrum durchsetzten, stehen. Um den „Gürtel" herum wurden drei große konzentrische Kanäle ausgehoben, ziemlich weit voneinander entfernt, so daß hinter den Häusern weite Gärten angelegt werden konnten. Der Plan war großartig. Er verdreifachte die Oberfläche der ehemaligen Stadt auf 726 Hektar, ein beträchtliches Areal, das jedoch schon nicht mehr ausreichte. 1615, 1658 und 1660 gab es neue Projekte. Ab 1648 ist die unmittelbare Vorstadt eine riesige Baustelle. Die im IJ liegenden Inseln werden der Stadt einverleibt. Ein neues halbkreisförmiges Wohnviertel wird errichtet, größer als die vorhergehenden, von Querstraßen durchzogen, in denen man Läden einrichtet. 1672 ist die Biegung der Amstel erreicht, der Halbkreisplan muß aufgegeben werden, und man baut jenseits des Flusses das fast rechteckige Viertel der „Plantage". Damit ist Amsterdam eine völlig neu erbaute Stadt, aus der die mittelalterlichen Reste verschwunden sind. Aber die wirtschaftliche Rezession kündigt sich an. Die Investitionen, die der Ausbau der Stadt forderte, haben eine Menge wichtiges Kapital eingefroren. Allein der Bau des neuen Stadtwalls hat elf Millionen gekostet, das neue Rathaus acht.[6] In den Regierungskreisen lassen viele Leute William Temple ihre diesbezügliche Unruhe wissen.[7]

Zumindest hat dieses halbe Jahrhundert fieberhaften Bauens mehrere Werke von wahrhaft künstlerischem Wert hervorgebracht, insbesondere das monumentale Rathaus, heute Königspalast, das auf dem Dam errichtet wurde. Das Ausmaß dieses Bauwerks war eine Herausforderung an die Natur des Untergrunds, eine Herausforderung, die durch die Wahl des Materials, Bruchstein, noch erhöht wurde. Tausende Pfeiler waren notwendig. Aus der Sorge, sich ein Mißgeschick zu ersparen, das die Gemüter zu stark erhitzt hätte, verzichtete die Stadtverwaltung, als sie das Projekt annahm, auf die Festsetzung der Baukosten. Vielleicht war diese Vorsicht auch von einer abergläubischen Furcht diktiert: Antwerpen war eben in jenem Jahr ruiniert, als sein Rathaus fertiggestellt wurde. 1648 begonnen, weihte man das „Palais" 1656 ein. Ein breiter, rechteckiger Klotz mit Kuppel und Dachreiter im Stil Ludwigs XIV., erstaunt es französische Reisende durch das Fehlen von Vortreppe und Haupteingang.[8] In der Tat ist die gesamte Länge der Fassade von sieben kleinen Türen mit gleichem Ausmaß unterteilt, die sich in Höhe der Fahrbahn öffnen. Warum? Symbolisch für die sieben Provinzen der Union? Als Zeichen der bürgerlichen Gleichheit? Um zu vermeiden, daß sich aufrührerisches Volk an einer Stelle sammelt? Allerdings, das Gebäude beherbergte außer der Stadtverwaltung das Gericht, die Waffenkammer, den Schatz der Bank von Amsterdam und in seinem Untergeschoß das Gefängnis. Die meisten Besucher im 17.Jahrhundert sangen keine Loblieder auf dieses Werk. Vondel schrieb seine Eloge. Das Palais zu Amsterdam zeugte in prachtvoller Weise von einem Willen zur Macht. Man ließ einen allegorischen Stein hauen: Die vier Teile der Welt zollen der göttlichen Stadt ihren Tribut …

Andere Städte in den Niederlanden haben wirklich schönere Rathäuser als Amsterdam, aber diese wirken nicht so stolz. Die Reisenden bewundern das Rathaus von

Dordrecht, vor allem das von Gouda, das aus dunkelgrauen Steinen schief mitten auf dem Marktplatz errichtet wurde und aus der Mitte des 15. Jahrhunderts stammt. Dieses an architektonischen Monumenten arme Land stellt noch im goldenen Jahrhundert die schönen Überbleibsel seiner Vergangenheit zur Schau: imposante Ruinen wie das mittelalterliche Schloß von Leiden, sonderbare unvollendete Gebäude wie den massiven viereckigen Bergfried von Zierikzee, dessen Erbauer den höchsten Turm der Welt errichten wollten. Die Kathedrale von Utrecht aus der Spätgotik, deren Turm mit seinen hundert Metern die ganze Provinz beherrscht. In gigantischen Proportionen erbaut, stürzte das Schiff, von einem Orkan erschüttert, am Abend des ersten August 1674 ein, unmittelbar nachdem die Messe beendet worden war. Man baute es nicht wieder auf, sondern richtete das Querschiff her, das allein schon als große Kirche ausreichte.

Fast überall im Land sind die Kirchen ehemalige katholische Bauwerke, die von den Reformierten übernommen wurden. Sie haben unter der Welle von Bilderstürmerei, die zu Beginn der Zwistigkeiten wütete, gelitten. Im allgemeinen äußerlich wenig verziert, weil das Klima Ziegel und Sandstein zerfrißt, die Kanten abschleift, sind sie innen geradezu kahl: eine Kanzel, ein Pult und Bänke. Getünchte Wände, kein einziges Bild. Im Chor oftmals Grabstellen von einigen reichen Personen. Die reformierte Kirche ist kein heiliger Ort in dem Sinne, wie die Katholiken es verstanden. Hierhin geht man spazieren, wenn das Wetter schlecht ist, hier finden Kirchweihen statt, hier werden Konzerte gegeben. Die kleinen Städte hatten nicht immer richtige Kirchen. Man behalf sich mit einem Barackenbau, der Gebetshaus genannt wurde. So 1638 in Zaandyk, da Borstius als Prediger dorthin entsandt wurde. Aber dessen Redetalent zog bald so viele Leute in seine Predigten, daß in seiner elenden Kirche „den Zuhörern aus Platzmangel übel wurde oder sie über Migräne klagten und sogar zögerten, wiederzukommen; daß kleine Kinder in den Armen ihrer Mütter sogar ohnmächtig wurden und man sie wie

tot hinaustrug"[9]. Man mußte ein größeres Gebäude errichten. Als dieses im Jahr 1642 fertiggestellt war, verkaufte man für 900 Gulden das Material des alten, welches der Käufer nach Kaag brachte, wo er sich dessen zum Bau eines Bauernhofes bediente.
Eine spürbare Veränderung vollzieht sich im Lauf des Jahrhunderts in der Baukunst. Das 16. Jahrhundert bricht endgültig mit der Gotik. Es hat die Ausdrucksformen, die in der Plastizität des Gesamtwerks verschmolzenen Gegensätze vervielfacht, wie in den Fleischhallen von Haarlem. Die nach 1600 erbauten Kirchen weichen von der traditionellen Unterteilung in Chor, Querschiff mit Kapellen und Hauptschiff ab. Die lutherische Kirche von Amsterdam ist rund, ebenso die *marekerk* von Leiden und einige andere. Es geht nicht mehr darum, die Augen der Gläubigen nach Osten zu richten, sondern ihre Ohren auf ein Zentrum: die Kanzel. Die holländische Renaissance öffnet sich italienischen Einflüssen, die Ornamentik zerbricht, wird schmückendes Meßwerk auf der Masse. Die bis zur Mitte des Jahrhunderts geläufigen Architekturlehrbücher sind von italienischem Geist geprägt; jedoch inspiriert man sich mehr und mehr an der französischen Klassik, die am Ende des Jahrhunderts triumphieren wird. In dem Maße, wie man sich diesem Datum nähert, neigt das Bauwerk, besonders das Patrizierhaus, zum Massiven und Prunkhaften. Die Formen schließen in sich selbst, die Einzelteile finden ihren Ausdruck darin ohne Bruch, die Dimensionen wachsen: Mauritshuis in Den Haag, das Haus Trip in Amsterdam. Die Ornamentik ist homogener als einst, architektonischer. Säulen, Pfeiler, Kapitelle, Ornamente mit phantastischen Darstellungen, Zierleisten an den Fensterrahmen und Türen, Tritonen, Satyre, Vögel, Akanthusblätter, manchmal – ein typisch holländischer Zug – die Stilisierung einer Szene aus dem Alltagsleben. Aber das Prestige der Dekorationsmoden aus Paris bringt schließlich die einheimische Inspiration zum Versiegen. Seither vollzieht sich eine Spezialisierung zwischen Architekt und Dekorateur, ersterer ist kaum noch mehr als ein Hersteller von Mauern.

Diese holländische Architektur bewahrt von ihren ausländischen Vorbildern besonders Elemente des schmükkenden Beiwerks. Ihr Charakter, vor allem in Amsterdam, bleibt utilitaristisch, stark durch die Erfordernisse von Handel und Schiffahrt gekennzeichnet. So wurde die Phantasie der Bauherren durch die Unterteilung des Baulands in enge Parzellen gebremst. Im Durchschnitt maßen die Parzellen an den großen Grachten von Amsterdam zwischen 6,50 Meter und 8 Meter Breite an der Vorderfront, aber bis zu 60 Meter Tiefe für Haus und Garten. Auf diese Weise sicherte man allen Häusern direkten Zugang zum Kanal; tatsächlich kam es den Händlern, die sie bewohnten, sehr darauf an, den Eingang ihres Gebäudes in Reichweite der Kräne ihrer Schiffe zu haben. Der Brauch, das Hinterland der Häuser einem Hof oder Garten vorzubehalten, reduziert, ebenso wie der Zwang zur Grenzgemeinschaft, den für Ornamentik in Frage kommenden Teil der Fassade auf eine bescheidene Fläche. Manchmal scheint es, als hätte der Dekorateur diese organische Schwäche dadurch kompensieren wollen, daß er auf den wenigen Quadratmetern, über die er verfügte, die größtmögliche Anzahl von Motiven anbrachte. Deren Fülle gleicht übrigens in keiner Weise die ungeheure Dürftigkeit der holländischen Bildhauerei im goldenen Jahrhundert aus.[10]

Die städtische Ordnung

Die Niederlande weisen besonders in der Provinz Holland eine städtische Konzentration auf, die im Europa des 17. Jahrhunderts einmalig ist. Die Angaben, die wir über die Bevölkerung verschiedener Städte besitzen, verlangen eine Interpretation. Sie sind destotrotz nicht weniger beredsam. Volkszählungen wurden damals nur aus steuerlichen Gründen durchgeführt, und die angegebenen Zahlen entsprechen nicht der tatsächlichen Bevölkerungsmenge. Von der Volkszählung 1622 beispielsweise, dazu bestimmt, die Basis für eine außerordentliche Personensteuer zu erstellen, waren die Matrosen ausgeschlossen, die in Indien dienenden Soldaten, die Vagabunden, die nicht seßhaften Ausländer und die Häftlinge in den öffentlichen Gefängnissen. Im Gegensatz dazu zählte man die Insassen von Besserungsanstalten und karitativen Einrichtungen mit. Man kam zu folgendem Ergebnis:

Anzahl in der gesamten Provinz	672 000 Einwohner
Amsterdam	105 000 Einwohner
Leiden	45 000 Einwohner
Haarlem	39 000 Einwohner
Delft	23 000 Einwohner
Enkhuizen	21 000 Einwohner
Rotterdam	19 500 Einwohner
Dordrecht	18 300 Einwohner
Den Haag	16 000 Einwohner

Die Volkszählung von 1630, in Amsterdam durchgeführt, um die Verteilung von Lebensmitteln während einer Hungersnot vorzubereiten, gibt 115 000 Einwohner für die Stadt an. Das Studium von Standesamtsregistern gestattet die Anzahl der Amsterdamer im Jahr 1640 auf etwa 140 000 zu schätzen.[11] Der Bevölkerungszuwachs in den achtzehn Jahren, die dem zweiten Ausbauprojekt der Stadt vorausgingen, kann also 25 000 bis 30 000 Personen betragen haben. Dieses Wachstum der Stadtbevölkerung ist zu verallgemeinern: gegen 1700 erreichte Den Haag 50 000 Einwohner, Rotterdam 80 000.[12] Diese Zahlen verdeutlichen, daß die Techniker dieser schlecht ausgerüsteten Epoche vor schwer lösbaren Problemen standen, nicht nur auf dem Gebiet des Bauwesens, sondern auch auf dem der Dienstleistungen. Das bedeutendste war das Problem der öffentlichen Straßen und des Verkehrs. Dem Aufkommen der Straßenpflasterung folgten prompt die Privatfahrzeuge. Louise de Coligny, die Gattin des Schweigsamen, gilt als diejenige, die die erste „Karosse" (d. h. ein Fahrzeug mit Federung) aus Frankreich importiert hat. Zuerst hatte diese Neuheit wenig Verführerisches, zu Beginn des 17. Jahrhunderts war sie außerhalb von Den Haag noch

fast unbekannt. Die höchsten Persönlichkeiten verkehrten nur zu Pferde oder in Mietskarren. Gegen 1610 trifft man in Amsterdam und in Dordrecht auf die ersten Karossen. Plötzlich verbreitet sich diese Mode. Dennoch bleibt die Anzahl jener Fahrzeuge im Vergleich zu Frankreich recht bescheiden. 1671 gibt es in Utrecht nur etwa einhundert Stück.
Im Gegensatz dazu baute man jedoch ziemlich zeitig neben den Luxuskarossen leichtere Fahrzeuge. Einspänner aus Leder, Kaleschen und Fiaker, alle französischer Herkunft. Ab Mitte des Jahrhunderts sieht man immer weniger Reiter.[13]
Diese Entwicklung führte zu einer beträchtlichen Erhöhung des Verkehrsaufkommens. In Amsterdam waren die Straßen so eng, daß eine Karosse die ganze Fahrbahn beanspruchte. Seit 1615 beabsichtigte man auf den zum Brotmarkt führenden Wegen „Einbahnstraßen" für den Handelsverkehr einzurichten. 1634 erschien die Situation so unentwirrbar, daß die Stadtverwaltung schlicht und einfach jeglichen Verkehr von Privatfahrzeugen innerhalb der Stadtgrenzen untersagte. Kaum war diese Maßnahme beschlossen, entdeckte man, daß sie die begütertesten Bürger traf und eben die Ratsherren. Und man milderte sie. Man gestattete den von einem Ausflug oder einer Reise zurückkehrenden Personen, sich im Fahrzeug bis zu ihrer Tür zu begeben, vorausgesetzt, sie wählten den kürzesten Weg ...
Aber außer der Straßenenge gab es in Amsterdam für den Verkehr noch ein anderes Hindernis: die zahlreichen Brücken mit den starken Wölbungen. Diese schufen unlösbare Probleme: beim Hinauffahren mußte man ziehen, beim Hinunterfahren bremsen. 1664 hatte ein Rollkutscher französischer Abstammung die Idee, ein neues Fahrzeug zu bauen, indem er den Oberbau einer Karosse auf ein Schlittengestell setzte. Dieses „Gleitfahrzeug" hatte bald größten Erfolg. In wenigen Jahren setzte sich seine Nutzung in allen Städten der Union durch und wurde zu einem spezifischen Element der malerischen Niederlande. Als Oberteil des Vehikels kamen alle möglichen damals modernen Fahrzeuge, ob of-

fen oder geschlossen, in Frage. Man stellte Lastschlitten für den Warentransport innerhalb der Stadt her. Diverse Zusätze, im rechten Moment an den Kufen angebracht, erleichterten das Überqueren der Brücken: Fettlappen, um das Gleiten zu verbessern, Strohballen, um es langsamer zu machen. Ein solches Vehikel zu fahren war eine schwierige Kunst. Der Führer ging lebhaften Schritts rechts neben dem Schlitten, Zügel und Peitsche in der Linken, während die rechte Hand die Ladung im Gleichgewicht hielt. Ohne jemals innezuhalten, lenkte er seine Pferde, warf im rechten Moment seinen Fettlappen oder seinen Strohwisch, schwenkte ein Fäßchen, das an einem Seil hing und wie ein Schaumlöffel durchlöchert war, in den Kanal und besprengte damit die vor ihm liegende Straße … Nichts hielt seinen Schritt auf. Der Fußgänger hatte stehenzubleiben. Der Fußgänger war wirklich in Gefahr, besonders nach Einbruch der Nacht, denn die Schlitten hatten keine Laternen …
Gegen 1670 waren Fahrzeuge und Schlitten ganz und gar gebräuchlich. Die wohlhabendsten Bürger brachten an ihnen Vergoldungen an, wertvolle Stoffe oder strichen sie in lebhaften Farben. Wer kein eigenes Fahrzeug besaß, konnte eins mieten. Richtige Taxistationen mit Pferdeställen und Tränken hatten sich auf dem Dam für Reisende und Waren etabliert. Der Reisende, der ein Fahrzeug zu mieten wünschte, bediente eine Glocke. Mehrere Kutscher stürzten herbei. Einer nach dem anderen würfelten sie. Wer die höchste Augenzahl erreicht, machte die Fuhre.
Die Stadtverwaltungen verfügten zur Aufrechterhaltung der öffentlichen Ordnung über eine Polizei, deren Aufgabe es war, die Verwirklichung der Gerichtsbeschlüsse und die Vollstreckung der Urteile zu überwachen. Ihre Wirksamkeit war, ehrlich gesagt, zweifelhaft. Die Wahl des obersten Amtsrichters, des Polizeichefs, gehorchte eher gesellschaftlichen Erwägungen denn Besorgnissen um die Kompetenz. Es kam vor, daß Städte die Aufsicht über ihre Polizei dem Meistbietenden verkauften. An Interessenten fehlte es nicht. Dieses Amt war in der Tat für einen skrupellosen Anwärter oder einen mit etwas

belasteter Vergangenheit von doppeltem Nutzen: Es stellte unter den Schutz der Gesetze und gestattete große Gewinne durch die willkürliche Vervielfachung der Geldbußen. Meistens hielt es der oberste Amtsrichter, als Mitglied irgendeiner reichen ortsansässigen Familie, für unter seiner Würde, in diesen Schmutz hinabzusteigen, und delegierte seine Macht an einen stellvertretenden Amtsrichter, eine zweifelhafte Person, der direkter Vorgesetzter der Ordnungshüter war. Diese hatten einen so schlechten Ruf, daß die Bürger es vermieden, sie aufzusuchen. Die Literatur der Epoche zeugt von einer allgemeinen diesbezüglichen Verachtung und gibt vielfältige Beispiele für ihre Bestechlichkeit.

Ein vereidigter Beamter, der Torhüter und eine besondere Wache sicherten die nächtliche Aufsicht über die Stadt. In den Ortschaften, die ihr befestigtes Stadttor bewahrt hatten, bewohnte der Torhüter die untere Etage. Seine Aufgaben bestanden darin, nach einem von der Stadtverwaltung erstellten Zeitplan das Tor morgens zu öffnen und abends zu schließen. Jeden Abend nach der Schließung deponierte er die Schlüssel beim Bürgermeister oder im Rathaus und holte sie morgens wieder ab.

In einem seiner Wohnung benachbarten Saal versammelte sich die Nachtwache. Ursprünglich waren deren Mitglieder von der Stadtverwaltung auf Zeit engagierte Bürger. Aber 1620 ersetzte Amsterdam sie durch ein Korps von Berufssoldaten, die eine Kompanie mit Leutnants und Sergeanten unter dem Kommando eines Hauptmanns bildeten. 1672 erhöhte man ihre Anzahl auf 280, indem man eine zweite Kompanie schuf, und um die Kontrollen zu erleichtern, unterteilte man die Stadt in 70 Abschnitte. 1685 umfaßte die Wache etwa 560 Männer, die Anzahl der Abschnitte hatte 138 überschritten. Eine analoge Organisation existierte in allen Städten des Landes und sogar in gewissen Dörfern.

Jeden Abend gegen zehn Uhr rief ein Trommelwirbel die Wache zum Sammeln. Die Offiziere formierten die Patrouillen und verteilten die Ausrüstung: eine Laterne, eine Rassel, einen Spieß oder eine Hellebarde. Manch-

mal begleitete ein Hund die Patrouille. Der Rundgang folgte einer festgelegten Route. Mit langsamen und schweren Schritten gingen die Männer durch die verlassenen Straßen, die unbeleuchteten Kanäle entlang ... Die verirrten Leute nach Hause schaffen, diejenigen, die, dem Gesetz zuwider, ohne Laterne in der Hand unterwegs waren, die Betrunkenen auflesen, die Bürger warnen, die ihre Tür oder ihr Fenster nicht richtig geschlossen hatten, die Einbrecher verjagen, das Ausbrechen von Bränden verhindern – das war ihre Aufgabe. Die Rassel diente als Alarmsignal, sie erlaubte, Hilfe herbeizurufen und, wenn nötig, die Bürgerwehr. Der Zeitplan der Rundgänge variierte nach Jahreszeiten und Orten. Im Winter war die Wache im allgemeinen gegen vier Uhr morgens wieder in ihren Unterkünften.
Manchmal stießen verspätete Bürger oder Studenten auf eine Patrouille, weigerten sich, ihren Befehlen Folge zu leisten, und antworteten mit Schlägen. Ihnen gegenüber zeigte sich die Justiz unerbittlich. „So geschah es einmal in Den Haag", erzählt Parival, „daß ein angesehener Mann bei der Heimkehr von einer Ausschweifung einen Wächter tötete. Und weder Bürgschaft noch Geldgebote, welcher Summe auch immer, vermochten ihn zu retten. Man schlug ihm den Kopf ab, um ein Exempel zu statuieren."[14] Die Nachtwächter hatten übrigens keinen besseren Ruf als die Polizisten: in der Mehrzahl brutal und bestechlich, während der langen Winternächte statt auf den Straßen in Schänken anzutreffen, sagte man einigen von ihnen den Umgang mit Straßenräubern, wenn nicht gar mit Brandstiftern nach.
Die meisten Städte hatten außerdem noch Nachtspäher, die, mit einer Trompete versehen, auf den Turmspitzen der Stadtwälle Wache hielten. Dieses Übermaß an Vorsicht setzt uns in Erstaunen. Aber vergessen wir nicht, welch schreckliche Naturgefahr jahrhundertelang die totale Dunkelheit für den ehrlichen, schlafenden Menschen darstellte. Alles, was das Haus, die Güter, ja sogar das Leben bedroht, gewinnt des Nachts über Gebühr an Macht: Brand, Raub, Mord ... und in Holland der Sturz in einen Kanal, denn die Kanäle haben keine Geländer.

Daher die Anordnung der Polizeistunde und die Vervielfachung der niemals ausreichenden Reglementierungen in bezug auf die öffentliche Beleuchtung: für die Wachen und Privatpersonen, denen es gestattet ist, nachts auszugehen, die Verpflichtung, eine Laterne oder Fackel mit sich zu führen. Trotz dieser Maßnahmen tauchte der Sonnenuntergang die niederländischen Städte bis gegen 1670 jeden Abend in die Finsternis. Die Enge der Straßen und die Bäume in den Alleen reduzierten die Wirkung des Mondscheins selbst bei schönem Wetter auf einen Schimmer. Seit dem 16. Jahrhundert versuchte man hier und dort wirksamer gegen die Nacht anzukämpfen: in Dordrecht wurden das Rathaus, das Wachregiment und einige andere öffentliche Gebäude von in Nischen aufgestellten Kerzen erleuchtet. Um 1600 verbrauchte man hier nicht weniger als 4266 Stück jährlich. Anderswo brachte man an den Ecken der städtischen Gebäude, am Zugang von gefährlichen Brücken kleine Öllampen an. 1579 bekamen die Schankwirte von Amsterdam den Befehl, ab zehn Uhr abends eine über ihre Tür zu hängen. Sie folgten so widerwillig, daß die Anordnung 1587 erneuert werden mußte. Die so geschaffene Beleuchtung war lächerlich. 1595 verlangte die Stadtverwaltung, daß in jeder Straße aller zwölf Häuser ein Gebäude an seiner Vorderfront mit einer Laterne, die an einer Eisenstange hängen sollte, versehen werden müßte. Das wurde ausgeführt. Aber die Kerze in der Laterne war teuer, man „vergaß" oft, sie anzuzünden. 1597 mußte die Stadt eine Innung von Laternenanzündern schaffen ... und eine weitere von Geldeintreibern, die beauftragt waren, eine spezielle Gebühr für den Unterhalt dieser Beamten zu erheben. Aber eine technische Schwierigkeit machte die Anstrengungen zunichte: die Kerzen strahlten nicht.

Erst 1669 fand man ein wirksames System für die öffentliche Beleuchtung. In jenem Jahr stellte der Maler Jan van der Heyden der Amsterdamer Stadtverwaltung ein Projekt von Öllampen vor, die speziell dem Gebrauch im Freien angepaßt waren und in großer Zahl in der ganzen Stadt verteilt werden sollten. Diese Erfindung verursachte Begeisterung. Van der Heyden wurde der Titel „Inspektor der öffentlichen Lampen" verliehen, man betraute ihn mit der Leitung der Laternenanzünderinnung. Seitdem sah man bei Anbruch der Nacht die Anzünder durch die Stadt eilen, in der Hand die Leiter und den Lappen, mit dem sie das auf den Hornscheiben der Lampen verschmierte Öl abwischten ... So erhellten 1679 133 Lampen die Stadt; zehn Jahre später zählte man 2400, die jeden Abend gleichzeitig angezündet wurden und deren Ölmenge sich nach der Länge der Nacht richtete.[15] Andere Städte folgten dem Beispiel Amsterdams. 1678 wurden die Lampen des Jan van der Heyden von Den Haag übernommen, 1682 von Hoorn. Was die Ortschaften mittlerer Bedeutung betrifft, so kannten sie keinerlei Art der öffentlichen Beleuchtung.

Unter den Gefahren, die die Nacht in sich barg, ist eine, die von der Straßenbeleuchtung nicht gebannt wurde, die sie in gewissem Maße noch vergrößern konnte: der Brand. Die Anzahl der Holzbauten, die Enge der öffentlichen Wege und vor allem die Primitivität der Löschtechnik machten diesen zur schlimmsten Geißel, die eine Stadt zu fürchten hatte. Die Illuminierung mit Hilfe von Pech und Teer, bei bestimmten Festen verwendet, vervielfachte die Gefahren. 1665 löste eine Prozession in Roermond einen Brand aus, der die Stadt verwüstete. 1667 zerstörte ein Feuer das ganze Dorf Marken, 1665 das Dorf Ryp. 1651, als man am neuen Rathaus von Amsterdam arbeitete, brannte das alte, von dem schon ein Teil abgerissen war, unter mysteriösen Umständen nieder. Große Mengen Silbermünzen, die in seinen Kellern gelagert waren, schmolzen, ein Teil des Archivs wurde vernichtet. Die Flammen, vom Wind getrieben, schlugen über den Damplatz. Es fehlte nicht viel, und sie hätten auf das in Bau befindliche Palais übergegriffen.

Die öffentliche Meinung sah in dem Brand eine durch göttlichen Zorn hervorgerufene Naturkatastrophe. Die bedachtsameren Behörden taten ihr Bestes, ihn zu verhindern oder zu bekämpfen. In Wormer, einem wichtigen Industriezentrum des Biskuitporzellans, verkündete seit 1604 eine spezielle Glocke den Augenblick, da man die Brennöfen anzündete, und später, wenn man sie auslöschte. In der übrigen Zeit war das Brennen verboten. Überall bestimmten Vorschriften das Material und die verbindliche Form der Schornsteine. In allen Städten und vielen Dörfern war ein Alarmsystem eingerichtet, das den Spähern und Nachtwächtern anvertraut war. Der Wächter drehte seine knorrige Rassel, was einen unheilverkündenden, leicht zu identifizierenden Ton gab. Der Späher blies in sein Instrument und hängte gleichzeitig eine Laterne aus dem Turm, die die Richtung, in der er die Flammen entdeckt hatte, angab. Auf dieses Signal ergriffen die Bürger hastig ihre Ausrüstung und stürzten herbei. Die relative Wirksamkeit des niederländischen Systems beruhte auf der Fülle an Hilfsmitteln und ihrer ausgezeichneten Wartung. In Leiden verfügte die städtische Feuerwehr über zwölf Leitern, 400 Fakkeln, 438 Ledereimer und zwei Marinesegel von zwanzig Meter Länge, die naß auf das brennende Gebäude geschleudert werden sollten. Außerdem wurden in jedem Abschnitt vier Leitern mit dreißig Sprossen, zwei mit dreiundzwanzig, acht mit zehn, 400 Fackeln und zwei Segel bereitgehalten. Schließlich mußte jede Person mit einer Wohnung im Wert von 1 bis 30 Gulden einen guterhaltenen Eimer besitzen, jedes Haus zwischen 30 und 200 Gulden eine kleine Leiter, die Häuser zwischen 200 und 600 Gulden zwei Leitern, die Häuser über 600 Gulden zwei Leitern und einen Eimer. Die Manufakturen waren einer analogen Verordnung unterworfen: eine Brauerei – sechs Eimer, eine Weberwerkstatt – vier Eimer, eine Bäckerei – zwei. Jedes Jahr im April schritt die Stadtverwaltung zur Inspektion dieser Ausrüstung: jeder Bürger stand vor seiner Tür und zeigte Eimer und Leitern. Und die Herren schritten langsam die Straße ab und kontrollierten ... Die Organisation war in etwa in allen Städten die gleiche. Jan van der Heyden sollte auch in dieser Hinsicht auf sich aufmerksam machen. Nach dem gewaltigen Brand, der am 12. Januar 1673 die Seilerei der Amsterdamer Admiralität vernichtete, ließ er die Stadtverwaltung an einer Pumpe, die er erfunden hatte, Geschmack finden. Mit Spritze und Rohrleitungssystem war sie fähig, einen armbreiten Wasserstrahl bis zum First der höchsten Häuser auszustoßen.

Der öffentliche Hygienedienst (obwohl er uns heute rudimentär erscheint) rechtfertigte im großen ganzen den Ruf der Sauberkeit, in dem die Niederlande standen.

In jeder Stadt übten Beamte im Namen der betroffenen Innungen auf dem Markt Kontrollen der verderblichen Lebensmittel aus: Fleisch, Fisch, Wein und sogar Weizen. Da es keinerlei Gefriermöglichkeiten gab, und in Anbetracht der relativen Langsamkeit des Transports, waren die Verwaltungen der Großstädte besonders um die Fischkontrolle besorgt. Komplizierte Vorschriften regelten sie. So wurde der aus dem Hafen von Scheveningen kommende Fisch nicht auf direktem Weg in die Stadt gebracht, sondern abwechselnd mal vom Norden, mal vom Süden, damit der Reihe nach jedes Wohnviertel versichert sein konnte, daß die Ware frisch war. Jeglicher Fischabfall mußte eine halbe Stunde nach Marktschluß aus dem städtischen Territorium hinausgeschafft worden sein. In Utrecht wurde aller verdorbener Wein in den Kanal gegossen; es war verboten, verdorbenen Weizen zu verwenden ... im Gegensatz dazu gestattete man seinen Verkauf in den Dörfern der Provinz! Alle ausländischen Reisenden bestätigen die Sauberkeit der holländischen Straßen. Jede Bürgerin wäscht Gehweg und Fahrbahn vor ihrem Haus oder läßt sie waschen. Manchmal streut man hier feinen Sand. In Broek wird das Pflaster mit der Bürste gescheuert, die Stadtverwaltung treibt ihre Sorgfalt so weit, daß sie den Einwohnern untersagt, ihre natürlichen Bedürfnisse auf der Straße zu stillen! Broek, Alkmaar und Leiden rivalisieren auf diesem Gebiet. Die ausländischen Besucher wissen nicht, welcher Stadt sie den ersten Preis für Sauberkeit zuerkennen sollen.[16] Dennoch ist Leiden von der Natur seiner Kanäle gepeinigt, die, von einem stehenden Gewässer gebildet, oftmals modrig und ekelerregend sind. Man versuchte, diesen Stand der Dinge zu beheben, indem man einen Wasserweg zum Meer anlegen wollte. Aber man mußte dieses Projekt fallenlassen, weil dafür die Dünenkette von Catwyk hätte durchbrochen werden müssen, was für einen Teil der Provinz zu einer großen Bedrohung geworden wäre, lag er doch unterhalb des Meeresspiegels. In diesen so gepflegten Städten bleiben die Kanäle ein gesundheitsschädigender Faktor. In der Tat kennen die Niederlande des goldenen Jahrhunderts keine Abwasserkanalisation. Schmutzwasser und Unrat werden in den Kanal gekippt. In der warmen Jahreszeit wird die Stadtluft davon nicht weniger ungesund. Von Zeit zu Zeit wird der Grund mit Schleppnetzen von diesen Fäkalien befreit.

Wenigstens sorgt man für den Abtransport des Schutts, der sich auf der Fahrbahn ansammelt. Während man den Straßen in Frankreich zu jener Zeit eine leicht konkave Form gab, mit einer Gosse in der Mitte, sind sie in Holland konvex und haben auf jeder Seite eine Gosse. Abnehmbare Bretter bedecken diese. Die anwohnenden Bürger sind aufgefordert, die an ihrer Fassade entlanglaufenden Planken zu reinigen und zu unterhalten. In Den Haag ist ein städtischer Straßenwärter extra damit beauftragt, im Sommer mehrmals am Tag den Hof des Voorhout zu besprengen. Er macht es mit Hilfe eines von Pferden gezogenen Sprengwagens, ein für die damalige Zeit einmaliges Verfahren.

AUF DEM LAND

Im 17. Jahrhundert isoliert die Geographie die Niederlande vom restlichen Europa. Das Meer auf der einen Seite, Sümpfe und Ödland auf der anderen, scheint das Land von „Wüsten“ umgeben.[1] Was man „die großen Flüsse“ nennt, trennt das niederländische Territorium vom spanischen Flandern und Brabant: verzweigte Deltas von Rhein und Maas mit unzähligen Wasserarmen und vagen Uferstreifen. Weiden beugen sich darüber, zwischen deren Wurzeln das Erdreich ausgehöhlt wird, hier und dort hält eine Reihe geteerter Pfähle es schlecht und recht. Manchmal erstreckt sich zwischen diesem Erdwall und dem festen Ufer ein Sumpfstreifen, in dem Schilfrohr wächst und Enten nisten. Ein Deich läuft an dem weiten Biesbos entlang: von Linden überschattet, verläuft hier die Straße. Jenseits liegt die vollkommene Ebene des holländischen Landes, von Kanälen und Gräben zerschnitten.

Dem von Frankreich kommenden Reisenden bieten sich zwei Wege ins Innere des Landes. Der eine, den wir touristisch nennen würden, führt am Meer entlang, weniger ein Weg denn eine Promenade aus feinem Sand, auf der dem Meer zugewandten Seite hohe, von Stechginster überzogene Dünen, den gesamten hundert Kilometer langen, fast geradlinigen Strand entlang, der von der Rheinmündung bis in die Gegend von Helder reicht. An seinem nördlichen Ende hat eine verhältnismäßig kurze Zeit zurückliegende Katastrophe die Insel Texel vom Kontinent abgeschnitten. Noch im 17. Jahrhundert sieht man auf dem Grunde des so entstandenen Meeresarms dicke Baumstümpfe: es kommt vor, daß sich Schiffsanker unlösbar darin festhaken. Die Fischer vermeiden es, in dieser Gegend ihre Netze auszuwerfen. Darüber hinaus ist die ganze Zuiderzee mit dem unebenen Grund der Sandbänke ein gefährliches Meer. Die Winde lassen hier tückische Wellen entstehen, die geringe Tiefe erfordert, daß nur die engen Fahrrinnen um die Inseln Marken, Schokland, Urk, Wieringen benutzt werden.

Der andere Weg, die normale Straße, die sowohl in die großen holländischen Städte als auch in die zentralen und nördlichen Provinzen des Landes führt, durchquert eine damals zu zwei Dritteln von Wasser beherrschte Landschaft: Flüsse, Seen, Tümpel, Sümpfe. Die Erde scheint sich hier aufzulösen; das einzige bequeme Fortbewegungsmittel ist das Schiff, dort sind die Dörfer seltener als überall sonst in den Niederlanden. Im Norden erstrecken sich die Distrikte des „nördlichen Holland“, deren Wege von großen Bäumen gesäumt werden. Im Osten die Provinz Utrecht, von dem schönen Fluß Vecht durchzogen, der sich unter hohen Schatten dahinschlängelt. Im Nordosten an der Zuiderzeeküste liegt

Gooi, eine Region bewaldeter Dünen, an die sich Gelderlands Heiden und große Wälder anschließen, bevölkert von riesigen Schafherden, von Wildschweinen, Schlössern und Legenden. Von dort führen die Straßen, den Fluß Ijssel überspringend, nach Norden hinauf. Sie durchqueren das fast unbewohnte Drenthe, eine unfruchtbare Heidelandschaft, durchbrochen von Eichenwäldern, mit elenden „Schlössern" übersät, dann erreichen sie das Land Groningen, das, dünn besiedelt, jedoch eines der bestbeackerten und blühendsten der Union ist. Von seinen kleinen Küstenhäfen gelangt man zu den friesischen Inseln, die von Fasanen und Meeresvögeln nur so wimmeln und von den südlichsten Robbenwanderungen berührt werden. In Richtung Westen, wo die Kanäle seltener sind, breitet das von Seen übersäte Friesland seine mit Hecken umgebenen Felder aus, seine Plantagen im Dickicht. Von dort fährt der Reisende, sich nach Harlingen einschiffend, per Segelschiff nach Zeeland mit den fruchtbaren Inseln hinunter, die auf den gewaltigen Wassern ausgestreckt liegen, wo Rhein, Maas und Schelde langsam zum Meer werden.

Milde und Unbeständigkeit charakterisieren das Klima dieses Landes. Winter wie Sommer sind hier im allgemeinen gemäßigt, zu jeder Jahreszeit bläst der Wind, Regen ist häufig. Es schneit wenig. Das Eis auf den Seen und Kanälen hält sich selten länger als ein paar Tage, ein paar Wochen, in manchen Jahren frieren sie gar nicht zu; 1630 war der Winter außergewöhnlich warm. Die Plage dieses Landes ist seine Luftfeuchtigkeit, die ständige Nebel hervorbringt. Aus dieser Sicht ist Amsterdam besonders benachteiligt; die Sümpfe, die die Stadt umgeben, verursachen dort mehr Nebel als sonst irgendwo. So herrschen hier eher rauhe natürliche Bedingungen. Die Ausländer, die lange genug in den Niederlanden lebten, um die Langzeitwirkungen einschätzen zu können, beklagen sich über Rheumatismus, Migräne und Abgespanntheit. Saumaise und Descartes werfen der Milde des Klimas vor, geistiger Arbeit zu schaden.[2]

Das holländische Land ist monoton und dennoch von einem heftigen Charme. Die Menge der Wasserwege schafft hier ein unvergleichliches Element der Abwechslung in der Einheitlichkeit; die große Anzahl der Mühlen ein malerisches Charakteristikum. Viele prominente Ausländer kamen damals das Land besuchen, einfach angezogen von seiner Schönheit: Touristen vor der Erfindung des Tourismus. Der Eindruck, den sie von dieser Reise mitnahmen, war eine Mischung aus Erinnerungen, in denen das Land die grundlegende Stimmung bildete, den angenehmen und verschwommenen Hintergrund, vor dem sich die „Herrlichkeit“ der Städte abhob.

Tatsächlich blieben die Niederlande im wesentlichen städtisch. Die Provinz Holland noch mehr als die anderen. Zahlreich, im allgemeinen wohlhabend und stark bevölkert, beherrschten die Städte das Leben der Nation, bestimmten ihre Sitten, ihre Politik, ihre geistige Ausrichtung. Das Land spielte nur eine passive Rolle, es folgte. Dennoch war der Unterschied zwischen Stadt und Land (wie wir ihn meinen) in den westlichen und südlichen Provinzen mit großer Bevölkerungsdichte und ohne diese ausgedehnten Einöden, die zu den umliegenden Ländern gehören, nur schwach erkennbar und allein im juristischen Status begründet. Stadt nannte man eine von einem Wall umgebene Ansiedlung, die städtische Steuern erhob und Deputierte in die Provinzstände entsandte. In der Provinz Holland trugen nur achtzehn Orte diesen Titel: Amsterdam, Leiden, Haarlem, Delft, Gouda, Dordrecht, Rotterdam, Gorkum, Schiedam, Schoonhoven, Den Briel, Alkmaar, Hoorn, Enkhuizen, Medemblik, Edam, Monnikendam, Purmerend. Mehrere von ihnen blieben während des 17. Jahrhunderts ziemlich armselige Marktflecken. Im Gegensatz dazu waren bedeutende Orte offiziell Dörfer, so Den Haag. Das „Dorf“ Zaandam, ein großes Industriezentrum, das über acht Kilometer Kais verfügte, hatte zu seiner besten Zeit 20 000 Einwohner!

Nur ein Teil der um 1660 in der Provinz Holland erfaßten 400 Dörfer bestand aus kleinen landwirtschaftlichen Ansiedlungen. Ihre Anzahl erhöhte sich stark in den östlichen Provinzen, um sich im Norden des Landes erneut zu verringern. Reizend und gepflegt, bewahrten diese

Dörfer durch die Natur des Bodens und den Charakter der regionalen Wirtschaft bestimmte örtliche Stile. Die Fischer von Marken bauten ihre Häuser aus geteertem Holz auf künstlichen Hügeln oder auf hohen Pfeilern. Sie hatten einen einzigen Raum, in dessen Mitte man auf einer Blechplatte, die direkt auf dem Boden lag, Feuer machte. In Twente und Veluwe kannten die Bauernhöfe keinerlei innere Trennwand: Menschen und Vieh teilten sich denselben großen Raum mit gestampftem oder grob gepflastertem Boden unter nackten Eichenbalken, zwischen Wänden aus Strohlehm. Die Hauptfassade, vor der sich der Ziehbrunnen befand, erhob sich gegenüber dem Kamin, in dessen Richtung sich der Torweg öffnete, durch den Vieh und Wagen das Haus verließen. Im elenden Drenthe bewohnten die Holzfäller fast fensterlose Hütten aus Torfklumpen, die halb in die Erde eingegraben waren. Gewaltige Bauernhöfe mit drei Gebäuden markierten wie Festungen die Ebene von Groningen.[3] In Limburg ähnelt der Bautyp jenem, den wir aus Frankreich kennen: Wohnhaus, Ställe und Scheune umgeben einen rechteckigen Hof, der von einem Tor verschlossen wird.[4] Ein Graben, von einer Zugbrücke überspannt, umschloß im allgemeinen diese Häuser. Eine Wand aus Bäumen schützte die Fassade. Oft kletterte ein neben der Tür gepflanzter Rebstock bis zur Höhe des Daches, wo er sich, von Pflöcken gehalten, zur Weinlaube ausbreitete. Das Dach war meistens aus Ried. Deshalb zweifellos verzichtete man auf den Schornstein: der Rauch entwich durch die Tür oder durch eine besondere Klappe.

Manchmal isoliert, gruppieren sich die Bauernhöfe meistens unregelmäßig um die Kirche, Schmiede oder Herberge: herausragende öffentliche Gebäude, deren pittoreskes Äußere viele Maler inspirierte. Aber in diesen Landschaften ohne Einfriedungen (außer in Friesland), wo manchmal Hunde auf dem Boden der flachen Barken hecheln, wo am Abend die Bäuerinnen mit dem Boot auf die Weiden fahren, ihre Kühe zu tränken, hat das 17. Jahrhundert prachtvolle Villen in großer Anzahl hervorgebracht: Orte der Erholung, die sich große Händler aus der Stadt errichten ließen, um hier die Sonntage oder die schöne Jahreszeit zu verbringen. So fährt man gern nach Betuwe, nach Veluwe, in die Gegend von Delft und besonders an die Ufer der Flüsse. Hier erbaute man auf Rasenbänken, in tiefen Nischen im Grünen Landpaläste, die den aufwendigsten Luxus der reichen Klasse darstellen. Die meisten Großbürger von Amsterdam haben ihre Besitzungen an der Vecht oder an der Amstel. Man steigert Glanz und Komfort des Hauses in dem Maße, scheint es, da man aus Platzmangel die Gärten einengen muß. Einige Spalierwege um einen Rasen oder manchmal einen Teich herum, ohne Geländer und gestutzte Büsche. Ein italienischer und französischer Einfluß wird nach und nach in der Gestaltung spürbar. Man legt Wasserspiele an, Springbrunnen, künstliche Höhlen, Tempel aus Pflanzen, Inselchen, kleine Brücken über ganz kleine Seen ... Aber die Gartenfläche wird kaum größer. Zeitweilig häufen sich die geschmacklich äußerst zweifelhaften Verzierungen. Eine der Literatur entstammende Mode hat einige Parks in Arkadien verwandelt. Sich an Stichen und idyllischen Gemälden inspirierend, gestaltet man peinlich genau die Gärten der Armide nach. Anderswo triumphiert das Labyrinth, ein zwischen gestutzten Hecken unentwirrbar verschlungener Weg. Diese Art gärtnerischer Sehenswürdigkeit hatte einen solchen Erfolg, daß die Stadt Amsterdam 1613 ein Labyrinth am Ufer der Prinzengracht anlegen ließ. Schlösser im eigentlichen Sinne waren in der Union im goldenen Jahrhundert relativ selten. Nur Geldern, das Land der Junker, bildete eine Ausnahme. Mehr oder weniger veränderte Bauten aus dem Mittelalter existierten noch hier und dort. Einer der beeindruckendsten war das aus dem 13. Jahrhundert stammende Schloß von Muiden am Ufer der Zuiderzee, vier Meilen von Amsterdam. Das 17. Jahrhundert errichtete einige Schlösser nach französischem Vorbild wie das von Ryswick, ein Werk des Statthalters Friedrich-Heinrich.

Der provinzielle Partikularismus, den die Vielfalt selbst der Landschaften, der Tätigkeiten und der Wohnmoden belegen, ruft leicht eine Art Chauvinismus hervor. Holländer, Zeeländer, Groninger halten eifersüchtig an der Originalität ihrer Bräuche fest. Der durch den Befreiungskrieg übersteigerte Patriotismus äußerte sich auf lokaler Ebene. Für den Menschen jener Zeit, der seinen mittelalterlichen Ursprüngen noch nahesteht, ist die Heimat die Stadt und noch mehr (da der Städter immer stärker Umgang mit der Außenwelt hat) das Dorf. Welche Gemeinsamkeiten gibt es in der Lebensweise eines Schäfers aus Drenthe, Gefangener der Weiten seiner Heide mit dem schwarzen Torfboden, und einem Fischer aus Zeeland? Die Männer aus Geldern sind die tapfersten Krieger. Aber die Holländer rekrutieren ihre Haudegen in Deutschland und Skandinavien. Von Stadt zu Stadt, von Dorf zu Dorf unterscheiden sich die Tracht, die Anlage des Wohnsitzes, der Ablauf von privaten und öffentlichen Festen, die Form der Instrumente, die Mundart in einigen Details. Und auf diese Details kommt es an! Jede Ortschaft hat ihre speziellen Volks- oder Kunstlieder, die oft in lokalen Sammlungen gedruckt sind: fromme Lieder, Liebeslieder, aber auch viele patriotische Gesänge, von einheimischen Poeten zum Lobe ihres kleinen Vaterlands verfaßt. Nur einige Kilometer voneinander entfernt, wetteifern Hoorn, Alkmaar, Enkhuizen mit Versen. Jede der Städte hält sich für die älteste, die schönste, die blühendste. In den Schenken, wo man diese Texte singt, artet der Gesang leicht in Handgemenge aus: man verprügelt den Ortsfremden, der nicht mitsingt. Ortssagen nähren dieses kollektive Bewußtsein. Im Dorf Loosduyn zeigte man in der Kirche die zwei Kupferbecken, in denen die 364 Kinder, derer die Komtesse Machtilde am selben Tag entbunden ward, ihr erstes Bad erhielten. In Edam erinnerte man sich, in alten Zeiten eine Sirene gefangen und gezähmt zu haben. Die Sandbank, die die Fahrrinne von Stavoren blockiert, rührt her von einer Ladung Weizen, die eine reiche Witwe einst versenkt hatte, aus Verdruß, weil sie von ihren Matrosen verhöhnt worden war. Die im Nordosten zahlreichen Megalithen gelten hier für das Werk eines gewaltigen Dämonen ...

STRASSEN UND KANÄLE

Das Netz der inneren Verkehrswege ist bemerkenswert entwickelt, die Organisation des Verkehrswesens perfektionierter als in jedem anderen Land Europas. Die natürliche Einfachheit der Fortbewegung in diesem flachen, von Wasser durchsetzten Land begünstigt in großen Maßen den ersten Aufschwung des Handels. Jener wiederum gestattet den Ausbau der Infrastrukturen und die Vervielfachung der Verkehrsmittel. Von Delft nach Den Haag hat der Reisende die Wahl zwischen zwei Routen: einer Allee als Hauptstraße und einem von schönen Bäumen beschatteten Kanal; von Leiden nach Amsterdam zwischen vier regulären Wegen: mit dem Schiff entweder durch den Haarlemer See oder durch den Kanal, den man um die Mitte des Jahrhunderts ausgehoben hat, oder schließlich mit dem öffentlichen Nachtdienst durch den See von Braassemer; mit dem Fahrzeug oder zu Pferd über die Moorstrecke. Auf diese Weise stehen immer, außer im Osten des Landes, wo die Wasserwege weniger zahlreich sind, zwei Transportmöglichkeiten für ein und dieselbe Route zur Verfügung. Im allgemeinen zieht die Kundschaft den Kanal oder Fluß der Straße vor.

Die Technik des Straßenbaus ließ in der Tat viel zu wünschen. Die auf den Dämmen und Deichen verlaufenden Erdwege genügten dem örtlichen Verkehr. Im Laufe des Jahrhunderts baute man hier und dort einige hervorragende Chausseen, wie diejenige, die Den Haag und Scheveningen verbindet und die von Temple[1] als „Römerarbeit" bezeichnet wurde. Aber meistens war die Straße nur ein Sandweg ohne Erdaufschüttung noch Randschutzstreifen. Nur die Spuren der Fahrzeuge machten ihren Verlauf sichtbar. Übrigens verschwanden diese Spuren selten. Mit der Zeit und mit der Zunahme des Verkehrs wurden die Straßen breiter, sie drangen auf die angrenzenden Felder vor. Jene sehr alte, die von Arnhem nach Harderwijk führte durch eine Gegend, wo kein Wasserlauf Einhalt gebot, erreichte an manchen Stellen einen Kilometer Breite. Die langen Regen im

Herbst und im Frühjahr machten die Straße zu einem Morastloch, in dem man steckenblieb, bei winterlichem Frost waren die Spurrinnen halsbrecherisch, der Sommer wirbelte hier Staub auf, der die Reisenden mit einer Kruste bedeckte. Zu Beginn des Jahrhunderts betrachtete man als bedeutenden Fortschritt, daß die Staaten von Holland und Utrecht allen Fahrzeugen ihrer beiden Provinzen einen genormten Achsenabstand auferlegten. Auf diese Weise verhinderte man eine zu starke Zerstörung der Spur, was in geringem Maße die Erschütterungen dämpfte. Aber der unglückliche Reisende, der, um sich nach Amsterdam zu begeben, ein Fahrzeug aus Geldern und Overijssel benutzte, wurde um so mehr durchgerüttelt ...

Dieser Stand der Dinge hinterließ jedoch bei den Ausländern keinen zu schlechten Eindruck: fast das gesamte europäische Straßennetz war im 17. Jahrhundert beklagenswert. Im Gegensatz dazu boten die niederländischen Straßen dank einer zweckmäßigen Strafgesetzgebung verhältnismäßig mehr Sicherheit als die anderer Länder. Es ist wahr, daß während der ersten Jahre des Waffenstillstands Banden von entlassenen Soldaten das Land heimsuchten, Postkutschen und einsame Reisende überfielen. Nach und nach rieb man sie auf, und der Straßenraub wurde seltener. Sicher, das kleinste Gehölz konnte Diebe verbergen. Aber die Gesetzeshüter waren wachsam und bestraften hart. Zum Beispiel wurde der verhaftete Taschendieb an Ort und Stelle seines Beutezugs gehängt. Als Huyghens 1620 nach Italien reiste, zählte er auf der Straße, die am Rhein entlangführt, nicht weniger als fünfzig Galgen auf nicht ganz zweihundert Kilometer ...

Ursprünglich beschränkte sich der Verkehr auf Fußgänger, Reiter, Privat- oder Mietfahrzeuge. Gegen Mitte des Jahrhunderts tauchten die Postkutschen auf, öffentliche Verkehrsmittel, als regelmäßige Linien mit festem Fahrplan organisiert. Das waren lange Karren auf hohen Rädern ohne Federung, überwölbt von Wachsplanen und von zwei oder vier Pferden gezogen. Man befestigte kleine Segel aus Leder daran, die, je nach dem Wind, aufgespannt oder eingerollt wurden, was (um den Preis der höchsten Unbequemlichkeit für die Reisenden) für diese Zeit bemerkenswerte Geschwindigkeiten erlaubte: ohne Zwischenfall (Rad- oder Achsenbruch, Sturz in den Graben, Überfall) durchschnittlich achtzig bis hundert Kilometer am Tag, einschließlich der Zeit, die die Pferdewechsel und die Aufenthalte der Postillone in den Schenken beanspruchten!

Die Abfahrts-, Durchfahrts- oder Ankunftsstellen in den Städten, in der Nähe einer Brücke oder auf einem Platz gelegen, waren richtige Bahnhöfe. Die Linie Den Haag–Amsterdam fuhr zweimal täglich vom Korsjespoort ab: morgens zwischen sechs und sieben Uhr (außer im Sommer, der Ferienzeit des Hofes) und jeden Nachmittag um dreizehn Uhr. Die Postkutsche von Arnhem verließ Amsterdam montags in der Morgendämmerung, durchquerte die kleinen Städte des Gooi, setzte in Amersfoort die Reisenden in Richtung Norden ab und setzte ihren Weg nach Osten fort: dienstags um zehn Uhr erreichte sie Arnhem, von wo ein anderes Fahrzeug nach Köln abfuhr. Um drei Uhr morgens fährt eine Postkutsche von Groningen ab, macht um elf Uhr zum Mittagessen halt in Beilen, erreicht abends Kampen, wo ein Nachtanschluß die Reisenden nach Amersfoort übernimmt, dort gibt es zwei Anschlüsse, nach Utrecht und nach Amsterdam. So dauert die Reise von Groningen nach Amsterdam zweiundvierzig Stunden.[2] Der Preis ist sehr hoch, wenngleich die drei Sitzbänke der Postkutsche wegen ihres ungleichen „Komforts“ mit unterschiedlichen Tarifen belegt sind.[3]

Die ersten öffentlichen Transporte auf dem Wasser wurden im Verlauf des 15. und 16. Jahrhunderts zwischen einigen Städten der Provinz Holland ermöglicht. Dieses ursprüngliche Netz weitete sich immer mehr aus, bis es im 17. Jahrhundert das ganze Land überzog. Zuerst benutzte man Flüsse und Seen, wo man leicht mit dem Segel vorankam. Dann wurden Verbindungskanäle ausgehoben, durch welche man Boote von einem zum anderen dieser natürlichen Wege schleppte. Zwischen 1610 und 1630 nahm man große Arbeiten in Angriff, die

die Verbindungswege verkürzen und den Verkehr beschleunigen sollten: Kanäle von Rotterdam nach Delft, von Amsterdam nach Haarlem, von Amsterdam nach Gouda, von Haarlem nach Leiden und Delft. Die Kosten dieser Arbeiten waren gering. Das Wasser sorgte überall für Anschluß. Manchmal genügte es, zwischen den Sümpfen eine Fahrrinne auszuheben und für die Treidler eine grobe Piste auf der Böschung anzulegen. Bau und Unterhalt der Schleusen kamen teurer als die Erdarbeiten. Andererseits forderte jeder neue Wasserweg die Errichtung zahlreicher Brücken, vorzugsweise aus Holz, weil die Decke beweglich sein mußte, um Schiffen die Durchfahrt zu gestatten. Nichtsdestoweniger blieb der Selbstkostenpreis von Transporten auf dem Wasser viermal geringer als der von Transporten auf der Straße. Um 1630 erhöhte sich die wirtschaftliche Bedeutung der Kanäle noch infolge der Erfindung von Transportschiffen, die von einem Pferd geschleppt wurden. Bis dahin kannte man, in Ermangelung von Segeln, nur das menschliche Treideln: fünf an ein langes Seil gespannte Männer, die sich am Fluß abmühten. Seitdem konnte die Nutzlast des Bootes in beträchtlichem Ausmaß erhöht werden, wobei die Kosten im selben Maße gesenkt wurden. Bei gleichem Kraftaufwand, erklärte man Temple[4], bewegt ein Pferd auf dem Wasser ein fünfzigmal größeres Gewicht, als es, vor einen Wagen gespannt, fortziehen würde.

Das Transportschiff, ein langes mit einem Deck versehenes Boot, hat einen Gemeinschaftsraum sowie eine Kajüte unter dem Deckshaus und kann etwa fünfzig Reisende mit ihrem Gepäck aufnehmen. Sein Inneres ist von peinlicher Sauberkeit, die Sitzbänke sind bequem. Hier kann man lesen und schreiben, auch schlafen, den Kopf auf den Armen. Hier wird gegessen und getrunken. Der auf Geschäftsreise befindliche Händler bereitet hier seine Unterlagen vor. Es ist eine echte Arche Noah, und die Fremden wundern sich, hier alle Bevölkerungsklassen vermischt zu sehen: reiche Händler, Beamte, Bauern, Matrosen, Prostituierte in einem geräuschvollen und grellfarbigen Nebeneinander. Hier nimmt der

Klatsch seinen Lauf, politische Diskussionen entflammen, und Idyllen bahnen sich an. Es existieren speziell für die Passagiere von Transportschiffen bestimmte Liedsammlungen[5]. Der Bootsführer, manchmal ein Jugendlicher, lenkt vom Ufer aus rücklings auf einem Pferd. Er ist streitsüchtig, grob, eigensinnig. Man muß Verordnungen erlassen, um ihm den Gebrauch des Messers bei Diskussionen mit der Kundschaft zu untersagen.

Das Transportschiff ist wie die Postkutsche an einen Fahrplan gebunden, den es, besser als die Postkutsche, mit bemerkenswerter Genauigkeit einhält. Zur angegebenen Stunde wird auf dem Kai eine Glocke geläutet, um die Passagiere zusammenzurufen. Beim letzten Schlag legt das Schiff ab. Man wartet nicht auf die Nachzügler. Der Preis der Reise beläuft sich proportional zu den zurückgelegten Meilen. Auf diese Weise werden die kleinsten Marktflecken in der ganzen Union bedient. Auf jeder Linie legt zwischen Sonnenaufgang und Sonnenuntergang im Durchschnitt ein Schiff pro Stunde ab. Einige Linien, wie die von Amsterdam nach Gouda, werden sogar des Nachts bedient.

All diese Vorteile kompensieren in den Augen der Benutzer die Gemächlichkeit dieses Transportmittels, das drei- oder viermal langsamer als die Postkutsche ist. Diese Tatsache ist in erster Linie auf die künstlichen Hindernisse zurückzuführen, die von Abschnitt zu Abschnitt den Weg des Transportschiffes versperren. Oft zwingen eine feste Brücke oder ein Deich zum Umladen, wie in Halfweg auf dem bedeutenden Amsterdam-Haarlem-Kanal. Es wäre wenig kostspielig, Umgehungen anzulegen. Aber dem sind zu viele Interessen entgegengesetzt, besonders, wenn das vorhandene Hindernis eine steuerliche Rechtfertigung aufweist. Auf dem Overtoom, der administrativen Grenze von zwei Wasserdiensten, dessen Einrichtungen der Stadtverwaltung von Haarlem unterstehen, obwohl sie vor den Toren Amsterdams liegen, wird der Kanal durch eine kleine Holzmole geteilt. Man muß das Boot mit Hilfe von Winden und Rollen darüberheben, aber die großen

Schiffe können nicht passieren und sind gezwungen, den Umweg über Haarlem zu machen, wo sie eine Gebühr zahlen müssen. Hierbei handelt es sich um Verordnungen aus dem Mittelalter, die durch die unterschiedlichen Wasserstände in den verschiedenen Ortschaften berechtigt fortbestehen. Einige Gemeinden besitzen alte Privilegien, die verlangen, daß jeglicher Verkehr in einem bestimmten Abschnitt über ihre städtischen Gewässer verläuft, um ihnen die Gelegenheit zur Erhebung einer Steuer zu geben. In Gouda ist dieser Umstand besonders lästig: die Zahlung erfolgt auf dem zentralen Kanal der Stadt, der sehr schmal ist. Bei starkem Verkehr stauen sich die Schiffe stundenlang. Nur einige hundert Meter von dort umgeht ein breiter Kanal die Vorstadt, aber die Stadtverwaltung gestattet nur Kriegsschiffen, ihn zu befahren. Im übrigen sind auch die Straßen von dieser Art Dienstbarkeit nicht befreit. In manchen Gegenden versperrt eine Schranke, ein beweglicher Lattenzaun die Straße. Eine Aufschrift nennt die Höhe der Gebühr, darunter hängt ein Kasten, in den man die geforderte Summe einwirft. Alle zwei bis drei Tage kommt ein Beamter vorbei und leert die Kästen.
Die rechtliche Stellung der Schiffsführer machte die Nutzung der Transportschiffe auf andere Weise kompliziert. Es wurden zwar die Schiffsführer jeder Linie „durch den Bürgermeister" ernannt, aber durch welchen Bürgermeister: den der Abfahrts- oder Ankunftsstadt? Im Prinzip entschied der Brauch, das brachte aber unaufhörlich Konflikte mit sich. Eines Tages legt das Transportschiff im Zentrum von Amsterdam an. Die Polizei untersagt das Ablegen und verhaftet den Schiffsführer zur Überprüfung seiner Identität. Das ist reine Schikane. Haarlem bringt die Angelegenheit vor den holländischen Gerichtshof und bekommt recht. Amsterdam ereifert sich, jede Ankunft eines Transportschiffs aus Haarlem gibt Anlaß zu Ausschreitungen, zu Schlägereien. Der Verkehr ist lahmgelegt. Schließlich schreibt ein ordnungsgemäß besiegelter Vertrag fest, daß auf der Linie abwechselnd ein Schiffsführer aus Haarlem und einer aus Amsterdam fahren. Entlang der Strecken an den

Rastpunkten der Etappen fanden die Reisenden in den Städten und Marktflecken, in vielen Dörfern volkstümliche Herbergen, mit ein paar Zimmern oder Strohballen versehene Schenken, die poltrig und oft schmutzig waren. Die größeren Städte besaßen komfortablere, unseren Hotels vergleichbare Etablissements: Zum Kaiser oder Zur Gans in 's-Hertogenbosch, Zum Pelikan, Zum Löwen in Haarlem. Gegen 1680 gab es in Den Haag neun, in Rotterdam sechs und in Amsterdam etwa hundert. Manchmal waren die alten Hallen für das Bogenschießen[6] in städtische Gasthöfe umgebaut worden, so in 's-Hertogenbosch, Dordrecht, Utrecht, Amsterdam. Schließlich sicherten offizielle, „Herrenunterkünfte" genannte Einrichtungen in den bedeutendsten Zentren die Beherbergung von angesehenen Gästen. Fehlte eine solche Unterbringungsmöglichkeit, vertraute man den Gast der Obhut eines Notabeln an.

1689 veröffentlichte ein Amsterdamer Buchhändler einen „Reiseführer", der Informationen über die Transportmittel auf dem Gebiet der gesamten Republik lieferte: Karten der Linien zu Wasser und zu Land, Fahrpläne, eine Liste von Messen und Märkten, Herbergen und Kirchen, Gegenwerte für Münzen und Maße, den verschiedenen Momenten der Reise angepaßte Gebetstexte, Kirchenlieder, die für den Gesang morgens oder abends in der Herberge geeignet waren, gefolgt von Ratschlägen zur hygienischen oder moralischen Ordnung: Hütet Euch in der Feuchtigkeit des Transportschiffs vor der Rippenfellentzündung, die auf Euch lauert, in der Promiskuität vor den Prostituierten, trinkt weder Wein noch Bier, deren Ausscheidung peinliche Probleme bereiten kann …

ZWEITER TEIL
DAS HOLLÄNDISCHE INTERIEUR

DAS HAUS

Anlage und Möblierung

Bleiben wir vor irgendeinem Bürgerhaus stehen, an einer der Grachten der Stadt. Es gehört zum guten Ton, den an der schweren, gewachsten oder grün gestrichenen Eichentür befestigten, metallischen Klopfer nicht zu stark zu betätigen. Ein Türklopfer aus Eisen bei den gewöhnlichen Leuten, aus massivem Silber bei gewissen Reichen. Im übrigen würden wir, hätte uns unsere Reise in eine kleine Stadt der Provinz Holland geführt, eher an die kleine Tür des „Souterrain" klopfen oder über den Hof gehen. In der Tat behält der Brauch den Haupteingang den Hochzeiten und Begräbnissen vor.

Ein Schlüssel dreht sich in dem mit Kupferplatten verzierten Schloß. Wir betreten einen Raum, den ein Franzose nicht ohne weiteres Vestibül nennen würde, das *voorhuis,* Zentrum des Familienlebens, oft weit und hell erleuchtet durch die Fenster in der Fassade. Um dieses herum und unter ihm verbindet ein kompliziertes System von kurzen Treppen, Stufen, Türen die Räume des Erdgeschosses mit denen des „Souterrain", in dem sich wiederum die Keller und Speisekammern befinden. Im original holländischen Haus gibt es keinen Raum zu ebener Erde. Man muß ständig hinauf- oder hinabsteigen. Der Grundriß der Wohnstätte entwickelte sich von den zwei Räumen ausgehend, die früher ausreichten, eine solche zu bilden: dem „Vorzimmer" und dem „Hinterzimmer". Im 17. Jahrhundert haben nur noch die ärmlichsten Behausungen in der Stadt diese Einfachheit. Die zwei ursprünglichen Zimmer bestehen weiter, von einer Holzwand getrennt, die manchmal verglast ist, oder durch einen Flur. Dieser führt zu mehreren kleinen Durchgangszimmern. Einige Stufen, ein bogenförmiger

Holzrahmen unterbrechen ihn in der Mitte, durch eine offene Tür blickt man in eine im Helldunkel liegende Kammer, in der das Kleid einer jungen Frau einen Farbtupfer schafft, man ahnt den frühlingshaften Abglanz eines Gartens. Ein Schauspiel, das einen Jan Steen, einen Vermeer, einen Pieter de Hoogh, einen Metsu des öfteren verführt hat ... Von diesem Flur oder direkt vom Vestibül führt eine Wendeltreppe in einen Raum im Zwischengeschoß, „Hängezimmer" genannt, und dann in die obere Etage. Die Aufteilung der Zimmer ist seltsam. Manchmal wurde eine Trennwand an der Achse eines Fensters errichtet, so daß jeder der beiden aneinandergrenzenden Räume über dessen Hälfte verfügt. Eine andere, schmalere Treppe, kaum besser als eine Leiter, führt auf den Boden und zu den Kammern unter dem Dachstuhl mit riesigen schwarzen Pfeilern und Querbalken. Die Möblierung, bei den einfachen Leuten auf das Wesentliche beschränkt, wird bei den Reicheren im Verlauf des Jahrhunderts üppig. Im Geschmack, der ihre Auswahl bestimmt, treten örtliche Nuancen hervor. Dordrecht hält noch an der alten holländischen Rustikalität fest, als Amsterdam, Rotterdam und Delft schon begonnen haben, Den Haag zu imitieren, wo die englischen Stilrichtungen vorherrschen und dann die französischen. Alles in allem sind die Möbel zu Beginn des Jahrhunderts noch schwer und massiv. Zu ihrer Herstellung verwendet man vorzugsweise Eiche und Nußbaum. Stück für Stück werden sie leichter. Am Ende des Jahrhunderts haben die Linien eine gewisse geschwungene Eleganz erreicht, die an jene der französischen Kunsttischlerei erinnert.

Drei Möbelstücke bilden den Kern des Mobiliars: Tisch, Stuhl und Schrank. Man findet sie in allen Räumen. Sie sind der Stolz der Hausfrau, das Objekt, dem der Tischler seine größten gestalterischen Bemühungen widmet. Um 1600 gibt man dem Tisch die Form eines dicken rechteckigen Tabletts, das auf kugelförmigen Füßen steht, manchmal mit einem Leinentuch bedeckt, bei den Reichen mit Serge oder Damast. Dann finden verschiedene entliehene Typen Verbreitung: ein italienischer, *à joues* genannter Tisch, von zwei Seitenwänden getragen, ein kleiner runder Tisch auf drei Beinen mit herunterklappbarer Tischplatte, der an die Wand gestellt wurde, englische oder französische Modelle. Die Stühle bewahren den alten holländischen Stil besser: Säulenfüße, hohe Lehnen, niedrige Sitze, mit Leder bespannt, auf die man ein oder sogar zwei dicke Kissen legt. Nach und nach wird es zur Gewohnheit, dieses Möbel mit Plüsch oder Samt zu beziehen, der von Kupfernägeln gehalten wird. In die Lehne schnitzt man verschiedene Motive. Das Gestell wird immer leichter.

Das Prunkmöbelstück ist in der guten niederländischen Gesellschaft der Schrank. Die einfachen Leute, die Bauern, behielten ihre mittelalterliche Truhe, die waagerecht auf dem Fußboden stand, von oben geöffnet wurde und grün und rot gestrichen und mit rudimentären Zeichnungen geschmückt war. Doch der Schrank, ein Wertobjekt[1] und wesentlicher Luxus, bescheinigte Erfolg, einen sozialen Status, symbolisierte Reichtum und Behaglichkeit. Im Lauf des Jahrhunderts wird auch der ursprüngliche, eckige, tiefe, massive, nicht zu transportierende Schrank, der aus reinem Holz gearbeitet ist, leichter und entwickelt sich in der Art der französischen Kabinettschränke, mit Intarsien aus Perlmutt oder Elfenbein verziert. Ab 1670 stehen bei großzügiger Möblierung an seiner Seite Fächerschränke im eigentlichen Sinne: wertvolle, mit Schubläden versehene Truhen, die auf hohe Füße gestellt sind. Ein gut eingerichtetes Haus besaß mindestens zwei Schränke. Erstens der hochheilige, parfümierte Wäscheschrank, dessen Kontrolle sich die Hausherrin vorbehielt. Jener der reichen Frau Blyenborgh in Dordrecht enthält Schätze: Leinen aus Ostindien, aus Haarlem, Flandern, Amsterdam, Alkmaar, Friesland, Embden, nach ihrer Herkunft geordnet, Hauben, Taschentücher, Schultertücher, aus der Jugendzeit der Großmutter, achtzig Dutzend Hemden, vierzig Dutzend Tischtücher und Servietten, die als Aussteuer für die Kinder bestimmt sind. Ein Amsterdamer Buchhändler von mittlerem Vermögen stopft in seinen Schrank sechzig Laken, dreißig Tischtücher und mehr als dreihundert Servietten. Einige vornehme Damen stellen eine indische Truhe zum Wäscheschrank, die mit Kupfer oder Silber beschlagen ist, oder eine Truhe holländischer Fabrikation, die sie mit blauem Leinen bedecken. Und dann der Porzellanschrank, der im Prunkzimmer steht und auf dessen Böden man Teller, Krüge und verzierte Schüsseln, manchmal vermischt mit Musikinstrumenten, ausstellt. Auch pyramidenförmige Regale werden als Geschirrschränke benutzt. Selbst auf dem Land besitzen viele Leute einen Glasschrank, der es gestattet, wertvolle Objekte auszustellen. Oftmals bewahrt die Hausfrau darin die Geschenke auf, die sie einst zur Taufe erhielt, und ihre Hochzeitserinnerungen.

Das ist der allgemeine Rahmen des städtisch holländischen Interieurs, oft von charmanter Vertraulichkeit, aber nach dem Urteil französischer Besucher wenig komfortabel. Welches auch das soziale Milieu seines Bewohners sein mag, das Gefüge des Hauses bleibt im wesentlichen gleich. In den ärmlichen Gassen sind die Fassaden noch schmaler, die Fenster noch seltener, die Flure der Wohnung ziehen sich in die Länge und winden sich unter niedrigen Decken. Das Licht ist schlecht und das Mobiliar auf einige unverzichtbare Stücke reduziert, die Wuchtigkeit und Solidität des alten autochthonen Stils bewahrt. Arme Arbeiter und Lehrlinge sind in „Souterrains“ und auf Böden zusammengepfercht. Jedes Zimmer des Hauses bekommt durch die ihm zugedachte Funktion eine besondere Prägung.

Das „Vestibül“ ist der Nachfolger des alten „Vorzimmers“, das früher als Laden oder Werkstatt diente. Bei den kleinen Händlern und armseligsten Handwerkern hat es diese Bestimmung behalten. Hier arbeitet man bei weit offener Tür, die Waren draußen, unter der Markise ausgestellt. Im Vestibül unterhält der Lehrer meistens seine Schule, der Schankwirt seine Schenke oder Kneipe. Der einfache Bürger macht es zu seinem Hauptzimmer. Er schmückt es mit bemalten Porzellanfliesen. Er stellt einen Tisch hinein, ein paar Stühle, seinen Geschirrschrank, einen Spiegel, seine Kupferkessel, eine aus Holz geschnitzte Bank in eine Ecke an die Wand.

Bei den Reichen wird das Vestibül zum Salon. Die Bank ist aus Marmor. An den Wänden Jagdgemälde und Trophäen. Die repräsentative Rolle dieses Raumes flößt bei den bessergestellten Familien einen solchen Respekt ein, daß die Hausherrin, ihre Töchter und ihre Dienerin vermeiden, sich darin aufzuhalten. Sie richten sich in einem angrenzenden Kämmerchen ein (das bei den einfachen Leuten manchmal in das ehemalige „Hinterzimmer“ übergeht), wo sich der größte Teil ihres Lebens abspielt. Hier nähen sie, stricken und servieren die täglichen Mahlzeiten. Dieses „Wohnzimmer“ hat im allgemeinen ein kleines Fenster in der Vorderfront, das gestattet, die Straße zu beobachten, aber nur wenig Licht hereinläßt. Es ist einfach möbliert. Bei einem reichen Holzhändler aus Dordrecht finden wir darin einen Eichentisch, ein paar Stühle mit Lederkissen, an den Wänden weiße Fayenceplatten, Gemälde, in einer Ecke ein Lesepult, auf das man eine Bibel gelegt hat, schließlich zwei schwere Schränke, von denen einer unter seinem grünen Vorhang als Bibliothek dient.
Die Anzahl der Räume, die das Erdgeschoß umfaßt, variiert stark entsprechend dem Reichtum des Eigentümers. In allen Häusern findet man, wenn nicht eine Küche, zumindest einen Verschlag, irgendeine Nische, wo die Mahlzeiten bereitet werden. Bei den Armen ist das ein Winkel, aus dem bei bedecktem Himmel, wenn der Schornstein nicht zieht, ein von fettigen Gerüchen schwerer Dunst die ganze Behausung durchdringt. Im Gegensatz dazu verlieh man der Küche in der bürgerlichen Wohnung eine sagenhafte Würde und etwas von einem Tempel und einem Museum. An den Wänden glänzen Utensilien aus Kupfer und Zinn, der Tisch ist rosa gestrichen, der Boden manchmal mit Marmor ausgelegt. Ein mit Scheiben versehener Schrank birgt das Geschirr. In einem anderen, „Schatzkammer“ genannten Schrank werden die Vorräte, die in Gebrauch befindliche Tischwäsche, die Saucieren und die Hackbretter aufbewahrt. Auf einer Seite des Raums öffnet sich ein breiter Kamin. Auf der Feuerstelle, deren Grund geteert ist, steht der „Feuertopf“, ein primitiver, oben offener Tie-

gel, der von der Glutwanne und der Torfkiste flankiert wird. Über einem kleinen Kupferbecken befindet sich ein von einer Pumpe gespeister Wasserhahn, die an eine Zisterne angeschlossen ist. Die Küche einer reichen Bürgerin, 1663 von Monconys besucht, hatte ein Marmorbecken, eine Pumpe aus Bronze und, Wunder der Technik, einen in der Wand versteckten Kupferspeicher, in dem ständig und unsichtbar Wasser erhitzt wurde.[2] In dieser Herrlichkeit war nichts so selten wie Gastfreundschaft.

„Sie würden lieber im Glanz ihrer Kupferkessel und ihres Geschirrs vor Hunger sterben", schreibt der Abbé Sartre, „als die geringste Mahlzeit in Angriff nehmen, die diese Wirtschaft stören könnte. Sie zeigten mir selbstgefällig die Reinheit ihrer Küche, die zwei Stunden vor dem Essen genauso kalt war, wie sie es danach hätte sein können."[3]

Oft bereitet die Hausherrin die Mahlzeiten sogar in einem benachbarten Verschlag und begnügt sich damit, in der Küche einen Kessel Wasser zu kochen.

Die Treppe, die in die erste Etage führt, gibt in den reichen Häusern erneut Gelegenheit zur Ausschmückung. Im allgemeinen aus Holz, manchmal aus Marmor, ist sie mit einem Geländer aus Skulpturen verziert: Löwen, Pflanzen, Wappen des Hausherren. Aber das ist die Ausnahme. Die Treppe des geläufigen Typs ist halsbrecherisch, in den alten Gebäuden gewunden, in den moderneren gerade und genauso steil wie schmal. Sie mündet in einen Flur, zu dessen beiden Seiten die wenig zahlreichen Schlafzimmer, im allgemeinen zwei oder drei, liegen. Meistens sind das die Familienschlafzimmer. In einigen großen Häusern sind diese jedoch im Gegensatz dazu im Erdgeschoß eingerichtet oder in die zweite Etage verbannt, da die erste den Prunkräumen vorbehalten war. Übrigens ist ein Schlafzimmer im eigentlichen Sinn im goldenen Jahrhundert eine Neuheit und noch nicht allgemein üblich. Bei vielen einfachen Leuten werden die Betten im Wohnraum aufgestellt: um genau zu sein, weniger aufgestellt als vielmehr eingebaut, in die Wand eingelassen wie Schränke, und sie sind so kurz, daß man im Sitzen schläft. In ihrem Unterteil haben diese „Schlafschränke“ eine Schublade, in die die kleinen Kinder gelegt werden. Wenn die Familie zu zahlreich ist, als daß alle in den verfügbaren Betten Platz fänden, geht ein Teil der Kinder auf dem Boden schlafen.

Treten wir durch eine der massiven Eichentüren, die eine gemalte oder geschnitzte mythologische Szene schmückt, in das Schlafzimmer eines wohlhabenden Händlers. Noch hier bedecken Fayencefliesen die Wände, ein Spiegel, in dem ein sparsames Licht spielt, einige Gemälde. Familienerinnerungen auf der Kaminverkleidung. Niedrige Stühle mit sehr hoher Lehne, ein Tisch, der große Wäscheschrank, eine Waschgelegenheit: Schüssel und Krug auf einem Tischchen. Ein Viertel des Raumes wird von dem rechteckigen Säulenbett mit Baldachin eingenommen, das ein Vorhang aus grünem Damast verschließt. Über die damastene Bettdecke hat man die fein bestickte Rückseite eines Lakens gebreitet. Dieses ist ein „modernes“ Bett, dessen Art die alten „Schlafschränke“ nach und nach aufs Land verdrängt. Dennoch hat das Bett, zumindest bei den Kleinbürgern, viele Züge davon bewahrt. Es ist so hoch, daß man einen speziellen Schemel braucht, um hineinzukommen. Das Lager der Kinder ist darunter eingerichtet, und über diesen Brauch amüsieren sich die Ausländer. In den reichen Häusern steht das Bett mitten im Zimmer, manchmal auf einem Sockel. Girlanden und Zierbögen schmücken den Baldachin, in dessen Gipfel das Wappen des Besitzers geschnitzt ist. Federquasten sind an seinen vier Ecken befestigt. Die Pfeiler, die ihn tragen und die Vorhänge halten, haben die Form von Kariatiden, Satyren, Engeln … Dieser ornamentale Überfluß kompensiert nicht die schlechte Qualität des Bettzeugs. Man schläft auf einem dicken Federbett, den Rumpf erhöht durch einen Haufen weicher Kissen, ohne Keilkissen, und wird zugedeckt von einem zweiten Federbett, das dem ersten ähnelt. Zwischen soviel Federn wird die Hitze schnell unerträglich.

Der Fußboden reicher Häuser ist zu Beginn des Jahrhunderts nach italienischer Art mit farbigem Material gepflastert, das zum Beispiel aus viereckigen, abwechselnd weißen und blauen Fliesen besteht, die in den Prunkzimmern manchmal aus Marmor sind. Später hält die französische Mode des Parketts Einzug. Aber die meisten Interieurs halten sich an den traditionellen, mehr oder weniger groben Fußboden. Dieser Boden wird selten kahl gelassen. Gefliest bedeckt man ihn teilweise mit spanischen Matten, die schwarze und gelbe Streifen und buntgescheckte Felder haben. Dagegen benutzt man selten Teppiche. Es kommt vor, daß ein ganz kleiner mitten im Raum ausgerollt wird, um einen hohen Gast zu ehren. Aber sobald der Gast gegangen ist, wird er wieder eingerollt. Ist der Boden aus Holz, streut man feinen farbigen Sand darauf aus, mit dem zu großen Anlässen Blumen und andere Motive gezeichnet werden.

Die Decke bilden sichtbare, die Querlatten verbindende Balken. Die Reichen lassen sie täfeln und mit idyllischen, mythologischen oder allegorischen Malereien verschönern ... In bestimmten Räumen hängt man Nippsachen aus Holz oder Metall daran, die Schiffe, Kutschen, Fische, Wappen, Fähnchen darstellen. An einem Kettchen oder einem Band wiegt sich die Papierkrone, die die Hausherrin am Tag ihrer Verlobung trug.

Der bedürftige Kleinbürger begnügt sich, die Wand seines Schlafraums zu kalken. Der wohlhabendere versieht die seinen mit Fayencefliesen in kontrastierenden Farben. Indessen stellt man hinter den Schränken und Betten gern eine Holzwand auf. Zu Beginn des Jahrhunderts täfelte man in den wohlhabenden Häusern die Wände, dann nahm die Höhe der Täfelung ab. Der obere Teil der Wand wurde manchmal mit vergoldetem Leder bedeckt, von dem sich die Gemälde in ihrem geschnitzten Holzrahmen abhoben. Vor einem solchen, gleichzeitig warmen und schweren Hintergrund muß man sich die gelben und blauen Töne Vermeers, die brennenden Lichter von Frans Hals denken. Aber nach 1660 kommt das Leder aus der Mode. Statt dessen bevorzugt man die Wandmalerei, ausgeführt in üppigen Jagdszenen, in komplizierten Allegorien, in Bibelbeschwörungen, die denen der Tapisserie ähneln, mit welcher manche ihre Prunkzimmer ausgestattet haben. Dennoch bleibt die Fayence die bevorzugte Verkleidung, Fliesen mit schwachen Tönungen in Blau, Gelb, Orange, malvenfarben, in zartem Grün, auf weißem Grund, mit stilisierten Blumensträußen, idyllischen Motiven, mit dem Wappen des Besitzers oder mit Sprichwörtern versehen. Diese Fliesen sind ein Nationalprodukt, Objekt einer blühenden Industrie in Gouda, Haarlem, Delft, Rotterdam. Kahles Holz mag man immer weniger. Überall, wo es noch vorhanden ist, als Fensterbretter, an den Türen, wird es vergoldet oder gestrichen. Die modebewußten Leute bezeichnen ihre unterschiedlichen Zimmer nach der Art ihrer Ausgestaltung als „Goldlederzimmer", „Damastzimmer", „Adam-und-Eva-Zimmer".

Bei den Fenstern (deren Flügel sich nach einem Fallbeilsystem öffnen) liebt man farbiges Glas, das durch seine kleinen, in Blei gefaßten Scheiben ein gedämpftes Tageslicht hereinläßt, welches in der Behausung eine ruhige, geheimnisvolle Stimmung verbreitet. Nur die Ärmsten haben nicht wenigstens ein solches Fenster in der Vorderfront, zur Not macht es eine bunt gestrichene Scheibe mit einem Kreuz in der Mitte.

Die wohlhabenden Bürger hängen fast überall in ihrem Haus Spiegel auf. Zuerst kleine venezianische Spiegel mit einer Einfassung aus Kristall und Glasrosen, in der zweiten Hälfte des Jahrhunderts fügt man hier und da große französische Standspiegel hinzu. Unter den Firsten um den Boden, der den Händlern als Lager dient, gruppieren sich manchmal kleine Mansarden, Zimmer für die Domestiken, diverse Abstellräume und Vorratskammern für Holz und Torf. Geheizt wird mit Kaminen. Es gibt kein so armes Haus, das nicht mindestens einen besäße. Sehr breit unter seinem viereckigen Mantel (damit man ihn mit einem Strohwisch leicht kehren kann), wurde der Kamin, dessen Feuerstelle mit manchmal verzierten Eisenplatten geschmückt ist (wo man im Sommer Chinavasen zur Schau stellt), beim Bürgertum zu einem Element des familiären Luxus: Sein Mantel wird behauen, der Sims mit Porzellan und chinesischen Lacknippes beladen. Man hält ihn in einem Zustand absoluter Sauberkeit. Niemals sieht man Asche darin, weil diese durch eine speziell unter dem Rost angebrachte Öffnung fällt. Manchmal werden hier Buchenscheite verbrannt, normalerweise Torf. Das ist der nationale Brennstoff, in Stadt und Land gleichermaßen benutzt. Seine Verbrennung erfordert spezielle Belüftungsverfahren: Entweder legt man die Torfkuchen in einen „Feuertopf" unter den Kaminmantel, oder man stapelt sie so, daß sie kleine runde Türme bilden, die in der Mitte hohl und mit Zwischenräumen versehen sind, durch welche eine farbige Flamme züngelt, was einen hübschen Effekt gibt. Kein unangenehmer Geruch geht davon aus. Dagegen ist die Wärmestrahlung gering. Das holländische Haus vermittelt Franzosen den Eindruck, kaum geheizt zu sein. Menschen mit sitzender Beschäftigung verbringen den Winter hier im Morgenmantel. Die Frauen, die nur selten das Haus verlassen, leben mit den Füßen auf dem Heizbecken. Selbst in den Manufakturen sind die Arbeiterinnen damit ausgestattet. Das ist ein viereckiger, etwa fünfzehn Zentimeter dicker, mit mehreren Löchern versehener Kasten aus Hartholz oder Metall, in dem ein Torfziegel langsam verbrennt.

Das billigste und am weitesten verbreitete Beleuchtungsverfahren ist die Öllampe, eine winzige, schnabelförmige Funzel, die eine kraftlose Flamme hervorbringt. Die wirksameren Stearin- und Wachskerzen sind viel teurer. In den Prunkzimmern der wohlhabenden Häuser ordnet man sie auf einem lüsterförmigen Kupfer- oder Kristallgestell an, das an einem vergoldeten Metall- oder Holzstab von der Decke hängt. Mehrere Leuchter werden an den Wänden befestigt, und man schmückt den Kaminsims damit.

Das Bauernhaus unterscheidet sich im allgemeinen vom Stadthaus durch seinen Grundriß: ein aus einem großen zentralen Raum bestehendes Erdgeschoß ohne Etagen, von winzigen Verschlägen umgeben oder auch nicht. In den Dörfern, die sich in der Nähe großer Städte befinden, macht sich deren Einfluß auf die im 17. Jahrhundert erbauten Wohnstätten bemerkbar: Man baut in die

Tiefe, manchmal wird ein Stockwerk hinzugefügt, oder zumindest richtet man auf dem Boden Kämmerchen ein. Das Mobiliar, weniger reichlich als in den Städten, bewahrt archaische Züge. Einige Stühle, ein Tisch, Truhen, ein Spinnrad. Die Ausgestaltung, gemalt oder geschnitzt, führt alte einheimische Traditionen fort. Der Gebrauch des Kamins ist unbekannt, das Feuer wird direkt auf dem Fußboden entfacht. Innenladen aus massivem Holz schließen die wenigen Fenster. Die „Schlafschränke" umgeben den zentralen Raum, wenn sie nicht in angrenzende Verschläge eingebaut sind, und werden tagsüber von Türen oder Vorhängen verborgen. An die frei gebliebenen Wandflächen nageln die wohlhabenden Bauern manchmal Brettchen, auf denen sie ein paar bemalte Teller, Krüge und Zinnmaße zur Schau stellen. Welchem Stand er auch angehören mag, der Niederländer nährt eine wahre Liebe zu seinem Haus. Für den bis zum Geiz sparsamen Mann ist die Einrichtung des Hauses der einzig statthafte Anlaß für pompöse Ausgaben. Die Frau widmet ihr Leben ganz und gar dem Haus. Das Haus ist Bleibe und Tempel der Familie, und jene wiederum bildet den Mittelpunkt der sozialen Existenz. Auch liebt man es, sich in seinen vier Wänden einzuschließen, inmitten ordentlich gescheuerter Räume, zwischen den gewachsten Möbeln und den vor Sauberkeit glänzenden Gegenständen. Daraus resultiert für die sich im Land aufhaltenden Ausländer die Schwierigkeit, Bekanntschaften zu knüpfen und zu pflegen. Diese Situation beklagen Le Laboureur 1642 und Bayle noch 1684, sie würde ein übellauniges Wesen fördern.[4] Seit der Jahrhundertmitte rivalisieren die reichsten Händler, einige Patrizier, in Extravaganzen bei der Innenausstattung ihrer Häuser. Möbel, Leuchter, Stoffe, Kunstgegenstände werden unter großem Kostenaufwand angehäuft und geben ein eher üppiges als geschmackvolles Schauspiel. Dieser Luxus befriedigt den Stolz und erfüllt gleichzeitig eine Sparfunktion; man betrachtet ihn als eine Investition, die die schwierig anlegbaren Einkommensüberschüsse aufsaugt. Aber diese unproduktive Investition erschöpft auf Dauer die wirtschaftliche Substanz des Landes. Gegen Ende des Jahrhunderts werden einige Weise sich dessen bewußt. Sie beklagen den französischen Einfluß. Madame de Maintenon, wird berichtet, hätte Ludwig XIV. überzeugt, daß die beste Methode, die Holländer von ihren Tugenden abzubringen, die ihre Stärke bildeten, die Verbreitung der Pariser Moden bei ihnen wäre …

Gärten und Blumen

Vom „Hinterzimmer" oder vom Ende des Flurs gelangt man über einige Stufen in den Hof hinunter, der von einem grün oder rotbraun gestrichenen Zaun umgeben ist. Einige Handwerker machen ihren Hof zu einer Niederlassung ihrer Werkstatt, einige Händler zum Lager. Die Mehrzahl der Bürger, selbst die einfachen, verwandelt ihn trotz seiner Winzigkeit von oft nur ein paar Dutzend Fuß im Quadrat in einen Garten. Zumindest legt man hier ein Rasenstück an, ein Blumenbeet, einige Moosflecken. Wenn es die Ausmaße des Grundstücks erlauben, läßt man Holunder und Goldregen an der Wand emporwachsen und hält hier zwei oder drei Obstbäume. In dem Maße, wie man auf der sozialen Leiter hinaufklettert, erweitert sich dieser Rahmen, jedoch ohne jemals wirklich beträchtliche Dimensionen anzunehmen: städtischer Boden ist rar und teuer. Auch kaufen, besonders in der zweiten Hälfte des Jahrhunderts, viele wohlhabende Leute einen zweiten Garten in der Umgebung der Stadt, wohin sie sich an den arbeitsfreien Tagen der schönen Jahreszeit mit ihrer Familie begeben.
Der typische Entwurf eines niederländischen Gartens umfaßt vier rechteckige, durch einen Kreuzweg getrennte Rasenstücken. Auf dem Rasen Blumenrabatten, rundherum die Bäume, in der Mitte ein Pavillon aus Holz (später aus Stein) mit kuppelförmigem Dach oder auch eine Laube, in der man ißt und, wenn sich diese Mode verbreitet haben wird, seinen Tee nimmt. Alles hier ist geordnet, gepflegt, geometrisch, lilliputanisch: ein Puppengarten.

Jedem liegt es am Herzen, seine jährliche Obsternte einzubringen. Man kultiviert vor allem den Apfelbaum, von dem etwa zwanzig Sorten bekannt sind (die meist geschätzte ist der Goud-Pippimg); den Birnbaum in rund fünfzehn Abarten, aber auch Kirsch- und Pflaumenbaum. Auf der Erde läßt man Melonen und Erdbeeren kriechen. Maulbeeren, Himbeeren und Mispeln, die Frucht des Armen, reifen am Zaun. Viele Hobbygärtner haben Gewächshäuser aus Holz, wo sie sich abmühen, Aprikosen- und Pfirsichbäume, ja selbst Wein heranzuziehen, dessen Frucht sich gut ausbildet, aber keinen Alkohol gibt. Die Liebe zu den Pflanzen verbindet sich bei den Gebildeten mit einem angeborenen Geschmack an der Beobachtung der Natur. Die Gartenbesitzer haben eine ganze Literatur von Fachbüchern oder gelehrten Studien zu ihrer Verfügung, wie das Aboretum sacrum von Johan van der Meurs, dessen drei Bände 1643 erschienen.
Die ganze Nation nährt, zur Empörung einiger Nörgler, eine Begeisterung für die Blumen. Zur inneren Ausschmückung des Hauses benutzt man sie sehr selten, dafür ist ihr Übermaß im Garten um so größer. Man ordnet sie in getrennten, gut sortierten Beeten an: hier die Rosen und dort die Iris, woanders die Lilien, weiter weg die Hyazinthen, hinten die Heckenrosen, die gelben rechts, die roten links. Zwischen diesen Pflanzen herrscht eine phantasielose Ordnung, aber ein methodischer Geist mag hier sein Abbild wiederfinden. Zumindest vermischen sich die Düfte. In den winzigen Gärten im Zentrum der großen Städte verschmelzen sie auch mit den aus dem Kanal aufsteigenden Gerüchen, von denen sie an warmen Tagen erstickt werden.
Alle Städte besitzen Blumenläden. Der Händler verkauft hier die Produkte aus seinem Garten oder aus dem eines anderen, den er auf dem nahen Land gepachtet hat. Wenn der Umfang dieser Geschäfte an Bedeutung gewinnt, übergibt er das Kommando einem Gartenbauer aus Haarlem. Der Boden dieser Stadt und ihrer Umgebung eignet sich in der Tat so gut für den Anbau von Blumen, daß die Gärten hier schließlich ihre dekorative Funktion verlieren, um eine Industrie hervorzubringen.

Narzisse, Safran, Lilien in allen Farben, Veilchen, Anemone, Krokus, Eisenhut, Rittersporn, Wicke, unzählige Arten, von denen einige damals im restlichen Europa unbekannt sind: man importiert, man experimentiert, man schafft Formen und Farben, man kreiert das *apocynum canadense*.

Bis 1615 war die Königin dieser Blumen die Rose. Nach ein paar Jahren wendet sich die Publikumsgunst von ihr ab, und die Tulpe entthront sie. Seit 1559 aus der Türkei nach Deutschland importiert, war die Tulpe 1593 von dem Naturforscher Clusius aus exotischer Neugier in die Niederlande gebracht worden. Kurz darauf erschien sie hier und dort in den Gärten. Aber um die Aufmerksamkeit und das Interesse des großen Publikums auf sie zu lenken, mußte eine in Paris zu Beginn der Herrschaft Ludwigs XIII. verbreitete Mode nach Holland gelangen. Plötzlich sah sich die Tulpe in den Rang einer eleganten Blume erhoben, die Trägerin eines ganzen höfischen Symbolismus war. Gleichzeitig dazu verursachte die unvermittelte Verbreitung eines Virus in den holländischen Gärten verschiedene pathologische Abwandlungen an ihrem Blütenkelch. Die Gärtner spekulierten mit der Vorliebe des Volkes und verstanden es, von dieser Krankheit zu profitieren, um mehrere erstaunliche Abarten zu züchten.

Diese französische Mode hatte sich inzwischen in ganz Westeuropa verbreitet, und die Niederlande wurden der Hauptlieferant. Seit 1625 wird die besonders begehrte Zwiebel *Semper Augustus* zum Goldpreis verkauft: ein großer Kelch in reinem Weiß mit flammend roten senkrechten Streifen, der auf seinem Grund leicht blau gefleckt ist. Man kreiert rosafarbene Tulpen, malvenfarbene, braune, gelbe, andere, die diese Farben auf verschiedene Weise kombinieren, wie die *Laprock*, die ein Harlekinkostüm trägt. Man erreicht dreißig, bald hundert unterschiedliche Arten. Der Amtsrichter von Kennemeerland gibt der von ihm gezüchteten Sorte den Namen *Admiral*. Sofort nehmen fünfzig andere Züchter seine Idee auf. Seitdem gibt es eine ganze onomastische Gruppe: *Admiral van Enckuysen, Admiral Pottebacker*. Eine

Gruppe von *Generälen* bildet sich heraus: *General van Eyck* und andere. Nach Publicity trachtend, lanciert ein Gärtner aus Gouda die *„General der Generäle"*. Weniger hochtrabend unterscheidet man, in Ermangelung von Besserem, die *Rote und Gelbe von Catoleyn*. Man zählt fünf *Wunder*, vier *Smaragde*, sieben *Tournai*, dreißig *Paragon* ... Es ist eine Inflation, die ihre Nutznießer hat: Die Zwiebeln verkaufen sich teuer, ihre Anzucht im kleinsten Garten bringt Gewinn. Für viele Stadtbewohner, vorsichtige Krämer, kommt ein Hauch von Abenteuer auf.
Die Weber von Haarlem, die in dieser Stadt eine bedeutende Innung bilden, werfen sich trotz ihrer Inkompetenz im Gartenbau in die Spekulation. Das Fieber steigt. Diese „Tulpomanie" erreicht ihren Paroxysmus im Winter 1636 und endet ein paar Monate später mit einer Katastrophe, in einer epidemischen Wahnsinnskrise der Börse. Die gesamte Bevölkerung ist infiziert: Fleischer, Torwächter, Schiffsmakler, Gastwirte, Studenten, Barbiere, Schornsteinfeger, Steuereintreiber, Torfstecher, nicht eine Gesellschaftsschicht bleibt ausgespart, nicht eine Sekte, nicht eine Vereinigung: Arminier und Papisten, Lutheraner, Mennoniten, Nachtwächter und Rhetoriker! Die Gegenden um Amsterdam, Haarlem, Alkmaar, Hoorn, Enkhuizen, Utrecht, Rotterdam sind am stärksten betroffen. Die wenigen Bürger, die einen klaren Kopf behalten haben, behandeln die anderen als „Kappisten", in Anspielung auf die Narrenkappen. Sie verbreiten Pamphlete und satirische Lieder, deren Humor immer erbitterter wird.
In Hoorn kauft man ein Haus für drei Tulpenzwiebeln. Ein *Admiral* Liefkens ist 4400 Gulden wert, der Kurs der *Semper Augustus* schwankt zwischen 4000 und 5500! Wenn mehrere Käufer dieselbe Zwiebel begehren, zögern sie nicht, dem Verkäufer verblüffende Draufgaben zu bieten, zum Beispiel eine Karosse mit zwei schönen Pferden. In Amsterdam holt ein Bürger nach dieser Rechnung 60000 Gulden in vier Monaten aus seinem Garten heraus. Man vergißt den Schlaf darüber. Ein Blumengärtner befestigt eine Alarmglocke an seinem Bett, deren Seil im Garten das wertvolle Geviert umgibt. Käu-

fer und Verkäufer treffen sich an zwei oder drei Abenden der Woche in den Schenken, wo ihre Diskussionen bis tief in die Nacht dauern. Die Kinder werden davon nicht nur nicht ferngehalten, sondern sogar aufgefordert, daran teilzunehmen, denn es ist ratsam, sie beizeiten zu lehren, Geld zu verdienen. Selbst Prediger gesellen sich zu dieser Menge, aus der bei Tagesanbruch Neureiche hervorgehen, die sich am nächsten Tag vielleicht auf dem Stroh wiederfinden. Dieselbe Zwiebel wird an einem Tag zehnmal gekauft und wieder verkauft. Spezialisten unterhalten einen Informationsdienst, decken die interessantesten Fährten auf. Da die Mehrzahl dieser Transaktionen im Winter abläuft, spekuliert man mit Bildern. Tulpenkataloge zirkulieren, die manchmal bewundernswert sind, wie jene von Judith Leyster gezeichneten, der Schülerin von Frans Hals. Viele einfache Leute, die auf Kredit gekauft haben und denen die folgende Aktion mißlang, sind außerstande, ihre Schulden zu bezahlen. Die gerichtlichen Klagen häufen sich. Hunderte bürgerliche Familien haben alles verloren. Plötzlich bekommen die Stadtverwaltungen Angst: Das Handelssystem, das die Prosperität des Landes bewirkt, basiert vollständig auf Krediten. Die Unruhe macht sich selbst unter den Spekulanten breit. Erstes Anzeichen am 3. Februar 1637: ein Blumengärtner kauft für 1250 Gulden eine Zwiebel, und es gelingt ihm nicht, sie weiterzuverkaufen. Die Berufszüchter sind bestürzt. Am 24. Februar tagt eine Generalversammlung der Blumengärtner in Amsterdam und beschließt eine radikale Maßnahme: Von nun an sind nur die vor dem 30. November 1636 gezogenen Wechsel zu bezahlen, alle späteren Verträge werden annulliert. Der Käufer kann sich befreien, indem er dem Verkäufer eine Entschädigung von zehn Prozent zahlt und ihm die Zwiebel zurückgibt. Am 27. April bestätigen die Staaten von Holland diesen Beschluß. Von einem Tag zum anderen fällt der Kurs der teuersten Zwiebeln von 5000 auf 50 Gulden. Um den Preis zahlreicher individueller Ruine ist die Lage saniert. Unter den Opfern befindet sich der Maler Jan van Goyen, der der Meister von Jan Steen war.

DIE TOILETTE

Erwachen und Körperpflege

Seit sie ihren Rundgang begannen, schwangen die Nachtwächter in halbstündlichen Abständen ihre Rassel. Durch den Gesang eines Refrains haben sie nacheinander Mitternacht angekündigt, ein Uhr, zwei Uhr ... Jedesmal, wenn sich so ihre Stimme erhob, ertönte vom Wachturm ein Trompetensignal. Die Uhr des großen Tors reihte ihre Schläge aneinander. Während einiger Minuten erscholl dieser Lärm in der nächtlichen Stadt, dann fiel alles in die Stille zurück. Die Stadtverwaltungen haben sich zur Aufgabe gemacht, auf diese Weise die Stunden der Nacht zu zählen. Die Privatpersonen ihrerseits messen die Stunden des Tages. Zu diesem Zweck benutzen sie vor allem die Sanduhr. Wichtiger Gegenstand im Büro des Händlers, ist sie ebenso auf dem Tisch des Studenten zu finden oder in der Küche, man sieht sie überall. Man stellt großformatige Sanduhren mit Skaleneinteilung her, deren Ablauf zwölf Stunden, einen guten Arbeitstag, dauert. Ein noch seltener und kostspieliger Luxus sind Taschen- und Etuiuhren oder solche, die die Damen der hohen Gesellschaft an einer Kette mit ihrem Spiegel auf der Brust tragen. Die 1657 von Huyghens erfundene Unruhfeder erleichtert die Konstruktion von Wanduhren, deren Gebrauch sich jedoch erst um 1680 durchzusetzen beginnt. Die Reisenden in den Postkutschen und Transportschiffen versehen sich, wenn nötig, mit einem Strohhalm, den sie senkrecht in der hohlen Hand halten, eine auf gut Glück funktionierende Sonnenuhr.

In dem Moment, da der Nachtrundgang zu Ende ist, haben mehrere Handwerksinnungen ihren Arbeitstag schon begonnen. Es brauchte städtische Verordnungen, um den Walkern zu untersagen, ihre Werkstätten vor zwei Uhr morgens zu öffnen, den Hutmachern vor vier Uhr, dem Schmied wegen des Lärms seiner Schmiede vor dem Glockenläuten zum Tagesanbruch, das der ganzen Bevölkerung das Zeichen zum Aufstehen gibt.

Der Familienvater steigt als erster aus dem Bett. Mit Nachtmütze und in Pantoffeln, warm eingemummt in seinen Schlafrock, öffnet er die Läden und die Tür des Vestibüls, geht einen Schritt und guckt, wie das Wetter ist. Man begrüßt seinen Nachbarn, wechselt ein paar Worte über den Lauf des Lebens und den Gang der Geschäfte. Im Haus hallen Schritte und Kinderstimmen. Türen öffnen sich, werden wieder geschlossen. Man küßt sich. In den Niederlanden küssen sich alle. Man küßt seine Freunde, seine Besucher, den Fremden auf der Durchreise. Inzwischen kommt Leben in die Straße. Milchmann und Bäcker haben ihre Runde begonnen, sie tragen ihre Holzeimer oder ziehen lärmend ihren Karren. Die Frauen erwarten sie auf den Türschwellen. „Schöne Milch! Warme Milch! Süße Milch!" schreit der Milchmann. Das Horn, in das der Bäcker bläst, übertönt seine Stimme. „Ganz warmes Weißbrot! Roggenbrötchen! Gerstenzwieback! Ganz warm! Ganz warm! Frische Brötchen!"

Während das Dienstmädchen den Tisch deckt, schreiten die Familienmitglieder in ihrem Zimmer zu ihrer „Toilette": ein großes Wort für wirklich wenig Aufwand. Die Bestätigung der Ausländer ist fast einstimmig: die Niederländer sind schmutzig. „Sie halten ihre Häuser sauberer als ihre Körper", schreibt ein englischer Besucher, der zweifellos etwas übertrieben hinzufügt: „Und ihre Körper sauberer als ihre Seele."[1] Dennoch waren die Europäer des 17. Jahrhunderts in puncto Körperpflege kaum anspruchsvoll. Noch um 1600 begibt man sich in den Niederlanden zu Tisch, ohne sich die Hände zu waschen, welche Arbeit man auch gerade verrichtet hatte. Die Franzosen verbergen ihren Abscheu nicht.[2] Maler jener Zeit zeigen uns reiche Damen, über Wasserkrüge aus wertvollem Metall gebeugt, bei übertrieben sparsamen Waschungen der Hand, des Fußes, wobei die Kleidung nicht mehr als das Handgelenk oder den Knöchel freigibt. In einiger Entfernung unter dem Bett wartet der Nachttopf darauf, daß ein Dienstmädchen ihn fortträgt, um ihn in den Kanal zu entleeren. Nach 1672 hält ein *bouquet de nuit* genannter Toilettentisch französischer

Herkunft Einzug in der eleganten Gesellschaft. Das ist eine hübsche kleine Truhe, die Spiegel und Leuchter enthält, Puderdose, Haar- und Kleiderbürste, Nadeletuis und Kerzenschere, nichts, was der Körperreinigung diente. Öffentliche Bäder sind fast unbekannt; noch 1735 gibt es in Amsterdam nur eine einzige Einrichtung. Matrosen und Fischer verströmen einen entsetzlichen Fischgeruch.

Die Körpertoilette hat nur dekorative Funktion. Die junge Frau, selbst von ganz einfacher Herkunft, klebt sich ein Schönheitspflästerchen auf die Wange. Vor allem pflegt man seine Frisur. Bis 1610 tragen die Männer das Haar im allgemeinen kurz, später lassen sie es bis auf Höhe der Ohren wachsen, drehen es auf der Stirn zu Locken. Seitdem verrät kurzes Haar den Bauern. Die Perückenmode aus Frankreich beginnt 1640[3] und verbreitet sich in der wohlhabenden Bourgeoisie trotz der Proteste von Predigern, die noch am Ende des Jahrhunderts danach trachten, ihr Haar glatt zu tragen. Besonders begehrt sind blonde, auf ein Seidennetz geknüpfte Perükken aus Naturhaar. In dem Maße, wie das Haar länger wird, verkürzt sich der Bart bei den modebewußten Männern. Zu Beginn des Jahrhunderts tragen die Greise ihn wallend, die jungen Leute stutzen ihn zu einem kurzen Dreieck. Dreißig Jahre später ist nur eine Fliege auf dem Kinn übrig, der Schnauzbart hält noch stand. Gegen 1650 ist das Gesicht völlig bartlos, der Bart des Professors, des Predigers ist nur Zunftzeichen. Bei den Frauen hat das Haar erst gegen 1600 begonnen, und zunächst nur in Ausnahmefällen, eine Rolle als Schmuck zu spielen. Bis dahin hatte die Haube es verdeckt. Ein zweifellos italienischer Einfluß veranlaßt einige Verwegene, eine Locke, eine Strähne hervorgucken zu lassen, dann noch mehr. Die Haartracht wird nach und nach sichtbar, auf der Stirn, an den Schläfen, im Nacken, wo man sie zum Knoten zusammenrollt. Seitdem entwickelt sich die Mode rasch und folgt mit mehr oder weniger Verspätung der Frankreichs. Um 1610 sind die eleganten Frisuren hoch und sehr geschmückt. Um 1620 sind sie flach geworden und nach hinten gezogen. Gegen 1635 hängen

Locken zu beiden Seiten des Gesichts bis auf die Schultern; der durch einen Scheitel getrennte Pony fällt in einer Reihe von Strähnchen in die Stirn. Nach 1650 wird der Pony seltener, man dreht keine Locken mehr, höchstens noch an den Haarspitzen. Bei den Bäuerinnen wird die örtliche Tracht von einer im allgemeinen flachen, nach hinten gezogenen Ponyfrisur ergänzt, die ein Zopf oder ein flacher Knoten abschließt. Einige kleine Städte, wo die Frauen keine Haube tragen, ersetzen diese durch eine traditionelle, sehr komplizierte Frisur, bei der Zöpfe und Locken miteinander verflochten werden und eine Kappe bilden: so in Zyp, in Alkmaar. In den Dörfern der Privinz Holland wird die Haartracht fast immer von einem vergoldeten Metallband gehalten, das über dem oberen Teil der Stirn verläuft.

Die Kleidung

Männer, Frauen und Kinder kleiden sich beim Aufstehen an. Wenn einen Moment später das Frühstück die Familie versammelt, ist diese von Kopf bis Fuß angezogen.

Die Kleidung ist ziemlich einförmig. Gegen 1600 gilt jegliche Eleganz als suspekt, ein zähes Vorurteil, das erst nach und nach zurückgedrängt wird, besonders nach 1650. Die Kleidungsentwicklung erstreckt sich mehr auf das Material als auf die Form, auf die hinzugefügten Verzierungen als auf die Struktur. Die Bewegungen der Mode sind von extremer Langsamkeit. Die Adligen, die Offiziere der Armee passen sich den aufeinanderfolgenden Geschmacksrichtungen aus Paris, London oder Deutschland an. Patrizier und Bourgeois zeigen sich viel konservativer. Sie sollen um 1600, nachdem die sogenannte „spanische“ Tracht verschwunden ist, dem niederländischen Kleidungsstil des goldenen Jahrhunderts seine Charakteristiken geben. Dieser verändert sich wenig. Die paar Modelle, die man von Pariser Modemachern entleiht, erscheinen in den Niederlanden mit zehn, zwanzig Jahren Verspätung. Im übrigen kann man nicht verallgemeinern: Geschmacksunterschiede offenbaren sich seit 1630 zwischen den Generationen ein und derselben Familie. Den *Vlieger*, einen langen, für die Gegend typischen Umhang, tragen 1600 alle Frauen, um 1640 nur noch die Matronen. In der Klasse des Volkes modifiziert sich die Kleidung kaum: Arbeiter, Bauer und Matrose kaufen einen neuen Anzug nur, weil der alte zerschlissen ist (manchmal nach zwei oder drei Generationen!), nicht, weil er nicht mehr dem aktuellen Geschmack entspricht.

Die Niederländer, die in ihren Häusern, wie wir gesehen haben, nur eine mangelhafte Heizung kennen, kämpfen gegen die Winterunbilden, indem sie Kleidungsstücke über Kleidungsstücke ziehen. Dieses ist ein bemerkenswertes nationales Charakteristikum, besonders bei den kleinen Leuten. „Der echte Holländer", schreibt Olivier Goldsmith, „ist die seltsamste Gestalt der Welt ... Er trägt keinen Mantel, sondern sieben Westen und neun Kniehosen, so daß seine Hüften fast unter seinen Achseln beginnen ... Die Holländerin zieht für jede Hose ihres Mannes einen Rock an ..."[4] Wenn auch die Eleganz der Gestalt durch diese Praktiken verliert, sind die Kleidungsstücke wenigstens sehr gepflegt. Wäsche und Gewand werden im gleichen Zustand perfekter Sauberkeit gehalten wie das Haus und kompensieren den Schmutz des Körpers ...

Unter all diesen Vorbehalten kann man drei Perioden in der Bekleidungsgeschichte des goldenen Jahrhunderts unterscheiden. Zu Beginn zeichnet sich die Tracht durch die Vielfalt ihrer sichtbaren Teile aus, ihren Farbreichtum, ihre gebrochenen Linien, die die einzelnen Körperteile voneinander abheben. Im Gegensatz dazu verschmelzen im zweiten Viertel des Jahrhunderts alle Elemente der Tracht in einer lockeren Einheit, in der sich Form und Farben verwischen. Im dritten Viertel des Jahrhunderts findet die Form zu einer widersprüchlichen, effektvollen Strenge zurück. Neue Männerkleidung, wallend wie der „Rheingraf", kontrastiert mit dem enganliegenden Überrock, der gegen 1660 aufkommt. Im Vergleich mit der französischen Kleidung jener Zeit fehlt es der niederländischen an Farbigkeit. „Das Schützenbankett" des Malers van der Helst zeigt 1648 eine geschlechtslose Masse in Grau, Schwarz, Gelbbraun, Weiß, aus der einige orange oder dunkelblaue Ornamente hervortreten. Rot ist selten. Patrizier und Patrizierinnen kleiden sich in dunklen Tönen, schwarz, violett. Man benutzt vorzugsweise matte Stoffe für die Hauptkleidungsstücke, glänzende für die weniger wichtigen.

Die männliche Kleidung besteht aus zwei Hauptteilen: dem Wams, mehr oder weniger unserer Weste entsprechend, und der Kniehose. Eine Art Weste, Kasack genannt, mit oder ohne Ärmel, manchmal wie ein Meßgewand geschnitten und im allgemeinen offen getragen, bedeckt das Wams. Seine Ärmel, die bei den Vornehmen eine dekorative Funktion haben, schmücken sich nacheinander mit Rosetten, Epauletten, Schlitzen, die die Wäsche in Szene setzen. Zu Beginn des Jahrhunderts konkurrieren mehrere Kniehosenmodelle miteinander, bauschig weit von der Taille bis zum Knie, oder im Gegensatz dazu kurz und enganliegend und verschiedene Mischtypen, mit oder ohne Taschen. Danach soll der enganliegende Typ im Gebrauch dominieren, bis der Rheingraf aufkommt, weite, mit Bändern und Knoten geschmückte Kniebundhosen, die zweifelsohne aus Versailles stammen. An die Kniehose schließen sich Strümpfe an, die im allgemeinen aus Wolle gestrickt, an den Knien von Strumpfbändern gehalten werden. Oft zieht man zwei Paar übereinander, oder aber man streift Hosenbeine aus Stoff über die Strümpfe, die das Bein umhüllen. Die engen Schuhe, mit zwei gekreuzten Lederriemen oder einer Rosette geschlossen, werden normalerweise in großen Pantoffeln getragen, die sie vor dem Straßenschmutz schützen. Die anfänglich im täglichen Gebrauch seltenen Stiefel verbreiten sich in der ersten Hälfte des Jahrhunderts. Um 1650 arbeitete man sie sehr weit, auf dem umgeschlagenen Rand erschien der Spitzensaum der Hosenbeine.

Gegen 1600 tragen die Männer einen großen Hut mit konischem Stumpen, dessen breite Krempe weich ist und vorn hochgeschlagen wird, zwanzig Jahre später eine Art steifen Zylinder mit schmaler Krempe. Dann kehrt man zur breiten, aber unregelmäßig geschnittenen Krempe zurück. Die männliche Tracht kennt keinen Mantel im eigentlichen Sinne: man geht nur in einem kurzen Umhang, manchmal mit Kapuze, den die Rapierträger im Rücken bis zur halben Höhe auftrennen. Im Gegensatz dazu legt der niederländische Bürger während der ganzen kalten Jahreszeit kaum den Morgenmantel ab, ein Kleidungsstück mit sehr alter einheimischer Tradition, das jeglichem Einfluß der Mode entkommt. Man zieht ihn über das Wams, man trägt ihn im Büro, in der Werkstatt, im Laden. Manchmal mit Samt oder Pelz gefüttert, reicht er bis zu den Füßen. Oft befindet sich im Ärmel auf Höhe des Ellenbogens eine Öffnung, durch die man den Arm steckt, der untere Teil des Ärmels hängt lose herab. Das Mieder ist das weibliche Kleidungsstück, wo man die meisten Variationen antrifft. Straffe Mieder mit Ärmeln, oft mit Längsstreifen verziert, die die Trägerin größer erscheinen lassen. Oder das sogenannte ärmellose Mieder mit langem dreieckigen Dekolleté, dessen Schmuckelemente sich auf Schultern und Oberarm befinden: falsche Ärmel in unterschiedlichen Farbtönen, Polster, Epauletten heben sich vom Weiß des Hemdes ab. Das über einem oder mehreren Röcken getragene Kleid kontrastiert im allgemeinen in seiner Farbe und seinem Stoff mit dem Mieder. Es fällt gerade bis auf die Füße. Selten wird es von einer kleinen Schleppe verlängert. Einige elegante Damen schürzen das Vorderteil über dem Unterrock, so daß sich ein Polster bildet, das es in Höhe der Hüften verbreitert. Meistens bindet die Niederländerin eine Schürze über ihr Kleid, welche, weiß, schwarz, violett, manchmal mit Spitze verziert, allgemein gebräuchlich in allen Gesellschaftsschichten, Bestandteil der Nationaltracht ist. Man befestigt sie unterhalb des Mieders mit ihren Zipfeln, wenn sie breit ist, mit Bindebändern, wenn sie schmal ist.

Aus dem großen Oberkleid, das man im 16. Jahrhundert trug, ist eine Art weiblicher Morgenmantel hervorgegangen, der *Vlieger* (Volant), fast immer schwarz, manchmal pelzgefüttert, mit oder ohne Ärmel. Nach unten breiter werdend, gibt er dem Umriß eine konische Gestalt. Nach 1620 trägt man ihn im allgemeinen offen und bringt damit Mieder und Kleid großzügig zur Geltung. Einige elegante Damen tragen seitdem auch ein kleines Kissen auf dem Bauch, damit sich das Kleid in der Öffnung bauscht.

Mehr noch als der *Vlieger* ist der *Huik* (Umhang) das charakteristische Kleidungsstück der Niederländerinnen: ein langer, den Körper einhüllender Mantel aus grobem Stoff mit einer hohen Kapuze, die von einer steifen, bogenförmigen Stütze gehalten wird. Manchmal hat diese Kapuze die Form eines kleinen konischen Huts. Nach 1650 wird der *Huik* nicht mehr von den Bürgerinnen benutzt, bei den Frauen des Volkes, denen er als Regenmantel dient, findet er lange Verwendung. Die Niederländerin trägt selten einen Hut. Im ersten Drittel des Jahrhunderts unterscheidet sich jener, den die eleganten Damen zeigen, kaum vom Männerhut. Hoch und konisch, geht dieser Kopfputz in allgemeinen Gebrauch über, wo er sich lange hält. Der Sonnenhut mit weiten Schwingen hatte das gleiche Schicksal. Man trifft auch auf die kleine Federkappe in Barettform, die Imitation einer vierzig oder fünfzig Jahre zurückliegenden französischen Mode. Als die Jahre 1640 bis 1650 vergangen sind, verschwindet der Frauenhut bei Bürgerinnen und Patrizierinnen völlig aus dem Gebrauch. Ein unter dem Kinn geknotetes Kopftuch ersetzt ihn. Schuhe und Strümpfe sind während des ganzen Jahrhunderts die gleichen wie bei den Männern. Die Verwendung von Überschuhen in Pantoffelform mit Lederspitzen ist bei den Frauen aller Klassen verbreitet. Die Bürgerinnen tragen sie vor allem im Haus. Frauen von bescheidenerer Herkunft nehmen sie als gewöhnliches Schuhwerk. Bei der Leibwäsche unterscheidet man zwei Sorten: jene, die man nicht sieht, das Hemd, das entweder die nackte Haut oder eine Unterjacke bedeckt, und die Unterhose bei den Männern; bei vielen Frauen das Stangenkorsett. Andererseits die dekorative Wäsche wie Kragen und Manschetten als Ergänzung zur Kleidung, zu der die

Frauen die Haube, diesen allgemein gebräuchlichen Schmuck, hinzufügen müssen.

In der ersten Hälfte des Jahrhunderts macht der flache Kragen der Halskrause Konkurrenz, lose herunterhängend oder gestärkt, offen oder geschlossen, breiter bei den jungen Frauen. Die Leute eines gewissen Alters ziehen ihm die Halskrause vor, von der diverse Modelle existieren, die sich durch die Form der Falten und die Höhe unterscheiden. Um 1610 findet man acht Zentimeter hohe Halskrausen, ein übrigens bescheidenes Ausmaß, verglichen mit dem, was zur gleichen Zeit im spanischen Belgien hergestellt wird. Nach 1646 verschwindet die Halskrause nach und nach aus dem Gebrauch. Der flache Kragen triumphiert, und bei den Frauen findet das Tuch Verbreitung, das einige stärken, um daraus einen zweiten Kragen zu machen, mit dem sie den ersten bedecken, während andere es als Halstuch benutzen. Die Manschetten, die die Handgelenke bedecken, passen seit 1620 zum Kragen: breit, mit Spitze versehen, manchmal gestärkt. Die verwendete Stärke gibt der Wäsche eine leicht bläuliche Färbung, die in der Folge, wenn sich die Technik verändert hat, ein Zeichen höchster Eleganz werden soll.

Mit Ausnahme einiger Damen von Welt und einiger Bäuerinnen tragen alle Niederländerinnen die Haube. Diese bildet den einzigen Kopfschmuck der Frau, im Haus wie auf der Straße. Das ist der Rest einer einstmals in ganz Europa üblichen Tradition, die aber im 17. Jahrhundert gerade noch in den Niederlanden überlebt hat. Um 1600 umschließt die aus zwei aufeinanderliegenden Stoffteilen gefertigte, unterschiedlich bearbeitete Haube den Schädel, verbirgt Ohren und Nacken. Dann verkleinert sie sich zu einem schmalen, dunkel gefärbten Schiffchen, das, den Haarknoten bedeckend, in drei Spitzen ausläuft, an den Ohren und in der Stirn. Dennoch ist als Kopfputz für innen auch die dreieckige Haube französischer Art verbreitet: groß, weiß und weit ausladend, bedeckt sie den Kopf vollständig, und ihre gestärkten Spitzen fallen auf die Schultern.

Die Kleidung wohlhabender Bürger und Bürgerinnen

kann diverse, nach Gestalt und Material mehr oder weniger luxuriöse Accessoires umfassen: Handschuhe aus Leder oder Seide, ein Taschentuch, das oft bestickt ist, aber bis zum Ende des 18. Jahrhunderts ein ziemlich seltenes Ding bleiben wird; bei den Männern zu Beginn des Jahrhunderts ein Ledergürtel, an den manche einen Dolch hängen. Die Frau gürtet sich die Taille gelegentlich mit einer bunten Schärpe, seltener mit einer schweren Goldkette und Anhängern. In der ersten Hälfte des Jahrhunderts tragen alle Bürgerinnen als ein Zeichen ihrer hausfräulichen Verrichtungen eine lange Kette oder Schnur, die, mit einem Haken an ihrem Unterrock befestigt, ihr Schlüsselbund hält, ein Messer, eine Schere und ein Nadeletui. Nach 1650 benutzten nur noch die Patrizierinnen eines gewissen Alters diese „Schnur aus der Versenkung".

Den Fächer, bunte Federn auf ein kreisförmiges Stück harten Papiers geklebt, bemalt oder mit Perlen verziert, kennen nur die Vornehmen. Jene schützen, wenn sie ausgehen, ihren Teint, indem sie eine Maske tragen: ein glattes, oval ausgeschnittenes Stück Stoff, mit zwei Löchern für die Augen, das den Mund frei läßt. Andere bevorzugen eine Art Blendschirm, der, in die Stirn gezogen, dem unserer modernen Tennisspieler ähnelt.

Einige Zahlen mögen eine Idee von der Bedeutung der Garderobe für die Großbourgeoisie geben: Die Tochter einer reichen Amsterdamer Familie konnte in ihrer Aussteuer 150 Hemden und 50 Tücher zählen.[5] Die Witwe eines Patriziers besaß 1620 zweiunddreißig verschiedenförmige Halskrausen. Das Inventar des Bürgermeisters van Beveren verzeichnet 40 Unterhosen, 150 Hemden, ebenso viele Kragen, 154 Paar Manschetten und ebenso viele Taschentücher, 60 Hüte (zu denen sich noch 92 Nachtmützen gesellen), 20 Morgenmäntel, ein Dutzend Nachthemden, 35 Paar Handschuhe ... Übrigens verrät diese Bestandsaufnahme auch, daß Herr van Beveren zweimal im Jahr nach dem Schmied schicken mußte, um seinen Schrank reparieren zu lassen, der unter dem Gewicht seiner Wäsche zusammenbrach.[6]

Die Kleidung der kleinen Leute in der Stadt unterscheidet sich von der der Bürger höchstens durch mehr Einfachheit und Altertümlichkeit: Wollhemd, Wams aus dickem schwarzen, blauen, grauen, braunen Leinen mit engen Ärmeln, das eine Lederschürze schützt. Die Frauen ziehen eine kurze Jacke über ihr Mieder und legen für die Hausarbeit Schutzmanschetten an, die vom Ellenbogen bis zum Handgelenk reichen. Das bei schlechtem Wetter übliche Schuhwerk ist der von den Bauern übernommene Holzschuh.

Die gewöhnliche Kleidung der Seeleute, eine weite, sich um die Beine bauschende Hose, ein sehr kurzes Wams, eine Pelz- oder Filzmütze, ist leicht mit der örtlichen Tracht an der See gelegener Dörfer wie Volendam oder mit der friesischer Landstriche zu verwechseln. Was diese bäuerlichen Trachten selbst betrifft, von denen die sieben Provinzen ziemlich verschiedene traditionelle Typen besitzen, so zeigen sie nicht den unwandelbaren Charakter, den wir heute, durch einen Irrtum der Perspektive, der Folklore beimessen. Die städtische Mode beeinflußt sie. Aber die Widerborstigkeit der Stoffe, aus denen sie gearbeitet sind, der den Bauern eigene Herdentrieb halten die Auswirkungen dieses Einflusses sehr in Grenzen. Die Gemeinsamkeiten der weiblichen Trachten auf dem gesamten niederländischen Land sind ein langes Kleid aus grobem Wollstoff und ein sehr kleidsames Mieder. Dem passen sich Strümpfe in lebhaften Tönen an, rot-gelb, fleischfarben, und eine grüne oder blaue, breitgestreifte Schürze. Die Unterschiede von einer Region zur anderen beruhen auf der Ausschmückung, dem Farbenspiel und der Zusammenstellung der Accessoires. Die Bäuerin aus der Umgebung von Rotterdam und vom Rhein trägt über ihrem Rock eine lange Jabotjacke und einen kleinen Mantel aus Serge mit hochgeschlagenem Kragen. Im Purmer umgibt ein gestärkter Kragen den Hinterkopf und schließt sich eng auf der Brust, die in eine Weste gehüllt ist, deren untere Enden auf dem Rücken bis zu den Nieren reichen. In den mittleren und südlichen Provinzen zieht man die Röcke der Frauen aus dem nördlichen Holland ins Lächerliche, sie sind so übertrieben kurz, daß sie den

Knöchel sehen lassen und sogar noch etwas mehr! Die Friesinnen bringen den Ansatz ihres Busens zur Geltung. An den Ufern der Zuiderzee wird die Brust von einem starren Korsett plattgedrückt und deformiert. Fast überall umgibt eine enganliegende Kappe den Kopf und verbirgt das Haar. In einigen Fischerdörfern tragen die Frauen einen großen schwarzen Hut, dessen Krempe hinten hoch- und vorn heruntergeschlagen ist. Im Verlauf des Jahrhunderts halten in Zeeland und der Zuyderzeeregion die „Ohreisen" Einzug, Plaketten aus Gold oder vergoldetem Metall, die mit einem Gestell dicht an beiden Seiten der Haube befestigt sind.
Die männliche Bauerntracht ergänzt Wams und Kniehose mit einer Art Gehrock, dem *Paltrock*. Der Anzug ist wenig farbenfroh. Manchmal setzen nur ein Gürtel oder eine Paspel einen lebhaften Tupfer. In einigen Dörfern hat das Wams Rockschöße, die hochgeschlagen von großen Knöpfen gehalten werden. Zur kurzen und weiten, mit Fransen und Goldknöpfen verzierten Kniehose gesellen sich manchmal lange Hosen, die für die schlammigen Gegenden bequemer sind. Die Kopfbedeckung ist mal ein hoher Hut mit Fransenkrempe, mal eine kleine, flache Kappe, mal eine Mütze mit kurzem Schirm. Das einzige auf dem Land benutzte Schuhwerk ist der längliche, schwarz oder gelb bemalte Holzpantoffel. Schuhe sind ein Luxus, den reiche Bauern sich höchstens sonntags leisten. Um 1600 besaß das Dorf Lange Dijk im ganzen und für alle drei Paar Schuhe, die die Ratsherren an den Tagen trugen, wenn sie sich nach Den Haag begeben mußten …
Mitglieder gewisser Körperschaften, Vertreter bestimmter Berufe tragen eine Tracht, die durch Form oder Farbe ihre Eigenart kennzeichnet. Verschiedene Beispiele dazu werden uns in der Folge in diesem Buch begegnen: Gala-Uniformen der Gilden, Verkleidungen der Rhetoriker, „Werbekostüme" von Ärzten, Chirurgen, Apothekern, exzentrische Kleider der Jahrmarktsscharlatane. Prediger, Professoren und Juristen tragen als Symbol von Würde und moralischer Haltung den Talar oder *Tabart,* eine festliche Variante des Morgenmantels:

schwarz, bis zu den Füßen fallend, formt dieses Kleidungsstück eine oder mehrere lange, senkrechte Falten im Rücken, ein eckiger Kragen bedeckt die Schultern. Ein schwarzer Hut komplettiert diese Aufmachung.

DIE ERNÄHRUNG

Der Rahmen der Mahlzeiten

Der Vater zelebriert die Mahlzeit wie einen Kult. Niemand in den bürgerlichen Familien ist zu jener Stunde ohne triftigen Grund abwesend. Die ganze Sippe versammelt sich um den Tisch, das Dienstmädchen am unteren Ende, die kleinen Kinder ein wenig abseits auf Sitzen oder auf der Erde. Im allgemeinen ißt man im „Wohnzimmer", wenn nicht in irgendeiner Kammer im hinteren Teil des Hauses. Die „guten Zimmer" werden nur bei Festmahlen benutzt.
Alle Mahlzeiten beginnen und enden mit einem Gebet. Ein jeder steht an seinem Platz (seltener sitzt man), die Männer barhäuptig. Der Vater spricht das Morgengebet, das die anderen mit leiser Stimme im Chor begleiten und mit „Amen" abschließen. Dann setzen die Männer ihren Hut wieder auf, und alle nehmen Platz. Nach dem Essen erhebt man sich und betet wieder, oder man singt Danklieder. Am Ende der Hauptmahlzeit lassen viele Familien dem Gebet die Meditation über eine Stelle aus der Bibel folgen, dann liest der Vater oder einer seiner Söhne mit lauter Stimme einige Seiten aus einem erbaulichen Buch. Während des Essens reden die Erwachsenen wenig, oft überhaupt nicht. Den Kindern wird Schweigen auferlegt.
Ein manchmal prunkvoll gearbeitetes Tuch liegt auf dem Tisch. Einige, es ist wahr, begnügen sich damit, die Decke abzunehmen, und essen vom blanken Holz. Pokale aus Glas oder Kristall, Teller und Krüge aus Zinn oder Silber, Schüsseln aus Porzellan stehen darauf und auch ein „Hackbrett", eine Art Tablett, auf dem man

Brot oder Fleisch schneidet. Ein Glöckchen in der Mitte gestattet bei den Reichen, die Bediensteten zu rufen. Seit fast einem Jahrhundert benutzt man Tischmesser. Löffel sind seltener in Gebrauch. Bei vielen Kleinbürgern betrachtet man sie als Schmuckstück, Gegenstand feierlicher Geschenke, die man im Schrank oder in der Truhe sorgfältig aufbewahrt. Gegessen wird mit den Fingern und dem Messer. Die Gabel kommt erst um 1700 auf und bleibt lange Zeit ein Luxus. Auch auf die Serviette verzichtet man nicht. Noch vor dem Ende der Mahlzeit ist diese nichts als ein fettiger Lappen. Manche Bürger wischen sich, aus Sorge um das Dekor, die Finger an einem kleinen Stück Stoff ab, das unter der makellosen Serviette verborgen ist.
Der Anblick eines gedeckten Tisches hat alles in allem etwas Schweres und Gedrängtes, etwas Üppiges und wenig Persönliches. In dieser Anhäufung von Gegenständen ist das individuelle Gedeck, der für den einzelnen Tischgast speziell gedeckte Platz schwer auszumachen. Dennoch gelten der Reichtum, die Vielfalt, die Bequemlichkeit, die Schönheit des Geschirrs selbst bei den Einfachsten in den Augen der Ausländer als ein Charakteristikum der niederländischen Kultur. Schüsseln, Krüge, Teller, Wasserkaraffen, aber auch Zucker- und Butterdosen, Saucieren, Salzstreuer, Suppenterrinen, Eierbecher, die Branntweinschalen, die Pokale und die hohen Seidel mit Deckel, all das wird meistens aus Zinn hergestellt, das seit dem 16. Jahrhundert das Haushaltsmetall schlechthin ist (Silber bleibt ein seltener Luxus). Nur die ganz Armen oder gewisse Bauern benutzen noch, einer mittelalterlichen Tradition folgend, Geschirr aus Holz. Man findet Zinn dekorativ. Man behandelt es gern wie einen wertvollen Rohstoff. Schmückende Motive, das Familienwappen werden hineingraviert. Mangels anderer Kunstgegenstände stellen die Kleinbürger in ihrem Vestibül Proben ihres Geschirrs aus. Zinn hat den praktischen Vorteil, bei 250 Grad, einer leicht erreichbaren Temperatur, zu schmelzen. Andererseits ist es zerbrechlich, man muß die Utensilien regelmäßig erneuern. Ambulante Zinngießer gehen von Tür zu Tür. Auf ihren

Ruf laufen die Frauen herbei, die Schürze beladen mit abgenutzten Tellern, durchlöcherten Krügen, verbogenen Schöpflöffeln. Der Gießer nimmt alles mit in seine Werkstatt an der Straßenecke. Er wirft seine Ernte in den Schmelztiegel unter dem Ziegelofen, das flüssige Metall gießt er in Bronze- oder Eisenformen, die auf Brettern aneinandergereiht stehen und dem neuen Krug, Teller oder Schöpflöffel mit der traditionellen Rosette oder dem Engelsgesicht die Marke des Herstellers aufprägen. Glücklich die Hausherrin, die einem dieser illegalen Schmelzer, wie die großen Städte sie kennen, entgangen ist: Sie verlangen weniger als die Innungsmitglieder, aber sie bestehlen euch nach Belieben bei der Legierung oder beim Gewicht …

Bei der Herstellung von Trinkgefäßen macht das Glas dem Zinnbecher teilweise Konkurrenz[1]: rundes Glas mit breitem Fuß, vom Rhein stammend, oder hohe, schlanke Flöte, eins wie das andere häufig mit Malereien verziert, mit lateinischen oder niederländischen Sprichwörtern, biblischen oder historischen Szenen, Wappen, Landschaften. Die Produkte der Zutphener Glasfabrik, von einem Franzosen aus Tournai gegründet, sind hochberühmt. Für Schüsseln, Krüge und Teller bevorzugen die reichen Bürger im Lauf des Jahrhunderts mehr und mehr das Porzellan. Dieses hat den Ruf eines exotischen und teuren Produkts, dessen Einfuhr ein großes Handelsgeschäft darstellt.[2] Es kommt direkt aus China, entweder in den einheimischen Formen, die ihm dort gegeben werden, oder häufiger in Formen, die dorthin in Auftrag gegeben wurden. In der Tat schätzt man die Kunst fernöstlicher Töpfer ziemlich gering, und man besteht darauf, die Ausführung ihrer Arbeiten zu überwachen. Man bestellt bei ihnen über die Vermittlung des Agenten der Indienkompanie in Kanton und beschreibt dabei genauestens die Formen der Ware und die Motive ihres Dekors. Malen Sie auf diese Stücke „weder Drachen noch andere Tiere", „meiden Sie Ihre chinesischen Phantasiegebilde". Man verlangt hübsche, gut gezeichnete Blumen auf dem reinweißen Untergrund des Tellers, holländische Blumen, wenn möglich, und sein Familienwappen, seine Initialen zwischen Trompete blasenden Engeln. Sentenzen, auch Sprichwörter, mit denen man sein Geschirr zu schmücken liebt, wie man damit seine Decke, sein Silber, seine Wände ziert. Oder aber historische, religiöse Szenen, oder die Gestalt Luthers oder die des Schweigsamen. Darauf, daß die Engel Schlitzaugen haben, die mythologischen Helden ein Seidengewand und einen chinesischen Hut tragen, soll es nicht ankommen. Diese Leute dort haben aber auch eine seltsame Art, Anweisungen zu interpretieren! Eine Hausherrin schickt in dem Wunsch, ein Tischservice zu ergänzen, eine leicht angeschlagene Tasse als Modell nach China. Als sie die Lieferung nach einigen Monaten erhält, entdeckt sie verblüfft an allen Teilen des Services eine kleine, dreieckige Bruchstelle! Holländische Künstler fertigen manchmal einen Entwurf an. Einer von ihnen, Pronk, malte für einen chinesischen Hersteller eine Serie von dreißig, mit Ansichten von Amsterdam dekorierten Tellern. Auf dem Rand behält man gelegentlich die Blumen oder Vögel eines orientalischen Vorbilds bei. Im Rundbild erscheint eine Gestalt mit Sonnenschirm, und auf dem Grund der Schüssel pflückt ein Holländer seine Kirschen.

Das Porzellan bleibt dem edlen Gebrauch vorbehalten: es schmückt den Tisch, die Schränke, verschönert patrizische Festmahle. In Küche und Vorratskammer steht das Zinn neben dem Kupfer, der Fayence, der Terrakotta. Die meisten Städte besitzen Töpferwerkstätten: weit auf die Straße geöffnete Schuppen, wo man Krüge und Kruken auf den Gestellen trocknen sieht, an einer der Wände flackert ein massiver Ziegelofen mit einer Öffnung wie eine Zimmertür. Ein Lehrling bedient die Winde, die die Drehung bewirkt ... Was das Kupfergeschirr betrifft, aus heimischer Produktion oder aus Deutschland importiert[3], es ist eine teure Ware, und man versteht, daß die Bürger stolz sind, es zu zeigen.

Die Niederländer sind gute Esser. Ihr Ruf, genügsam zu sein, bezieht sich auf die Qualität des Essens. Die aufgenommenen Mengen sind bei den meisten von ihnen beträchtlich. Im Lauf des Tages folgen vier Mahlzeiten aufeinander. Am frühen Morgen, im Sommer um fünf oder sechs Uhr, sobald die Toilette gemacht und das Ankleiden beendet ist, wird das Frühstück eingenommen. Selbst bei den Reichen bleibt es lange Zeit ganz einfach: Brot, Butter und Käse bilden seine Hauptbestandteile, die oft die einzigen sind. Man trinkt Milch oder Bier, nach 1670 Tee oder Schokolade. Reste des Essens vom Vorabend ergänzen manchmal diese Alltagskost. Nur die Qualität des Brotes ist, dem sozialen Milieu entsprechend, unterschiedlich. Gleichwohl nimmt man im Verlauf der zweiten Jahrhunderthälfte in der besseren Gesellschaft die Gewohnheit an, schon zu dieser Morgenstunde Wild, Pasteten, gebratenen Fisch zu essen.

Am Ende des Vormittags findet die allgemein „Mittagessen" *(de noen)* genannte Hauptmahlzeit statt, die normalerweise zwei oder drei Gerichte umfaßt (Suppe und Fleisch; auch Suppe, Fisch und Fleisch) und mit einem Salat oder Obst beendet wird. Manchmal komplettiert eine Süßspeise dieses Menü: Eierkuchen, Waffeln und vor allem Reisbrei. Die Suppe besteht gewöhnlich aus Gemüse und Speck, die in Milch gegart werden. Die einfachen Leute essen an mehreren Tagen der Woche nur kaltes Fleisch.

Gegen drei Uhr nachmittags, wenn die beruflichen Verpflichtungen Zeit dazu lassen, vespert man: Brot und Käse, von Mandeln, Rosinen und anderem Naschwerk begleitet, warmes oder kaltes Bier, das manchmal mit Wasser verdünnt wird. Am Ende des Jahrhunderts ersetzt Tee das Bier.

Um zwanzig oder einundzwanzig Uhr serviert man das Abendessen. Bei den reichen Bürgern umfaßt es wie das Mittagessen mehrere Gänge. Aber normalerweise besteht es nur aus den Resten des Tages und wird, wenn nötig, durch Butter, Käse oder eine Suppe aus altem, in Milch eingeweichtem Brot ergänzt.

Viele kräftige, stärkende, erbärmlich zubereitete Dinge: „Butter, Käse, Pökelfleisch, das sind Speisen, die keine große Aufmerksamkeit erfordern", schreibt der Abbé Sartre und präzisiert: „Ihre Brühe besteht nur aus Wasser mit viel Salz oder Muskat, in das Kalbsbries und gehacktes Fleisch gegeben wird. Ihr fehlt jeglicher Geschmack nach Fleisch, was deutlich zeigt, daß sie das Werk von einer Stunde Zubereitung ist."[4] Diese Zahl, eine Stunde, ist eine großzügige Schätzung. Die Brühe eines Pariser Kochs braucht einen halben Tag. Was den Muskat betrifft, so fand man ihn nur auf den reichhaltigsten Tischen, denn die Gewürze blieben trotz des großen Handels, zu dem sie Anlaß gaben, sehr teuer.[5]

Die niederländische Hausherrin, welchem Milieu sie auch angehören mag, kümmert sich selbst um die Küche, findet jedoch wenig Geschmack an der kulinarischen Kunst. In vielen Familien wird einmal in der Woche gekocht, und während der sechs folgenden Tage begnügt man sich mit dem Aufwärmen der vorgefertigten Gerichte. Nur einige ganz große Damen haben Küchenmeister und Köchin, in der zweiten Hälfte des Jahrhunderts manchmal sogar französische. Reiche Feinschmeckerinnen konsultieren ein Kochbuch, wie zum Beispiel „Der tüchtige Koch oder die aufmerksame Hausfrau; die beste Art des Zubereitens, Kochens und Bratens aller Sorten von Speisen beschreibend", das 1668 in Amsterdam erschien.[6] Einige aus Paris stammende Werke kursieren: „Der französische Koch" von La Varenne, „Die vollkommene Schule der Leibköche". Diese Bücher vermitteln gute französische Rezepte, aber man wagt selten, sie zu benutzen, und dann imitiert man sie eher, als sie anzuwenden. Nichtsdestotrotz trägt ihr Einfluß nach 1660 dazu bei, in die Ernährungsweise des Großbürgertums ein wenig Abwechslung zu bringen.

Eines Tages trifft ein Botschafter Spaniens auf einer öffentlichen Bank in Den Haag eine Gruppe von Deputierten der Generalstaaten, die, während sie auf die Sitzung warten, ihren Brotkanten brechen und ihren Käse kauen. „Ein solches Volk ist unbesiegbar!“ ruft der Spanier. Ähnliche Anekdoten sind zahlreich. Die obige Begebenheit fand um 1610 statt. Fünfzig Jahre später lebten die Patrizier besser, doch die Bauern ernähren sich fast ausschließlich von Gemüse und Milchprodukten, die Matrosen von Fisch, Grützbrei und Käse. Der Tisch der kleinen Leute aus der Stadt, des mittelständischen Bürgertums ist kaum abwechslungsreicher. Die Ärmsten leben von Rüben, gebratenen Zwiebeln, trockenem, wenn nicht schimmligem Brot, ihrem kleinen Bier. Die in bezug auf Wohnung und Einrichtung markanten sozialen Unterschiede sind in der Kleidung weniger und bei der Ernährung kaum spürbar. Das Nationalgericht, oft Hauptteil des mittäglichen Mahls, ist der *hutsepot*. Laut einem damaligen Rezept bereitet man ihn aus feingehacktem Hammel- oder Rindfleisch, grünem Gemüse, Pastinaken oder Pflaumen, gibt Zitronen- oder Orangensaft dazu, starken Essig, verrührt gut und kocht alles lange mit Fett und Ingwer ... Es gibt mehrere Varianten davon, zum Beispiel mit Zwiebeln. Ein würzigeres Gericht spanischer Herkunft, der *olipotrigo*, ersetzt manchmal an Feiertagen den *hutsepot*: Drei und eine halbe Stunde lang kocht man Stücke vom Kapaun, Lamm, Kalb, Rind, Brühwurst, Schweins- und Hammelfüße, Schweinekopf, Endivien, Artischocken und verschiedene Gewürze, man fängt den Bratensaft auf, schlägt vier oder fünf Eigelb darein, fügt sauren Wein und ausgelassene Butter hinzu und kocht diese Soße separat, die dann über das Gericht gegossen wird. Dazu reicht man Kastanien ...[7]

1631 wird den Studenten an der Staatenuniversität von Leiden zum Mittagessen sonntags eine Brotsuppe serviert, warmes Fleisch und *hutsepot*, in der Woche die gleiche Brotsuppe, danach Hackfleisch, Kohl oder ein *hutsepot* oder weiße Bohnen oder aber frischer oder geräucherter Fisch mit Brot, Butter und Käse. Zu trinken gibt es Bier. Das Frühstück besteht aus Brot und Butter: ein Viertelpfund Butter und ein Weizenbrot für vier Personen; das Abendessen aus Brot, Butter und Käse aus Kuhmilch. Alles in allem ist das eine gute, bürgerliche Kost.

Die Milch, Hauptgetränk der Kinder und Grundlage vieler Gerichte, kam aus den Dörfern der unmittelbaren Umgebung in die Städte. Aufgrund einer sonderbaren Inkonsequenz[8] sicherte keinerlei Kontrolle die Qualität dieses leicht verderblichen Lebensmittels. Der Städter mußte der vermutlichen Anständigkeit des Bauern, der sie ihm lieferte, trauen. Die Butter dagegen erreichte ihn auf dem Handelsweg. Einerseits aß man sie frisch auf dem Brot, aber vor allem war sie das wichtigste Fett zum Kochen. Die Qualität holländischer Butter (besonders der aus Delft und Leiden) war berühmt. Da sich die Holländer folglich sicher waren, sie zu einem vorteilhaften Kurs auf dem internationalen Markt absetzen zu können, exportierten sie sie lieber und kauften für den Inlandsverbrauch zu niedrigen Preisen Butter aus England und Irland.

Die deutschen Nachbarn belegten die Niederländer ironisch mit dem Spitznamen „Käseesser". Der in der Tat beträchtliche Verbrauch dieses Lebensmittels erstreckte sich jedoch nicht auf die gesamte nationale Produktion. Der Käse war ziemlich das einzige Exportobjekt, das die Niederländer selbst herstellten, und die daraus resultierende kommerzielle Bedeutung hatte zur Perfektionierung der Käsereitechnologien beigetragen. Einige Marken waren sehr gefragt: Käse aus Texel und Gouda. Der Leidener wurde mit Kümmel aromatisiert, abgelagerter Edamer war so gut wie Parmesan.

Im Gegensatz dazu farbrizierten die an Getreide armen Niederlande ein Brot, das die Franzosen einstimmig als ungenießbar bezeichneten.[9] Schwarz, weich, klebrig, fest und schwer im Magen liegend, wurde gewöhnliches Brot aus Mehl von Roggen, Gerste, Buchweizen, Hafer oder sogar Bohnen hergestellt. Das sehr teure Weizenbrot galt als Delikatesse, die man sonntags oder an Festtagen probierte, deren täglichen Genuß man jedoch den Reichen überließ. Die Bäcker nutzten diese Denkweise des Volkes und vervielfachten die Varianten von Phantasiebrot, die sich durch Form und Zusammensetzung unterschieden. Außerdem verlangten alte Traditionen zu bestimmten religiösen Feierlichkeiten (Weihnachten, Epiphanias, Ostern, Pfingsten, in gewissen Ortschaften auch zur Kirmes) den Verzehr von speziellem, vielleicht ursprünglich symbolischem Brot. Unzählige Innungsvorschriften bestimmten und kontrollierten das Aussehen, die Bestandteile, das Gewicht und den Preis der Produkte dieser bäckerlichen Üppigkeit.

Der Niederländer war der größte Gemüseesser, den Europa damals kannte. Der Boden seiner Landstriche eignete sich gut für den zugegebenermaßen wenig abwechslungsreichen Gemüseanbau, der aber in seiner Landwirtschaft eine fundamentale Rolle spielt. Erbsen, Bohnen, Weißkohl, Karotten, Kohlrüben, Rote Rüben, Gurken bildeten mit den Milchprodukten die Grundlage für die Ernährung des Volkes. Wirsingkohl, Blumenkohl, Schwarzwurzeln kamen täglich auf die reichen Tische. Artischocken und Spargel aus Zeeland und Holland erfreuten sich internationaler Beliebtheit und wurden nach England exportiert. Die Schalotte diente als Gewürz. Die Kartoffel dagegen, am Ende des 16. Jahrhunderts durch Clusius in die botanischen Sammlungen von Leiden gebracht, galt als giftig. Reiche Hobbygärtner bauten sie, wie auch die Tomate, in ihrem Garten als Zierpflanze an …

In den Städten wimmelte es von Gemüsehändlern: Bauern auf dem Markt, ambulante Verkäufer, die ihren Karren schoben oder ihre Körbe trugen, Krämer unter ihrer Markise zwischen Kohlbergen und Zwiebelzöpfen. All diese Leute verkauften auch Obst. Letzteres aß man nicht immer roh, sondern oft, besonders die Pflaume, mit Gemüse zubereitet: Erbsensuppe mit Pflaumen, mit Ingwer abgeschmeckt, weiße Bohnen in Pflaumensirup, Schweinebraten mit Pflaumen und Rosinen, Hammel mit Pflaumen und Minze, Hackfleisch mit Pflaumen und Rosinen in Melasse, gehackte Kalbszunge mit grünen Äpfeln … Man machte auch Konfitüren, manchmal nach komplizierten und seltsamen Rezepten: in Regenwasser getauchte Früchte auf Eiweiß, Nußkonfitüre.

Eier gehören zu den meisten Gerichten, besonders zu den zahlreichen Arten der so beliebten Crêpes. Man brät sie in Öl, selten in Butter. „Ein gebratenes Ei ist der

Trost des Armen“, sagt ein Sprichwort.[10] Holland und Geldern haben große Hühnerfarmen, und das Ei ist eines der billigsten Nahrungsmittel.
Fisch vervollständigt diese hauptsächlich vegetarische Kost. Fisch aus Meer oder Fluß, frisch, geräuchert oder gesalzen, gebraten, gekocht, mit oder ohne Soße. Karpfen, Brassen, Plötzen, Barben, die Arten zählen nach Dutzenden. Der Hering scheint nationales Symbol zu sein. In den Wochen nach dem jährlichen Fischfang, am Ende des Frühjahrs, ißt man seine Filets roh. Später in der Saison ißt man Bückling. Stockfisch oder gesalzener Kabeljau sind kaum weniger populär. Die „Meeresfrüchte“, Muscheln, Austern, Krabben, ißt man gekocht oder gebraten, übergossen mit einer milden Soße.
Fleisch ist selten. Die einfachen Leute essen es nicht öfter als einmal in der Woche, außer im November, während der Schlachtfeste, von denen in einem der folgenden Kapitel die Rede sein wird. Außerdem ist das wenige Fleisch, das man ißt, Rind, Hammel oder Schwein, nicht immer frisch. Ein Teil der Bevölkerung kennt nur gepökeltes oder geräuchertes Fleisch. Wenn schon ein frisches Stück auf den Familientisch kommt, dann in zwei von drei Fällen in Form von Hackfleisch. Was Geflügel und Wild betrifft, so ist das die Nahrung des Bauern oder des Herren.
An Trinkwasser in natürlichem Zustand mangelt es in Holland. Zisternen werden angelegt, Brunnen ausgehoben, in höchster Not schöpft man welches aus dem Kanal. Außerdem wird sehr wenig Wasser getrunken. Selbst den Ärmsten ist es zuwider, und sie benutzen diese Flüssigkeit nur, um eine andere, Milch oder Bier, damit zu verdünnen. Bier ist das Nationalgetränk. Es bleibt, selbst dann, als die Reichen auf den Geschmack des Weins gekommen sind, das einzige Getränk für den größten Teil der Bevölkerung. Man trinkt es zu allen Mahlzeiten, zwischen den Mahlzeiten, zu Hause, in der Schenke. Nach ihrem Alkoholgehalt unterscheidet man zwei Sorten, das „Einfache“ und das „Doppelte“. Das hochprozentige „Doppelte“ macht schnell betrunken, diese Trunkenheit hält an und treibt zu Brutalitäten. Der nationale Bierkon-

sum ist gewaltig. Um 1600 beträgt er 250 000 Hektoliter,[11] und zwar allein bei den Gästen der Brauereien von Haarlem. Doch die meisten Städte haben ihre Brauergilde, und man importiert englisches und deutsches Bier.
Verschiedene mehr oder weniger seltene Leckereien bereichern die niederländischen Nahrungsmittel. Die Apotheker besitzen das Privileg, alle Arten von Torten zu verkaufen: Obsttorten genau wie unsere, Käsetorten, Fisch-, Fleisch-, Wein-, Marzipantorten. „Konditoren", die in manchen Städten zur Unterscheidung von den Brot- und Zwiebackbäckern in einer speziellen Gilde vereint sind, verkaufen „Pasteten". Darunter versteht man gleichzeitig die eigentlichen Pasteten und fast alles das, was wir „Gebäck" nennen. Sie bereiten auch cremeartige Süßspeisen zu: mit Milch, Zucker, Zimt, mit Eiern, darauf Petersilie, mit Äpfeln. Die Niederländer, besonders in der Provinz Holland, schwärmen für Kuchen. Pasteten aus Käse und Geflügel und Torten sind Leckerbissen der Reichen, genau wie die überzuckerten Eßkastanien, die aus Frankreich stammen. Den einfachen Leuten bleiben die zahllosen Biskuits in allen Formen und aus allen Zutaten, Anis, Butter, Speck, Zucker, Melasse, kandierten Früchten, Kirschen, Rosinen … Franken[12] zählt einundvierzig Sorten auf, und das ist nur eine Auswahl.
Marzipan wird zu Hause hergestellt und kommt zu allen Festen auf den Tisch. Das traditionelle Rezept schreibt vor, die Mandeln einen Tag und eine Nacht einzuweichen, dann preßt man ihr Öl heraus, man gibt die gleiche Menge Zucker dazu, alles wird vermischt und zerdrückt und mit Rosenwasser verdünnt. Man kocht das Ganze auf dem Feuer und benetzt es mit gezuckertem Rosenwasser. Man mag gezuckerten Wein, gezuckertes Rosenwasser, in den Schenken serviert man zum Fest der Heiligen Drei Könige sogar gezuckertes Bier. Zu bestimmten Anlässen wie Hochzeiten macht man Zimtwein, für den es mehrere Rezepte gibt: zum Beispiel ein Gemisch aus gezuckertem, leicht mit Wasser verdünntem Rheinwein mit Zimt, Ingwer und Nelken. Eine vereinfachte Variante ist der Punsch aus gezuckertem Weißwein, in dem eine Zimtstange schwimmt.

Handwerker, Bauern und Krämer dehnen ihren Arbeitstag bis zum Abendessen aus. Die reichen Bürger nehmen im Lauf des Jahrhunderts die Gewohnheit an, sich ihres Tagewerks am Spätnachmittag zu entledigen. Von Mittag an trifft man auf einige Müßige: Greise, die sich dem Verdauungsschlaf bis gegen drei Uhr hingeben, Frauen der wohlhabenden Klasse, junge Leute der gehobenen Gesellschaft. In dem Maße, wie die tägliche Arbeit für jedermann ihr Ende findet, widmet sich der Niederländer den Vergnügungen des gesellschaftlichen Lebens. Bis gegen 1670 genießt man diese ausschließlich im Kreise der Familie.

Die Großbürger lieben es, sich zur Stunde der Vesper Besuche abzustatten. Jene hatte damals größere Bedeutung: der Gastgeber reicht Fisch, kalten Braten und Naschwerk. Falls das Wetter es gestattet, vespert man im Garten. Wenn sich der Genuß von Tee verbreitet hat, wird man seine Freunde gern gegen zwei oder drei Uhr zum Tee mit Zwieback oder anderen Leckereien einladen. Gegen fünf, sechs, sieben Uhr läßt die Regsamkeit der Stadt nach, und der Bürger tritt aus seinem Büro heraus, steigt vom Speicher herunter, kehrt aus dem Hafen zurück. Er setzt sein Barett auf, schlüpft in seinen Schlafrock, setzt sich, wenn es nicht zu kalt ist, auf die Bank vor seinem Haus, unter die Markise. Seine Frau und seine Töchter gesellen sich zu ihm. Vor dem Haus nebenan bildet sich eine ähnliche Gruppe. Die kleinen Kinder laufen herum, rufen sich, lassen einen Holzschuh auf dem Kanal schwimmen. Die Mutter hat das Letztgeborene in seiner Wiege auf die Türschwelle herausgestellt. Der Vater liest Zeitungen. Von Bank zu Bank kommentieren die Männer die Neuigkeiten, werfen Probleme der Politik auf, beklagen die Dekadenz der Welt. Ihre Weisheit kommt in Sprichwörtern, an denen die holländische Tradition reich ist, zum Ausdruck: „Karten, Rock und Kanne machten manchen schon zum armen Manne", „Gelegenheit macht Diebe"[1] ... Die Frauen, das Heizbecken unter den Pantoffeln und in den *huik* oder *vlieger* eingehüllt, stricken oder bessern Wäsche aus und reden über Reinemachen und Dienstmädchen. Diese Abendunterhaltung dauert bis zum Einbruch der Nacht und zur Stunde des Abendessens. Die Reichen, die einen Garten in der Umgebung der Stadt besitzen, kehren dann, nachdem sie hier eine oder zwei Stunden verbracht haben, zurück. In Den Haag gehen die Bürger ein paar Schritte am Wäldchen entlang, um die schönen Kutschen zu bewundern. Man macht es sich bequem: die Männer sind im Schlafrock, die Frauen im Hauskleid. Von den nahen Schenken erschallt das Echo der Musikinstrumente ...

Bei schlechtem Wetter findet diese Abendunterhaltung im „Wohnzimmer" statt. Die Mutter und ihre großen Töchter sitzen am Tisch und nähen oder stricken, in einer Ecke dreht die Magd das Spinnrad, die Söhne basteln, schnitzen an einem Holzscheit, knüpfen ein Netz, der Vater, aufrecht auf seinem Stuhl sitzend, liest mit lauter Stimme die Bibel oder ein Geschichtsbuch. Der Torf im Ofen brennt, und die Kerzen sind angezündet. Manchmal klopfen Freunde an die Tür. Sie treten ein, löschen ihre Laterne. Es sind Jugendliche beiderlei Geschlechts, die älteren Leute gehen kaum aus. In Dordrecht, in Den Haag bemerkt man in der Gruppe dieser Besucher ein junges Mädchen, das einen kleinen Holzeimer in der Hand hält, in dem sich eine Liedersammlung befindet, Liebeslieder vor allem, die ihm junge Männer aus seinem Bekanntenkreis geschrieben und illustriert haben, oder auch ein winziges gedrucktes Buch. In Ermangelung eines solchen „Jungmädchenbuches" entnimmt die Hausherrin ihrem Schrank den „Superadmiral von Holland" oder auch „Apollo bei den Göttinnen des Gesangs" oder schließlich „Das vortreffliche Beginenkloster", Sammlungen, die in keinem niederländischen Haushalt fehlen. Einige sind speziell dieser oder jener sozialen Schicht gewidmet: Sammlungen von Seemannsliedern („Der Wagen Neptuns"), Lieder für Händler („Der neue Amsterdamer Merkur"), für Bauern („Der fröhlich singende Landmann"), für Schäfer und sogar für Blumengärtner![2]

Der Inhalt dieser Sammlungen ist recht unterschiedlich. Ein paar sind rein erbaulich, manchmal von einem etwas konfusen Mystizismus, andere völlig profan. Die Mehrzahl vermischt beides und fürchtet dabei weder Doppeldeutigkeit noch unverhohlene Schlüpfrigkeiten. Zumindest verleihen eine gewisse Frische, Naivität und manchmal Unverblümtheit dieser umfangreichen Liederproduktion in der ersten Hälfte des Jahrhunderts einen fröhlichen und spontanen Charakter, den sie nach 1650 verlieren soll, als man anfängt, französische oder italienische Texte und Melodien mehr oder weniger geschickt zu kopieren. Man singt im Duett, im Chor, zur Flöte, zur Geige, zur Laute; bei den reichen Bürgern zum Spinett oder zum Cembalo. So beleben Gesang und Musik die winterlichen Abendunterhaltungen der wohlhabenden Familien. Das Niveau dieser Aufführungen übersteigt im allgemeinen eine ehrbare Mittelmäßigkeit. Manchmal ist es außergewöhnlich hoch. In der Tat pflegt man um die Jahrhundertmitte die musikalische Bildung der Jugend sehr. Eine aus England gekommene Mode hat die Zahl der Musiklehrer, die zu Hause Privatunterricht geben, vervielfacht. Gesang, Flöte und Cembalo zu lehren ist ein regulärer Beruf geworden. Neben mittelmäßigen Meistern gibt es hervorragende, und von ihnen hinterblieben uns Hefte mit Etüden, für ihre Schüler komponiert. Die Kirche, im allgemeinen den Künsten feindlich gesinnt, duldet die Musik und begünstigt sogar ihre Ausübung. Die Schulen haben Gesangsunterricht eingeführt, mehrere Städte schufen öffentliche Musikkurse.

An den Abenden, an denen man nicht singt, in den wenigen Familien, die nicht musizieren, lädt man die Besucher zur Teilnahme an einem Gesellschaftsspiel ein. Glücksspiele stehen hoch in der Gunst. Der Niederländer ist begeisterter Spieler; in Kriegszeiten geht er so weit, Wetten über den Ausgang der gerade stattfindenden Schlacht abzuschließen. Allein der Einspruch von Kirche und Richterschaft bremst diese natürliche Neigung. Im Vergleich mit den Sitten der hohen französischen Gesellschaft findet Parival[3], daß man in den Niederlanden wenig spielt. Das alte Würfelspiel, bei den Reichen seit langem aus der Mode, bleibt im Volk trotz offizieller Verbote geläufig. Es existiert in mehreren Varianten, darunter das „Komm über zehn" französischer Herkunft. Als Becher wird ein Glas genommen. Jeder würfelt der Reihe nach: Ist der Spieler ein Mann, muß er alsbald so viele Schoppen trinken, wie er Augen erreicht hatte, ist es eine Frau, muß sie ihren Mitspielern eine entsprechende Anzahl Küsse geben.

Zu den Würfelspielen gehört auch das sehr populäre Gansspiel. Man gebraucht Würfel bei verschiedenen Abarten des Mühlespiels. Man spielt Knöchelchen, aber vor allem Karten. Es wird überall gespielt: zu Hause, in den Schenken, in den Gärten, auf den Straßen. Die Kartenspiele sind so verbreitet, daß die Patrizier sie als gewöhnlich und sündhaft aus ihrer Wohnstätte verbannen. Die Prediger wettern gegen diese Leidenschaft. Henri de Frein beschwört von der Höhe seiner Kanzel in Middelburg pathetisch diese über den Tisch gebeugten Spielergruppen: „Mädchen, wie Puppen gekleidet, den Kopf geputzt, Hals, Nacken und Busen entblößt, bieten den Jungen ein Schauspiel sündhaften Fleisches, das sie verführt, abzukommen von den Wegen ihres reinen Herzens, und das sie, vergiftet von abscheulichen Vergnügungen, von unkeuschen Darbietungen geblendet, vergessen läßt, daß sie eines Tages vor ihren Richter treten werden …"[4]

Allenthalben stimmen die Prediger darin ein, sie beklagen, daß man in gewissen Familien selbst den Sonntagnachmittag dem Kartenspiel widmet. Die Regierung erhebt hohe Steuern auf die Karten, vergebens! Man kennt etwa zwanzig Kartenspiele: *roemsteken*, das von den Franzosen unter dem Namen *romestecq* übernommen wurde, spielt man mit sechsunddreißig Karten, die unter zwei bis sechs Spielern aufgeteilt werden; das Hombre *(ombe-ren)* mit vierzig Karten und drei Spielern; auch Pharao, Pikett, Landsknecht. Andere Spiele enthalten figurative Karten, deren Herrscher Tod, Leben und König sind.

Die Adligen haben die mittelalterliche Tradition des Schachspiels bewahrt. Aber erst um 1700 gelangt es in

den Gebrauch der Großbourgeoisie. Das Damespiel hingegen wird hier seit langem praktiziert.
Nach 1650 kommt es durch den wachsenden Einfluß französischer Sitten und die zunehmende Zahl von Cafés zu einem tiefen Wandel in den Traditionen, von denen die Familienabende beherrscht wurden. Seitdem kehrt der Bürger ein- oder zweimal in der Woche, manchmal noch öfter, erst so spät wie möglich zum Abendessen heim. Selbst seine Frau und seine Töchter beginnen ihrerseits auszugehen. Die jüngeren Kinder sollen dieser Entwicklung bald folgen. Die ernsthaften Leute sind beunruhigt. Dieses Vagabundieren, diese Stunden der Promiskuität in den Kneipen und Cafés bewirken eine Erschütterung der sozialen Barrieren und von daher den Untergang der Religion und der Ehrfurcht. Die alte bürgerliche Sittenstrenge, die strikte Sparsamkeit in bezug auf Zeit und Geld, der fromme Konservatismus, alles, was die Stärke des niederländischen Volkes ausmachte, verschwindet oder verkommt. Die Familie ist nicht mehr wirklich Familie, das Haus nicht mehr Haus.
Dennoch läutet um zweiundzwanzig Uhr die Glocke, ertönt die Trommel der Wache. Jedermann kehrt heim. Die Niederländer sind große Schläfer und gehen im allgemeinen früh zu Bett. Nach zehn Uhr sind nur noch die Nachtwächter auf der Straße, die Übeltäter in ihren dunklen Ecken und ein paar mehr oder weniger heimliche Prasser. Der Bürger löscht sein Feuer. Alle knien zum Abendgebet nieder. Der Vater segnet seine Kinder. Man küßt sich. Man bläst die Kerzen aus. Man geht zu Bett. Die Stadt schläft ein.

DRITTER TEIL
DER GANG DES LEBENS

DIE RELIGION

Eine religiöse Atmosphäre umhüllt die Niederlande und durchdringt ihre nationale Existenz. Die Religion dieses Volkes, bemerkt Temple[1], ist im Herzen verwurzelt und schöpft daraus ihre Kraft. Ihre Kraft, nicht ihre Leidenschaft. Nach 1620 werden die Gewalttätigkeiten zwischen Anhängern gegensätzlicher Konfessionen selten; die Diskussion zwischen ihnen verläuft ohne exzessive Feindseligkeiten. Die Einigung, wenn sie denn zustande kommt, zieht nicht notwendigerweise ein Bündnis nach sich. Ein tiefer Glaube, darauf bedacht, seine äußerlichen Offenbarungen zu pflegen, vom Mystizismus völlig frei, oftmals kleinlich bei den aufrichtigsten Anhängern, nährt sich aus der Bibel, deren bildhafter Stil der Umgangssprache ihre fromme Rhetorik liefert und manchmal sogar das Denken bestimmt. Man betet viel: beim Erwachen, vor und nach jeder Mahlzeit, am Ende des Tages. Bisweilen wurde der Abend mit der Lektüre gottesfürchtiger Werke erfüllt. Wenn man morgens oder abends unter den Fenstern der Andächtigen vorbeikommt, hört man Psalmengesang ertönen. Alle diese Anlässe leitet der Vater sozusagen als Kirchendiener. Die holländische Religion hat einen familiären Charakter. Die Familie bildet den natürlichen Rahmen allen religiösen Lebens. Diese Tatsache erklärt zu einem Teil die Toleranz, die in diesem Land auf der Ebene der Institutionen herrscht.

Die Mutter lehrt ihr Kind zu beten. Sie bringt ihm die Grundbegriffe seiner religiösen Erziehung bei. Die kleine Anne-Marie Schuurman – wirklich ein Wunderkind – kannte den Katechismus mit drei Jahren auswendig. So ist die religiöse Durchdringung der kindlichen Seele schon stark, wenn die Schulbildung beginnt. Die Behörden wachen darüber, daß die Religion von der

Grundschule an einen zentralen Platz in den Lehrprogrammen erhält. Man widmet ihr prinzipiell den Mittwochnachmittag und den Sonnabendmorgen. Jede Lektion beginnt und endet mit einem Gebet, wenn nicht mit einer Lektüre der Bibel. Am Vorabend von großen Festen läßt man die Kinder den ganzen Text für den Gottesdienst des nächsten Tages auswendig lernen. Im Prinzip benutzen die Lehrer den Katechismus von Heidelberg, der 1618 nach der Synode von Dordrecht das offizielle Instrumentarium des Religionsunterrichts geworden war. Aber als dogmatische Festlegung des reformierten Glaubens paßte sich dieser Katechismus schlecht den Bedürfnissen der Grundschulen an. Es zirkulierten handgeschriebene Zusammenfassungen davon, einige wurden veröffentlicht: häufig schlecht verfaßt, mit abstrakten Termini und unnützen Polemiken überladen, entstellten sie die Urfassung, ohne sie wirklich zu vereinfachen. Auch der Religionsunterricht war um die Jahrhundertmitte beklagenswert. Zum Mangel an pädagogischem Geschick und Freisinn gesellte sich oft die Gleichgültigkeit der Lehrer. Auf dem Lande ließen diese die Religionsstunden während der schönen Jahreszeit ausfallen. Anderswo opferte man sie zu häufig müßigen Diskussionen („Aß Eva einen Apfel oder eine Birne?") oder einfachen Aufzählungen der Gebote. Die Prediger selbst gaben nur den Gläubigen Unterricht, die sich auf das Glaubensbekenntnis vorbereiteten. Dieses gestattete die Teilnahme am Abendmahl. Der erste Tag, an dem man dazu empfangen wurde, war eines der großen Ereignisse im Leben. Er leitete die Reife ein, bezeugte, daß von nun ab der Mann fähig war, öffentliche Ämter zu bekleiden, und die Frau, einen Haushalt zu führen.

Der niederländische Kalvinismus scheint aus Frankreich gekommen zu sein, gegen die Mitte des 16. Jahrhunderts zunächst ins jetzige Belgien: dort hat sich die erste geistliche Organisation der reformierten Religion der Niederlande konstituiert. Erst 1571 fand das erste eigentliche niederländische Konzil statt. Aber während des Befreiungskrieges wirkte der Kalvinismus wie ein Kraftquell und trug in großem Maße zum Enderfolg bei. Er konnte jedoch sein ursprüngliches Ideal, eine Art Theokratie, nicht verwirklichen: die eroberte politische Macht und die plötzliche wirtschaftliche Entwicklung widersetzten sich diesem, ebenso viele persönliche Abneigungen.

Bis 1612 zeigten sich die Patrizier, die den Staat lenkten, gleichgültig, wenn nicht feindselig: sie neigten zu einer liberaleren Glaubenskonzeption. Der Konflikt brach 1618 aus. Damals forderte die kalvinistische Kirche die weltliche Macht, die Herrschaft des Prinzen von Oranien. Die Verurteilung von d'Oldenbarnevelt war ihr Triumph. Trotzdem blieben die Spannungen noch eine Generation lang stark und bewahrten eine gewisse soziale Färbung[2]: der strenge Kalvinismus eines Gomar rekrutiert seine Anhänger zur Mehrzahl aus den am wenigsten begünstigten Klassen des Volkes, der liberalere Protestantismus von Arminius zieht das Großbürgertum an. Die Opposition wird auch auf kultureller und psychologischer Ebene deutlich. Der niederländische Kalvinismus widersetzte sich den ersten Tendenzen des Humanismus. Er trieb an zur Mäßigung des Ausdrucks, zur Zurückhaltung, zum Mißtrauen gegen die strotzenden Formen der Spontanität, gegen die l'art pour l'art, wenn nicht gegen die Inspiration, sofern sie irrational war.

Eine Ernsthaftigkeit, eine Bodenständigkeit, die um so stärker ist, je mehr sie sich dem Gefühl des Vergänglichen verbindet: Der Kalvinismus bewahrt dem mittelalterlichen Christentum eigene Züge, und die humanistische Opposition ist Bestandteil des Modernismus. Erst nach der „Großen Versammlung" 1651 erhielt die reformierte kalvinistische Kirche *(Hervormde Kerk)* den Status und die Macht einer Staatskirche. Sie allein besitzt öffentliche Gebetshäuser und ein offizielles Bildungswesen. Ihr Katechismus wird pflichtgemäß in allen Schulen gelehrt. Ihre Pastoren und Lehrer beziehen ein Beamtengehalt. Aber gerade dadurch beschneidet der Staat ihre Freiheit. Er verwaltet die kirchlichen Güter, greift in die Berufung zu den theologischen Lehrstühlen ein. Die reformierte Kirche hat keinen Klerus im eigentlichen Sinne. An der Spitze stehen ihre Synoden, sie verfügt über ihre Laien-Kirchenräte *(Kerkeraden)*. Sie hat kein ehemaliges Eigentum der katholischen Kirche geerbt, dieses war während des Krieges fast überall vom Staat unter Zwangsverwaltung gestellt worden. In Utrecht nahmen Privatpersonen gewisse Pfründe in Besitz. Die Klöster beherbergen jetzt Schulen, Verwaltungsinstitutionen, Hospitäler. Auch sind die Mittel, durch welche die Kirche ihre Herrschaft über die Denkweise ausübt, vor allem moralischer Natur und, verglichen mit dem, was in dieser Zeit anderswo vor sich geht, von großer Zurückhaltung.

Seit 1637 besitzt die Kirche ihre offizielle Übersetzung der Heiligen Schriften, die „Staatenbibel“, auf Anordnung der Synode von Dordrecht erstellt. Sie hat ihre Liturgie: in einem nüchternen Gotteshaus, aus dem man den Zierat des katholischen Luxus verbannte, in das selbst die Musik im Verlauf der Jahrhunderte erst nach und nach eindringen soll, bleiben die Anwesenden sitzen, den Kopf bedeckt, unbeweglich. Hier werden nur Psalme gesungen, die dem Empfinden des Volkes näherstehenden Lobgesänge läßt man weg. Die Emotionen, die der katholische Glaube durch das Gefühl auslöst, bewirkt die kalvinistische Liturgie allein durch den Verstand, mit Hilfe der Predigt. Die Zeremonie des Abendmahls, zu der sich die Kommunikanten stehend um einen für diesen Zweck hingestellten Tisch versammeln, wird selten vollzogen. Den größten Teil der langen Gottesdienste, zwei, drei Stunden, machte die Predigt aus.

Wir besitzen aus dieser Epoche einige Sammlungen von Predigten, Prunkschriften, in denen sich literarischer Schwulst mit Gelehrsamkeit und Scholastik vermischt. Doch der Tenor niederländischer Prediger war eher vertraulich, häufig geprägt von Heftigkeit und einer extremen Einfachheit des Ausdrucks. Daher die Beliebtheit einiger unter ihnen beim Volk. Wenn der berühmte Borstius in Dordrecht eine Predigt für neun Uhr ankündigte, stand man ab fünf Uhr vor der Kirche an.

Nachdem man am Pult einen Abschnitt der Bibel vorgelesen hatte, stieg der Prediger auf die Kanzel und begann mit Verkündungen, die manchmal von profanstem Charakter waren: Verkäufe der Straßenhändler, Ereignisse des Viertels. Es folgte die Predigt. Von einem Bibeltext ausgehend, moralisierte der Redner in einer farbenfrohen Sprache, die Wortspiele nicht fürchtete und sich auf Sprichwörter stützte. „Die Worte der Prediger", bemerkte Simon Stevin dreist, „kleben am Herzen wie die Motte am Schaf."[3]

Gegenstand der Predigt war das öffentliche Leben – die Politik im eigentlichen Sinne ausgenommen – genausogut wie individuelles Verhalten, und sei es das von sehr hohen Persönlichkeiten. Zweifellos war das kirchliche Aufgebot manchmal von großem Stil. Nichtsdestoweniger brachte eine Neigung zum Tadeln die populären Prediger dazu, jegliche Offenbarung von Luxus oder Sinneslust auf eine in unseren Augen oft kindische Weise zu verurteilen. Um 1640 dröhnten die Kanzeln von heftigen Protesten gegen das Tragen von langen Haaren durch Männer. Der Skandal spitzte sich so zu, daß die Synode von Den Briel 1643 gezwungen war, sich des haarigen Problems anzunehmen. Der hochberühmte Polyander widmeten dem eine gelehrte lateinische Abhandlung.

Der geheiligte Zorn richtete sich nicht immer gegen einen so nichtigen Gegenstand. Das Tragen von Juwelen wurde eine Zeitlang gebrandmarkt. Durch das Wort ihrer Prediger, die Schriften ihrer Theologen, die Empfehlungen ihrer Synoden und Räte erließ die reformierte Kirche während des ganzen Jahrhunderts unaufhörlich die Sitten betreffende Gesetze. Die Wirkung dieser Zensur scheint minimal gewesen zu sein, von einem engen Kreis Gläubiger abgesehen. Doch trug sie dazu bei, der niederländischen Gesellschaft bis gegen 1660 ein relativ strenges Angesicht zu geben. Gewisse Verurteilungen gründen sich auf eine wörtliche Interpretation der Bibel. Man verdammte antiepidemische Maßnahmen kraft des Wortes „Gott wird Euch erretten vor der Gefahr der Pest". Es kam vor, daß Bauern die ihnen verabreichten Medikamente als Beleidigung der Vorsehung zurückwiesen. Andere, durch eine patriarchalische Moralkonzeption gerechtfertigte Urteile richteten sich gegen jegliche Zerstreuung.

Auf das Theater hatte es die Kirche immer abgesehen. Selbst die in den Bildungseinrichtungen gespielten Schuldramen riefen Proteste hervor. Einer kirchlichen Intrige gelang es endgültig, den bewunderungswürdigen *Lucifer* von Vondel nach zwei Aufführungen von der Bühne zu nehmen. Die Stadtmagistrate teilten nicht immer die Vorurteile des Konsistoriums, aber der Zwang, mit der Kirche in gutem Einvernehmen zu leben, entriß ihnen manchmal ein Verbot, eine lästige Maßnahme. Als im Oktober 1668 die Komödianten der Königin von Frankreich den Prinz von Oranien um die Erlaubnis bitten, in Den Haag zu spielen, entsendet das Konsistorium eine Delegation zum künftigen Wilhelm III., die ihn bittet abzulehnen. Der Prinz hält stand. Man schließt einen Vergleich: Die Franzosen werden weder Farcen noch Skandalstücke aufführen, sie werden an Predigttagen nicht spielen ... und man wird die Eintrittspreise verdoppeln!

Der Tanz war kaum besser angesehen. Es geschah, daß der Kirchentag vor einer Eheschließung eines seiner Mitglieder zu den Verlobten schickte, um sie zu bitten, an ihrem Hochzeitstag auf diese Lustbarkeit zu verzichten. Als die Universität von Franeker einen Tanzlehrer für die Studenten engagierte, gab es ein solches Gezeter unter den Priestern, daß die Staaten sich der Sache annehmen mußten. Im Juli 1640 beschloß die Synode von Südholland, Personen, die sich der Teilnahme an einem Ball schuldig gemacht oder sich verkleidet hatten, nicht zum Abendmahl zuzulassen.

Die Prediger brandmarkten Tabak und Kaffee. Sie argumentierten aus gutem Grund gegen den fortbestehenden Brauch von Volksfesten, in denen katholische Überreste weiterlebten: Sankt Nikolaus, Sankt Martin, Heilige Drei Könige, Fastnacht. Die Kirche übt Druck auf die Magistrate aus. Delf verbietet 1607 den zu Sankt Nikolaus traditionellen Verkauf von Lebkuchen oder gebackenen Figuren. Dordrecht untersagt 1657 schlicht und einfach das Feiern dieses Festes. Selbst die Kirmessen waren in den Augen gewisser Prediger beklagenswerter Rest papistischen Götzendienstes: Galten sie nicht tatsächlich aufgrund ihres Ursprungs als ehemalige Feste der Schutzheiligen? An mehreren Orten hielten die Verantwortlichen an den Tagen vor diesem Fest Predigten, die an die Sünden erinnern sollten, welcher es die Christen aussetzen würde. Die Wahl der Maikönigin galt als nicht weniger suspekt.

War das ganze Leben dermaßen betroffen, war es der Sonntag als Tag des Herren und des Glaubens noch stärker. Die Prediger verurteilten selbst den Brauch von Spaziergängen auf dem Land, denn „der Sabbat wurde nicht zum Vergnügen des sündigen Fleisches geschaffen“[4]. Auch ist der Sonntag trostlos. Jeglicher Handel ist unterbrochen, keine Zahlung kann stattfinden, kein Wechsel ist an diesem Tag gültig. Die Theater sind geschlossen, die Straßen ausgestorben außer in den Augenblicken vor dem Gottesdienst. Man trifft nur Leute, die auf dem Weg zur Kirche sind: morgens gegen acht Uhr, dann kurz nach Mittag, die Schulkinder gehen unter der Führung ihrer Lehrer oder Lehrerinnen vorüber. Diese werden sie auf dem Rückweg ausfragen, um sicher zu sein, daß sie der Predigt gut zugehört haben. In Amsterdam sind die Stadttore während der Gottesdienste geschlossen. Es ist wahr, daß die Reichen, denen soviel Eifer oft fremd ist, schon sehr früh losgefahren sind, um sich in ihr Landhaus zu begeben, von wo sie erst am Montag zur Stunde der Börse zurückkehren werden …

Trotz des Drucks, den sie auf das öffentliche und private Leben ausübt, bildet die Priesterschaft keine Kaste. Im ganzen Land umfaßt sie vielleicht zweitausend Mitglieder.[5] Hervorgegangen aus bescheidenen sozialen Milieus, bleibt sie diesen durch Sitten und Geisteshaltung verbunden und hegt dem Patriziat gegenüber manchmal ein Minderwertigkeitsgefühl. Die Anfänge der Reformation litten unter einem extremen Mangel an Pastoren. Prediger und Katechisten mußten beinahe aufs Geratewohl rekrutiert werden; ehemalige Mönche, Laien, die guten Willens waren, aber mit ungenügender Ausbildung (man trifft sie bis 1650 noch hier und da an). Das intellektuelle Niveau blieb lange Zeit recht niedrig. Als 1575 die Theologische Fakultät von Leiden gegründet wurde, mußte man Professoren importieren. Der Großteil der Dörfer blieb noch lange ohne Pastoren. Das anspruchsvolle Studium der künftigen Priester war in der Tat lang und kostete relativ viel. Der junge Mann begann mit der „Lateinschule“, sei es durch Privatunterricht bei einem Prediger im Amt: für jenen waren solche Lektionen eine nennenswerte Einkommensquelle, und viele Prediger hatten zu Hause bis zu sechs, acht oder zehn Schüler, die sie auf ihren Eintritt in die Fakultät vorbereiteten. Um die Ausbildung einer Priesterschaft zu erleichtern, gründete die Zentralregierung 1592 in Leiden das „Kolleg der Staaten“, das arme Studenten aufnahm und sie auf Kosten des Staates oder der Stadt ernährte und in Theologie unterwies. Dieses Kolleg, mit einer Innung von Repetitoren verbunden, war das Zentrum der vorbereitenden Bildung und wurde zum Seminar der reformierten Kirche. In der Folge schuf man mehrere andere Theologiefakultäten im Land. Am Ende seines Studiums schrieb sich der neue Prediger beim Kirchenrat seiner Heimatstadt ein und erhielt nach dem Examen die Berechtigung eines Kirchendieners. Gewöhnlich veranstaltete er dann ein Bankett, das in den Dörfern die Ausmaße eines Volksfestes annehmen konnte und den Unglücklichen oft zwang, Schulden zu machen. Die Räte protestierten vergebens gegen diesen Brauch.

Die Mehrzahl der Prediger lebte in einer fast elenden Lage. Da sie weder von Pfründen noch vom Zehnten profitierten, gehörten sie zur Schicht der Mittel- oder Kleinverdiener. Der Kirchenrat legte den Lohn fest. Dieser war im Groninger Land, wo man zu rechnen verstand, auf das gerechteste geregelt: sieben Hektoliter Roggen und etwa 75 Gulden in Münzen jährlich. In Drenthe kam es vor, daß der Lohn ganz aus Naturalien bestand. Man mußte leben, und das Leben war hart, besonders, wenn man mehrere Kinder hatte. Alle Prediger waren verheiratet. Die Frau mußte oftmals einen Laden unterhalten, der Prediger selbst arbeitete als öffentlicher Schreiber, wenn nicht als Kurpfuscher oder Gastwirt.

Neben diesen für den Lebensunterhalt unerläßlichen

Tätigkeiten nahm er sich die Zeit, den Gottesdienst zu halten, zu predigen, die Kranken zu besuchen, was das Wesen seines Amtes ausmachte.[6] In den Städten unterhielt der Rat neben dem Prediger einen Küster, der ihn bei bestimmten irdischen Verrichtungen entlastete: Öffnen und Schließen der Türen, Läuten der Glocken, Stellen der Uhr, Reinigen der Kirche, Hinausjagen von Hunden und Kindern, die hier Anstoß erregten.
Jedoch entsprach die soziale Stellung des Predigers nicht seiner ökonomischen Schwäche. Respektiert und von der politischen Obrigkeit mit einer besonderen Ehrfurcht behandelt, nahm der Prediger bei offiziellen Festessen vor dem Arzt Platz. In den großen Städten, erzählt der Abbé Sartre, sieht man ihn in seinen schwarzen Mantel gekleidet auf der rechten, oberen Seite dahergehen, seiner Frau die linke, tiefere überlassend.[7] Das ist in diesem Land, wo der allgemeine Brauch umgekehrt ist, ein echtes Privileg.
Die Nachfahren der im 16. Jahrhundert aus dem Hennegau und dem französischen Flandern gekommenen protestantischen Flüchtlinge blieben in der mächtigen „Wallonischen Kirche" vereint. Die Eigenart dieser, die kein dogmatischer Konflikt von der reformierten Kirche trennte, rührt her aus ihrer liturgischen Tradition: der Gottesdienst wurde hier in französischer Sprache abgehalten; die Pastoren waren meistens Franzosen, Belgier oder Schweizer. Von 1606 bis 1699 unterhielt die wallonische Kirche in Leiden in Anlehnung an das „Kolleg der Staaten" eine Bildungsstätte für Stipendiaten, die sie auf die theologische Fakultät schickte. Dem Brauch gemäß rekrutierte sie einen Teil ihrer Anhänger aus dem Patriziat, dessen Vertreter sich um Ämter in ihren leitenden Organismen, Kollegium der Kirchenältesten und Diakonien, rissen.
Am Rande dieser beiden offiziellen Kirchen existierte eine Anzahl reformierter Minderheitssekten in breit waltender Toleranz. Vom Staat unbeachtet, ihre Kirchendiener und Versammlungsstätten auf eigene Kosten unterhaltend, durch die Regierung von öffentlichen Angelegenheiten ausgeschlossen, genossen diese Andersgläubi-

gen zumindest im Privatleben eine vollkommene Religionsfreiheit. Wünschte irgendeine Gruppierung öffentliche Versammlungen abzuhalten, einen Pastor oder Lehrer einzustellen, stellte sie einen Antrag an den Magistrat, der, nachdem er sich vergewissert hatte, daß nichts an dem neuen Glauben im Widerspruch zur Verfassung stand, bei Zahlung einer Gebühr freie Glaubensausübung gewährte. Hier und dort schränkte man letztere ein, indem man den Bau richtiger Kirchen verbot. Außerdem verlangte die Obrigkeit für ihre Abgeordneten freien Zutritt zu allen Zusammenkünften. Aus dieser Rechtsordnung resultierte ein Boom von Religionsgemeinschaften, der das Erstaunen der Ausländer erregte und viel zum liberalen Renommé des niederländischen Regimes beitrug.
Die Remonstranten, aus der liberal-kalvinistischen Partei von Arminius hervorgegangen und durch die Synode von Dordrecht aus der reformierten Kirche verstoßen, hatten es am Anfang schwer. Die von 1620 bis 1621 gegen sie wütende Verfolgung hatte politische Motive. Dann stabilisierte sich die Lage, und die Arminier, bemerkt Temple, bildeten eher eine Partei im Staat als eine Sekte in der Kirche.[8] Um 1660 wird man hier und dort sogar Remonstranten in gewissen Magistraten finden.
Die Anfänge der Anabaptisten und Mennoniten – zwei Zweige vom selben Stamm – waren durch eine lange Reihe von Martyrien gekennzeichnet. Zahlreich in dem kleinen Volk und bei den Seefahrern vertreten, in Friesland und im nördlichen Holland sehr mächtig, zeichneten sich die Anabaptisten durch ein starkes Kollektivbewußtsein aus. Tolerant, jegliche Gewalt ablehnend und übertriebene Buchstabentreue vermeidend, trugen sie ihre ganz und gar schwarze, aus langer Jacke, weiter Kniehose mit Fransen und rundem Samthut bestehende Kleidung wie ein Emblem.
Städtische Häuser, an denen nichts Besonderes die Aufmerksamkeit fesselt, einsame Bauernhöfe, Schlösser mit gastfreundlichen Herren beherbergen fast überall mehr oder weniger ketzerische Gruppen, wie die Stiftsbrüder von Rijnsburg, bei denen jeder Gläubige Gottesdienst

hält, wenn ihn der Geist überkommt. Das Land befindet sich in offener religiöser Gärung. Selbst die zahlreichen Gemeinschaften, die in regelmäßigen Abständen Anhänger oder Anhängerinnen der reformierten Kirche oder von Sekten zusammenrufen, gleiten langsam in eine Art Illuminismus ab. Ihre Versammlungen nennt man „Übungen": hier liest man die Bibel, kommentiert die letzte Predigt oder irgendein Andachtswerk. Manchmal nehmen Jugendliche beiderlei Geschlechts daran teil und üben sich unter der Leitung eines Lehrers in der Lektüre biblischer Sprachen: Latein, Griechisch, Hebräisch. Die Unterhaltung hat häufig einen polemischen Ton. Manchmal tauchen Pietisten auf, deren Ruf in der Öffentlichkeit eher unerfreulich ist: naive oder unwissende Mystiker, mit allen Arten verächtlicher Spitznamen bedacht, radebrechen sie in einer süßlichen Sprache daher: „kleiner Bruder", „kleine Schwester", „meine kleine Seele".

Sie öffnen die Bibel, lesen ein paar Sprüche und überlassen sich ihrer prophetischen Gabe der Deutung, sagen wahr und versetzen sich in Trance. Thomas de Kempis, Bunyan, Omius sind ihre Autoren. Von Theologen wie Brakel, Hellebroek werden sie verurteilt. Der Illuminismus, immer noch nur Ausnahme, tritt immer mehr in Erscheinung. Amsterdam, dann Franeker gewähren der Französin Antoinette Bourignon, einer Verächterin jeder äußerlichen Gottesverehrung, Unterkunft. 1625 wird in Haarlem die Kollusion der Rosenkreuzler von Frankreich und Holland verraten. In Hinblick auf die Entdekkung der Panazee forderte Nicolas Barnaud in Leiden die Einheit von Theosophen und Kabbalisten …

Ein französischer Geistlicher[9] schätzte 1672 die Anhängerschaft der reformierten Kirche auf ein Drittel der niederländischen Bevölkerung, ein weiteres Drittel bildeten die heterodoxen Protestanten und die Katholiken das letzte Drittel.

Die Situation dieser letzteren war eine besondere. Zahlenmäßig bis gegen Ende des 16. Jahrhunderts in der Mehrheit, hatte die katholische Kirche die Zwangsverwaltung ihrer Güter und die Auflösung ihrer Hierarchie gerade in dem Moment erlebt, da die Gegenreformation ihr Werk der inneren Läuterung begann. Ein apostolisches Vikariat der Niederlande ersetzte seit 1592 die ehemaligen Bistümer. Jedoch bremsten 1618 der Triumph der prinzipienstrengen Kalvinisten und die Errichtung der Bürgermacht das, was eine Erneuerung hätte werden können. Es wurde zur Gepflogenheit, Katholiken aus bedeutenden Ämtern zu entfernen.[10] Der Beruf des Schulmeisters war ihnen verwehrt, allein deshalb, weil er die Lehre des reformierten Glaubens einschloß. Die Messe war nur im persönlichen Bereich zugelassen, die Kirchen verbargen sich in Privathäusern, deren innere Anlage manchmal gänzlich zu diesem Zweck umgestaltet war: man leerte das Haus von der ersten Etage bis zum Dach. Anderswo errichteten sich reiche Händler und Schloßherren daheim Kapellen. Nichts verriet von außen diese Stätten der Andacht. Dennoch waren sie nicht illegal. Der Klang der Choräle, das Orgelspiel waren hier zu hören. Die Haus-Kirche war manchmal Eigentum des Pfarrers oder einer Gruppe von reichen Gläubigen. Es kam auch vor, daß sie einfach von einem protestantischen Besitzer gemietet war. Ihr Unterhalt wurde von Mitgliedern abgesichert, denen ein päpstlicher Erlaß sogar das Recht einräumte, bei der Messe zu ministrieren. So zählte Amsterdam um 1700 zwanzig Pfarreien. Die Regierungen ließen es durchgehen. Sie begnügten sich damit, jegliche öffentliche Veranstaltung, ob Zusammenkunft oder Prozession, zu untersagen und eine ziemlich hohe Andachtssteuer pro Kopf oder pro Familie zu erheben. Die Polizeiverordnungen beschränkten die zur Teilnahme an einer Messe zugelassene Personenzahl. Diese Anzahl wurde oft überschritten. Aber man arrangierte sich: Der Pfarrer entbot dem Amtsrichter seine „Komplimente", der Amtsrichter trieb von Zeit zu Zeit die gesetzliche Geldbuße ein.

Der Klerus war gänzlich abhängig von der Freigebigkeit seiner Anhänger, zu denen er eine enge Bindung hatte. Die Priester in der Stadt zeichneten sich durch eine gleichförmige Kleidung aus: schwarze Kutte, Halsbinde, Stock und füllige Perücke. Die Jesuiten, in der Provinz

Holland verboten, wurden in Utrecht, wo sie mehrere Pfarreien versahen, toleriert. Um die Mitte des Jahrhunderts machten zwei französische Karmeliter, ohne behelligt zu werden, eine Missionsreise von Leiden nach Den Haag. Es ist wahr, daß man zur selben Zeit französische Priester sieht, die, aus dem Orden ausgetreten, von der reformierten Kirche mit Gewogenheit aufgenommen werden und von ihr materiellen und moralischen Beistand erhalten, wie zum Beispiel 1648 der Ex-Jesuit Pierre Jarrige.

Im Land der Generalstaaten bildeten die Katholiken eine starke Mehrheit. Die Bauern des Grenzgebietes schickten ihre Kinder unter Mißachtung der von der Regierung erlassenen Verbote in die Schule nach Belgien, um ihnen den Umgang mit reformierten Lehrern zu ersparen. In den Provinzen waren die Katholiken auf dem Land zahlreicher als in den Städten. Aber gut organisiert und im Genuß einer völligen wirtschaftlichen Unabhängigkeit, ertrugen sie gefaßt ihr Los, Bürger zweiter Klasse zu sein. Auf politischer Ebene machte sich keinerlei Spannung bemerkbar. Die Gesinnung der Bevölkerung in bezug auf die Papisten war von Ort zu Ort verschieden: in Leiden feindlich, in Rotterdam wohlwollend.[11]

Katholiken traf man in jedem Milieu an. Unter den Textilarbeitern von Leiden bildeten sie eine bedeutende Gruppe. Manche adlige Familien, wie zum Beispiel die Familie van Forest, bei der Descartes wohnte, war katholisch geblieben. Sogar ein Priester wie Jan-Albert Ban wird in seiner Eigenschaft als Komponist in den ziemlich unzugänglichen Kreis von Muiden aufgenommen werden. Vondel tritt zum Katholizismus über. Um 1650 befanden sich in Amsterdam etwa sechs Prozent der Buchhandlungen und Verlagshäuser in katholischen Händen. Hier wurde die Bibel zwischen 1646 und 1690 viermal in der Fassung der Vulgata verlegt.[12]

Hier und da (z. B. mitten in Amsterdam) überlebten auch Beginengemeinden: Einfriedungen mit einer von Häuschen umgebenen Kirche, in denen allein oder in kleinen Gruppen Beginen lebten. Diese wahrten das Zölibat, widmeten sich dem Gebet und der Handarbeit und hüllten sich in der Stadt in einen schwarzen Schleier. Das Beginenkloster hatte eine Oberin, die jeden Abend um neun Uhr für das Schließen der Gemeinschaftspforte sorgte. Zum Ende des Jahrhunderts fand ein Protestant, der ein Haus in einer Beginengemeinschaft von Amsterdam gekauft hatte, die Tür verschlossen, als er zum ersten Mal ein wenig spät heimkehrte. Er strengte einen Prozeß gegen die Oberin an und verlor ihn …

Amsterdam besaß eine Kirche mit armenischen Riten, die die Christen der Ostkolonie und manchmal sogar holländische Katholiken besuchten. Ein Mönch von Sankt Basilius war hier als Pfarrvikar angestellt. Eines Tages, als seine Gläubigen ihn stockbetrunken antrafen, suspendierten sie ihn kraft ihrer eigenen Befugnis für drei Monate und nahmen in dieser Zeit an den Gottesdiensten der katholischen Kirche teil …

Am Ende des Jahrhunderts gab es in Amsterdam mehr als zwanzigtausend Israeliten. Auch Den Haag, Rotterdam und einige andere Städte hatten ihre weniger zahlreichen jüdischen Kolonien. Die moralische und soziale Situation dieser Gruppen war nicht überall gleich. Von öffentlichen Ämtern und Gilden ausgeschlossen, widmeten sich die Juden vor allem dem Handel, und wenn, wie in Amsterdam, einige von ihnen hier ihr großes Glück machten, konnte ihr Prestige, wenn nicht ihr Einfluß, beträchtlich werden. Jedoch mangelte es der israelitischen Bevölkerung an Einheit: zwei Gruppen standen sich gegenüber, die sich sowohl durch ihre geographische Herkunft als auch durch den Zeitpunkt ihres Eintritts in die niederländische Gesellschaft voneinander unterschieden. Die portugiesischen und spanischen Sephardim, am Ende des 16. Jahrhunderts freimütig empfangen, waren schon um 1600 in Amsterdam dabei, sich in mehreren bedeutenden Zweigen des Außenhandels durchzusetzen. Ihre Macht war derartig, daß sie 1612 eine große Synagoge ohne die Einwilligung der Obrigkeit bauen konnten, die sich darauf der vollendeten Tatsache beugte. Später waren deutsche Juden gekommen, arme Teufel, voller überflüssigen Stolz auf eine synago-

gale Tradition, die sie für die ältere ausgaben; sie führten abseits ein ziemlich elendes Leben.
Die gesamte jüdische Bevölkerung von Amsterdam war im selben Stadtviertel konzentriert, das jedoch nichts von einem Ghetto hatte. Auf den Straßen hörte man fließend jiddisch, jüdisch-spanisch oder portugiesisch sprechen, und viele schöne Häuser hoben sich von den dunklen Läden der kleinen Handwerker und Zwischenhändler ab. Dem Montelbaans-Turm gegenüber erhob sich die nach dem Modell und in den Proportionen des Salomontempels von León rekonstruierte große Synagoge, ein hohes, rechteckiges, dreischiffiges Bauwerk, von Emporen umgeben. Während der Sabbatgottesdienste, samstags ab acht Uhr morgens, drängten sich hier fünf- bis sechstausend Menschen. Jeden Abend gegen sechs versammelten sich die frommen Juden dort zum Gebet. Die Gemeinschaft der „Deutschen" hatte ihre eigene Synagoge, kleiner und ärmlicher, aber der großen nachgebildet. Im Schatten dieser Kultstätten hielten sich die Rabbinerschulen, wo man die Kinder das Gesetz, die Liturgie und den Gesang lehrte. In anderen Städten war die jüdische Kolonie weniger gut unterteilt. In Rotterdam verdankte sie alles dem Einfluß und Vermögen des steinreichen Abraham de Pinto: jener hatte die Synagoge in seinem eigenen Speicher eingerichtet und später ein Haus zu diesem Zweck gemietet. Er hatte die Schule gegründet, sie unter seinem Dach aufgenommen, die Schüler beherbergt und dem großen Rabbiner Kost und Logis gewährt.
Unter diesen günstigen Bedingungen entwickelte sich ein reges jüdisches Kulturleben. Männer wie Grotius oder van Baerle unterhielten fruchtbare Beziehungen zu den Amsterdamer Rabbinern. Einer von ihnen, Menasseh ben Israel, Gelehrter, Schriftsteller und Begründer der ersten hebräischen Druckerei der Niederlande, stand geistig gewissen reformierten Theologen nahe. Man sah Juden mit dem Protestanten Surenhuys zusammenarbeiten, um einen Teil des Talmuds ins Lateinische zu übertragen ... Andererseits darf die Bedeutung der jüdischen Kolonie in der niederländischen Wirtschaft

des goldenen Jahrhunderts nicht überschätzt werden. Zu den fünfzehnhundert größten Steuerzahlern Amsterdams gehören 1631 nur sechs israelitische Händler.
Um die Jahrhundertmitte zählte man in Den Haag neben den offiziellen Kirchen eine für Remonstranten, eine lutherische, drei katholische und drei Synagogen. Die Vielfältigkeit dieser „Gebetshäuser" vermittelt ein frappierendes Bild der Toleranz. Jedoch zögerten die geistlichen Obrigkeiten im Herzen jeder Gemeinschaft nicht, jene, die sie als verlorene Schafe betrachteten, zu brandmarken. Rembrandt wurde, weil er als Witwer mit seiner Dienstmagd wie in der Ehe lebte, vor den Kirchenrat zitiert und seine Geliebte von der Kommunion ausgeschlossen. Die jüdische Gemeinschaft von Amsterdam verstieß Spinoza aus ihrem Schoß. Die aggressiven Formen des Unglaubens duldete man schwerlich: 1642 wurde Frans van den Meurs, der die Unsterblichkeit der Seele und die Göttlichkeit Christi leugnete, in Amsterdam ins Gefängnis geworfen. Allerdings ließ man ihn nach sieben Monaten wieder frei.
In diesem von religiöser Mentalität durchdrungenen Land zeichnet sich eine gewisse Zahl von Persönlichkeiten – Patrizier, Gelehrte, Schriftsteller – als „Freigeister" aus. Die Bezeichnung ist ungenau, und der Libertinismus hatte nie ein Dogma. Sie umfaßt ein sehr weites geistiges Spektrum, vom philosophischen Skeptizismus bis zur gefühlsmäßigen Ablehnung jeglicher Intoleranz. Die Freigeister (das ist ihr einziges gemeinsames Maß) repräsentieren im Hinblick auf die Kirche die humanistische Opposition. Diese manifestiert sich in Form rationaler Kritik oder einfach in der Gemütsverfassung sowohl im Schoß der Kirche als auch außerhalb davon. Sie resultiert mehr oder weniger aus Erasmischer Tradition. Aber sie bleibt Sache einer kleinen Minderheit, machtlos gegen die kollektive Entwicklung, die, je mehr sich das Jahrhundert seinem Ende neigt, die sozialen Strukturen verhärtet und das geistige Leben immer mehr erstarren läßt.

Im Haus eines wohlhabenden Bürgers wird ein Kind erwartet. Vor einigen Monaten fühlte die junge Frau sich unwohl. Man verbrannte vor ihrer Nase ein Bändchen – sie fiel in Ohnmacht, sicherer Beweis, daß eine Schwangerschaft begonnen hatte. Mit Beginn des siebten Monats hat die künftige Mutter gefastet. Nun ruht sie auf dem Ehebett, Vorhänge an den schmalen Fenstern lassen ein gedämpftes Licht herein. In der Mitte des Zimmers steht schon der ausziehbare Stuhl bereit, auf dem die Entbindung stattfinden wird. Die anderen unverzichtbaren Einrichtungsgegenstände sind da. Der Wäschewärmer aus Holz oder Korb hinter dem Paravent, der die Wärme des Kamins auffängt; oder auch eine aus kostbaren Stoffen bestehende Babyausstattung. Die Wiege in Form eines Schiffes, auch sie aus Holz oder Weide, wird von einem Halbhimmel überspannt, sie ruht auf zwei abgerundeten Füßen, die das Wiegen gestatten. Eine Satindecke mit gestickten Bordüren verbirgt ihr Bettzeug. In Körben zu Fuße des Bettes liegt die Kleidung des erwarteten Kindes: auf einer Seite das prunkvolle Taufkleid, auf der anderen die alltäglichen Sachen und die Wäsche. Diverse Gerätschaften sind auf den Möbeln, auf dem Kaminsims abgestellt: Wasserbekken, Krüge, das Gewürzkästchen, das Breischälchen mit seinem kleinen Löffel, der Punschbecher. Von Zeit zu Zeit kommt eine Nachbarin herein, die mit einem Blick überprüft, daß alles in Ordnung ist. Dieses Kommen und Gehen verursacht im Haus eine ungewöhnliche Erregung. Zu Mittag oder zu Abend teilen ein paar Gevatterinnen die Familienmahlzeit. Der Abend zieht sich in die Länge, man trinkt, man ißt Gebäck.

Alle Frauen des Viertels arbeiten seit mehreren Monaten mit der Familie bei der Vorbereitung des großen Ereignisses zusammen. Bei den ersten Wehen laufen die einen los, die Hebamme zu holen, die anderen machen bei Großeltern, Onkeln und Cousins in der genauen Rangordnung der Verwandtschaft die Runde, um sie zum Fest einzuladen: ein wenig Verspätung, ein

Irrtum in der Hierarchie, und es gäbe Streitereien ohne Ende.
Man achtet darauf, daß die Kerzen in Nähe der Gebärenden eine blaue Flamme haben, ein Zeichen, daß kein böser Geist auf der Lauer liegt. Bald wird man im Hof die Nachgeburt vergraben. Das Kind ist geboren. Die Hebamme wickelt es in ein angewärmtes Laken und präsentiert es seiner Großmutter oder seiner Patin. Bei dieser Gelegenheit bekommt sie ein Trinkgeld. Dann versorgt sie die Wöchnerin, zieht das Baby an und legt es in die Arme seines Vaters, wobei sie die traditionellen Worte spricht: „Hier ist Euer Kind. Möge Euch der Herr mit ihm viel Glück bringen oder es beizeiten zu sich rufen." Zweites Trinkgeld.
Das Neugeborene ist in das gesellschaftliche Leben eingetreten. Verwandte und Nachbarn umringen es, loben seine Schönheit, seine Kraft und suchen Ähnlichkeiten. Inzwischen hat die Gehilfin der Hebamme den Punsch vorbereitet, in dem eine lange, mit Bändern geschmückte Zimtstange schwimmt. Farbe der Bänder und Länge der Stange hängen vom Geschlecht des Kindes ab. Der Vater hat sich eine Federkappe aus Pikeesatin, die ihn als Ehemann einer Wöchnerin ausweist, aufgesetzt. Während sich jene bei Butterbroten und Schafskäse kräftigt, braut man in einem Nachbarzimmer, wohin die Besucher zu strömen beginnen, den Punsch zusammen. Manchmal wird anstelle von Punsch Branntwein getrunken, dazu ißt man gebrannte Mandeln. Die einfachen Leute begnügen sich mit gezuckertem Wacholderschnaps. Das Fest endet in ziemlich ausgelassener Stimmung. Der Kirche ist es gelungen, die alte Tradition der Festgelage anläßlich einer Geburt auszulöschen. In der guten Gesellschaft gibt man am selben Tag oder wenig später zumindest für die Kinder der Nachbarschaft ein Fest. Man zeigt ihnen das Neugeborene, man erklärt ihnen, daß es unter einer Palme oder auf einem Kohlkopf gefunden wurde, wenn es ein Junge ist, auf einem Rosmarinbüschel, wenn es ein Mädchen ist; man gibt ihnen den traditionellen kreis- oder hörnchenförmigen Zwieback.

Sollte die junge Mutter die Niederkunft unglücklicherweise nicht überlebt haben, wird dieser Freudentag zur Totenwache. Man bahrt die Verblichene auf einem Bett auf und legt ihr das Kind in die Arme.

In Amsterdam, Haarlem, Dordrecht und einigen anderen Städten hängt man unmittelbar nach der Geburt eine mit roter Seide bedeckte, in Spitzen eingefaßte Schrifttafel an die Haustür. Ist das Kind ein Mädchen, wird die Mitte der Tafel von einem weißen Rechteck aus Papier verborgen. Diese Schrifttafel ist ein echtes Familienschmuckstück, das man sich häufig schon zur Hochzeit besorgt hat. Wenn Zwillinge geboren wurden, hängt man zwei Schrifttafeln auf, ist das Kind gestorben, ist die Seide schwarz statt rot. Gewisse reiche Familien benutzen zwei Schrifttafeln, eine für die Woche, die andere für sonntags; manchmal sogar drei, eine einfachere für Regenwetter. Bei den bescheidenen Leuten ersetzt Leinen die Seide. Auf dem Land erzielt man mit an den Türgriff gebundenen Zweigen die gleiche Symbolik. Anderswo benutzt man Blumenkörbe oder Muschelschalen. Das sind echte Familienanzeigen. Die Passanten bleiben stehen und begutachten sie, die Nachbarn versammeln sich und halten bei dieser Gelegenheit einen Schwatz. Es kommt vor, daß man die Gehilfin der Hebamme durchs Viertel schickt, damit sie Zeuge dieser Unterhaltungen wird und dann Bericht erstattet …

An diesem Tag hat die Hebamme über die Familie geherrscht. Als abergläubische, doch selbstsichere Matrone erfreut sie sich bei ihren Klienten eines Wohlwollens, das sie leicht mißbraucht. Die Ehefrau eines Regenten, eines reichen Bürgers zu entbinden, kann ihr eine echte Macht über die einfachen Leute verleihen, bei denen sie gewöhnlich verkehrt. Selbst die Ärzte ehren und fürchten sie. Indem sie medizinisches Grundwissen mit obskuren bäurischen Traditionen vermengt, gelangt die Hebamme in den Besitz von Rezepten, denen man vertraut; oft wird zuerst sie im Krankheitsfall konsultiert. Auf sozialer Ebene hat sie nennenswerte Privilegien: sie ist von der Bier-, Tee-, Kaffee- und selbst der Branntweinsteuer befreit. Die lokalen Regierungen messen ihrer Tätigkeit große Bedeutung bei. Alle Städte und bestimmte Dörfer stellen Gemeindehebammen ein. Wenn eine dieser Praktikerinnen sich irgendwo im Land eine Reputation geschaffen hat, fließen ihr die Angebote nur so zu. Nimmt sie an, leistet sie beim Magistrat, der sie in Dienst stellt, einen Eid. Dieser wiederum gewährt ihr eine regelmäßige Entlohnung und freies Logis unter einem Zunftzeichen: einem Kreuz, in dessen Mitte ein kleines, von einem frommen Sinnspruch umkränztes Kind ruht. Wenn das Alter die Hebamme in den Ruhestand zwingt, gibt ihr der Magistrat ein kleines Haus, wo sie ihre Tage in Ruhe beschließen kann.

Diverse Feste und Zeremonien markieren die ersten Lebenswochen des Kindes. Einer alten Tradition folgend, widmet man den neunten Tag nach der Geburt einem allgemeinen Empfang. Dann setzt der Vater zum letzten Mal seine Federkappe auf, die Hebamme präsentiert offiziell in ihrem schönsten Putz das Kind, das sein oftmals in dunklen Farben gehaltenes Prunkkleid trägt, granatrot, grün, mit Stickereien besetzt. Bei den Reichen wird getafelt, bei den anderen gibt es ein bescheideneres Mahl. Nirgends stehen die Münder still, die Gevatterinnen vergegenwärtigen die Geschichte dieser Niederkunft mit allen gebotenen Details.

Die Kirche wünschte, daß die Taufe so bald als möglich nach der Geburt erfolgen sollte. Bei den einfachen Leuten geschah das tatsächlich sehr schnell. Bei den Großbürgern wartete man, bis die Mutter wieder ausgehen konnte. Die Zeremonie fand in der Kirche statt, im allgemeinen nachmittags vor oder nach der Predigt, niemals ohne sie. Die Anwesenheit des Vaters war hier unverzichtbar, ebenso die von Zeugen und Geschwistern des Neugeborenen, vorausgesetzt, sie waren Mitglieder der reformierten Kirche. Alle zogen ihre schönsten Kleider an. Wer nicht die Mittel besaß, sich ein Festkleid zu leisten, holte das hervor, welches er zu seiner Hochzeit getragen hatte. Man hüllte das Baby in ein Prunkkleid, das mit allen möglichen Accessoires von symbolischem Wert versehen war: die Mütze der Jungen enthielt sechs Geldstücke, die der Mädchen drei. War die Mutter bei der

Geburt gestorben, war das Kleid ganz weiß mit schwarzen Bordüren. Um das Kind während der Zeremonie am Schreien zu hindern, gab man ihm eine mit Milch angefeuchtete Zuckerstange zu lutschen. Je nach dem Stand des Vermögens kehrte der Zug von der Kirche zu Fuß oder per Karosse heim. Der Vater segnete sein Kind. Ein von Liedern begleitetes Festessen schloß sich an, dann übergaben die Gäste ihre Geschenke.

Sogar bei den Reichen war es ungewöhnlich, daß eine Mutter sich nicht selbst um ihre Babys kümmerte. War aus gesundheitlichen Gründen eine Amme nötig, verließ diese das Haus unmittelbar nach der Entwöhnung. Dagegen wachte oftmals ein altes Dienstmädchen, das schon lange in der Familie und deren Mitgliedern vertraut war, über das Wohl der etwas älteren Kinder. Sie kleidete sie an, wusch sie, und als Bewahrerin einer ganzen kindlichen Folklore sang sie ihnen Schlaflieder und erzählte Geschichten.

Man schützte die Babys mit allen Mitteln vor frischer Luft. Starr gewindelt, so daß sie die Beine nicht bewegen konnten, in Mützchen, Hemdchen und Unterjäckchen eingemummt, in ein Wollkleid gewickelt, legte man sie in ein Zimmer mit verschlossenen Fenstern neben eine Wärmflasche unter die Decken ihrer Wiege. Trotz der Ratschläge einiger Ärzte benutzte man gewöhnlich Schlafmittel. Wenn das Kind aufrecht stehen konnte, steckte man es in ein Holzgestell in Form eines Pyramidenstumpfes, das auf dicken Rädern ruhte und den Rumpf eng umgab; oder auch in ein Gestell in Form eines Tisches, vor dem das Kind durch eine hohe Lehne gestützt wurde. Um es laufen zu lehren, befestigte man an seinem Körper einen Gurt, eine Leine oder ein Gängelband, mit deren Hilfe man es aufrecht hielt. Bald war es reif für sein erstes echtes Spielzeug, ein Holzpferdchen, geschnitzt, bemalt und mehr oder weniger unförmig.

Solange seine Schritte unsicher waren, wurde seine Kleidung nicht leichter. Eine barbarische Ausrüstung bewahrte es vor Stößen und Mißbildungen der Knochen: eine Ledermütze, ein eng genähtes, von Eisen- und Blei-

stäben zusammengezwängtes Korsett, das ein Kleid bedeckte. Seit 1620 wurden Proteste gegen ein derartiges Verfahren laut. Aber es sollte noch mehr als ein Jahrhundert dauern, dieses tief verwurzelte Vorurteil zu besiegen. War das Kind etwas älter, wurde es ohne Übergang in die Tracht der Erwachsenen gesteckt: Strümpfe, Kniehose und Miniaturwams für die Jungen, Jacke, Mieder, langes Kleid für die Mädchen. Nichts ihrem Alter Angemessenes. In manchen Dörfern trugen die Jungen bis zu ihrem siebten Lebensjahr Mädchenkleider.
Bevor es das Schulalter erreicht, spielt das Kind meistens auf der Straße. Ist seine Familie reich, läßt sie es hinaus, falls das Wetter es nicht völlig verbietet, aus Angst, daß es das Haus schmutzig machen könnte; ist sie arm, aus Platzmangel. So wimmelt die niederländische Stadt ab morgens auf den Vortreppen, unter den Markisen, in den Straßen von drei- bis fünf- oder sechsjährigen Kindern aller Gesellschaftsklassen, die, buntgemischt, spielen, brüllen und sich prügeln. Nachmittags nach Schulschluß kommen die Älteren dazu. Diese Erziehung unter freiem Himmel ist damals etwas Besonderes in Europa. Sie versetzt alle Ausländer in Erstaunen, um so mehr, da sie mit einem Ungehorsam und einer Roheit einhergeht, über die sich jedermann beklagt. Respektlos und spottlustig verfolgen die Gören mit ihren dummen Witzen die Leute durch die Straßen, deren Kleidung ihnen fremd erscheint; sie werfen mit Steinen nach ihnen, überfallen sie mit Erdklumpen und beleidigen sie. Dieser verbreitete Zustand löste 1642 in Zaandam einen öffentlichen Skandal aus. Der Kirchenrat intervenierte bei den Ratsherren. Ein alter Polizeierlaß wurde wieder in Kraft gesetzt. Vergebens. Das Übel hatte seine Wurzel eben in den Beziehungen zwischen Eltern und Kindern. Der Kult um den Vater der Familie, die verbalen Ehrbezeigungen, mit denen man im Bürgertum Eltern und Geschwister umgab („mein Herr Vater", sagte man, „meine Frau Mutter", „mein Fräulein Schwester"), spiegelten keine wirkliche Autorität wider. Vergöttert und verwöhnt, konnten sich die Kinder fast alle Freiheiten herausnehmen. Das Übermaß der Eltern an Zärtlich-

keit war eine unheilbare Schwäche. Einem ausländischen Besucher, der ihnen nahelegte, gewisse Fehler zu bekämpfen, antwortete man mit einem ernüchternden Sprichwort: „Wenn Sie die Nase abschneiden, verderben Sie das Gesicht."

Bei dieser Erziehung bekamen die Kinder einen launischen und unsteten Charakter und übten über ihre Eltern eine Herrschaft aus, aus der sie keinerlei Nutzen zogen. Die Töchter der Bourgeoisie, von ihren Müttern als ihresgleichen betrachtet, wurden oft unerträglich anmaßend. „Das Ungebührliche, das man in ihrem Verhalten häufig bemerkt", schreibt Parival, „rührt zum Teil von der zu großen Nachsicht gegenüber den Kindern her. Nichtsdestoweniger überrascht es, daß es nicht noch größer ist, und vielleicht gibt es keinen sicheren Beweis für das gute Wesen der Bewohner dieses Landes und für die Vortrefflichkeit ihres Gemüts."[1]

Die Magistrate sorgten für die Waisen, deren Familien sich nicht um sie kümmern konnten. Die kleinen Städte vertrauten sie für ihre Ehrenhaftigkeit bekannten Bürgern an. Die großen Städte besaßen Hospize, die dazu bestimmt waren, sie und ebenfalls Findelkinder aufzunehmen und in der reformierten Kirche zu erziehen. Eine Vormundschaftskammer verwaltete die Güter der reichen Waisen; die anderen lehrte man einen Beruf. Das größte Waisenhaus Amsterdams beherbergte bis 1200 Kinder. Diese Häuser waren traurige Aufenthaltsorte. Mit ihren Lehrern in überbelegte Stuben gepfercht, einem Regime strenger körperlicher Züchtigungen unterworfen, waren die Kinder hier oft unter dem Vorwand der Berufsausbildung einer erdrückenden Ausbeutung unterworfen. Um die von dem Hugenotten Pierre Baille gegründete Amsterdamer Woll- und Seidenmanufaktur zu retten, die tief verschuldet war, zögerten die Regenten noch am Ende des Jahrhunderts nicht, dem Unternehmer 240 Waisen auszuliefern, wohlfeile und wenig anspruchsvolle Hilfsarbeiter ...

Im folgenden Kapitel treffen wir das Kind im Schulalter wieder und werden es bei seinem Studium begleiten. Aber gerade im Lauf dieser Jahre, bevor nicht das Er-

wachsenenalter sein Ungestüm gestillt hatte, wurden Eltern und Magistrate der Sorgen nicht ledig. In keiner Epoche der niederländischen Geschichte war speziell die Trunkenheit bei den Jugendlichen trotz strengster, regelmäßig erneuerter Polizeimaßnahmen so stark verbreitet. Sicherlich wurden die gutbürgerlichen Mädchen streng bewacht, sie gingen selbst zur Kirche nur in Begleitung ihrer Mutter. In den einfacheren Milieus hielt die Verantwortung für den Haushalt sie zurück. Aber die Jungen hatten, sobald Schule oder Werkstatt ihre Pforten schlossen, nur ihr zu kleines oder zu strenges Heim, die Straße oder die Schenke als Zuflucht. Trunk und Würfelspiel erfüllten ihre jugendlichen Leidenschaften, ein ständiges Übel, dem selbst die Studenten der Universitäten nicht entkamen. Nur der Einfluß eines außergewöhnlichen familiären Milieus konnte diese Bräuche bekämpfen.
Bei den Patriziern war es üblich, die jungen Leute unmittelbar nach Beendigung ihrer Studien ins Ausland zu schicken. Diese Reise entfremdete sie glücklich ihrer Heimat und brachte ihnen wertvolle Erfahrungen für die Ämter, die sie später ausüben sollten. So ließ man sie vor allem England oder Frankreich, seltener Italien besuchen. Im Gegensatz dazu hatten nur die jungen Leute, die in Verbindung zu irgendeiner Botschaft standen, Gelegenheit, Spanien oder Skandinavien kennenzulernen.
Schwerwiegende Konflikte zwischen Eltern und Jugendlichen scheinen nicht selten gewesen zu sein. Die jungen „Unbezähmbaren“ stellten die Familien der guten Gesellschaft in sittlichen Angelegenheiten vor unlösbare Probleme. Andererseits gab es eine übliche, radikale Lösung: die Verschickung nach Indien, „einem richtigen Abschiebeland“, schreibt Parival[2], „wo sich aller Unrat Hollands sammelt“. Die Mannschaft der Schiffe in Richtung Kap oder Java bestand mehr als einmal aus einer Gruppe rebellischer Söhne, deren Väter sie hier kraft ihrer gesetzlichen Macht anheuern ließen. In den schwierigsten Fällen, wenn das Kind – Sohn oder Tochter – unverbesserlich schlecht schien, blieb dem Vater die Möglichkeit, es ins Gefängnis stecken zu lassen.

Um die Ausbildung ihrer Kinder zu lenken, engagieren einige reiche Familien einen „Pädagogen", einen Hauslehrer, der oft lange Jahre in ihren Diensten bleibt. So Hermann Bruno, der mit der Erziehung der Kinder von Constantin Huyghens betraut war. Der Hauslehrer vermittelt seinen Zöglingen die Bildung, die wir elementar bzw. weiterführend nennen würden. Später begleitet er sie auf die Universität, wenn nicht sogar auf ihren Studienreisen ins Ausland. Aber das bleibt die Ausnahme. Normalerweise ist das Kind schon von klein auf der Schuldisziplin unterworfen.

Die „kleinen Schulen"

Die Niederlande besaßen für die Verwaltung und Kontrolle des Bildungswesens keinen zentralen Organismus. Gründung und Unterhaltung von „kleinen Schulen", die unseren Vor- und Grundschulen entsprachen, blieb der Initiative von Privatpersonen oder -gesellschaften überlassen, unter Vorbehalt einer Genehmigung durch den Magistrat. Die Behörden begnügten sich mit sporadischen, ziemlich oberflächlichen Kontrollen, die sie Mitgliedern des Kirchenrates übertrugen. Hier und da wurde eine von der örtlichen Leitung der Lateinschule (Oberschule) abhängige Körperschaft „Inspektoren der Lehrerinnung" gegründet. In den Städten, in denen eine Gilde der Schulmeister existierte, oblag dieser die Überwachung ihrer Mitglieder. Es kam vor, daß sie eine von der Stadt eingestellte Lehrkraft wegen Unfähigkeit entließ … Die Kompetenz dieser zahlreichen Inspektoren bezog sich mehr auf die Lehrer und Lehrerinnen als auf die Schulen an sich. Der Schulmeister oder die Schulmeisterin waren verpflichtet, ein Bekenntnis zum reformierten Glauben zu unterzeichnen und einen Eid zu leisten, aufgrund dessen man ihm eine Lehrbefähigung ausstellte, die er an seiner Tür anbringen mußte. Dagegen waren weder sein Bildungsstand noch seine Sitten

Gegenstand einer echten Überprüfung. Die Konsistorien protestierten vergebens: Ein Bericht von 1611 stellt fest, daß es Schulmeister gibt, die unfähig sind, das Alphabet richtig aufzusagen und die Kinder die Aussprache zu lehren.[1]

Von allen Seiten beschweren sich die Familien. Aber es mußte schon ein Skandal vorliegen, etwa die notorische Trunkenheit eines Lehrers bei der Ausübung seines Dienstes, ehe sich das Inspektionskomitee zum Eingreifen und in diesem Fall zur fristlosen Entlassung gezwungen sah. Einige ländliche Gegenden waren noch schlechter dran. Im Brabant war es üblich, junge, gebrechliche Bürger oder dienstuntauglich gewordene Knechte als Lehrer einzustellen. In den Dörfern, wo die Schule im allgemeinen ein Anhängsel der Kirche war, versah der Küster dieses Amt.

Die Frauen, denen man die Vorschulen anvertraute, waren oft noch schlimmer als ihre männlichen Kollegen. Manchmal aus den unteren Vierteln der Stadt rekrutiert, koppelten diese armen, von ihrer Aufgabe überforderten Kreaturen ihren Beruf mit dem der Näherin, Strickerin oder Spitzenklöpplerin. Von ihnen verlangte man nicht einmal, daß sie lesen und schreiben konnten. Im Unterricht beschränkten sie sich darauf, das Vaterunser, die Zehn Gebote, die Konfessionsformel und die Bezeichnung der Buchstaben des Alphabets auswendig zu lehren. Erst 1655 forderte eine Verordnung von den Lehramtsanwärtern die Beherrschung des Schreibens, des Lesens von gedruckten und geschriebenen Buchstaben, der vier Grundrechenarten, des Psalmgesangs und ... einer guten Unterrichtsmethode! Die schreienden Mängel des Systems und die Tatsache, daß die Schulmeister eine der ärmsten Berufsgruppen darstellten, verhinderten jedoch nicht die relativ weite Ausbreitung einer gewissen Grundbildung, und die Zahl der Analphabeten unter der Bevölkerung der Union war bedeutend geringer als überall sonst in Europa. Das Schulgeld wurde teils in bar (eine bescheidene Summe), teils in Naturalien entrichtet: ein Torfziegel täglich, eine Kerze pro Woche im Winter. Diese Ausgabe überstieg nur die Mittel der Allerärmsten.

Von drei bis sieben Jahren besuchen die Kinder die Vorschule. Diese ist in irgendeinem Haus untergebracht, das ein Zunftzeichen mit dem Namen der Lehrerin oder mit dem des Gebäudes trägt: „Grietjeschule auf dem Fischmarkt“, „Apfelschule“. Der „Unterricht“ findet im allgemeinen im Hinterzimmer statt, das zum Teil vom Bett der Lehrerin oder vom Herd, auf dem sie ihr Essen kocht, eingenommen wird ... Mit Kalk geweißte Wände, ein nackter Steinfußboden. Die Kinder richten sich nach Belieben ein: hingekauert oder sogar auf dem Boden liegend oder sitzend, spielen und prügeln sich Jungen und Mädchen zwischen dem Unrat, den die Jüngsten von sich geben, in einem Wirrwarr, der nach ein paar Stunden widerlich wird. Spärliches Licht, Rauch, Schweißgeruch. Das Gebrüll der Lehrerin und Schläge mit dem Lineal sind die einzigen Garanten einer bedingten Disziplin. Die Ältesten psalmodieren unter Schaukelbewegungen das Abc oder die Verse des Vaterunsers. Zwei- oder dreimal die Woche nachmittags machen sich die Mädchen mit Nähen und Stricken vertraut.
In den reichen Vierteln der großen Städte bieten die Vorschulen ein weniger trostloses Schauspiel und wahren sogar eine gewisse Etikette. Die Lehrerin thront vor einem Pult, die Kinder sitzen auf Bänken und, Gipfel des Luxus, ein Eimer in der Zimmerecke dient den Bedürfnissen ...
Mit ungefähr sieben Jahren gelangte das Kind in die Hände eines Erziehers wie in etwa bei uns in der Grundschule. Hier blieb es fünf Jahre.
Ein Zunftzeichen machte auf die Einrichtung aufmerksam: „Adriaen Wouterszoon Cuyper. Hier werden Kinder unterrichtet.“ Manchmal hat die Inschrift einen literarischen Charakter. Ein Rotterdamer Erzieher verwies mit einem Zweizeiler auf sich:

Der Walfisch spie Jonas aus, da ging er,
Ninive zu lehren.
Hier lehrt man Kinder zu beten und den
Katechismus aufzusagen.

Anderswo zeigte ein Bild den Herrn Erzieher unter seinen Schülern. Oder aber ein Wahlspruch stachelte die Neugier an und warb besonders die sparsamen Eltern: „Die Wissenschaft zum wohlfeilen Angebot."
Die schulischen Räumlichkeiten waren je nach dem sozialen Niveau der Kundschaft entweder im weitläufigeren Erdgeschoß des Hauses oder in seiner engsten Etage untergebracht. Sie bestanden im allgemeinen aus zwei Zimmern, was die Aufteilung der Schüler in zwei Gruppen nach veränderlichen Kriterien gestattete: nach groß und klein, oder aber nach arm und reich. Eine dieser Gruppen, die weniger gut bedachte, wurde der Obhut der Frau des Lehrers anvertraut oder gar der seines Dieners. In jedem Raum waren die Kinder nach dem Geschlecht, manchmal nach dem Alter gruppiert. Aber nichts entsprach unserer modernen Untergliederung in Klassen.
Auf dem Land ging es einfacher zu: In Friesland und Geldern dienten Stall und Scheune als Dorfschulen, manchmal waren sie gar in Bauten aus Strohlehm untergebracht, die im Winter unbenutzbar und im Sommer erstickend waren.
Eine ausladende Kappe auf dem Kopf, den Talar über den Kniehosen und der Weste offen, thront der Schulmeister an einem schweren Katheder. Auf ein Lesepult oder Bücherregale in seiner Reichweite hat er Bibel, Psalter, Sanduhr, ein paar Lehrbücher, einen Vorrat an Gänsefedern, ein Rechenbrett, das Tintenfaß und das Kästchen mit dem Löschsand gestellt. Zu diesen Unterrichtsmaterialien gesellt sich ein zum Striegeln der ungepflegten Schüler vorgesehener Eisenkamm, dessen kraftvoller Gebrauch eine gefürchtete Züchtigung darstellt. Ein Torfofen in einer Ecke, manchmal mitten im Zimmer, verbreitet im Winter eine Hitze, die in dieser verbrauchten Luft schnell unerträglich wird. An den Wänden Silbentafeln, Rechenbretter, die Zehn Gebote, das Vaterunser, das Glaubensbekenntnis und, als wichtigstes Stück, der „Erlaß", eine Verordnung zum Verhalten im Unterricht, in der Kirche und auf der Straße, die anzubringen jeder Erzieher verpflichtet ist.

Jeden Tag beginnt die Schule mit dem Sprechen des Gebets und der Lektüre eines Kapitels aus der Heiligen Schrift. Dann folgt ein Psalmgesang. Von da an arbeitet jedes Kind individuell. Nacheinander treten die Schüler ans Katheder, nehmen ihren Hut ab und erhalten vom Lehrer ihre Aufgabe oder sagen ihre Lektion auswendig auf. Dann setzen sie ihren Hut wieder auf und kehren in ihre Bank (die es in verschiedenen Größen, mit oder ohne Pult gab) zurück oder an einen der bereitgestellten Tische. So ging es den lieben langen Tag, und das 330mal im Jahr! Um 1600 öffnete die Schule im Sommer morgens um sechs, im Winter um sieben und schloß um sieben Uhr abends. Zwei Pausen von elf bis ein Uhr und von vier bis fünf unterbrachen diese Dauer. Im Laufe der Jahrhunderte wurde dieser Stundenplan auf acht bis elf Uhr oder Mittag und ein Uhr bis vier oder fünf reduziert. Einmal in der Woche, mittwochs oder donnerstags, endete der Unterricht eine Stunde früher, samstags nachmittags fiel er ganz aus, aber diese „Beurlaubungen" waren erfüllt von Gesangesübungen und dem Katechismus. Während der Ferien schlossen die Stadtschulen im allgemeinen für zwei Wochen. Das Gesetz ermächtigte die Schulmeister, zusätzliche Ferientage zu bewilligen, – vorausgesetzt sie fielen nicht mit papistischen Feiertagen zusammen. So gaben die meisten Schulen an den Tagen der Viehmärkte frei. Oft beantragten die Familien aus Anlaß eines Geburtstages, eines häuslichen Ereignisses Urlaub für ihr Kind, üblicherweise bewilligte der Lehrer diese Anträge. Gegen Schulbummelei dagegen ging er sehr streng vor: zur Strafe setzte es Schläge mit dem Rohrstock …

Der Erzieher verfügte über ein breites Spektrum an Züchtigungen. Peitsche, Prügelstock, Riemen; Schläge auf das bekleidete Kind oder auf ein zuvor entblößtes Körperteil. In gewissen, besonders von armen Kindern oder Waisen besuchten Schulen kamen der Pranger oder ein durchbohrter Holzklotz zur Anwendung, der für eine bestimmte Zeit, oft tagelang, am Bein des Kindes befestigt wurde, so daß das Opfer sich mit dieser Schleifkugel durch die Straßen und in die Kirche schleppen mußte. Die „Eselskappe“ schien vergleichsweise mild. Man trug sie um den Hals gehängt. Das Opfer wurde auf einem Lehnstuhl ausgestellt, und ein Schild verkündete seine Missetat.

Das Programm dieser Ausbildung reduzierte sich im wesentlichen auf die heilige Geschichte, Lesen, Schreiben und Rechnen. Von den Mädchen verlangte man noch weniger als von den Jungen: das Erlernen von ein paar Nadelarbeiten rüstete sie ausreichend fürs Leben. Man lernte die Buchstaben in der alphabetischen Reihenfolge von A bis Z lesen, ohne sie nach ihren organischen Gruppierungen in den Wörtern zu unterscheiden. Diese, vom Lehrer als Ganzes vorgetragen, wurden von den Kindern unablässig nachgeleiert – und deformiert. Waren die Kinder zahlreich, hallte dieser Lärm bis zu den Passanten auf der Straße. Man sagte, lieber an einer Schmiede vorbeigehen als an einer Schule!

Die Grundrechenarten waren wegen ihrer kommerziellen Bedeutung Gegenstand besonderer Bemühungen von seiten der Lehrer. Diese übernahmen übrigens nach Feierabend häufig die Rolle der städtischen Buchhalter. Ihr Unterricht war eher praktisch denn theoretisch. Sie stellten Aufgaben dieser Art: „Zwei Personen haben zusammen acht Pinten Malvasierwein gekauft und wollen daraus zwei gleiche Teile machen. Aber um diese Teilung vorzunehmen, verfügen sie als Maß nur über eine Flasche von fünf Pinten und eine von drei. Wie müssen sie vorgehen?“[2]

Das Schreiben, als Erste der nützlichen Künste betrachtet, erfreute sich eines enormen Ansehens. Einige Schreiber machten aus der Kalligraphie eine wahre Ästhetik. Sie schrieben wie gestochen. Der Ruf holländischer und zeeländischer Schriftmeister hatte die Landesgrenzen überschritten. Eine schöne Handschrift genügte, einem Lehrer eine ausgewählte Kundschaft zu sichern, wie es auch sonst um seine pädagogische Unfähigkeit oder seinen Charakter bestellt war. Man benutzte Vogelfedern oder Rohr und eine schwarze Tinte aus Ruß, der in Öl aufgelöst wurde. Man lehrte die Kinder lateinisch und gotisch, schräg und gerade schreiben. Jedes Jahr veranstalteten die Magistrate für die Schüler der Stadt einen Schreibwettbewerb. Die Sieger erhielten eine Feder aus Silber, eine Schreibgarnitur, ein Buch, oder aber man trug ihre Namen in eine Ehrentafel ein.

Für Beamte, Händler, Juristen hatten kalligraphische Übungen eine außergewöhnliche Bedeutung. Männer und Frauen des ganzen Groß- und Kleinbürgertums schrieben viel: das Verfassen von Briefen war Sitte geworden. Schon in der Schule lernte das Kind gleichzeitig mit dem Schreiben die Anfänge einer entsprechenden Rhetorik. Wenn, einmal erwachsen geworden, seine Kenntnisse nicht ausreichten, fand es didaktische Werke zu diesem Thema im Handel und sogar Sammelwerke mit Musterbriefen, Liebesbriefe eingeschlossen.[3] Bei großen Anlässen griff man auf die öffentlichen Schreiber zurück, die, auf eine gezierte Prosa oder Reimkunst spezialisiert, einen Heiratsantrag, eine Tauf- oder Todesanzeige, eine feierliche Einladung gewandt in Worte zu fassen vermochten …

Dieses Programm, von einigen schlechten Lehrbüchern unterstützt,[4] führte nicht weit. Überdies beklagten die Lehrer, daß viele Kinder vorzeitig von ihren Eltern aus der Schule genommen wurden, weil sie sie so früh wie möglich eine produktive Arbeit aufnehmen lassen wollten. Es herrschte ein Unbehagen. Neben den „kleinen Schulen" des geläufigen Typs hatten sich in mehreren Städten neue herausgebildet, die, ehrlich gesagt, kaum anders waren, aber vorgaben, gezielter auf die Handelslaufbahn vorzubereiten.

Geflohene Hugenotten hatten „französische Schulen" gegründet, die seit Mitte des Jahrhunderts von den Magistraten finanziell unterstützt wurden. Außer Rechnen und Schönschreiben lehrte man hier Französisch, das als Sprache der internationalen Beziehungen galt. Einige dieser französischen Schulen, die von Frauen ohne große Sachkenntnis unterhalten wurden, hatten sich auf die Erziehung von Töchtern aus guter Familie spezialisiert und lehrten sie häufig unter schlimmster Mißachtung von Syntax und Orthographie den weiblichen Briefstil.

Die Welle französischer Schulen zog im Laufe des Jahrhunderts trotz deren Mittelmäßigkeit immer weitere Kreise. Wenn jedoch die französische Sprache im gesamten goldenen Jahrhundert eine privilegierte Stellung in den Niederlanden einnahm, verdankt sie das weniger diesen Schulen als familiären und politischen Traditionen. Familien gebildeter französischer Flüchtlinge bewahrten ihre Muttersprache in einem äußerst reinen Zustand, den zu erhalten die Predigt der wallonischen Kirche ihrerseits beitrug. In der hohen niederländischen Gesellschaft endete die Erziehung junger, oft sehr französierter Menschen mit langen Reisen durch Frankreich oder die romanische Schweiz.

Auf Regierungsebene diente das Französische nicht nur den Außenbeziehungen, sondern auch als Verständigungsmittel mit den zahlreichen, von der Republik in verschiedenen Ämtern angestellten Ausländern. Erst 1609 wurde in der Armee der Brauch abgeschafft, auf französisch zu kommandieren. Der Prinz Friedrich-Heinrich, Sohn von Louise de Coligny, schrieb seine Memoiren auf französisch. Wilhelm II. war zweisprachig.

Dennoch erstreckte sich die Popularität der französischen Sprache nicht über aristokratische Kreise und Handelsgroßbourgeoisie hinaus. Noch im letzten Viertel des Jahrhunderts, als der französische Einfluß am stärksten ist, wird René Le Pays für seine Reisen durch die niederländischen Provinzen einen Dolmetscher brauchen. Des weiteren wird das Französische von der Mehrzahl der Niederländer, die es sprechen, entstellt. Selbst die französischen Flüchtlinge, insofern sie nicht eine starke Kultur haben, unterliegen schnell dem Einfluß der Umgebung und verändern seinen Gebrauch.

In einigen Schulen wurde Englisch unterrichtet. Weder diese noch die deutsche Sprache waren sehr verbreitet. Das Italienische und das Spanische erfreuten sich in vornehmen Kreisen einer gewissen Gunst. Portugiesisch war von größerem Nutzen, besonders in der Marine und im Handel mit dem Fernen Osten. Lange diente es dem Austausch zwischen Niederländern und Javanern.

Allein die niederländische Sprache war keinerlei Gegenstand eines Unterrichts. Trotzdem festigte sich diese Sprache im goldenen Jahrhundert und brachte ihre ersten Klassiker hervor. Im mündlichen Gebrauch der einfachen Leute trat sie in zahlreichen, sich stark unterscheidenden Dialekten auf. Diese bildeten in den nördlichen Provinzen echte, eigenständige Sprachen mit eigener Struktur, die sich vom Niederländischen sehr wohl unterschieden, obwohl sie noch derselben germanischen Sprachgruppe angehörten, so das „Niedersächsische" der Region Groningen und vor allem das Friesische als Träger einer Kultur, die im Mittelalter eine ausgeprägte Eigentümlichkeit aufwies.[5] Aber die Reformation und der Unabhängigkeitskrieg gingen mit einer Bewußtwerdung von Sprache und Versuchen einher, ihren Gebrauch zu normieren. Drei Generationen von Schriftstellern und humanistischen Gelehrten, der Einfluß von Ständebibel und Predigt brachten eine Nationalsprache hervor und führten sie im Lauf des 17. Jahrhunderts zur Reife.

Die höhere Bildung und die Wissenschaften

Das Kind, dem seine Familie eine klassische Bildung angedeihen lassen wollte, die für die Ausübung hoher öffentlicher Ämter als notwendig erachtet wurde, ging nach Abschluß der „kleinen" oder der französischen Schule auf die „Lateinschule". Dem Wortlaut einer Verordnung von 1625 zufolge war es ausreichend, lesen und schreiben zu können, um hier angenommen zu werden. Die Bescheidenheit dieser Forderung spricht Bände über die Geringschätzung, die die „kleinen Schulen" von höherer Stelle erfuhren. Vor 1625 mußten viele Lateinschulen ein, wenn nicht gar zwei Jahre opfern, um die Grundkenntnisse ihrer neuen Schüler zu vervollständigen. In Geldern und Groningen untersagten lokale Regelungen ausdrücklich die Aufnahme von analphabetischen Jugendlichen.[6]

Bis zu Beginn des 17. Jahrhunderts herrschte in der Organisation dieses weiterführenden Bildungswesens eine totale Anarchie. Weder in den Programmen noch in den Methoden oder Lehrbüchern gab es Einheitlichkeit. In dem Maße, wie die Lateinschulen die Elite des Landes ausbildeten und so eine Art öffentlichen Dienst darstellten, sorgten sich die Synoden regelmäßig um diesen Zustand. Zwischen 1570 und 1620 nahmen sich etwa zwanzig dieses Problems an. Die 1625 auf Antrag der Staaten von Holland vorbereitete und nach und nach in allen Provinzen angenommene Verordnung schuf endlich eine relative und für die Zeit bemerkenswerte Einheit.

Seitdem war die Lateinschule in sechs, manchmal auch vier Klassen unterteilt, die der Schüler im Prinzip zwischen seinem zwölften und sechzehnten oder achtzehnten Lebensjahr durchlief.[7] Mädchen wurden nicht aufgenommen. Diejenigen unter ihnen aus der hohen Gesellschaft, die klassische Studien absolvieren wollten, wurden von Privatlehrern unterrichtet. Die Verwaltungshoheit über die Lateinschule war einem „Kuratorenkollegium" anvertraut, das aus Mitgliedern der lokalen Obrigkeit und Predigern bestand. Seine Zuständigkeit erstreckte sich auf die Berufung von Lehrern, auf die Kontrolle der Schüler beim Übergang von einer Klasse in die andere sowie auf die Verteilung von Preisen und Bußen. Die pädagogische Leitung lag in den Händen eines Rektors.[8]

Die Disziplin war streng, körperliche Züchtigungen existierten in diesem System weiter. Zumeist in den Räumlichkeiten eines ehemaligen Konvents eingerichtet, umfaßte die Schule eine Wohnung für den Rektor und Kammern für die Internatsschüler. Ein Zaun teilte das Kloster in zwei Hälften: in den Privatgarten des Rektors auf der einen, den Pausenhof auf der anderen Seite. Das Gebäude schmeichelte dem Auge selten, trist, gerade mit ein paar Bänken und groben Tischen möbliert, von hohen und schmalen Fenstern schwach erleuchtet und im Winter vom Torf verräuchert …

Im Sommer morgens um acht, im Winter um neun läutete die Glocke an der Pforte den Beginn des Unterrichts

ein. Um elf wurde die Arbeit unterbrochen und um dreizehn oder vierzehn Uhr wiederaufgenommen, um sechzehn oder siebzehn Uhr war sie beendet. Die Ferien, außer drei Wochen im August, bestanden aus einer Reihe von ziemlich großzügig über das Jahr verteilten Feiertagen: öffentliche Feste, Geburtstag des Rektors, außerordentliche Buchverkäufe, Enthauptungen …
Latein war das wichtigste Lehrfach: auf insgesamt zweiunddreißig bis vierunddreißig Unterrichtsstunden pro Woche entfielen in den ersten drei Jahren zwanzig bis dreißig Lateinstunden, zehn bis achtzehn in den letzten drei Jahren. Der Rest der Zeit war in religiöse Unterweisung und Schönschreiben aufgeteilt, in den höheren Klassen in Griechisch und Grundlagen der Rhetorik und der Logik.
Die Methoden beruhten im wesentlichen auf dem Auswendiglernen und auf ziemlich einfältigen Wettbewerbsverfahren, wie den Preisverleihungen nach den alle zwei Jahre stattfindenden Examen. Die Ergebnisse waren mittelmäßig. Man beklagte den geringen Wissensdurst, den die jungen Leute zeigten. Am Ende des Jahrhunderts befanden sich die Lateinschulen zumindest in den kleinen Städten gänzlich in Auflösung.[9] Im übrigen neigten die Reichen damals dazu, das Lateinische und die antike Kultur durch das Französische und seine Lebensart zu verdrängen. Der offiziellen Lateinschule zog man von französischen Flüchtlingen geleitete höhere Privatschulen vor … oder, wenn man die Mittel hatte, einen schweizerischen Hauslehrer.
Nach Beendigung der Lateinschule war der Jugendliche befähigt, spezialisierte Studien aufzunehmen, die traditionsgemäß in vier Fakultäten unterteilt waren: „Künste" (d. h. Naturwissenschaften und Geisteswissenschaften), Theologie, Recht und Medizin. Diese Studien dauerten vier oder fünf Jahre, der junge Mann stand zwischen seinem zwanzigsten und fünfundzwanzigsten Lebensjahr und war berechtigt, einen freien Beruf auszuüben.[10]
Auf dieser Ebene vermittelten zwei Arten von Institutionen die Bildung: die Universitäten und die „illustren Schulen". Zwischen ihnen gab es nur historische und

rechtliche Unterschiede. Die Universitäten, ursprünglich zu dem Zweck gegründet, Pastoren für die reformierte Kirche auszubilden, stammten aus den Anfängen der Republik: Leiden von 1575, Franeker von 1585, Groningen und Harderwijk aus den ersten Jahren des 17. Jahrhunderts. Dann trieb ab 1630 der Wetteifer andere Städte dazu, ihre eigenen höheren Bildungseinrichtungen zu gründen. Aber Titel und Privileg einer Universität, von den ersten eifersüchtig verteidigt, konnte von den zweiten nicht errungen werden. Deshalb mußten sich Dordrecht, Middelburg, Breda, 's-Hertogenbosch, Nijmegen, Deventer, Rotterdam und selbst Amsterdam mit der Bezeichnung „illustre Schule" zufriedengeben. Sie mußten darauf verzichten, mehr als drei Fakultäten zu besitzen, und sich verpflichten, keinen Doktortitel zu verleihen. Die illustre Schule von Utrecht, die 1636, zwei Jahre nach ihrer Gründung, in den Rang einer Universität aufstieg, bildet eine bemerkenswerte Ausnahme.

Die Ausbildung an den meisten Universitäten und illustren Schulen besaß im goldenen Jahrhundert ein sehr hohes Niveau und verschaffte den Niederlanden eine internationale wissenschaftliche Ausstrahlung. Ihr herausragendes Zentrum war die Universität von Leiden. Durch die Staaten von Holland gegründet, hatte diese von Anfang an außer dem Theologen, dessen Vorhandensein ihre Gründung rechtfertigte, neun Gelehrte beschäftigt, die die verschiedenen Geistes- oder Naturwissenschaften repräsentierten. Dieser ursprüngliche Kern vergrößerte sich im Lauf des Jahrhunderts und diente allen anderen niederländischen Universitäten als Modell.

Als öffentlich rechtliche Einrichtung von Kuratoren verwaltet, wurde die Universität von Leiden auf wissenschaftlicher Ebene von einem Rektor geleitet, dem der aus den Professoren bestehende Senat zur Seite stand. Errichtet im ehemaligen Konvent der Heiligen Barbara, dann in dem der Weißen Schwestern, 1616 abgebrannt, wieder aufgebaut, im Lauf des Jahrhunderts mehrere Male verändert, überraschte sie die Besucher gleichermaßen durch ihr nüchternes Aussehen und die Reichhaltigkeit ihrer Ausstattung. Mit ihren angegliederten Instituten, dem Staatenkolleg, den Studentenunterkünften, dem großen Beginenkloster (dessen Wohnungen der Magistrat zu einem „ehrbaren Preis" an die Professoren vermietete), war die Universität wirklich eine Stadt der Wissenschaft.

Das Professorenkollegium bestand zu einem gewissen Teil aus Ausländern: seit 1575 waren das zwei Franzosen und ein Deutscher. In der Folge wuchs die Zahl der Franzosen und Belgier beträchtlich, um nach 1609 abzunehmen. Darauf bedacht, die renommiertesten europäischen Gelehrten nach Leiden zu holen, zögerten die Kuratoren nicht, ihnen manchmal sehr verlockende finanzielle Angebote zu machen. Es kam vor, daß man einen Boten entsandte und diesem, sollte er Erfolg haben, eine Prämie versprach, so geschehen während der Diskussionen mit Joseph-Juste Scaliger. 1578 schickte der Senat den Physiker Ratloo zu Forschungen nach Deutschland ...

Unter den Studenten waren die Ausländer nicht weniger zahlreich. Parival trifft an den Fakultäten von Leiden Deutsche, Franzosen, Dänen, Schweden, Polen, Ungarn, Engländer, „unter denen sich manchmal sogar Prinzen befinden"[11]. Die Anzahl der Franzosen, die 1621, einem außergewöhnlichen Jahr, etwa fünfzig erreichte,[12] schwankt im allgemeinen zwischen zehn und zwanzig, was verhältnismäßig hoch ist. Guez de Balzac, Théophile de Viau, Descartes studierten in Leiden. Keine der Universitäten und illustren Schulen konnte sich mit dem wissenschaftlichen Reichtum und dem Renommee Leidens messen. Der Senat von Harderwijk stand im Ruf, Doktortitel zu verkaufen. Nijmegen mit seinen drei Professoren wurde verachtet. Franeker dagegen hatte trotz seiner ausgefallenen geographischen Lage genug zu bieten, so daß Descartes sich 1629 dort immatrikulieren ließ.

Die höheren Bildungseinrichtungen der Niederlande boten im Vergleich zu fast allen anderen Europas den Vorteil ihrer Neuheit. Aus dem Nichts geschaffen, waren sie an keine schwer zu durchbrechende mittelalterliche Tradition gebunden. Hier herrschte ein neuer Geist. Gewiß verstand es die Kirche, die Oberhoheit der Theologie aufrechtzuerhalten. Aber diese, auch wenn sie im Mittelpunkt verblieb, beherrschte doch nicht das Ganze. Die Wissenschaften, in denen die niederländischen Fakultäten stärker brillierten, waren die jüngsten Errungenschaften des Geistes: griechisch-lateinische Philologie, Studien orientalischer Sprachen, Anatomie, Astronomie, Botanik und die sich herausbildende Chemie, diese Zweige eines modernen, auf die Linguistik, die Geschichte und die Naturwissenschaften gegründeten Humanismus.

Der neugebildete Staat, den die Union verkörperte, verspürte das organische Bedürfnis, sich eine eigene, seiner politischen und wirtschaftlichen Besonderheit angemessene Kultur zu schaffen. Die grundlegenden Eigenschaften der niederländischen Intelligenz waren Sinn für das Konkrete, Sorge um das Experiment und die praktische Anwendung, Realismus. Alle Zeugnisse dieser Zeit bescheinigen der niederländischen Bourgeoisie eine leidenschaftliche Liebe zur Wissenschaft, verknüpft mit einer unersättlichen und manchmal naiven Neugier. Die größten Umwälzungen der Zukunft erschrecken die Geister nicht. Descartes stellt fest, daß alle holländischen Gelehrten seit 1630 den kopernikanischen Ideen verbunden sind. Eine breite religiöse Toleranz trägt dazu bei, die Atmosphäre an den Fakultäten zu beleben. Man verlangt von den Studenten nicht einmal den Konfessionseid.

Natürlich, geistige Veranlagung und Ausbildung sind nicht überall von gleichem Niveau. Der Stil gewisser Lehren kann täuschen. Dennoch bricht der Rahmen der traditionellen Wissenschaft auf: eine Optik, eine Meteorologie bilden sich heraus; die Mathematik erlangt ihre Eigenständigkeit. Die Medizin nähert sich der Physik; häufig erwirbt man die Doktorwürde auf beiden Gebieten gleichzeitig. Es ist wahr, daß an der Universität die Medizin nur theoretisch gelehrt wird, und in der Öffentlichkeit gelten die Doktoren als unerfahren (an ihrer

Stelle bevorzugt man alte Praktiker, die kein Studium absolviert haben); dennoch bleibt die allgemeine Tendenz bestehen, medizinische Probleme aus wissenschaftlichem Blickwinkel zu betrachten.
Schon 1587 hatte der Franzose Lécluse (Clusius) auf einem hinter der Universität von Leiden gelegenen Terrain einen botanischen Garten angelegt, um die Medizinstudenten mit Heilkräutern vertraut zu machen. Diese Einrichtung entwickelte sich und wurde ein Forschungszentrum, in dem die Errichtung von Gewächshäusern den Anbau tropischer Pflanzen gestattete. Seit 1631 unterhielt Franeker seinen eigenen botanischen Garten, Utrecht, Harderwijk und Groningen folgten.
1632 installierte man in den Universitätsgebäuden von Leiden ein astronomisches Observatorium. Utrecht benutzte zu diesem Zweck einen der Stadttürme. Anatomische „Studierzimmer“ mit Skeletten, Mumien und ausgestopften Tieren dienten zur Veranschaulichung des medizinischen Lehrstoffs. Es gab auch mathematische und physikalische „Kabinette“, wo man die in diesen Wissenschaften damals gebräuchlichen Instrumente fand. Eine dem botanischen Garten von Leiden angegliederte Galerie beherbergte ein Museum mit Antiquitäten und „Raritäten“. Seit dem Beginn des Jahrhunderts frönte der Niederländer der Sammelleidenschaft: Mineralien, Muscheln, Pflanzen, Reptilien, Vögel, Embryonen, alle möglichen Liebhaber richteten sich Kabinette ein. Friedrich Ruysch sammelte Kadaver; um 1600 gründete ein Kapitän in seinem Haus in Edam ein Navigationsmuseum; nach langen Reisen durch Europa und den Nahen Osten legte der Arzt Paludanus in Enkhuizen ein Museum exotischer Raritäten an: Paradiesvögel, vergiftete Pfeile, indisches Gold, chinesisches Porzellan, antike Münzen und sogar ein wenig dieser roten Damaszener Erde, aus der Gott Adam geformt haben soll!
Die Universität von Leiden besaß eine bedeutende, an seltenen Handschriften reiche Bibliothek. Der Grundstock stammte aus ehemaligen Konventen und wurde regelmäßig durch Schenkungen und Legate bereichert. Die Kuratoren tätigten mehrfach beträchtliche Ankäufe:

so 1629 einen Posten orientalischer Werke für 4500 Gulden und 1690 die Bibliothek des seligen Isaac Vossius, die 33000 wert war.[13]

Die (ordentlichen oder auf einen Lehrstuhl berufenen) Fakultätsprofessoren genießen bei den öffentlichen Instanzen ein hohes moralisches Ansehen. Im Prinzip belastet keinerlei außerakademische Kontrolle ihre Arbeiten. Manchmal veranlaßt ein dogmatischer Streit die Ratsherren persönlich einzuschreiten.[14] Dieses Eingreifen nimmt selten offiziellen Charakter an. Materiell dagegen bildeten die Professoren ohne eigenes Vermögen eine mittelmäßig gestellte Klasse. Ein Vertrag legte die Entlohnung eines jeden fest, ohne daß dem eine allgemeine Regelung zugrunde lag. Das mittlere Einkommen war bescheiden (1000 Gulden im Jahr); in einigen Ausnahmefällen war der Unterschied bedeutend: Amsterdam bot Vossius 2500 Gulden und ein Haus, dessen Miete sich auf 900 Gulden belief. Diverse Zuschläge konnten diese Summen erhöhen: Umzugsentschädigungen, Reisespesen, persönliche Sondervergütungen. Außerdem teilte sich der Lehrkörper mit den Studenten den Vorteil einer Befreiung von der Alkoholsteuer bis zur Höhe von etwa sechs Tonnen Bier und zweihundert Liter Wein im Jahr.

Die Ausbildung umfaßte zwei Teile: den Unterricht und die „Dispute". Jeder Professor hielt zwei bis fünf Stunden Vorlesungen *ex cathedra* pro Woche, die er (außer in einigen naturwissenschaftlichen Fächern) lateinisch vortrug, abwechselnd mit geleiteten Diskussionen *(disputationes)*. Die Professoren der Naturwissenschaften organisierten zusätzlich Anschauungsunterricht im botanischen Garten oder im Museum.

Die Dissertationsverfahren fanden in Form eines „Disputs" über eine von dem Kandidaten vorgeschlagene These statt. Diese Zeremonie vollzog sich vorzugsweise im Juni oder Juli. Im allgemeinen öffentlich, wurde sie in Anwesenheit der lokalen Magistrate durchgeführt. Manchmal kündigten Trompeten sie in der Stadt an. Ein Festumzug und ein Bankett, das, wie Parival[15] versichert, häufig zwei Tage dauerte, bildeten ihren Abschluß.

Es war selten, daß ein junger Mann aus einer Patrizierfamilie kein Studium absolvierte. So bildete eine gewisse Zahl reicher Studenten an den Universitäten eine höhere soziale Schicht, die sich von den bescheidenen Stipendiaten der Theologischen Fakultät abhob sowie von der großen Masse armer Studenten, deren Existenz durch die akademischen Matrikel belegt wird. Diese weisen allerdings auch Befreiungen von der Einschreibungsgebühr „aus Gründen der Armut“ nach, Geldbußen „zum Nutzen der bedürftigen Studenten“, Einspringen des Senats bei Zahlungsunfähigkeit ... Manche Studenten übten einen Beruf aus, beispielsweise den des Barbiers.

Wenn der Student in eine Fakultät eintrat, schrieb er sich beim „Pedell“, dem Faktotum der Universität, ein. Gleichzeitig Kirchendiener, Türhüter, Bibliotheksdiener und Sekretär, war er eine Macht. Außer den akademischen Privilegien verschaffte die Immatrikulation in Leiden das Recht, auf der Straße in Schlafrock und Pantoffeln herumzulaufen, vorausgesetzt, man trug Perücke und Hut! Wohnt er nicht bei seiner Familie, sucht sich der junge Mann ein Zimmer in der Stadt. Ihm stehen mehrere Möglichkeiten offen: Pension bei einem Professor zu nehmen, der froh ist, sein Einkommen auf diese Weise aufzubessern, sich in eine von einer Jungfer im reiferen Alter geführte Familienpension zu begeben, die über kleinere Ausschweifungen hinwegsieht, oder einfach in der Herberge zu wohnen bzw. eines dieser Privatzimmer zu mieten, wovon schließlich in den Universitätsstädten reger Gebrauch gemacht wird. Die Vermieter oder Vermieterinnen gehörten nicht immer zur besten Gesellschaft, und als Tristan l'Hermite in Amsterdam studierte, wurde er in einer Nacht der Volltrunkenheit von seiner Gastgeberin auf dem Boden, den sie ihm vermietet hatte, ausgeplündert!

Die in der Stadt oder Provinz fremden Studenten finden sich gern in „Nationen“ zusammen. Die Einheimischen ihrerseits bilden „Nationalkollegien“. Die Beziehungen zwischen diesen Vereinigungen sind herzlich, das studentische Leben ist sehr abwechslungsreich. Radau im

Unterricht, selbst in den feierlichen „Disputen", lautstarke Ausbrüche gegen wenig geschätzte Professoren – das sind Gewohnheiten, die keine großen Folgen haben. Die Schikanen, mit denen die „Neuen" bedacht werden, erreichen dagegen manchmal einen derartigen Grad an Grausamkeit, daß die Staaten 1606 in Franeker ihren Brauch verbieten mußten. Die häufigen Trinkgelage konnten weit führen. In Leiden verbrüderten sich Studenten und Professoren in den Schenken „Zum Kiefernzapfen" und „Zum kämpfenden Löwen" in einer Weise, die oft in Handgreiflichkeiten und Gewalttaten gegen Bürger mündete. Die durch Steuerbefreiungen begünstigte Trunksucht an der Universität war eine öffentliche Geißel. Das Tragen von Waffen mußte mehrfach verboten werden. Die 1600 verurteilten Studentenduelle hörten niemals ganz auf. Es ist wahr, daß der Universität Zivil- und Strafgerichtsbarkeit über diese Täter oblag. Das akademische Gericht bestand aus dem Rektor, seinen Assessoren, dem Bürgermeister und einer Gruppe von Ratsherren. Die von ihm verhängten Strafen reichten von der Geldbuße über Gefängnis bei Wasser und Brot bis zur Exmatrikulation und selbst zur Verbannung. Diese Zwangsmaßnahmen konnten nicht verhindern, daß die Studentenunruhen dann und wann, wenn ein zugespitzter Konflikt sie in Opposition zur Obrigkeit brachte, in richtige Aufstände ausarteten, so zum Beispiel 1594, 1608, 1632 und 1682 in Leiden, 1623 in Franeker, 1629 und 1652 in Groningen.

Die praxisorientierte niederländische Wissenschaft wirkte über den Rahmen der Universität hinaus. Außerhalb der Fakultäten schlug sie der Technik zu Buche. Teleskop, Mikroskop, Thermometer, Barometer, Pendeluhr, logarithmisches, integrales und differentiales Rechnen – entscheidende Erfindungen in der Geschichte der europäischen Zivilisation, die allesamt Niederländern des goldenen Jahrhunderts zu verdanken sind; und dieser Liste müssen noch unzählige Errungenschaften in Anatomie, Biologie, Kosmographie und Geographie hinzugefügt werden. Trotz geduldiger Beobachtung, Deduktion und systematischer Forschung war die Mehrzahl der Entdeckungen Frucht einer erfinderischen Vorstellungskraft. Die Glaslinse entstand im düsteren Laden eines Brillenmachers. Antony van Leeuwenhoek aus Delft, Erfinder des Mikroskops, zeigte sein Instrument auf Jahrmärkten. Ein Leidener Arzt entdeckte und „lancierte" es in die internationale Welt der Wissenschaft. Das von Cornelius Drebbel, einem vagabundierenden gelehrten Boheme, erfundene Teleskop gestattete Christian Huyghens schon 1655 die Entdeckung des Saturnrings und später des Orionnebels. Huyghens war ein nur der Wissenschaft lebender, reicher, aufgeklärter „Amateur", Erfinder von Pendeluhren und Verfasser der ersten Theorie über das Licht. Der Mediziner Swammerdam benutzte das Mikroskop für die Untersuchung kleiner Insekten. Lange diplomatische oder Handelsreisen begünstigten diesen wissenschaftlichen Aufschwung in mehrfacher Hinsicht.

Der Botaniker Botius begleitete Coen 1627 nach Java; der Arzt Piso den Prinz Hans-Moritz nach Brasilien. Die „indische" Fauna und Flora wurde Gegenstand der Wissenschaft. Schon Ende des 16. Jahrhunderts hatte der Orient die Aufmerksamkeit von niederländischen Sprachwissenschaftlern und Historikern erregt. Leiden hatte einen Lehrstuhl für Arabisch eingerichtet, den einer seiner Inhaber, Erpenius, um eine auf die semitischen Sprachen, das Äthiopische und das Türkische, spezialisierte Druckerei ergänzte. Golius, sein Nachfolger, ließ sich von den Kuratoren, mit einem Kredit von 2000 Gulden versehen, auf eine Missionsreise schicken: Er verbrachte drei Jahre im Osmanischen Reich und brachte von dort die für das damalige Europa bedeutendste Sammlung orientalischer Handschriften mit, dreihundert Bände. Seitdem befaßte er sich mit der Erstellung eines arabisch-lateinischen Wörterbuches, für das er orientalische Mitarbeiter beschäftigte, einen Diakon aus Aleppo, einen persischen Gelehrten, einen Armenier. Um 1660 war Holland das Weltzentrum für orientalische Studien.

In seiner Begeisterung für medizinische Termini bemerkte William Temple, daß die Konstitution der Niederländer, von „gemäßigter" Natur, weder „ätherisch" genug sei, um geistvollste Freudenausbrüche zu gestatten, noch „heiß" genug für die Liebe. Sicher reden die jungen Leute manchmal vom Gefühl, „aber wie über eine Sache, die sie eher gehört als selbst erfahren haben, und eher wie über ein unvermeidliches als begeisterndes Gesprächsthema ... Man trifft", fährt der Botschafter fort, „ganz nette Liebhaber, aber keine, die vor Liebe verrückt sind."[1]

Die Aussagen der meisten Ausländer stimmen in diesem Punkt überein. Die Männer in den Niederlanden, die im allgemeinen groß, stark und widerstandsfähig sind, haben ein Aussehen, das ihnen Ehre macht: helle Haut, lebhafte Gesichtsfarbe und volle Formen. Aber keinerlei sexuelles Ungestüm geht von ihnen aus. In ihren Augen zählen die Geschäfte mehr als die Liebe, und als Zerstreuung bietet der Alkohol den Frauen gegenüber den Vorteil der Unkompliziertheit. Nicht nur ein außergewöhnlicher Hang zur Unabhängigkeit treibt die Frauen dazu, sich gegen jeglichen Anschein von Koketterie zu verwahren, sondern die Kälte der Männer verleidet ihnen alsbald das Liebesgeplänkel. Dafür gewinnen sie eine erstaunliche Freiheit in ihrer Haltung zum anderen Geschlecht. Jedermann beweist bei jeder Gelegenheit in erotischen Fragen eine Freimütigkeit, die die Franzosen überrascht. Um 1600 sagt man in Paris scherzhaft „Liebe machen wie die Holländer". René Le Pays, der damals die Niederlande besuchte, meint ironisch: „Die Holländerinnen machen aus Dummheit das, was die Mädchen in Paris aus Intelligenz tun." „Mit dem allergrößten Vergnügen essen sie einen Apfel oder knacken eine Nuß mit den Zähnen."[2] Das sind alles Schnurren. Saint-Évremond zeigt sich nuancierter. Eine allgemeine Kälte charakterisiert in der Tat, sagt er, die Männer und Frauen im besten Alter: Heirat und Reife scheinen sie mit sich zu bringen. Die jungen Ledigen dagegen sind von einem anderen Schlag.[3]

Gewiß sticht die verhältnismäßige Strenge der niederländischen Sitten von der anderswo herrschenden Zügellosigkeit ab. Hindernisse jeglicher Art machen den nicht ordnungsgemäß gutgeheißenen Umgang miteinander schwierig. Auch haben sich offiziöse Traditionen herausgebildet. Auf der Insel Texel gehen die Jungen gruppenweise dreimal in der Woche zu dem einen oder anderen Mädchen aus der Gegend, um dort den Abend zu verbringen: es wird gegessen, man trinkt gezuckerten Wein, man schreit, man trommelt mit den Schlüsseln, wiegt sich in den Hüften – man schließt Bekanntschaft.

Die Predigten boten den üblichen Anlaß zu Treffen, wenn nicht gar für Rendezvous. Der Pastor Eleázar Lotius in Den Haag wetterte gegen diesen Brauch. Ihm zufolge ging man nur mit dieser Absicht in die Kirche. Doch man ging auch woandershin. Im Theater zum Beispiel zauderte man nicht, sich im Halbdunkel zu küssen! Das Schlittschuhlaufen bot einen liebenswerten Vorwand, man umarmte sich dabei. In der schönen Jahreszeit gab es noch bessere Gelegenheiten auf den Spaziergängen. Scharen junger Leute zerstreuten sich an den Feiertagen zu Fuß oder in der Kutsche auf dem Land, fern von indiskreten Blicken zogen sie in die bäuerlichen Herbergen, in die Wälder, an die Strände. Wenn die von Unebenheiten geschüttelte Kutsche über eine Brücke oder einen Graben fuhr, wollte es der Brauch, daß der Junge, der die Zügel hielt, „hü! hü!" rief, und das Mädchen mußte ihm einen Kuß geben.

Führte der Spaziergang ans Ufer des Meeres, sah der Brauch ein noch gewagteres Spiel vor: Jeder Junge nahm ein schreiendes Mädchen in seine Arme und warf sich, das Wasser bis zum Knie, vor eine Welle. Dann machte er kehrt und stürmte, ohne seine kostbare Last loszulassen, die Dünen hinauf, von deren Gipfel sich alle in einem Spektakel aus Schreien, Lachen und unvermeidlichem Schürzen der Röcke hinunterrollen ließen. Diese Tradition, deren Wurzeln möglicherweise sehr weit zurückreichen, galt als Prüfung: Das Mädchen, das sie tapfer ertrug, würde eine gute Ehefrau abgeben ... Aber Unfälle waren nicht selten.

Am 1. Mai, einem offiziellen Feiertag, tauschen die jungen Leute Geschenke aus, am Abend versammeln sie sich zum Gesang. Die Techtelmechtel nehmen ihren Lauf und gehen so weit, daß die Magistrate regelmäßig beschließen, zur Strafe im nächsten Jahr die Feiern zum 1. Mai zu verbieten. Die Dörfer haben Bräuche bewahrt, die auf eine alte, mehr oder weniger erotische Frühlingsfolklore zurückgehen. Auf Texel tanzen die Jugendlichen beiderlei Geschlechts in der Nacht des 30. April um Feuer, die auf freiem Feld entfacht werden. In Lage Zwaluwe klettern die Jungen im Morgengrauen auf die Dächer der Mädchen, denen sie den Hof machen oder gern machen würden, und hängen einen grünen Zweig an den First. Alle Mädchen des Dorfes stürzen, kaum aufgewacht, los, um sich zu überzeugen, daß man ihnen auf diese Art Ehre erwiesen hat. Anderswo stehlen die Jungen des Nachts die Vogelscheuchen aus den Gärten und von den Feldern, um sie auf die Dächer derjenigen zu setzen, die sie zu hochmütig finden.
Dennoch drückt außerhalb dieser seltenen Anlässe das strenge holländische Familienleben den Begegnungen der jungen Leute seinen Stempel auf. Diese werden mit Heiratsvorwänden bemäntelt. Die niederländischen Mütter zeigen sehr früh, wie sie sich um die Verheiratung ihrer Mädchen sorgen. Das Töchterchen liegt noch in der Wiege, wenn man beginnt, an seiner künftigen Aussteuer zu arbeiten und das Geld für die Unkosten seiner Hochzeit in eine Sparbüchse zu stecken. Es kommt vor, daß man nicht ihr urteilsfähiges Alter abwartet, um zwei junge Menschen zu verloben. Die Familien finden dieses verfrühte Bündnis irgendwie von Vorteil. Aber im allgemeinen kennzeichnet eine für Ausländer erstaunliche Freiheit die ersten Verlöbnisse. Mit dem diesem Volk eigenen Naturell übernehmen die Mütter es häufig, ihre Töchter in die Kunst der „ehrbaren", das heißt auf das Finden eines Ehemanns ausgerichteten Galanterie einzuführen. Eine umfangreiche Literatur in Prosa und vor allem in Versen macht die „Kunst zu lieben" in Ovid nachgeahmten Formen populär. Man glaubt fest daran, daß die Ehen im Himmel geschlossen

werden, hienieden reicht es aus, günstige Umstände für die Verwirklichung der Vorsehung zu schaffen.
Der junge Mann, der sich in bester Absicht einem Mädchen zu nähern wünscht, hängt eines Abends eine Blume oder Blattkrone an dessen Türklopfer. Wenn am nächsten Morgen die Blume heruntergefallen, die Krone auf die Erde geworfen ist, gibt der Verehrer nicht auf. Er ersetzt sie durch einen mit Bändern geschmückten Strauß. Vielleicht muß man beharrlich sein. Beim vierten, fünften Strauß wird er eine Karte mit seinem Namen dazutun.
Auf die eine oder andere Weise reagiert das junge Mädchen. Wird es die Aufmerksamkeiten annehmen? Durchtrieben wie es ist, wird es im rechten Moment einen Korb mit Süßigkeiten oder Blumen auf sein Fensterbrett stellen. Dieses Techtelmechtel zieht sich in die Länge. Die Wahl der Blumen, von der einen wie der anderen Seite, bildet eine symbolische Sprache. Wird sie kühn genug sein, einen weißen Zweig des jungen Mannes, ein Bekenntnis treuer Liebe, an ihrem Mieder zu tragen? Oder aber ein taktvoller, zwischen den Blumen auf dem Fensterbrett versteckter Brief offenbart die sich herausbildenden Gefühle. Zu diesem Zweck geschmiedete oder einem Buch entnommene Verse machen dabei am meisten her. Inzwischen hat der junge Mann den Namen derjenigen, die er liebt, in einen Baumstumpf geschnitzt, in den Sand des Strandes geschrieben. In den Dörfern Nordhollands ist die Prozedur einfacher: Zwei Abende hintereinander kommt der junge Mann, um an der Tür des Mädchens zu kratzen, am dritten Abend klopft er. Wenn als Antwort von innen geklopft wird, hat er gewonnen.
Der Moment erster Unterhaltungen am Fenster oder an der Tür ist gekommen. Manchmal begleiten den jungen Mann ein oder zwei Musikanten und rufen das Mädchen mit einer ländlichen Serenade. Von nun an erwarten Vater und Mutter den Besuch des Bewerbers. Doch wenn er die Tür durchschritten hat, begnügen sie sich damit, ihn zu grüßen: Möge er seine Angelegenheit allein mit ihrer Tochter erörtern. Sie treiben das Entgegenkommen

so weit, daß sie sich zurückziehen und den jungen Leuten in dem dunkelsten Winkel des Zimmers jegliche Freiheit lassen. In manchen Gegenden offenbart die erste Geste, die das junge Mädchen beim Eintritt des Verliebten macht, eine symbolische Bedeutung: Wenn sie sich erhebt, ihr Schultertuch oder ihre Haube richtet, ist sie einverstanden; beugt sie sich dagegen nieder, um die Feuerzange zu ergreifen, so hat sie nachgedacht und lehnt ab.
Im ersten Fall nimmt der Junge Platz. Es beginnt ein manchmal völlig stilles Tête-à-tête, das fünf oder sechs Stunden ohne Unterbrechung dauern wird, wenn nicht gar die ganze Nacht, ohne daß dabei eine Geste oder ein Wort die Tugend der Schönen untergraben würde. Von da an kommt der Verehrer jeden Abend wieder. Auf Texel steigt er durchs Fenster, dessen Riegel er öffnet, indem er eine Scheibe zerschlägt. Auf der Insel hatten wenig Häuser heile Fenster. Der Besuch fand im Bett des jungen Mädchens statt ... in aller Ehrbarkeit. Das Mädchen legte sich unter das Laken, der Junge zwischen Laken und Decke. Das Mädchen behielt seinen Kupferkessel in Reichweite: Bei der geringsten, zu forschen Geste würde es mit der Feuerzange gegen dieses Gerät schlagen und Nachbarn eilten herbei. Dieser *queesten* genannte Brauch wurde auch auf den friesischen Inseln in Wieringen, Overijssel und anderswo praktiziert. Die Eltern unterstützten ihn, da sie ihn als Ehre für ihre Tochter betrachteten. Auch war das *queesten* ortsfremden Jungen verboten. Es ging manchmal recht weit, und obwohl die Mädchen zögerten, ihre letzte Gunst zu gewähren, waren Schwangerschaften vor der Hochzeit zahlreich, vor allem in den Fischerdörfern. Das vor der Ehe geborene Kind nahm an der Hochzeitszeremonie teil: man brachte es, heimlichtuerisch unter dem Mantel seiner Mutter verborgen, mit. Hier und da ließ man richtige Probeheiraten zu, wobei das Mädchen mehrere Jungen „ausprobierte", bis es endlich schwanger wurde. Von da an hielt es dem Vater seines Kindes die Treue und heiratete ihn.
In Schermerhorn dagegen vermied man Begegnungen

zum Kennenlernen. Die heiratswilligen Jungen mieteten von Zeit zu Zeit auf Kosten der Gemeinschaft einen Theaterschreier. Dieser gab bekannt, daß die einen Ehemann suchenden Mädchen sich an dem und dem Tag um die und die Zeit in der und der Herberge einfinden sollten, wo man ihnen Freibier und Schnaps servieren würde. Die jungen Männer brauchten nur hinzugehen und ihre Wahl zu treffen. In Schagen wurde jedes Jahr kurz vor der Kirmes ein „Mädchenmarkt" abgehalten. Eines Nachmittags fanden sich die jungen Mädchen im Sonntagsstaat in einem Gehege hinter dem Friedhof ein. Ein Aufseher am Eingang erhob eine Gebühr von zwei Stuiver und hielt die zu jungen oder zu alten Besucherinnen fern. Eine Stunde später trafen die Jungen ein. Jeder suchte sich ein Mädchen aus und unterhielt sieh mit ihm. Die Abmachung galt eigentlich nur für die Dauer der Kirmes, aber normalerweise schloß sich die Heirat an.

Junggesellen waren nicht gern gesehen. In mehreren Gegenden feierte man ihren fünfundvierzigsten Geburtstag mit einer Katzenmusik: Getrommel von Zangen auf Metallplatten, Konzert auf Kuhhörnern ... Für die schwierig zu verheiratenden Mädchen versuchten ihre Eltern, falls sie in einem Ort wohnten, wo solche Vermittler existierten, einen Ehemann über eine „Agentur" zu finden. Diese rief an einem Sonntag einige junge Männer zusammen und übermittelte ihnen die Liste der Kandidatinnen. Jeder traf seine Wahl, und am selben Abend beim letzten Schlag um neun Uhr klopfte er an die Tür der Auserwählten. Kam er zu spät, vermutete man, daß er sich schon woanders umgesehen und gerade eine Abfuhr erhalten hatte. Das junge Mädchen öffnete. Die Unterhaltung begann auf der Schwelle. War der erste Eindruck günstig, bat man näher zu treten. Der junge Mann grüßte, sprach ein paar Worte und lief, die gute Nachricht seinen Kameraden mitzuteilen. Die Schicklichkeit verlangte, daß er drei Sonntage hintereinander kam, bevor er seinen Antrag vorbrachte.

Verlobungen wurden festlich begangen. In Broek setzten sich die Verlobten in Anwesenheit der beiden Fami-

lien nebeneinander auf ein Bett und gaben sich den ersten öffentlichen Kuß. Das Aufstecken der Ringe, nur die Ärmsten trugen keine, stellte ein feierliches Versprechen dar. Sie waren massiv, bestanden manchmal aus zwei übereinanderliegenden Ringen oder trugen Gravuren ehelicher Allegorien. Gelegentlich bekräftigte ein symbolischer Akt noch die Erhabenheit dieses Versprechens. Die Verlobten brachten sich eine kleine Wunde bei und boten sich gegenseitig etwas Blut zu trinken an, oder aber man tauschte ein entzweigebrochnes Geldstück bzw. unterzeichnete ein schriftliches Treuegelöbnis mit einem Blutstropfen. In Friesland übergab der Bräutigam der Braut eine manchmal bedeutende Summe, die in feines, mit Initialen versehenes Leinen eingeschlagen war, auf dem in roter Stickerei das Datum des Ereignisses prangte. Bei den Reichen beschenkte der künftige Schwiegervater die Braut mit einem Handarbeitsetui, das Schere, Messer, Nadel und Spiegel aus Gold oder Silber enthielt.
Der Bruch der Verlobung war ein der zivilen Gerichtsbarkeit unterliegendes Delikt. Der Vertrag[4] oder einfach der Ring galten als Beweise. Zur Not zitierte man vor Gericht die Liebesbriefe.
Den meistens kurzen Zeitraum zwischen Verlobung und Hochzeit kennzeichneten Einladungen, Spaziergänge und Festessen. Unter den Freunden des Brautpaares wählte man „Spielgefährten" aus, die die Aufgabe hatten, ihnen bei der Vorbereitung der Hochzeit behilflich zu sein. Man schmückte das schönste Zimmer des Hauses, man fertigte Kleid und Krone der Braut an und stellte sie in zwei mehr oder weniger reich verzierten Weidenkörben zur Schau, man schmückte die Pfeife, die der Ehemann am Hochzeitstag rauchen würde, mit Blättern ...
Mit Eheangelegenheiten beauftragte städtische Beamte führten das Verlobungsregister, wachten über die Rechtmäßigkeit der bevorstehenden Heirat und über die Veröffentlichung der Aufgebote – drei aufeinanderfolgende Anzeigen, entweder in der reformierten Kirche oder im Rathaus.
Unmittelbar nach der Verlobung legten die Mütter den

Hochzeitstermin fest und verschickten Einladungen. Bei der Auswahl mied man den Sonntag, einen für Frohsinn wenig geeigneten Tag, und den Monat Mai, der Unglück bringen sollte. Die Brautleute stellten die Liste mit den Ehrendamen und -herren zusammen sowie mit den Kindern, die Blumen vor dem Hochzeitszug streuten.
Die offizielle Zeremonie vollzog sich entweder in der reformierten Kirche vor einem Prediger oder im Rathaus vor einem Ratsherrn. In beiden Fällen mußte man die Heirat registrieren lassen. Der Beauftragte öffnete seinen Schalter nur an bestimmten Tagen, und so vollzogen sich die Hochzeiten serienweise. Aber für bedeutende Leute, die wenig Wert darauf legten, mit dem Pöbel in Berührung zu kommen, ließ sich der Beamte – kraft eines Trinkgelds – schon einmal extra stören. Manchmal fand die Zeremonie in der Kirche abends statt, denn man liebte die Wirkung der Leuchter. Normalerweise wurde sie um die Tagesmitte vollzogen. Ein Teppich und Blumen schmückten das Gebäude, eine Blättergirlande die Plätze des Brautpaars. Nachdem der Ehemann sein „Ja" gesprochen hatte, steckte er seinen Ring seiner Frau an den Finger, die dann also zwei trug, einen neben dem anderen, am Mittelfinger und manchmal sogar am Daumen der rechten Hand. Die Katholiken machten das anders: Während der Verlobung trugen sie ihre Ringe an der linken Hand, und jeder behielt seinen Ring nach der Hochzeit, aber die Frau steckte den ihren an die rechte Hand.
Der Zug formierte sich, um ins eheliche Haus zurückzukehren (nur Volkshochzeiten wurden manchmal in der Herberge gefeiert). Er bewegte sich vorwärts unter einem Regen von Blumen, zu Fuß oder in der Kutsche, das Ehepaar an der Spitze, die Menge dahinter. Gehörte der Ehemann zum Staatsdienst, entsandte die Stadt Hellebardenträger als Eskorte. In den Patrizierfamilien gaben diese Züge Anlaß zu einem solchen Aufwand an Luxus – bis zu vierzehn Karossen, die ersten beiden von sechs Pferden gezogen –, daß Verordnungen gegen die Verschwendung sie mit hohen Steuern belegten, um den Aufwand in Grenzen zu halten.

Feierlich an der Schwelle empfangen, wurden die Eheleute und ihre Gäste in die für das Fest hergerichteten Räume geführt, die durch schlechten Geschmack und konventionelle Plumpheit frappierten: Sie waren mit Blumengirlanden ausgeschmückt, die gelegentlich von Gold- oder Silberlametta durchsetzt waren, die Wände mit allen aus diesem Anlaß zusammengesuchten Spiegeln des Hauses bedeckt, mit Sprüchen und Rätseln versehen. Im Vorsaal erhob sich eine Laube aus Blattwerk. Kronen, Cupiden oder Engel aus Wachs hingen hier und dort von der Decke. Besaß das Haus einen Garten, errichtete man dort einen Blättertempel, wo man zwischen Leuchtern das Bild eines brennenden Herzens aufstellte oder auch eine Venusstatuette auf einem runden Kandelaber. In der Mitte des Prunkzimmers nahmen die Vermählten auf zwei thronartig hergerichteten, mit buntem Papier geschmückten Sesseln Platz. Das Kleid der Braut bot sich den Augen der Besucher in all seiner Pracht dar. Die Reichen nahmen dafür gern schwere Stoffe in kontrastierenden Farben, Violett und Weiß, Hellgrün und Granatrot, gelegentlich auch Tuche aus Gold oder Silber. Die einfacheren Familien bevorzugten schwarze Gewebe, damit das Kleid bei kommenden Trauerfällen getragen werden konnte. Kleine Leute gaben sich mit Weiß zufrieden.
Hinter dem junge Paar war geblümtes Tuch gespannt oder ein Teppich angebracht, von dem es sich gut abhob. Manchmal hing sogar ein Baldachin über seinen Plätzen. Umgeben war es von den Ehrendamen und -herren. Eltern und Freunde traten heran, überbrachten ihre Glückwünsche und Geschenke: Möbel, Silberzeug, Küchengeräte. Man kredenzte den Vermählten eine Schale Zimtwein (bei den einfacheren Leuten Schnaps), dem Bräutigam reichte man seine geschmückte Pfeife. In der Provinz Groningen übergaben zwei Personen dem Brautpaar eine gesalzene und mit viel Zucker bestreute Creme, die, ungenießbar, Symbol für die bitteren Stunden des Ehelebens war. In einem benachbarten Zimmer tranken und rauchten die gesetzteren Männer. Teller mit Gebäck und eingemachten Früchten standen auf runden Tischchen.

Am Abend begab man sich zu Tisch, um das eher feierliche als richtig fröhliche Hochzeitsmahl einzunehmen. Es fand reichlichen Zuspruch, und gelegentlich mußten Polizeiverordnungen (wie 1665 in Amsterdam) die Zahl der Tischgäste oder gar die der Speisen beschränken. Manche Menüs bestanden aus fast fünfzig Gängen! Selbst die ärmsten Familien setzten ihren Stolz daran, den Nachbarn einen Festschmaus zu bieten.
Während des Essens trug jemand zu Ehren des Paares ein Gedicht vor. Sofern es Gebildete in der Familie gab, war dieses Gedicht eine Eigenschöpfung, und um zu glänzen, war es oft in französisch, englisch, italienisch, ja selbst in lateinisch, griechisch oder arabisch verfaßt. Der Autor bot sein Werk auf Papier dar, das mit einem Wappen versehen war. Zum Gebrauch für Leute, die über keine poetischen Gaben verfügten, zirkulierten Sammlungen mit Hochzeitsgedichten. Zwischen zwei Gängen zog man unter dem Tisch den von der Mutter des Bräutigams dort hingestellten Korb voller Liederbücher hervor. Es wurde im Chor gesungen. Ein kleines Orchester (die Polizeiverordnungen untersagten, daß es mehr als zwei oder drei Musikanten zählte) begleitete einen Teil der Mahlzeit: Cembalo, Viola da gamba, Laute, Oboe, Gitarre, Violoncello, Harfe oder Zither; auf dem Land Dudelsack oder Hirtenflöte, und es wurde tüchtig gezecht. Dann tanzte man.
Ein traditioneller Akt beendete das Fest. Die „Spielgefährten" versuchten das Brautpaar hinter dem Rücken der Gäste hinauszubringen, diese mußten den Aufbruch verhindern oder ihn zumindest mit großem Radau begleiten. Sie bemächtigten sich der Braut, versteckten sie irgendwo im Haus und gaben sie ihrem Mann erst zurück, nachdem dieser wohl oder übel versprochen hatte, einen Spaziergang, ein Bankett oder irgendein Amüsement zu organisieren. Oder man erklärte, die Schuhe des Bräutigams müßten neu besohlt werden: man riß sie ihm von den Füßen, alle Gäste warfen sich zu Boden, man nahm die Schuhe wie Hämmer in die Hand und schlug damit kräftig auf Dielen oder Fußboden. Hatte der Lärm lange genug gedauert, erhob man sich, bildete

einen Kreis um die Krone der Braut, nahm die Girlanden ab und ging heim.

Anderswo ergriffen die jungen Leute die Braut in dem Moment, da sie sich zurückziehen wollte, und verbanden ihr die Augen. Auf gut Glück setzte sie dann die Krone auf einen Kopf: der glückliche Gewinner würde der erste sein, der nach ihr heiratet. In noch anderen Gegenden begleitete die ganze Hochzeitsgesellschaft die Braut tanzend an ihr Ehebett, an dem ihre Mutter sie erwartete, um Abschied zu nehmen. Die junge Frau hob ihren Rock, löste ihr Strumpfband und gab es einem Gast ihrer Wahl oder erlaubte ihm gar, es selbst zu entfernen. Der Auserwählte befestigte diese Trophäe an seinem Wamsaufschlag. Der Radau dauerte zwei Stunden. Die Aussicht, ihm ausgesetzt zu sein, war manchen Brautpaaren so lästig, daß sie bei Nachbarn ein Zimmer mieteten, um dort heimlich ihre erste Nacht zu verbringen. Aber wehe ihnen, wenn ein Gast diese List entdeckte! Die ganze Meute stürmte mit Kerzen herunter auf die Straße und schleifte lärmend alle Küchengeräte aus Metall hinter sich her. Vor dem Haus, in das sich das Paar geflüchtet hatte, zündete man ein Reisigfeuer an, und die Katzenmusik ging weiter, bis Braut und Bräutigam entnervt herauskamen. Man zog sie in einen Kreis um das Feuer hinein und gab ihnen ihre Freiheit erst wieder, wenn der letzte Funke erloschen war.

Häufig bewahrten die Vermählten das Hemd, das sie während ihrer Hochzeitsnacht getragen hatten, ehrfürchtig auf (niemand hätte gewagt, nackt zu schlafen). Man brauchte es nur noch einmal, um ihren Leichnam auf dem Totenbett damit zu bekleiden. Im nördlichen Holland wurde selbst das Ehebett nur dreimal benutzt: für die erste Nacht der Ehe und dann, um den Sarg des einen oder anderen Ehegatten aufzubahren.

Am Morgen nach der Hochzeit machte der Mann seiner Frau ein Geschenk. Danach wurde der Tag festlich begangen. Die Gäste des Vorabends kamen wieder, um die Reste des Festmahls zu essen. In den wohlhabenden Familien zog sich diese „Wiederholung der Hochzeit" tagelang hin. Noch nach Wochen hielten Besuche,

Spiele und Spaziergänge die Rückkehr ins Alltagsleben auf.[5]
Mit dieser schönen Erinnerung im Herzen, der Krone der Braut und der Pfeife des Bräutigams im Prunkschrank, begab sich das junge Paar in das nüchterne Eheleben. Im allgemeinen boten holländische Ehen den Augen von Ausländern das Bild einer dauerhaften Bindung, die frei war von falscher Scham (man küßte sich sogar in der Öffentlichkeit), und bedingungsloser Treue. Von letzterer waren die Ausländer dermaßen überrascht, daß sie nach den Gründen dafür suchten: die einen führten sie auf den Einfluß des Kalvinismus zurück, die anderen aufs Temperament. Jedenfalls waren schlechte Ehen selten. Die Polizeiverordnungen bestraften gegenseitige Gewalttätigkeiten von Eheleuten streng. Einige Magistrate erlegten dem brutalen Ehemann eine Buße im Wert von einem, der Frau von zwei Schinken auf. Genauso unerbittlich ging das Gesetz gegen Ehebruch vor. Es überließ die in flagranti überraschte Ehefrau der Bestrafung durch den Vater oder Mann.
Eines Morgens im Sommer 1656 fanden die Bauern von Voorschoten eine junge Frau erwürgt in ihrem Bett. Der Ehemann leugnete nichts. Er wurde verhaftet und am nächsten Tag freigelassen, er war im Recht. Eine solche Gesetzgebung sowie die Struktur der holländischen Familie ließen Ehebruch durch die Frau zu einer Seltenheit werden, bis auf die Hafenstädte, in denen es viele Seemannsfrauen gab. Ein Mann konnte sich ein Verhältnis nur mit einer Ledigen erlauben. War er noch dazu verheiratet, setzte ihn dieses Abenteuer gewissen Risiken aus. Überraschte man ihn bei einer „amourösen Unterhaltung", mußte er eine hohe Strafe zahlen, und seine Partnerin wurde in eine Besserungsanstalt gesteckt. Die Anwendung dieser Vorschrift leistete gemeinhin der Erpressung Vorschub. Polizeibeamte und Prostituierte machten gemeinsame Sache. Ihnen wurde Obdach und Schutz gewährt dafür, daß sie sich mit ein paar Geldsäkken einließen, denen man die Geldstrafe abpreßte; und die Dirnen steckten einen erklecklichen Anteil ein …
Dennoch schlüpften viele Liebespaare durch die Ma-

schen des Polizeinetzes. Als der Theologe Pineau über die Debatten einer Synode von 1645 berichtete, bedeutete er Rivet, daß „man hier einen Pfarrer ins Gefängnis gesteckt hat, der Ehebruch mit einer Witwe aus der Diözöse beging, obwohl seine Frau noch am Leben war, und er hatte kein schlechtes Gewissen, ihr Hörner aufzusetzen. Nach dem, was man erzählt, soll sie nicht so glücklich gewesen sein, ihm das heimzuzahlen. Ich weiß nicht, was er mit zwei Frauen will, da so viele seiner Kollegen nicht mal eine abbekommen."[6]

Grosley übermittelt ein in seiner Kürze vielsagendes Gespräch:

„Guten Tag, Nachbar."

„Gleichfalls, Nachbar."

„Ich weiß nicht, ob ich mich aufknöpfen soll."

„Knöpft Euch auf, fühlt Euch wie zu Hause."

„Nachbar, man sagt, Eure Dienstmagd wäre schwanger."

„Was geht das mich an?"

„Aber Nachbar, man meint, daß es von Euch ist."

„Was geht das Euch an?"

Damit grüßt man sich höflich mit der Kappe und geht seiner Wege.[7]

Im zehnten Monat nach einer Kirmes gab es in der Ortschaft einen Anstieg unehelicher Geburten. Während seines Aufenthalts in Amsterdam bekam Descartes von seiner Dienstmagd eine Tochter, Francine, die er erzog. Mit einem Heiratsversprechen verführte Nicolas Heinsius eine junge Person, der er zwei Kinder machte. Von seiner Geliebten durch die Justiz verfolgt, verlor er seinen Prozeß. Die Kirche zwang die Hebammen mit einem Eid, uneheliche Geburten dem Rat anzuzeigen. Aber eine Menge natürlicher Kinder wurde einfach von ihren Müttern verlassen, die sie, in Windeln gewickelt, zu ruhiger Stunde auf einem öffentlichen Platz aussetzten. Dieses Delikt wurde mit Pranger bestraft. Doch meistens blieb die Mutter unauffindbar, das Kind kam in ein Waisenhaus.

In der Zeit, da sich die Leidenschaft für Tee wie eine Epidemie verbreitete, verkauften sich die Dirnen in den

unteren Stadtvierteln für eine Handvoll Blätter an aus dem Orient zurückkehrende Matrosen. In den Hafenstädten, die von einer heterogenen, berufsmäßig vagabundierenden Bevölkerung wimmelten, blühte die Prostitution. In Amsterdam widmeten sich ganze Straßen in der Nähe der Landungskais diesem Gewerbe. Die Dirnen streiften durch die Schenken der Umgebung, speziell durch die Musikdielen, lasen ihre Freier auf, die sie dann mit zu sich nahmen, so daß der Ruf des Etablissements über jeden Verdacht erhaben blieb ... Um 1670 in Den Haag gingen die Straßenmädchen ihrem Geschäft am hellichten Tag im Wäldchen nach. Gegen 1680 gab es in Amsterdam Absteigen, deren Betreiber eine gewisse Anzahl Dirnen beschäftigten. Jede von ihnen hatte ihr Zimmer. Der Kunde betrat einen Flur, von dem die mit dem Porträt ihrer Bewohnerin versehenen Türen abgingen. Man traf seine Wahl, bezahlte und ging hinein. Gewiß mußte man dann häufig feststellen, daß das Porträt zu schmeichelhaft war.[8] Diese Libertinage verbreitete sich nicht groß. Die städtische Prostitution begann schon, sich zu organisieren: So besaßen die Polizeioffiziere das Privileg, Hurenhäuser in bestimmten Stadtvierteln zu leiten.
Das Gesetz stellte das Verbrechen der Vergewaltigung und das der Homosexualität unter Strafe. Letztere bleibt von einem schamhaften Schleier verhüllt. Sie scheint vor allem von Matrosen praktiziert worden zu sein. Man verfolgte sie mit größter Strenge. Der Schuldige wurde, in einen Sack eingenäht, ins Meer geworfen, oder aber man verurteilte ihn zu lebenslänglicher Haft.

DIE HAUSFRAU

Das Alte Testament lehrte die Frau, daß der Mann ihr Herr sei. Dieser seinerseits ehrte seine Gefährtin, die, nachdem sie unter Schmerzen Kinder geboren hatte, die Hauptlast der Familie trug. Ob eine Ehefrau hübsch oder liebenswert war, zählte wenig. Der Mann erwartete von ihr, daß sie kräftig, vernünftig, friedfertig, pflichtbewußt und fruchtbar sei; ihrem Mann treu ergeben, den Kindern eine gute Mutter, sollte sie ihren Haushalt fest in der Hand haben und allen Schwierigkeiten des Lebens die Stirn bieten. Gewiß hatten sich die jungen Männer, wenn man dem „Freigeist" Hooft Glauben schenkt, mit einer größeren Unbeschwertheit ihrer Ehefrauen abgefunden. Aber die Strenge der Sitten beruhte auf einer ausgeprägten Neigung des nationalen Charakters. Schon Erasmus wies in seinem *Anti-Barbarus* auf die fast absolute Machtausübung der holländischen Frau im Schoß der Familie hin; eine Herrschaft, die durch ihre Geschicklichkeit und ihren Fleiß gerechtfertigt war, bei den Männern aber zu einer gewissen Verweichlichung führte ... und die leicht in Tyrannei ausarten konnte. Der Kalvinismus hatte dieser alten Tradition eine pathetische Nuance gegeben. Bei der Hochzeitszeremonie legte die Kirche dem Pfarrer Mahnungen an die Frau in den Mund, die sie an die Unerläßlichkeit bescheidenster Tugenden erinnerten und daran, „Kinder der Furcht" zur Welt zu bringen. Dieser Moralismus spiegelte sich gelegentlich in einer sehr schroffen Sprache wider. Jacob Cats, der herausragende Dichter des holländischen Kleinbürgertums, spricht vom Eheleben fast wie von einem Zuchtunternehmen.

Vielleicht beeinflußt der weibliche Lebensstil das Aussehen der Niederländerin. Als Mädchen macht diese auf den Ausländer einen Eindruck gesunder Schönheit: im allgemeinen groß, blond, frisch, verführerisch. Es gibt lokale Nuancen. Das Ideal wäre eine Kombination aus „Amsterdamer Gesicht, Delfter Gang, Leidener Betragen, Goudaer Stimme, Dordrechter Figur, Haarlemer Teint"[1]. Die Mädchen aus Dordrecht galten als besonders schön. Doch die Heirat zeitigt überall die gleichen Wirkungen: die Figur, die Züge werden gedrungener, überflüssiges Fett sammelt sich an. Grosley zufolge[2] haben viele Frauen, besonders auf dem Land, breite Rükken und Hüften, bewegen sich ohne Anmut und zeigen eine ärgerliche Nachlässigkeit in der Haltung ihres Oberkörpers. Außerdem nehmen sie, sobald sie ihre Frische verloren haben, die oft unförmige Gestalt schwerer Matronen an, deren Charakter manchmal etwas zu stark dem Aussehen ähnelt.

Wegen ihrer vorwiegend sitzenden Lebensweise klagt man sie zu Unrecht der Faulheit an. Fünf bis sechs Stunden täglich verbringt die Bürgerin im Sitzen, die Füße auf ihrem Heizbecken. Sie verläßt kaum das Haus, außer um rasch einzukaufen oder um zur Kirche zu gehen, mit gesenktem Blick und einem dicken, in Samt gebundenen Buch mit Silberecken unter dem Arm. Von Zeit zu Zeit begibt sie sich aufs Land, allein, „ohne Skandal und Gefahr", wie die Franzosen verblüfft feststellen, so geheiligt ist die verheiratete Frau in den Augen des Niederländers.[3]

Die Hausherrin, auf welcher Stufe der sozialen Leiter sie auch stehen mag, macht die Präzision ihrer Haushaltsführung zur höchsten Tugend. Nur die Frauen, die keine Dienstmagd haben und daher nicht mit dieser schwatzen können, vergeuden Zeit mit ihren Nachbarinnen.

„Ach, was für Sorgen hat doch eine Frau! Die Kinder hängen an ihrem Schürzenzipfel, ein Lärm vom Morgen bis spät in den Abend. Abwaschen, abtrocknen, bürsten, einkaufen, saubermachen, Wäsche waschen – Alptraum und Pein, die ihr das Leben zur Hölle machen."[4] Wenn nicht zur Hölle, doch zumindest zu einer öden Aneinanderreihung von Pflichten. Ist nicht diese Monotonie der eigentliche Grund ihres Mangels an Vorstellungskraft und damit ihrer so gerühmten Keuschheit, fragt sich Temple[5].

Eine kleine weibliche Elite des Adels und der Großbourgeoisie (die tatsächlich im Lauf des Jahrhunderts größer wurde) wachte mit Sorgfalt über die Eleganz ihrer Kleidung, zumindest außerhalb der häuslichen Intimität. Eine Minderheit gebildeter Frauen rivalisierte in Wissenschaft und Künsten mit ihren Freunden, ihren Ehemännern. Huyghens führte eine Korrespondenz mit mehreren dieser Gelehrtinnen, die sich die französische „Preziosität" zu eigen gemacht hatten. 1647 widmet er seine *Pathodia sacra et profana* Utricia Ole, der Frau des Ritters von Swann.

Die Musik ist für diese intellektuellen Frauen tatsächlich eine Leidenschaft. Francisca Duarte, „die französische Nachtigall" genannt, genoß echten Ruhm. Suzanne van Baerle, Marie Pelt, Anna Engels werden von Huyghens, Hooft und Vondel verehrt. Maria Tesselschade Visscher nimmt im literarischen und musikalischen Milieu von Amsterdam einen zentralen Platz ein. Anne-Marie Schuurman aus Utrecht, Malerin auch von Miniaturen, Graveurin, in orientalischen Sprachen bewandert, „zehnte Muse", wird unter dem Namen Statira in das Wörterbuch der Preziosen von Somaize aufgenommen. Mit verschleiertem Gesicht nahm sie an den Vorlesungen und Disputen der Universität teil. Als Descartes sie besucht, trifft er sie beim Lesen der Bibel in hebräischer Fassung an und wundert sich boshaft, eine so verdienstvolle Frau zu sehen, die sich einer „Beschäftigung von so geringer Bedeutung" hingibt! Diese Bemerkung verletzte Anne-Marie tief, die darauf in ihr Tagebuch schrieb: „Gott hat diesen profanen Mann aus meinem Herzen entfernt ..."[6] Aber Anne-Marie Schuurman und ihresgleichen blieben die Ausnahme, die große Mehrheit der Niederländer im goldenen Jahrhundert wußte nicht einmal, daß sie existierten. Dagegen leiteten viele durch Witwenschaft oder längere Abwesenheit ihres Mannes dazu gezwungene Frauen Handelshäuser mit einer Energie und Effektivität, die denen der Männer in nichts nachstanden.

Die Beschäftigung von Domestiken war in den Niederlanden viel begrenzter als in den Nachbarländern. Ein Streben nach Unabhängigkeit hielt diese, anderswo dem persönlichen Dienst an ihrem Herrn unterstellten Mägde und Knechte von reichen Haushalten fern. Der Staat verurteilte die Anstellung von männlichen Dienstboten und belegte sie mit einer hohen Steuer. Die größten Häuser hatten nicht mehr als zwei bis drei Diener: einen Kutscher und einen oder zwei Lakaien. Keinen Portier, keinen dieser Dienstboten, die an der Tür von der Bedeutsamkeit ihres Herren zeugen. Das Personal einer gutbürgerlichen Familie ging nicht über eine sehr kleine Zahl von Dienstmädchen hinaus, meist gab es nur ein einziges. Es schlief in einem Verschlag neben der Küche. Diverse Vorschriften legten seine Rechte und Pflichten fest. Die neu eingestellte Magd hatte sich am vereinbarten Tag, bescheiden gekleidet und mit einer Referenz versehen, vorzustellen; man untersagte ihr jegliche Anwendung von Gewalt, jegliches verleumderische Geschwätz, aber ihre Dienstherren hatten sich ihrerseits körperlichen Züchtigungen zu enthalten. Tätlichkeiten unterlagen dem Zivilgericht und konnten eine Geldstrafe in Höhe eines Jahresgehaltes nach sich ziehen, wie lange die Klägerin auch im Dienst gewesen sein mochte; nur Diebstahl rechtfertigte eine Entlassung, die Magd aber konnte nach Belieben kündigen.[7] In den Augen eines Franzosen wie Parival hatte eine solche Situation etwas Skandalöses: „Diese Sorte Menschen" nutze das unverschämt aus, und entsprechend werde man in Holland bedient.[8]

Gut bezahlt, während ihrer Krankheiten versorgt, häufig im Testament bedacht, als Familienmitglieder betrachtet, hingen die meisten Dienstboten an ihren Herren. Daraus wurde leicht eine überhandnehmende Vertraulichkeit. De La Barre, bei einem Edamer Bürger zu Besuch, erlebte mit Erstaunen folgende Szene: „Die Gastgeberin nahm ohne Umstände als erste Platz, das Dienstmädchen setzte sich zwanglos zu seiner Herrin, der Hausherr begnügte sich ohne zu murren mit einem der beiden übriggebliebenen Stühle, und der Diener bemächtigte sich des anderen. Die Herrin und die Magd bedienten sich als erste, und sie nahmen nicht etwa das weniger Gute. Dennoch ging alles bestens, und wir spürten, daß ein langer Brauch die Rangordnung in diesem Haus so geregelt hatte. Dann bat der Herr unbesonnenerweise die Magd, ihm etwas zu holen. Die Herrin sagte zu ihrem Mann, er könne ebensogut selbst gehen, und sie wünsche, daß ihre Magd sich erhole. Es kam zu einem heftigen Wortwechsel. Die Magd stand einer so guten Herrin eifrig bei. Man blickte sich scheel an, bis endlich der Mann sein Unrecht einsah und seine Frau mit einem Kuß, den er ihr raubte, um Verzeihung bat." Die Frau rechtfertigte ihr Verhalten dem Gast gegenüber, indem sie erzählte, daß diese ‚anhängliche und arbeitsame' Magd Geschirr und Kamine in bester Ordnung halte ...[9]

Die Einstellungsverträge gingen normalerweise von Sankt Michael, dem 29. September, aus. Aber einmal bei einer Familie in Dienst getreten, blieb die Magd hier oft bis ans Ende ihrer Tage. Es geschah, daß sie dem jungen Mädchen, das sie zur Welt kommen sehen hatte, nach dessen Heirat folgte. Wenn ihre Kräfte durch das Alter nachließen, gab man ihr eine junge Gehilfin. Dann thronte sie im Vestibül oder im Hof und schulmeisterte ihre Welt. Nur die Reichen und auf Etikette Bedachten ließen sie in der Küche essen und benutzten ein Glöckchen, um sie zu rufen. In vielen wohlhabenden Familien war die einzige Dienerin Mädchen für alles, gelegentlich unterstützt von einer Schneiderin, einer Büglerin oder einer Putzfrau für das Großreinemachen.

Die Gerichtsarchive von Amsterdam bescheinigen, daß dieses idyllische Bild Risse hatte. Eine gewisse Tryntje Abrams, ein kleines Dienstmädchen von sechzehn Jahren, schaffte es, aus Rache für irgendwelche Schelte, ihre Herrschaften zu überzeugen, daß es in ihrem Haus spukte. Während der Nacht bewegte sie die Vorhänge ihres Bettes und strich, ein Laken über dem Kopf, durch die Korridore ... Diese Spiele endeten für sie mit zwei Wochen Gefängnis, und sie wurde an den Pranger gestellt. Ein zwölfjähriges Mädchen, Weyntje Ockersdochter, arbeitete schwer bei ihren Herrschaften, die keine Rücksicht auf ihre Jugend nahmen. In einen hysterischen Wahnsinn verfallen, vergiftete sie eines Tages die Suppe. Sie wurde zur Auspeitschung und zu siebzig Jahren Gefängnis verurteilt ...

Einer der Vorteile des Domestikenstandes war die Vielfältigkeit der Trinkgelder, die die niederländischen Sitten verlangten. Wenn sich ein Gast verabschiedete, erwartet ihn die Magd auf der Schwelle und hält die Hand auf. Gewisse Dienstboten verdingen sich nur für Trinkgeld. Sie betrachten es als eine Schuld. Jeglicher Dienst, jegliche Besorgung, die nicht strenggenommen zu den Aufgaben gehört, wird auf diese Weise entlohnt.

Der Ruf der Reinlichkeit von niederländischen Hausfrauen ist fest gegründet. Einige Gemälde von Jan Steen machen glauben, daß er nicht immer gleichermaßen gerechtfertigt war.[10] Nichtsdestoweniger ruft die Sauberkeit in allen gesellschaftlichen Klassen, in der Stadt wie auf dem Land bei den Ausländern Verblüffung hervor. Die Holländerinnen „verbeißen sich in die Sauberhaltung ihrer Häuser und ihrer Möbel", schreibt Parival, „wie man es sich nicht vorstellen kann. Ununterbrochen lassen sie ihre Holzmöbel abwaschen und trockenreiben, die Bänke und die geringsten Dielen ebenso wie die Treppen, vor denen sich die meisten die Schuhe ausziehen, um in die oberen Zimmer zu gehen. Wenn man aber Ausländer hinaufzuführen hat, gibt es oft Strohpantoffeln, die man mit den Schuhen an den Füßen anzieht, oder mindestens Matten und Lappen, damit man sich sorgfältig abtreten kann. Man würde nicht wagen, in das Zimmer zu spucken, auch ist es nicht gerade Brauch, ins Taschentuch zu spucken,[11] so daß man sich denken kann, daß man, wenn man verschleimt ist, in höchste Not gerät."[12]
Temple machte eines Tages die Erfahrung. Er litt an einem starken Schnupfen, als er zu einem Frühschoppen bei einem hohen holländischen Beamten eingeladen war; er erlitt einen Hustenanfall und spuckte auf den Boden. Alsbald stürzte eine Dienerin herbei und wischte den Auswurf mit einem sauberen Handtuch auf. Man beunruhigte sich: Der Herr Botschafter war also krank? „Zum Glück", sagte der Gastgeber, „ist meine Frau nicht da, sonst hätte sie Euch, Botschafter oder nicht, vor die Tür gesetzt, aus Angst, sich anzustecken." Temple ist erstaunt, der Mann fährt fort: „Stellt Euch vor, daß es in meinem Haus zwei Räume gibt, die ich niemals betreten habe, ich glaube, daß sie sie nur zweimal im Jahr zum Saubermachen öffnet." Der Gastgeber bleibt angesichts der ironischen Bewunderung des Engländers beharrlich und versichert, daß so alles zum besten bestellt ist, und segnet seinen Stern, diese beispielhafte Gemahlin zu haben, die „sanfte Herrin", von der jedermann träumt ... Im Lauf des Nachmittags stattet Temple einer anderen

Amsterdamer Familie einen Besuch ab und erzählt den Zwischenfall vom Vormittag wie eine sonderbare Anekdote. Die Hausherrin versichert, daß das völlig normal war. Sie erzählt ihm ihrerseits, daß eines Tages ein Bürgermeister an die Tür eines bürgerlichen Hauses klopfte. Vom Dienstmädchen (einer kräftigen friesischen Bäuerin), das ihm öffnet, verlangt er, die Dame des Hauses zu sprechen. Er macht einen Schritt, um einzutreten. Aber die Magd hat bemerkt, daß ein wenig Schmutz an seinen Sohlen haftet. Ohne ein Wort zu sagen, faßt sie ihn bei den Ellenbogen, hebt ihn sich wie einen Sack auf den Rücken, durchquert so zwei Räume, bleibt am Fuß der Treppe stehen, setzt den Bürgermeister auf eine Stufe, reißt ihm die Schuhe herunter, steckt ihn in ein Paar Pantoffeln und steht auf. Dann antwortet sie freundlich: „Aber natürlich, meine Herrin wird erfreut sein, Euch zu empfangen."[13]
In manchen Häusern zieht sich die ganze Familie in die Küche zurück, um die „guten Stuben", die man nur zu großen Festen betritt, nicht schmutzig zu machen. Deshalb werden sie jede Woche nicht weniger gereinigt, und eine gute Hausfrau vertraut diese Sorge nicht ihrer Magd an, sie kümmert sich selbst darum. Waschen und Saubermachen sind das bevorzugte Gesprächsthema der Frauen jeden Milieus. Man unterscheidet zwei Arten der Reinigung. Das wöchentliche Putzen findet bei den Juden freitags statt, am Vorabend des Sabbat, bei den Christen samstags, aber häufig zweimal in der Woche, in gewissen Städten sogar täglich außer sonntags. Man schafft die Möbel aus dem Haus, man wäscht mit viel Wasser, scheuert mit Sand, man bohnert. Überall in der Stadt bearbeiten dicke Mägde mit hochgeschobenen Ärmeln Möbel unter den Markisen. Man nimmt sich kaum Zeit zum Essen, verschlingt im Stehen ein paar Butterbrote und macht sich wieder an die Arbeit. Die Fassaden werden gereinigt, indem Wasser mit speziellen Spritzen dagegen gesprüht wird, deren Strahl den First der Häuser erreicht.
In manchen Familien holt man täglich dreißig bis vierzig Eimer, die zum Reinemachen vorgesehen sind, ins

Haus. Bei anderen ist ein bestimmtes Dienstmädchen von morgens bis abends nur mit Putzen beschäftigt. Das führt in vielen holländischen Wohnstätten zu einer gleichbleibenden, Rheuma begünstigenden Feuchtigkeit. Der Jahresputz (im Frühling oder im Frühling und im Herbst) entfesselt im Haus und im Leben seiner männlichen Bewohner noch schlimmere Erschütterungen. Manche Männer bezeichnen diese Zeit als „Hölle" und die Putzfrauen als „Teufelinnen". Dichter und Komödianten machen sich über diese hygienische Raserei lustig. Aber kein Spott wird je die von ihrem Reinlichkeitsdrang gepeinigten Frauen zurückhalten.

Eine weitere Pflicht: Jeden Tag geht die Hausherrin einkaufen. Sogar die Witwe des Admirals Ruyter, einer sehr hohen Persönlichkeit der Republik, erledigte das selbst in den Straßen von Amsterdam, zu Fuß und einen Korb im Arm. Frau Ruyter, es ist wahr, verkörperte die alte holländische Schlichtheit. Am Tag nach dem Tod des Admirals, als ein Sonderbotschafter ihr die Ehrerbietung des Prinzen von Oranien überbringen wollte, entschuldigte sie sich, ihn nicht empfangen zu können: In der Tat war sie an jenem Morgen beim Aufhängen der Wäsche gestürzt und hatte sich ein wenig verletzt.

Die Mehrzahl der gutbürgerlichen Frauen ließ sich auf ihren Einkäufen von ihren Töchtern oder Dienstmädchen begleiten, die den Korb oder Holzeimer für die Lebensmittel trugen. Unmittelbar nach dem Frühstück machten sich alle Frauen der Stadt auf den Weg zum Markt. Dieser wurde auf einem zentralen Platz abgehalten, der im allgemeinen beherrscht wurde vom Gebäude der öffentlichen Waage, dem Stolz der Ortschaft und dem Symbol ihres händlerischen Reichtums. Es war ein gewaltiges, rechteckiges Haus, das Eleganz und Unerschütterlichkeit miteinander verband, im Renaissancestil wie in Amsterdam oder klassisch wie in Gouda, manchmal, wie in Alkmaar, von einem Glockenturm überragt.

Ringsumher verstopfen Verkaufsstände, Bänke und Karren den Platz, dazwischen der Tumult der Schreier: „Guter Schnaps! Heh, Anis, Anislikör für Eure Magenschmerzen! Feines Zimtwasser! Seht nur, Brötchen, Kuchen, Roggen, Gerste, ganz frischer Hering! Ganz frisch, süß wie Zucker, der Hering! Greift zu! Rosinen, Pflaumen, wie sie duften! Meine Birnen! Meine Karotten! Frische Rettiche! Frische Kräuter! Demjenigen, der mir bessere bringt, gebe ich sie umsonst! ...“[14]

Scharlatane, Hausierer mit Almanachen, Zigeuner mischen sich unter die Schar der mit Obst, Gemüse, Käse beladenen Bauern, der Käuferinnen und Neugierigen. Der Magistrat leiht dem Krämer einen Stand, hat er Beziehungen, kommt es vor, daß er den Stand kostenlos nutzen kann.

Die bedeutenden Städte bringen eine gewisse Abwechslung in die Märkte. In Den Haag findet der allgemeine Markt täglich statt, in Leiden nur samstags. Doch ein Markt für Frühobst und -gemüse wird montags und freitags abgehalten. Meistens unterscheidet man Butter-, Käse-, Gemüse-, Fleisch- und Fischmärkte. Manchmal wird der Fleischmarkt in einer besonderen Halle veranstaltet, wo die Kontrolle der Ware erfolgt. Alkmaar ist bis in unsere Tage für seinen Käsemarkt berühmt, dem wie eine Liturgie das Wiegen der Laibe vorausgeht, die von Mitgliedern einer spezialisierten Innung auf Tragen herbeigebracht werden. Amsterdam hat einen Markt für Biskuitporzellan, der den Fabriken von Wormer und Jisp als Absatzgebiet dient und der Stadt viel einbringt, denn die Händler zahlen eine Abgabe von acht Stuiver pro Tonne Waren.

Der Viehmarkt versetzt die Stadt regelmäßig in außergewöhnliche Lebhaftigkeit. An diesem Tag lief unmittelbar nach dem Öffnen der Stadttore eine blökende und brüllende Herde durch die Straßen, die mit lautem Geschrei auf den zentralen Platz getrieben wurde. In den Vierteln, die sie durchquerte, herrschte ein fröhliches Durcheinander. Die Schulen waren geschlossen. Kinder, Frauen und Bürger liefen durch die Reihen der Tiere, die an Lindenstämmen oder Grenzsteinen angekettet waren. Dicke, wohlhabende Herren in Begleitung eines Metzgermeisters trafen auf dessen Rat hin ihre Wahl, tranken ein Glas mit dem Verkäufer und nahmen das

Tier mit. Noch am selben Abend oder am nächsten Tag ließ man es im Hof schlachten und hängte die Stücke wie Trophäen unter die Markise.

DIE INNUNGEN

Die Innungen, die „Gilden“, beherrschen das Berufsleben des niederländischen Handwerkers, Arbeiters und Krämers. Aus den ehemaligen mittelalterlichen „Bruderschaften“ hervorgegangen, üben sie im Grunde eine totale Kontrolle über die Produktion von Manufakturgütern und den Warenumlauf aus. Ihr Recht beruht auf einer Gruppenethik und ist auf den Schutz der Gildenmitglieder gerichtet. Auf alte Privilegien gegründet, durch neue Verordnungen komplizierter geworden, löst es einen Kampf aus zwischen beruflich Zugelassenen und „Outsidern“, zwischen Tradition und individueller Initiative. Die Arbeit vor der vorgeschriebenen Stunde beginnen, unter dem festgelegten Preis verkaufen – Vergehen, die der Vorstand der Gilde verfolgen und bestrafen muß.

Die Aufteilung der Zuständigkeiten, die Innungsgrenzen waren von Stadt zu Stadt verschieden und zerschneiden bei dem Entwicklungsstand, den die Niederlande erreicht haben, willkürlich den wirtschaftlichen Organismus. Utrecht zählt einundzwanzig Gilden, fünf davon allein in der Bekleidungsindustrie: Schneider, Kürschner, Handschuhmacher, Schuhmacher, Flickschuster. Psychologische und soziale Gegensätze bestätigen diese Unterschiede: Die Gerbergilde, die feines Leder bearbeitet, gilt als schätzenswerter als die der Sattler, die das grobe bearbeitet. Einige Berufszweige haben sich spezialisiert, ohne daß es zu einer Zersplitterung der Gilden gekommen ist. Die Gilde der Schreiner schließt auch die Möbeltischler und Dreher ein, die der Bäcker die Müller, die der Schuhmacher die Gerber. Diese Unterteilungen spiegeln sich in drakonischen Vorschriften wider: Ein bestimmter Handwerker hatte zwar das

Recht, einen neuen Ärmel an ein altes Wams zu nähen, durfte aber kein neues Wams herstellen. Die Gilde der Zinnschmelzer protestiert gegen die Tatsache, daß Buchhändler Tinte in Fässern aus diesem Metall verkaufen. Ein Gildenmitglied darf nicht mehr als einen Laden eröffnen, nicht mehr als einen Stand auf dem Markt unterhalten. Hausieren ist nur den Personen gestattet, deren Lager den Wert einer bestimmten Summe nicht überschreitet. Manche Gilden untersagen ihren Mitgliedern, auf dem Markt zu verkaufen, aus Angst, ihren Kollegen Konkurrenz zu machen. Es ist verboten, im Sommer zu weben oder zu kardieren; der Brauer darf nicht mehr als einmal pro Woche brauen; der Weber nicht mehr als drei Berufe ausüben; der Konditor seinem Kuchen keine nicht offiziell genehmigte Form geben. Man stempelt die Produkte und macht Jagd auf alles, was nicht dieses Siegel aufweist. Dreißig Vorschriften reglementieren die Behandlung des Herings. In gewissem Maße begünstigt diese kleinliche Gesetzgebung die Qualität der Erzeugnisse, allerdings um den Preis eines verlangsamten Produktionsrhythmus.

Einer oder mehrere „Dekane", von einigen Geschworenen und gelegentlich von Inspektoren unterstützt, bildeten den Vorstand der Gilde. Diese Personen wurden vom Magistrat bestimmt, der jedes Jahr eine teilweise Erneuerung des Kollegiums vornahm.[1] Dieses versammelte sich einmal in der Woche in einem festgelegten Lokal: im Innungshaus oder im Saal des Glockenturms, in einer wegen ihrer Bequemlichkeit oder ihrer Eleganz ausgewählten Schenke, manchmal im Gebäude der öffentlichen Waage. Die Zusammenkunft wurde von einem Festessen begleitet. Die Gilde besaß eigenes Mobiliar, eigenes Geschirr, mit ihrem Wappen versehene Gläser sowie eigenes Siegel und Panier.

Die Arbeiter standen schon im jüngsten Alter unter ihrer Kontrolle. Die Lehre konnte nur bei einem Meister, einem Gildenmitglied, absolviert werden. Ihre Dauer war sehr unterschiedlich: im allgemeinen zwei Jahre, erreichte sie bei den Chirurgen drei, bei den Hutmachern von Amsterdam vier Jahre, reduzierte sich allerdings bei den Holzfällern auf sechs Monate. Der Meister durfte nicht mehr als zwei Lehrlinge annehmen. Diese traten sehr jung, mit etwa zwölf Jahren, bei ihm ein, nachdem sie eine Einschreibungsgebühr, die ihnen der Meister manchmal auf ihren künftigen Lohn vorschoß, bezahlt hatten. So verloren sie jegliche Freiheit. Bei dem Meister untergebracht, mußten sie, falls sie ihn verließen, ihr Kostgeld bezahlen ... und liefen Gefahr, keinen anderen Platz zu finden. Seinen Meister auszuwählen hieß sein Schicksal zu bestimmen. Die Lehre war durch nichts streng geregelt: Manche Lehrlinge brachten Jahre damit zu, die Werkstatt zu säubern und die Werkzeuge zu pflegen, bevor sie sich wirklich auf die Abschlußprüfung der Lehre vorbereiten konnten.

Wenn diese bestanden war, wurde der Lehrling „Geselle", das heißt Arbeiter. Er mußte den Meister wechseln. Mit seinem Gesellenbrief versehen, zog er oft von Stadt zu Stadt auf der Suche nach einer Anstellung. Diese umherirrende Wanderschaft, im übrigen in den Niederlanden weniger verbreitet als in Frankreich, stellte im Leben eines Arbeiters eine Zeit institutionalisierter Arbeitslosigkeit dar. Wenn ihn schließlich ein Meister nahm, schrieb sich der Geselle in die Gilde ein. Nach einer mehr oder weniger langen Zeit konnte er sich (zumindest in einigen Gilden) der „Meisterstücksprüfung" unterziehen, mit der er den Titel „Meister" erwarb, der ihm gestattete, einen Laden oder eine Werkstatt unter seinem Namen zu eröffnen. Doch mußte er in der Lage sein, die Steuern zu bezahlen und den Prüfern ein Festessen, zumindest aber einen Ehrentrunk zu spendieren. Viele Gesellen konnten das nicht und blieben ihr Leben lang Lohnarbeiter.

Die Mitglieder der Gilde bezahlten einen Beitrag, mit dessen Erhebung ein Angestellter beauftragt war, der verschiedene Sekretariatsaufgaben und Dienste zu versehen hatte: Verschicken von Einladungen, Bekanntgabe der Trauerfeiern für ehemalige Mitglieder, Reinigung des Versammlungslokals. Zum festen Gehalt dieser Person kam ein Prozentsatz der von den Dekanen verhängten Geldbußen. Jedes Jahr gab die Gilde am Tag ihres Schutzheiligen ihr offizielles Bankett. Dieses dehnte sich gelegentlich auf zwei Tage aus und zog hier und dort solche Ausschreitungen nach sich, daß die Behörden versuchten, es zu untersagen oder wenigstens seine Dauer einzuschränken. Die reichen Gilden veranstalteten Ausflüge mit ihren Damen oder Freundschaftsabende. Das Budget für Vergnügungen war immer beträchtlich.

Der wirtschaftliche Aufschwung des Landes drohte den alten Innungsrahmen zu sprengen. Die fast unabsetzbaren Notabeln aber, die die städtischen Obrigkeiten bildeten, klammerten sich an ihnen fest. In dem Maße, wie sie die Gilden kontrollierten, beherrschten sie die lokale Wirtschaft und sicherten sich gegen jede äußere Konkurrenz ab. Nichtsdestoweniger häuften sich die Zeichen für einen Umschwung. In der ersten Hälfte des Jahrhunderts führte die Gründung neuer Industrien zur Bildung von Gilden, die es vorher nicht gegeben hatte; wie die der Leineweber 1614, der Holzhändler 1615, der Barchentfabrikanten 1631. Aber das war nur eine scheinbare Weiterentwicklung. In den Industriezweigen mit Hochkonjunktur wie der Textilindustrie begann man Manufakturen außerhalb der Gerichtsbarkeit der Städte zu bauen, in Dörfern, wo es keine Gilden, aber billige Arbeitskräfte gab. Die großen Unternehmer hatten leichtes Spiel, von der blinden Rivalität, die die gleichen Gilden verschiedener Städte gegeneinander aufbrachte, zu profitieren. In Amsterdam zersetzt die Ausbreitung der Stadt die Gilden. Der Großhandel sowie die Mehrzahl der neuen Industrien entgehen ihrem Zugriff. Die Gilden verteidigen sich mit Mitteln, die bestens dazu angetan sind, sich gegen sie zu richten: Sie erwirken von den Magistraten die Vervielfältigung der Kontrollen, sie umgeben sich mit Barrieren, die aus ihnen kleine Kasten machen, zu denen der Zutritt praktisch allen verschlossen ist, außer den Söhnen verstorbener Mitglieder. Auch wächst und gedeiht der Markt für Schwarzarbeit trotz schikanösester Maßnahmen. Im Rahmen der Gilde bewahren die Unternehmen den handwerklichen Charakter, und die Lohngesetzgebung setzt dem Mehrwert

ziemlich enge Grenzen. Die Entwicklung des Großunternehmens vom kapitalistischen Typ wirkt zweifach gegen diese archaische Struktur. Es kommt dazu, daß um 1680 bestimmte Gilden, wie die der Hutmacher, schlicht und einfach aufgelöst werden. In vielen Städten sind die Gilden nach 1660 nur noch berufliche Versicherungsvereine. In der Tat besitzt jede von ihnen eine Hilfskasse, die der Sicherung des Lebensunterhalts von alten, kranken oder verelendeten Mitgliedern dient. Hier und dort geschieht es, daß man berufsfremden Menschen Urkunden der Gilde verkauft, dabei kommt Geld in die Kasse, und das Pseudomitglied sichert sich das Recht auf Beistand. Traditionellerweise verlangte die Gilde von ihren Mitgliedern, daß sie einander gefällig waren, so zum Beispiel bei der Krankenpflege oder bei der Teilnahme an Begräbnissen. Aber dieser Brauch, sich gegenseitig zu helfen, geriet gegen Ende des Jahrhunderts dermaßen in Vergessenheit, daß für die Nichterfüllung dieser Pflichten Geldstrafen auferlegt werden mußten.
Die Gildenmitglieder bildeten in jeder Stadt eine Bürgerwehr, die ehemals Aufgaben der militärischen Verteidigung zu erfüllen hatte. Im 17. Jahrhundert spielte diese Wehr keine militärische Rolle im eigentlichen Sinne mehr. Sie hatte den Charakter eines Repräsentations- und Freundschaftsvereins angenommen, trat in Uniformen auf, veranstaltete anläßlich großer Feiern Umzüge und organisierte Schützenfeste. In Amsterdam zählte sie noch 1672 nicht weniger als 10000 Mann.
Die Handelsunternehmer schließen sich im Prinzip in der Händlergilde zusammen. Aber nur die kleinen Krämer sind wirklich von ihr abhängig. In dem Maße, wie sich die Geschäfte eines Händlers vergrößern und seine Verbindungen sich auf internationale Märkte erstrecken, und vor allem, wenn er sich ausschließlich dem Transit- und Kapitalienhandel widmet, entzieht er sich praktisch oder rechtlich diesen Kontrollen. Selbst der Lebensstil des Großhändlers unterscheidet sich von dem der Masse der Kleinen. Oft ist er ein ziemlich gebildeter Mann. Sorbière kannte um die Jahrhundertmitte viele, die ihre Abende mit gelehrten Schriften verbrachten.[2] Einige hat-

ten Universitätsstudien absolviert. Dagegen war die Berufsausbildung theoretischerseits kaum fundiert. Der künftige Händler ging zu seinem Vater oder zu einem Kollegen von ihm als Kontorhilfe in die Lehre. Nachdem er einige Monate lang das Kontor gekehrt, die Kerzen erneuert und das Feuer unterhalten hatte, wurde er Angestellter, der die Federn spitzte, Einkäufe erledigte, Bücher kopierte, Buchhaltung lernte und sich mit dem Gebrauch von Almanachen vertraut machte.
Jene vermittelten einen jährlichen Überblick über Messen und Märkte, Fahrpläne von Kutschen wie Schiffen und über die Gezeiten, sie waren das wichtigste Instrument der „Handelskultur“. Es gab sie mehr oder weniger vollständig in großer Zahl, auf diese oder jene Stadt zugeschnitten. Einer der Dordrechter Almanache gab Hinweise über die Zuständigkeit verschiedener städtischer Beamter. Gelegentlich ergänzten die Autoren diese Informationen mit doktrinären Unterweisungen, wie Gaspar Coolhaas, der 1606 in seinem „Kontoralmanach“ die Irrtümer der katholischen Kirche widerlegt!
Aus Angst, das Haus in Unordnung zu bringen, hat der Händler sein Kontor im allgemeinen im Kellergeschoß, manchmal aber auch auf dem Boden neben seinem Speicher eingerichtet ..., sein „Kontor“, wie die Holländer sagen, deren Aussprache aus diesem französischen Wort „kantoor“ machte. Um ehrlich zu sein, ist weniger er es, der sich dort niedergelassen, sondern vielmehr seine Frau, die ihn dorthin verbannt hat. In der Tat vereint der holländische Händler unter demselben Dach seine Wohnstätte und seine Geschäftsräume. Immer in der Angst, die Wohnräume durcheinanderzubringen, sah man sich durch den von einigen Unternehmen genommenen großen Aufschwung genötigt, innere Trennwände zu errichten, die den Zutritt gestatteten, und einen separaten Eingang zu schaffen.
Der Arbeitstag des Händlers beginnt gegen zehn Uhr morgens. Die Abwicklung der Geschäfte dauert nicht länger als vier Stunden täglich. Von zehn bis zwölf thront der Händler in seinem Büro. Lehrlinge und Angestellte, vom Hängeboden, wo sie geschlafen haben, her-

abgestiegen, sind schon vor ihm da. Sie machen sich ans Werk. Das Büromobiliar ist ausgesprochen einfach: ein paar solide Pulte, auf denen Tintenfässer aus Blei befestigt sind, Stühle mit Ledersitzen. An den Wänden mit Registern beladene Regale, eine Sanduhr. Der Chef, die Nachtmütze auf dem Kopf, arbeitet an einem erhöhten Pult; die Angestellten sitzen zu zweit unter ihm und tragen Ärmelschoner aus Seidendrogett. Mittags, wenn die Börse öffnet, geben sich die Händler der Stadt dort ein Stelldichein ... mit vielen Neugierigen, die gekommen sind, um sie zu beobachten. Hier werden alle wichtigen Geschäfte abgewickelt. Makler mit ihrem Schreibzeug gehen im Gebäude herum und setzen die Verträge auf. Zwei Händler haben sich geeinigt: Einer von beiden verkauft eine Ladung Kupfer, die im Moment auf irgendeinem Meer unterwegs ist; der andere zahlt mit einer Ladung Edelhölzer und einer Summe in Münzen. Nachdem sie den Vertrag unterzeichnet haben, begeben sie sich zu der Bank, wo ihre Gelder deponiert sind, und veranlassen den Transfer der Summe von einem Konto auf das andere. Vielleicht haben sie gerade mit Tausenden von Gulden operiert, aber sie brauchten nicht ein Geldstück anzurühren. Alles muß vor zwei Uhr erledigt sein, dann schließt die Börse. Wenn irgendein dringendes Geschäft erfordert, daß man etwas später noch einmal wiederkommt, muß man eine Geldbuße bezahlen. Indem diese Einrichtung eine vorteilhafte Konzentration des Großhandels gestattet, treibt sie gleichzeitig dessen Geschäfte voran und erleichtert dadurch den Kredit.

Seit dem 16., gelegentlich sogar seit dem 15. Jahrhundert besaßen alle großen Städte ihre Börse. Ursprünglich wurde diese unter freiem Himmel abgehalten, auf einem Platz, in einer Straße, notdürftig überdacht. 1611 errichtete man in Amsterdam das erste für diesen Zweck vorgesehene Bauwerk: einen riesigen, zweigeschossigen Klotz mitten in der Stadt; auf dem fünfhundert Quadratmeter großen, von Geschäftsarkaden gesäumten Innenhof bewegte man sich nach Belieben, man konnte ihn von jeder Seite durch ein breites, offenes Portal betre-

ten. Über einem Kanal erbaut, diente die Börse als Hafen: Große Schiffe konnten, wenn sie ihren Mast einholten, unter ihrem Dach festmachen.[3]
Der holländische Handel gewann durch dieses System dermaßen an Wendigkeit, das Kreditsystem nahm besonders nach 1650 solche Ausmaße an, daß die Börse von Amsterdam seitdem das Herz des Welthandels war. Zur Zeit der Krise von 1672 sandte der österreichische Botschafter seinem Herrscher täglich die Liste mit den Kursen.

KRANKHEIT UND TOD

Krankheiten und Ärzte

Temple führt die Häufigkeit von Epidemien auf das Klima der Niederlande zurück, das, im allgemeinen feucht, im Sommer von ungesunder Wärme ist.[1] Besonders davon betroffen sind Leiden, da es nicht über fließendes Wasser verfügt, und Amsterdam wegen der Ausdehnung der Stadt: Es vergehen keine drei Sommer, ohne daß sie heimgesucht werden. Diese Epidemien sind verschiedenartig. Man beschreibt uns eine von ihnen als ein hohes zerebrales Fieber, das ansteckend ist und den Tod zur Folge haben kann. Das 17. Jahrhundert faßt in der Folge des Mittelalters unter dem Namen „Pest“ mehrere ansteckende, endemische und sehr verheerende Krankheiten zusammen.
Diese treffen besonders die armen Klassen, die unterernährt sind und in elenden Hütten wohnen. In einem Jahr werden in Leiden 13 000 arme Schlucker dahingerafft, ein Viertel oder ein Drittel der Bevölkerung, in Amsterdam 18 000. Diese Zahlen sind ein Rekord. Tragische Daten markieren das Jahrhundert: 1597, 1601, 1602, 1604, 1617, 1624, 1635, 1636, 1639, und die Reihe setzt sich fort ... Fast immer sind allein die Städte betroffen. In Amsterdam 1601, in Zwolle 1602, in Leiden 1635, und dann 1639 reichen die Friedhöfe nicht mehr

aus, um die Leichen aufzunehmen; man muß sie auf den Stadtwällen begraben. Die Magistrate verzichten darauf, ein genaues Register der Toten zu führen. Zur gleichen Zeit lassen die Geschäfte nach, die Börsenkurse sinken. Die Pest von 1636 in Helmond ruiniert die örtlichen Webereien.

Obwohl gewisse Mitglieder der lokalen Regierungen einen blinden Glauben an die Vorsehung hegen, der vorbeugende Maßnahmen behindert, stellen sie, sobald die Epidemie ausbricht, „Pestdoktoren" ein, die aus Chirurgen, Ärzten oder Heilern rekrutiert werden. Man versieht sie mit einer speziellen Kleidung, die sie überwerfen, wenn sie bei dem Kranken eintreten, ausziehen, wenn sie weggehen, und bei sich auf einem von dem Moment an gemiedenen Stuhl deponieren. Manche dieser „Spezialisten" widmeten sich besonders jenen Krankheitsformen wie Pocken, „Skrofeln", „Schanker". Was genau bezeichnete man mit diesen Worten?[2] In allen diesen Fällen beschränkte sich die Behandlung auf einige elementare Maßnahmen der Hygiene, auf die Kontrolle des Krankheitsverlaufs und auf die Beseitigung des Leichnams. 1655 schuf der von den Verheerungen der Epidemie bestürzte Magistrat von Zwolle einen „Pest-Rat", der ein spezielles Hospital einrichten ließ. Die Todesfälle häuften sich selbst im Bürgertum in dem Maße, daß man gezwungen war, die testamentarische Gesetzgebung zu modifizieren. Die robusten Naturen, die der Krankheit widerstanden, blieben oft für das ganze Leben von ihr gezeichnet. Die Malaria suchte regelmäßig die Sumpfgebiete heim. Skorbut und Gicht galten als typisch niederländische Krankheiten.[3] Die in den Niederlanden lebenden Ausländer beklagten sich häufig über „Melancholie", eine vielleicht durch die Ernährungsweise hervorgerufene Gallenkrankheit. Laut Temple[4] altern die Niederländer schnell: Ein Siebzigjähriger bei guter Gesundheit ist, vor allem in den Städten, ein seltenes Phänomen.

Die Volkstradition bot unzählige empirische Heilverfahren an.[5] Einige von ihnen gingen noch auf die von den Vorfahren überlieferten Hexereien zurück. Die meisten

Haushalte bewahrten auf einem Bord in ihrer Küche kleine Töpfe auf, die Chinawein, Aloetinkturen, Myrrhe, Safran, Enzianbranntwein enthielten und eine Salbe, die aus drei Teilen Olivenöl und einem Teil Kernseife angerührt und mit Mennige oder Bleiweiß gefärbt wurde. Gegen Zahnschmerzen nahm man Wacholderöl, gegen Hautreizungen Kompressen aus Kräutern und Roggenmehl, das in Milch verrührt war, gegen Erkältungen eine Mixtur aus Anisschnaps, bei Angina heißen Karotten- oder Rübensaft, bei Nasenbluten ließ man ein paar Tropfen auf ein rotes Eisen fallen. Urin und Mist von Kühen waren Bestandteil vieler ländlicher Medikamente. Spinnenköpfe in einer Nußschale, die man auf der Brust trug, sollten das Fieber vertreiben; zarte Gemüter ersetzten die Spinnen durch einen Bibelspruch. Das am weitesten verbreitete Wundheilmittel gewann man auf der Basis eines Schaums, der vorzugsweise auf dem Schädel eines Gehängten oder eines durch gewaltsamen Tod dahingeschiedenen Mannes geschlagen, mit zwei Unzen Menschenblut, einer Spitze Schweineschmalz, Leinöl und einigen anderen Zutaten vermischt wurde … Die Volksmentalität im ganzen damaligen Europa ist schlecht mit der wissenschaftlichen und kritischen Ausübung der Medizin vereinbar. Trotz des Fortschritts, den die Aufklärung bei einer Minderheit machte, und des von der reformierten Kirche gegen den Aberglauben geführten Krieges überlebten in den Niederlanden zahlreiche Spuren des mittelalterlichen Animismus. Die Obrigkeit hat erreicht, daß man Schiffe nicht mehr nach den Namen Heiliger nennt, es ist ihr gelungen, ihnen Bezeichnungen zu geben, die der Geographie, der jüngeren Geschichte, selbst der Zoologie entlehnt sind. Das ist beinahe das einzige Gebiet, auf dem ihr Läuterungswerk an sein Ziel gelangt ist. Ein Schiff, selbst wenn es auf den Namen Rose, Sieben Provinzen oder Elefant getauft wäre, würde niemals in der Nacht zu Sankt Johannes oder zu Weihnachten auslaufen, die Mannschaft würde sich weigern. Des weiteren begänne nie jemand eine Reise, nicht mal auf dem Festland, an einem Freitag, schon gar nicht am Karfreitag.

Ein Salzfäßchen umwerfen, ein Messer fallen lassen, das Brot verkehrt herum auf den Tisch legen, all das bringt Unglück.
Einen Spiegel zu zerbrechen, das Ticken einer unsichtbaren Uhr zu hören, drei Kerzen anzuzünden bedeuten einen nahen Tod. Man achtet auf die Bewegungen der Flamme, das Bellen der Hunde, das Krähen des Hahns, das Krächzen des Raben, das Heulen der Eule – alles ist Zeichen. Das kritische Jahr in einem Menschenleben, das dreiundsechzigste, ist ein schwieriger Abschnitt. Wer diese Klippe ohne Probleme bewältigt, wird noch lange leben. Sollten Sie mit der Postkutsche reisen, achten Sie auf die Haare Ihrer Reisegefährten: Sind sie gefärbt oder falsch, werden Sie unterwegs von Straßenräubern überfallen.
In der Weihnachtsnacht singen die Bienen in ihrem Korb ein Loblied. Störche werden wie heilige Vögel geschützt, die Polizei verbietet das Zerstören ihrer Nester; in der Stadt verdoppelt sich der Wert des Hauses, auf dessen Dach sie sich eingerichtet haben. Unter Umständen, die eine schwierige Entscheidung auferlegen, tippt man auf gut Glück mit dem Ende eines Schlüssels auf einen Bibelvers, in dem man auf ein Zeichen der Vorsehung hofft. Die Zukunft ist im Himmel verborgen: Komet und Finsternis kündigen einen Krieg, eine öffentliche Katastrophe an. Zu der Kundschaft von Sterndeuterinnen, Kartenlegerinnen, Handleserinnen und Seherinnen gehören die höchsten Persönlichkeiten des Staates. Man verkauft das „Rad der Abenteuer", das „Prophetische und astrologische Planetenrad" und alle Arten von Traumschlüsseln. Niemand wagt, des Nachts einen Friedhof zu betreten. Man weiß, daß manchmal der Teufel persönlich kommt, um den ersten Leichnam, der in einem neuen Friedhof begraben wurde, zu holen. Das Land ist von Spukhäusern übersät.
Man glaubt an Hexerei in dem Maße, daß ein 1662 veröffentlichter Katechismus ein Kapitel opfert, um zu beweisen, daß ihre Ausübung eine Sünde darstellt. Es stimmt, daß sich gute Christen leicht vor den Missetaten der Hexen schützen können, indem sie abends ihre

Schuhe verkehrt herum an das Fußende ihres Bettes stellen. Und außerdem existieren zwei unfehlbare Mittel, um die Adepten der teuflischen Kunst zu entlarven: die Feststellung eines anormalen Flecks auf ihrem Körper (Spur der Kralle des Bösen) und das Gewicht. Hexenmeister und Hexe sind in der Tat dadurch gekennzeichnet, daß ihr Gewicht geringer ist, als man bei ihrer Größe erwarten würde. Dieses ziemlich unexakte Kriterium wird bis 1610 gewöhnlich angewendet. Man benutzt die städtische Waage: Der Verdächtige wird im Hemd herbeigeführt, die Haare aufgelöst, wenn es eine Frau ist. Die körperliche Untersuchung und das Wiegen nimmt der Stadtbote vor oder die Hebamme, je nach Geschlecht des Individuums. Wenn letztendlich das Gewicht normal erscheint, wird der Verdächtige nach Zahlung einer Geldbuße freigelassen. Andernfalls, der Hexerei überführt, verbrennt man ihn bei lebendigem Leib! Der Liberalismus der Wieger aus dem Dorf Oudewater hat sie berühmt gemacht, man kommt aus ganz Europa, um sich ihrem Urteil zu unterwerfen: Niemals unterzeichneten sie ein Geständnis der Hexerei. Hier und dort greift man auf die Wasserprobe zurück: Man bindet den Delinquenten an Daumen und großen Zehen zusammen und taucht ihn in vorher beschworenes Wasser. Schwimmt er oben, ist seine Schuldigkeit erwiesen, geht er unter, ist er unschuldig. Diese Prozedur hat eine Variante: Der Verdächtige wird in die Kirche geschleift und muß hier den Arm bis zum Ellenbogen in kochendes Wasser tauchen. Kleinwüchsigkeit, Magerkeit des Körpers, Schwärze des Teints oder des Haars bilden manchmal das erste Indiz. So kann man zu Beginn des Jahrhunderts in Oudewater Claes Arienszen und seine Frau Neeltje ergreifen. Hexenprozesse finden zu dieser Zeit noch in Schiedam auf der Insel Goeree statt. Aber schon rebelliert die aufgeklärte Meinung. Jacob Cats übernimmt die Verteidigung der angeblichen Hexen. In der Praxis wurde nach 1595 keine von ihnen mehr hingerichtet, und nach 1610 geriet die Sitte von Hexenprozessen in den Niederlanden außer Gebrauch. Diese Tatsache bedeutet jedoch nicht, daß der Glaube an die

Hexerei aufgehört hätte, weit gefehlt! Doch zumindest sind die Niederlande die erste europäische Nation, die eine der schlimmsten Formen des traditionellen Strafrechts abgeschafft hat.
Scharlatane aller Couleur ziehen durch das Land und preisen mehr oder weniger magische Puder, Salben und Kräuter an. Die Behörden dulden umsichtigerweise ihren Handel, bemühen sich jedoch, ihn zu reglementieren: Sie erlauben ihn (gegen Zahlung einer Gebühr an die medizinische Gilde) auf den Märkten, Messen und Kirmessen, wo Kleidung und Auftritt dieser Individuen eine Attraktion darstellen. In einen weiten Doktortalar gehüllt, mit Kragen und Perücke, oder auch als Harlekin kostümiert, ja sogar mit einer orientalischen Verkleidung ausstaffiert, reißt der Scharlatan Zähne heraus, gibt das Rezept für den Stein der Weisen, rühmt seine Wundermittel. Häufig stammt er aus Italien, Deutschland oder Polen. Sein exotisches Aussehen trägt zum Geheimnisvollen bei. Es kommt vor, daß er sich, unfähig, sich im Niederländischen auszudrücken, mit Gesten begnügt und die Menge über die Vermittlung durch einen Komplizen anspricht. Auf dem Land zieht man im allgemeinen die von diesen Personen gepriesenen Heilmittel denen vor, die der Arzt verordnet und der Apotheker herstellt. Selbst die Armee macht umfangreichen Gebrauch vom „Puder der Sympathie“[6], einem besonders populären Produkt dieser illegalen Pharmakopöe.
Die meisten Dörfer besitzen einen Kurpfuscher, eine Heilerin, die die Geheimnisse kennen, die das Blut reinigen und Brüche richten, oder Krankheiten durch Handauflegen oder Anhauchen heilen.

Die Medizin

Nichtsdestoweniger stehen die Niederlande an der Spitze des medizinischen Fortschritts in Europa. Hier wird die moderne wissenschaftliche Medizin entwickelt. Gewiß fehlt es der offiziellen medizinischen Innung an Homogenität. Trotz der Einrichtung medizinischer Fakultäten bleibt das mittlere intellektuelle Niveau ziemlich niedrig. Nicht weniger als im Frankreich Molières ist der Arzt in den Niederlanden eine komische Person. Jedoch ist sich eine Minderheit von Forschern und Praktikern dieses Zustands bewußt und prangert ihn an. Divergierende Lehren stehen sich gegenüber, begründet auf Hippokrates, Galen, Paracelsus oder Sylvius. In Amsterdam beruft man sich auf Vesal, den ersten der „Modernen“, einen Gegner des Autoritätsprinzips. Van Helmont verurteilt es, zur Ader zu lassen, weil Gott verboten hat, menschliches Blut zu vergießen; seine Schüler gehen so weit, Abführmittel zu untersagen, die zur Blutarmut führen.

Dennoch wird eine allgemeine Tendenz in medizinischen Kreisen sichtbar: Zur gleichen Zeit, da man sich von theoretischen Spekulationen abwendet, eröffnet die Vertiefung der Naturwissenschaften neue Horizonte. Das Experiment wird zur Methode. Es erstreckt sich vor allem auf die menschliche Anatomie. Seit Swammerdam vom Amsterdamer Magistrat die Genehmigung erhielt, die Leichen des Hospitals zu sezieren, sind die alten, im restlichen Europa noch lebendigen Vorurteile gefallen. Vergebens machen sich die einfachen Leute lustig über die Ärzte, die sich der Sektion widmen, und versehen sie mit lächerlichen Spitznamen, seit Beginn des Jahrhunderts ist jene an den Fakultäten zur Routine geworden, die gebildete Öffentlichkeit zeigt ihr Interesse daran. Die Wissenschaft von der Anatomie ist Mode: Städte ohne Universitäten wie Dordrecht und Den Haag richten dafür öffentliche Kurse ein. Obwohl diese eigentlich zur Ausbildung von Chirurgen bestimmt waren, strömte man in Scharen dorthin. Die Universitäten ihrerseits kündigten ihre Sektionsveranstaltungen öffentlich an und öffneten an diesem Tag weit ihre Türen – auf Kosten der Studenten, die von den Amateuren verdrängt wurden. Das Gemälde Rembrandts von 1632 „Die Anatomie des Doktor Tulp“, das den Doktor bei seiner Vorlesung in Amsterdam darstellt, zeugt von dieser Vorliebe. Die neue Theorie vom Blutkreislauf triumphierte hier über letzte Widerstände. Zur gleichen Zeit wie die Anatomie hatte man die Konservierungstechniken für tote Organe entwickelt. Die Sektionsübungen lieferten dafür wertvolle Sammlungen, auf die sich anschließend spezielle Forschungen richteten. Diese Praktiken übertrug man auf die Anatomie der Tiere. Matrosen verkauften den Wissenschaftlern Seeungeheuer.

Die Ärzte befanden sich in einer hervorragenden moralischen und sozialen Lage. Im allgemeinen aus dem Patriziat oder der Handelsgroßbourgeoisie hervorgegangen, verbanden sie häufig mit ihrem Beruf die Ausübung hoher öffentlicher Ämter. Nicolas Tulp, den seine *observationes medicae* berühmt machten, war viermal Bürgermeister von Amsterdam. Um seine Krankenbesuche zu absolvieren, benutzte er eine Karosse – eine seltene Eigentümlichkeit, da die meisten Mediziner bis ans Ende des Jahrhunderts sehr bescheidene Sitten pflegten. Doktor van Hogeland, von seiner Zeit für eine Art Wundertäter gehalten, sortierte seine Drogen und empfing seine Kranken jeden Tag pünktlich von acht bis neun und von ein bis zwei Uhr in Pantoffeln und Nachtmütze. Der Sprechstundentarif variierte entsprechend der sozialen Klasse des Patienten: Von vier Stuiver für den Kleinbürger, stieg er bis auf einen Gulden für die Reichen, aber Prediger, Advokaten und Apotheker hatten ein Recht auf kostenlose Behandlung.

Die Ärzte bildeten mit den Chirurgen eine gemeinsame Gilde, in deren Schoß sie eine Art Aristokratie darstellten. Ihre Universitätstitel verliehen ihnen in der Tat das Recht, ihre Kollegen, die Chirurgen, zu überprüfen und deren heikelsten Operationen wie die Ablation des Steins oder des grauen Stars sowie die Richtung von Brüchen zu kontrollieren. Dieses Miteinander verlief nicht ohne Reibungen. Amsterdam schuf 1635 auf die Initiative von Tulp ein nach Ärzten und Apothekern getrenntes Kolleg.

Die Städte wählten aus der Innung der Mediziner eine oder mehrere Personen, die sie zu städtischen Ärzten ernannten. Enkhuizen beschäftigte zwei, Amsterdam verfügte über ein ziemlich zahlreiches Aufgebot: zwei allgemeine Ärzte, zwei Stellvertreter, einen Anatomieprofessor, einen Chirurg, einen „Operator" und einen „Pestdoktor". Diese Beamten erhielten ein Gehalt, aber man verwehrte ihnen nicht, private Kundschaft zu behalten, und ihr offizieller Titel hatte sogar einen gewissen Werbewert. Ihre Aufgaben umfaßten gleichzeitig Beistand und Kontrolle: Überwachung der Chirurgen und Hebammen und Behandlung der von den Caritasinstituten unterstützten Armen.

Jede Stadt mit ein wenig Bedeutung unterhielt ein oder mehrere Hospitäler und eine Leprastation. Amsterdam besaß unter anderem ein Lazarett für „Pestkranke" und eine Irrenanstalt, Leiden ein Hospiz für gebrechliche Greise. Diese Einrichtungen litten unter einem institutionellen Laster: Sie dienten gleichzeitig als Obdach für die Elenden und als Krankenhaus. So brachte ein Vorurteil viele Menschen davon ab, hier Zuflucht zu suchen. Ins Hospital zu gehen, implizierte ein soziales Scheitern.[7] 1623 zählte man unter hundert Personen, die das Hospital von Amsterdam beherbergte, einen einzigen Bürger dieser Stadt.

Die Chirurgie

Aufgrund einer alten Tradition sind die „Chirurgen" auch Barbiere. Ihre Zuständigkeit umfaßt im 17. Jahrhundert die Behandlung von Verletzungen und Brüchen, das Zur-Ader-Lassen, wozu sich das Stutzen des Bartes und der Haare gesellt. Mehr und mehr geht diese letzte Aufgabe in die Hände eines speziellen Friseurs über, der oft niemand anders als der Diener des Chirurgen ist. Vor dem Ende des Jahrhunderts werden die meisten Chirurgen das Barbierbecken und die Schere aufgegeben haben. In dieser Zeit findet man in den Städten Friseurläden nach französischer Mode. Die politischen Behörden bemühen sich in der Tat während dieser ganzen Epoche nicht weniger als die Leitungen der Gilden, die Chirurgie in den Rang einer Wissenschaft zu erheben, indem sie sie am Fortschritt der Medizin teilhaben lassen. Besonders die Einrichtung von Anatomiekursen

rührt daher. In Den Haag gründen die Chirurgen der Stadt auf Gemeindekosten das Theatrum anatomicum.
Obwohl den Handwerkergilden juristisch angepaßt, unterscheidet sich die der Chirurgen dadurch, daß hier ein Examen das Meisterstück ersetzt.[8] Ärzte und Meister der Chirurgie befragen den Kandidaten über die anatomische Theorie und unterziehen ihn zahlreichen handwerklichen Prüfungen: Anlegen eines Kauters, Herstellung von Verbänden, Anfertigen einer Lanzette, Übung des Aderlasses. Von Chirurgen der Marine verlangt man weniger Kenntnisse, ihnen genügt es, wenn sie die gewöhnlichen Übel des rauhen Meeresvolkes zu behandeln wissen: Verwundungen durch Musketen, Prellungen, Verbrennungen, Brüche, Gangräne ... Aber diese vereinfachte Prüfung bindet sie auch an ihr Schiff, weil sie ihnen das Recht nimmt, eine Praxis zu eröffnen. Die anderen, die sogenannten „Hauschirurgen", richten ihr Kabinett in einem Zimmer ihrer Wohnstatt ein. Hier stellen sie ihre Instrumente aus. Viele davon sind im 17. Jahrhundert erfunden worden. Man fertigt sie aus Eisen, Kupfer und Knochen: gerade und gebogene Skalpelle, Inzisionsklingen, Aderlaßzirkel, Zangen zum Zahnziehen. Zahlreiche Gegenstände vervollständigen dieses Dekor: ein Totenkopf, Phiolen, ein Meisterbrief. Doch die Stelle des Operationstisches nimmt ein Schemel ein; in Ermangelung von Betäubungsmitteln wird der harte Griff des Knechts ausreichen, den Patienten ruhig zu halten.
Die Komödienschreiber machen sich über diesen Beruf lustig. Die Chirurgen ihrerseits ertragen es schwerlich, daß die Öffentlichkeit sie weiterhin wie Barbiere behandelt. Sie haben keine Universität absolviert, zwei Jahre Lehre waren genug. Sie tragen keine Kleidung wie die Ärzte, die sie hervorhebt. Dennoch zählen sie bedeutende Persönlichkeiten, Inhaber öffentlicher Ämter, zu den Ihren. Mehrere Städte nehmen vereidigte Gemeindechirurgen in den Dienst. Diese besitzen das Privileg, in ihrer Eigenschaft als Kontrolleur an jeglicher Operation in ihrer Stadt teilzunehmen, die von einem nicht dort ansässigen Chirurgen ausgeführt wird.

Es gibt tatsächlich ambulante Chirurgen, arme Teufel, die mit der Gilde gebrochen haben, denen man aber gern die langweiligen kleinen Verrichtungen überläßt oder auch die riskanten Operationen, die zu schmerzhaft und daher dem guten Ruf eines seßhaften Praktikers schädlich sind! Schließlich hat die Chirurgengilde zweitrangige Mitglieder, die, von Steuerzahlungen befreit, nicht ohne Genehmigung des Gerichtshofes operieren dürfen, und auch dann nur in Anwesenheit des Gemeindearztes: Augenärzte, Heiler von Brüchen und Steinentferner.

Am Beginn des Jahrhunderts gehörten die Apotheker zur Gilde der Krämer. In der Folge wurden sie in einem gemeinsamen Kolleg mit den Ärzten zusammengefaßt. Ihr Handelsprivileg litt darunter: Die Drogisten, die in der Krämergilde verblieben waren, verkauften gewisse Medikamente, die so der pharmazeutischen Kontrolle entgingen. Andererseits verachteten die Ärzte die Apotheker als unlautere Konkurrenten. In der Tat trugen die einen wie die anderen nicht nur die gleiche Kleidung (schwarzer Rock und Mantel, spitzer Hut, Kragen), sondern die Apotheker hielten in ihren Läden unter dem mit Stroh ausgestopften Krokodil, das ihr Zunftzeichen war, illegale medizinische Sprechstunden ab. Es ist wahr, daß sie dazu durch das Examen, das ihrem Eintritt in die Gilde vorausging und das ihnen gute theoretische Kenntnisse sicherte, befähigt waren. Einige Apotheker leisteten wissenschaftliche Arbeit, wie jener Jacob Le Mort, der an der Universität von Leiden Chemie und Pharmazie lehrte. Übrigens verbitterten ihm die Ärzte das Leben dermaßen, daß er sich, um seinen Frieden zu haben, der Doktorprüfung in Medizin unterziehen mußte.

Vom Totenbett auf den Friedhof

Krankheit oder Alter haben ihr Werk vollbracht. Ein Mann, eine Frau wird sterben. Ihre Familie benachrichtigt die Nachbarn, ruft den Prediger. Jener spricht vor

dem Totenbett die Gebete der Sterbenden. Die Anwesenden stimmen ein.
Wenn ein letzter Seufzer verkündet, daß das Leben entwichen ist, schließt man dem Toten die Augen, bedeckt sein Gesicht mit einem Laken und zieht die Vorhänge des Bettes zu. Erste Beileidsbekundungen. Dann waschen die Angehörigen des Verstorbenen den Leichnam, kleiden ihn an und legen ihn mit erhobenem Kopf auf das Bett. Spiegel und Bilder dreht man zur Wand. Zahlreiche lokale Bräuche regeln die Art, wie die Fenster verschlossen werden, schreiben das Arrangement des Zimmers vor – des Vestibüls oder eines seiner Nebenräume –, wo die Totenwache gehalten werden soll. Im allgemeinen entfernt man alle Möbel bis auf das Bett. Die aufeinanderfolgenden Besucher bleiben stehen. Ist der Verstorbene ein Kind, zeigt man ihn seinen kleinen Kameraden, denen man dann ein Püree aus gezuckertem Reis anbietet, Überbleibsel eines alten heidnischen Brauchs. Vor und nach der Sarglegung bleibt der Leichnam mehrere Tage lang aufgebahrt. In Leiden muß diese pflichtgemäß in Anwesenheit von zwei nicht zur Familie gehörigen Zeugen erfolgen. Der Sarg ruht auf einem Gestell, die Füße des Toten weisen auf die Tür. Nur Selbstmörder und Verbrecher werden Kopf voran zu Grabe getragen.
Unterdessen läutet der Küster die Totenglocke. Die Familie verfaßt den Anzeigentext, den sie verschicken wird, oder läßt ihn von einem öffentlichen Schreiber besorgen.

> Gott, dem Allmächtigen, in seiner ewigen und unerschütterlichen Weisheit hat es gefallen, meine liebe Gattin, Frau X, aus dieser Welt der Traurigkeit in die gesegnete Freude seines ewigen Reiches zu rufen, am 11. dieses Monats um 5 Uhr morgens, nachdem Ihre Hoheit zehn Tage lang von einer schweren Krankheit ans Bett gefesselt war, welche jedoch mehrmals von einem Hoffnungsschimmer durchbrochen wurde, der uns an eine Besserung ihres Zustands glauben ließ.[9]

Manche treiben die Sorge um die Etikette so weit, daß sie diese Anzeige in Versen verfassen. Schriftliche An-

zeigen sind jedoch nicht allgemein gebräuchlich. Manche bedienen sich „öffentlicher Prioren“[10], spezialisierter Boten, die eine Gilde bilden und ähnlich gekleidet sind wie die Prediger. Mit lebhafter Stimme übermitteln sie die Nachricht von dem Todesfall. Aus der Anzahl der Prioren, die die Familie engagiert, schließt man auf ihren Reichtum und ihren Rang.
Meistens werden Trauerfeiern im Rahmen der Vereinigungen für gegenseitige Hilfe organisiert, sei es durch die der Gilden oder durch die „Nachbarschaftsgesellschaften“, die in vielen Ortschaften existieren und deren Aufgabe es ist, jedem ihrer Mitglieder ein würdiges Begräbnis mit zahlreichem Gefolge und ehrenamtlichen Trägern zu sichern. Diese Gesellschaften besitzen eine aus Mitgliedsbeiträgen gespeiste Kasse, die, wenn sie reich genug ist, dazu dient, außer den Kosten der Zeremonie die des darauffolgenden Banketts zu bestreiten.
Zur festgelegten Stunde versammelt sich die Menge im Trauerhaus. Der Prediger liest ein paar Bibelverse. Man schraubt den Sargdeckel zu und bedeckt ihn mit einem schwarzen Tuch, das mit den Wappen der Gilde geschmückt ist, deren Mitglied der Verstorbene war; mit Blumen, wenn der Tote ein Jugendlicher ist. Beim Läuten der Kirchenglocke nehmen die sechs Träger den Sarg auf und heben ihn auf eine Bahre. Hinter ihnen formiert sich der Trauerzug gemäß einer durch die lokale Tradition bestimmten Ordnung. Er bewegt sich in völliger Stille vorwärts. Man geht langsam, zu zweit, ohne große äußere Anzeichen des Schmerzes von sich zu geben. Die Tränen fließen „friedlich“, schreibt Grosley[11]. Man trägt lange schwarze Mäntel, die bis zu den Füßen reichen und im allgemeinen zu diesem Zweck geliehen werden.
Ein Katafalk bedeckt den Sarg während des Gottesdienstes in der Kirche. In deren Innerem, in den Seitenschiffen oder -kapellen, lassen sich die Reichen vermittels der Entrichtung einer Gebühr beisetzen. Oft haben sie ihre Gruft schon vorab gekauft, die ihre in den Stein gehauenen oder in die Grabplatte gravierten Wappen und Sinnsprüche schmücken werden. Aber normalerweise

findet die Beisetzung auf dem Friedhof statt, der oftmals die Kirche umgibt. Man hebt die Gräber so aus, daß das Gesicht des Toten nach Osten zeigt. Der Trauerzug geht ein- oder zweimal herum und versammelt sich dann um das offene Grab. Wenn der Sarg hinabgelassen worden ist, treten die Trauergäste nacheinander heran und werfen einen letzten Blick auf den Verstorbenen. Nachdem die Träger Trinkgelder erhalten haben, verabschiedet man sich. Es kommt vor, daß man Medaillen mit dem Namen oder dem Bildnis des Verstorbenen hat prägen lassen, die man an alle Trauernden verteilt.
Die Zeremonie der Bestattung pries die Familienbande nicht weniger als die der Hochzeit und erhöhte das soziale Prestige des Clans. Sie gab auch Anlaß zur gleichen Entfaltung von linkischem Stolz und bei den Reichen von Prunk: gänzlich schwarz bespannte Häuser, riesige Trauerzüge, lange Reihen von Karossen. Um die Jahrhundertmitte baute man Leichenwagen. Der höchste Luxus war eine nächtliche Trauerfeier unter Leuchtern. Solche Sitten empörten die bescheidenen Leute. Mehrmals schritten die Obrigkeiten ein, um diese Zurschaustellungen zu beschränken oder um zu versuchen, davon zu profitieren. Der Magistrat von Amsterdam verbot 1661 nächtliche Begräbnisse, im folgenden Jahr genehmigte er sie, aber indem er sie mit einer Steuer belegte, die bis zu 150 Gulden betragen konnte. Am Ende des Jahrhunderts beliefen sich die Gebühren für Bestattungskarossen in Dordrecht auf eine Summe von 125 Gulden für einen Zug von sechs Fahrzeugen, die mit dem Wappen des Verstorbenen geschmückt waren.
Vom Friedhof kehrt die Familie in das Trauerhaus zurück, wo sie den ganzen Tag lang Beileidsbesuche empfängt. Aus diesem Anlaß wird getrunken. Auf diese Weise sieht man selbst bei den Armen in ein paar Stunden dreißig, sechzig, hundert Personen eintreten: die ganze Bevölkerung der Straße, des Viertels. Die Händler, die die Lieferanten des Verstorbenen waren, kommen nacheinander. Man bietet ihnen Bier mit Weißbrot an oder Reisbrei.
Gegen Abend beginnt die Menge der Flüssigkeit, die

man so zu sich genommen hat, den Kummer zu ertränken. Einige Freunde bleiben zurück, mit ihnen teilt man ein Mahl, das üppig zu gestalten man sich bemüht, man trinkt weiter, man singt. Dieses von der Kirche und vom Staat verbotene Trauerbankett blieb dennoch bis zur Jahrhundertmitte allgemein gebräuchlich, und in den Provinzen des Nordens noch über dieses Datum hinaus. Wenn man sich nach 1650 der Einladung zu einem Essen enthielt, bot man dafür nur um so mehr zu trinken an. Das Haus dröhnte von einer ziemlich vulgären Trunkenheit. Um sich die Anwesenheit so vieler Trinker zu ersparen, verteilen die Reichen anstelle von Schoppen Silbermünzen an Träger, Nachbarn, unbedeutende Kundschaft und fordern diese Leute auf, in die Schenke trinken zu gehen.

VIERTER TEIL
ZEITVERTREIB

SPORT UND SPIEL

Seit dem Hochmittelalter war die Jagd der herausragende europäische Sport. Im 17. Jahrhundert scheint seine Bedeutung im gesellschaftlichen Leben der Niederlande viel geringer. Das feudale Wildrecht war abgeschafft worden. Ein Oberjägermeister verwaltet die Wälder und sichert mit der Unterstützung von Hütern den Schutz des Wildes. Insbesondere untersagt er die Jagd auf Kaninchen.[1] Auf der Suche nach Nahrung jagen die Bauern sie illegal. Im Winter legen sie Kohlköpfe in einem Keller aus und lassen eine Luke halboffen, – die ausgehungerten Kaninchen stürzen sich durch diese Öffnung und sind gefangen. Man braucht nur von Zeit zu Zeit in den Keller zu steigen und kann die Tiere, die man dort findet, in aller Ruhe töten.
Die Vogeljagd dagegen ist frei in den Dünenlandschaften, die die Küste von Den Helder bis Den Haag säumen. Daher rührt es zweifellos, daß auf den Jagdbildern, die die Künstler dieser Epoche malten, fast nur Federvieh zu sehen ist. Die Dünen sowie die friesischen Inseln und die Sumpfgebiete Nordhollands geben Landebänke für die Wandervögel ab: Reiher, Schnepfen, Wildgänse, Enten. Die Studenten von Leiden organisieren im Winter weidmännische Exkursionen. Zu anderen Jahreszeiten sind Drosseln, Rebhühner, Lerchen zahlreich. An den Seen und Kanälen Frieslands nisten Kolonien von Kiebitzen: Dieser Vogel wurde zum Wappentier der Provinz. Mehr als die Jagd lieben die Holländer das Angeln. Seen, Flüsse, selbst Kanäle sind außerordentlich fischreich. Hechte, Barsche, Karpfen, Schmerlen bevölkern die Teiche der Seeprovinzen. Der Lachs kommt regelmäßig die Flüsse herauf, Aalwanderungen durchqueren das Land.
Während der schönen Jahreszeit ist der Nationalsport

das Spazierengehen. Jeden Sonn- und Feiertag ergießen die Städte ihre Bevölkerung über die Straßen, Wege und Grachten auf das Land oder an die Küste des Meeres. Die Niederlande wimmeln in einem Durcheinander aller Klassen von Menschenmengen, die gierig sind auf Grün und frische Luft, „dergestalt", schreibt Parival[2], „daß, wo auch immer man entlanggehen mag, man so viele Leute trifft, wie man anderswo nur bei Prozessionen sieht".
Manche gehen zu Fuß. Die meisten benutzen „Spielfahrzeuge" genannte Karren, das sind auf Räder montierte Holzzuber, die rumpeln, quietschen, jedes Gespräch unmöglich machen und die in raschem Tempo durch die Radspuren und über die Bohlen der Brücken getrieben werden. Ausländer vertragen die Unbequemlichkeit dieses Fortbewegungsmittels schlecht, die Niederländer sind seit frühester Jugend daran gewöhnt: Es gibt „Spielfahrzeuge" für Kinder, die man von Ziegen oder Hunden ziehen läßt. Das Schiff gefällt den Verwöhnten besser. Man segelt die Amstel hinauf, die Vecht und den Rhein, man fährt von Seen auf Kanäle. Beim Dahingleiten ließen sich die Schönheiten der Landschaft und die Freuden der Gesellschaft besser genießen. Um 1640, erzählt Sorbière, „war es für die Damen aus dem Adel eine Zerstreuung, mit dem Boot von Den Haag nach Delft oder nach Leiden zu fahren, als Bürgerinnen verkleidet unter die Menge gemischt, um den Reden zu lauschen, die man über die Großen führen würde ... Und da ihre Galanterie etwas Außergewöhnliches hatte, kehrten sie sogar niemals zurück, ohne irgendeinen Kavalier gefunden zu haben, der ihnen seine Dienste anbot, sich jedoch beim Aussteigen in seiner schwachen Hoffnung, daß es sich um Kurtisanen handeln möge, sehr getäuscht sah, denn sie wurden immer von einer Karosse erwartet."[3]
Die Jugend von Leiden begab sich im Frühling in den Wald von Zevenhuyzen, etwa zwanzig Kilometer von der Stadt entfernt, und machte sich hier den Spaß, die Reihernester zu zerstören; im Sommer bevorzugte sie die Dünen von Katwijk, wo man in den Ausflugslokalen frische Seefische verkostete. Scheveningen und sein

Strand zogen die Einwohner von Den Haag an, die auf einem schönen, schattigen und geraden Weg von einer Meile dorthin gelangten. Die weniger gut bedachten Amsterdamer mußten zwanzig Kilometer nach Osten oder Westen zurücklegen, um angenehmes Grün zu finden. Der Spaziergang begann früh am Morgen. Oft verhielt man in einer Herberge zum Frühstück: Sauerrahm, Kirschen, Erdbeeren, Schwarzbrot, Butter, Käse, Zwieback, mit Wein begossen. Dann brach man wieder auf. Auf einer Wiese pflückte man Blumen, machte ein Spiel, sang im Chor. In einem Eimer führte man die Vorräte für das Mittagspicknick mit sich. Oder aber man stieg in einer weiteren Herberge ab. Am Ufer eines Flusses bestellte man Fisch. Am Abend dann auf dem Rückweg wurde erneut getafelt, bevor man sich trennte. Der Stil von Parival wird lyrisch, wenn er ausgiebig und idyllisch diese „unschuldigen Vergnügungen" beschwört: „Alle diese Spaziergänge enden im Wirtshaus. Aus diesem Grund gibt es überall welche ... Überall gibt es Lauben aus Blattwerk, in die die Sonne nicht eindringen kann; manche Bäume wurden mit bewundernswerter Kunstfertigkeit gestutzt, aus Vergnügen oder wegen der Frische ... Man findet hier Maschinen – solche, die die Menschen in die Luft heben, andere, die sie sich drehen lassen, und wieder andere, dank derer Puppen wie Marionetten tanzen ... Hier hört man ein Kauderwelsch so vieler Stimmen, daß es wie auf einem öffentlichen Platz ist, derart viele Menschen kommen stets in diese Wirtshäuser. Das sind Vergnügungen, die nicht viel kosten und die sich jedermann leisten kann, selbst der allerärmste Handwerker ..."[4]
Dennoch kommt es vor, daß diese Ausflüge mit gefährlichen Spielen enden. An manchen Feiertagen strömen Banden von zwölf bis fünfzehn jungen Leuten auf ihren Karren unter großem Lärm in eine Herberge der Vorstadt. Man brüllt vor Freude, vertilgt Krapfen und läßt sich mit Wacholderbranntwein vollaufen. Plötzlich zieht ein Kerl sein Messer, wirbelt es herum, und die Klinge bohrt sich in den Boden. Die anderen stürzen herbei, es gehört dem, der es herauszieht. Der erste Spieler setzt

sich dem entgegen. Andere Klingen kommen zum Vorschein. Die Regel besagt nur, nicht in die Augen stechen. Das Blut läuft über die zerschlitzten Gesichter. Wenn die Zuschauer das Spektakel ausreichend genossen haben, rufen sie: „Genug, genug!“, und man ermittelt den Sieger nach der Güte seiner Technik.

Der Wintersport ist das Schlittschuhlaufen, von den Malern so häufig dargestellt. In dieser Jahreszeit gehen die Geschäfte langsamer, jeder verfügt über mehr Freizeit. Während der paar Tage oder Wochen, da die Seen und Kanäle gefroren sind, zieht niemand mehr seine Schlittschuhe aus. Jung und alt, Mann und Frau, Prediger, Ratsherren, Prinzen, jedermann lebt auf dem Eis. So bildet sich jedes Jahr aus der Begeisterung für diesen Sport eine kurzzeitige Volksgemeinschaft heraus. Man ist begeistert, man bewundert die Darbietungen. Es gibt berühmte Meister: Cornelis le Fleur, Judith Johannes, Maria Scholtus. Auf Holzschlittschuhen, die doppelt so lang sind wie der Fuß, mit vorn hochgebogenen Metallkufen, gleiten die Läufer dahin, die Hände auf dem Rücken, den Körper unter der Anstrengung kaum gebeugt, die Paare eingehakt, in langen Reihen, wo jeder seinen Vordermann bei den Hüften faßt und sich alle Körper ganz schnell gemeinsam in einer einzigen Bewegung nach rechts und nach links neigen. Man trägt weder Mäntel noch Umhänge, man läuft in Hauskleidung, darunter unsichtbar Wollzeug. Dadurch gewinnt das Schauspiel an Kolorit. Inmitten dieser Menge bimmeln die Glöckchen der Pferde, die mit Schabracken bedeckt sind und Federbüschel auf dem Kopf tragen, sie ziehen Schlitten aus bemaltem Holz. Auf Kufensesseln schiebt man kleine Kinder und Greise. Jungen gleiten auf Schlitten dahin und stoßen sich mit Stöcken ab, andere üben sich, indem sie einen Stuhl vor sich herschieben. Am Rande der Eisbahn haben Gastwirte Zelte errichtet und Feuer entfacht. Man tritt heran, trinkt einen Schluck, wärmt sich die Hände über der Flamme und zieht wieder los.

Die Niederländer sind in diesem Sport so gewandt, daß man Bauern sehen kann, die einen Korb mit Eiern auf Schlittschuhen transportieren. Die häufigen Unfälle, denen besonders Kinder zum Opfer fallen, zügeln ihre Verwegenheit nicht. Manche Schlittschuhläufer wagen sich mitten in der Nacht auf unbeleuchtete Kanäle. Es stimmt, daß die Bauern manchmal beim Schlittschuhlaufen eine lange Stange auf der Schulter tragen, an der sie sich festhalten können, falls sie in ein Loch fallen. Wenn das Eis gut ist, braucht man von Amsterdam bis Leiden ein und eine Viertel Stunde. Ein neunzehnjähriger Bauer prahlt, sechs Meilen in der Stunde zu schaffen. Ein Familienvater legt an einem Tag vierzig Meilen zurück, um zu einem seiner kranken Kinder zu kommen. Wettkämpfe werden organisiert, deren bedeutendster, die berühmte Elf-Städte-Tour, sich in guten Jahren über zweihundert Kilometer erstrecken konnte. Auf diese Weise saust am Samstag, dem 19. Dezember 1676, ein halbes Dutzend Läufer, die um vier Uhr morgens von Zaandam losgefahren sind, über die Kanäle nach Amsterdam, Naarden und Muiden und von dort auf der gefrorenen Zuiderzee über Monnikendam, Medemblik bis Alkmaar: Abends um halb neun waren sie zurück in Zaandam und hatten nur einmal Rast gemacht, zu Beginn des Nachmittags. In Den Haag veranstalteten die jungen Adligen auf den Grachten in der Nähe des Palastes Schlittenrennen; manchmal wurden sie nachts bei Fackellicht durchgeführt und mit einem Ball beendet.

Zu Sankt Martin fanden in Amsterdam Bootsrennen auf dem IJ statt. Daran nahmen vier- bis fünfhundert Schaluppen mit Rudern oder Segeln teil, unter den Augen einer riesigen Menschenmenge, die völlig regungslos am Ufer zusammengedrängt ausharrte.

Der Sieger dieser sportlichen Wettkämpfe erhielt eine Belohnung. Der Verlierer gab dem Gewinner eine Runde, und man war quitt. Die Niederländer liebten Zeitvertreibe, bei denen es auf Geschicklichkeit, Kraft und Ausdauer ankam und der Körper sich entfaltete.[5] Das Radrollen praktizierten sie im Winter auf dem Eis und im Sommer auf dem Sand der Strände. Dabei handelte es sich darum, eine Art Rad mit der geringsten Handbewegung so weit wie möglich rollen zu lassen. Es existierten mehr als fünfzehn Varianten von Ballspielen.

Das populärste, das *kaatsen*, ein Schlagballspiel, findet auf einer Bahn aus Holz oder Ziegeln statt, die gemalte Banden in mehrere Spielfelder unterteilen. Zwei Mannschaften stehen sich dabei gegenüber. Der Ball aus sehr hartem Leder wird nach ziemlich einfachen Regeln hin und her gespielt. Dieses Spiel schlug im Laufe des Jahrhunderts so hohe Wellen, daß viele Gastwirte in der Umgebung ihrer Häuser neben den seit langem traditionellen Kegelbahnen dafür Spielfelder anlegen ließen.
Das „Paßspiel" *(klosspel)*, Vorgänger des Krocket, bei dem der Ball aber mit der Hand gespielt wird, erforderte eine große Muskelkraft. Davon gab es mehrere Varianten. Bei einer von ihnen, dem „Holzschlegel", bewegte man die Kugel mit Hilfe eines langstieligen Hammers: Dieses Spiel wurde auf einer weitläufigen, herrlich angelegten Bahn betrieben, die wir in den meisten Städten gesehen haben. Das *kolf* entsprach dem modernen Hockey und wurde im Winter auf Eis, im Sommer auf einem planierten Platz gespielt. Mit einem gekrümmten Stock schlug man kleine Holzkugeln gegen einen Pfahl, der als Tor diente. Die ganze Bevölkerung und selbst die Greise widmeten sich dem mit Vorliebe. Während das *klosspel* eher die Kraft der Spieler herausforderte, kam es beim *kolf* vor allem auf die Genauigkeit des Schlages an.
Die aus den Gilden gebildeten Bürgerwehren (die, wie wir gesehen haben, auf eine Repräsentationsrolle beschränkt waren) erhielten die Tradition eines mittelalterlichen Kriegssports aufrecht, das Bogenschießen. Sie praktizierten es in der Öffentlichkeit am Sonntagmorgen oder zu bestimmten Innungsfeiertagen, begleiteten es mit kriegerischen Umzügen, die Handwerker in bunten Uniformen, bis an die Zähne bewaffnet, mit behelmten Offizieren und mit Trommlern an der Spitze. So marschierte die Wehr am Morgen, da eine Kirmes eröffnet werden sollte, durch die Stadt bis zu einem Platz, wo man einen Pfahl errichtet hatte, auf dem ein Vogel aus Holz, der „Papagei", saß. Auf ihn legte man an. Wer ihn mit einem Pfeil abschoß, wurde zum Schützenkönig ernannt. Man krönte ihn mit einem symbolischen Hut, und er hatte das Recht, sich für die Dauer der Kirmes

unter den schönen Mädchen der Stadt eine Begleiterin auszuwählen. Zwischen zwei Veranstaltungen dieser Art trainierte die Bürgerwehr an Schießständen *(doelen)*, die, oft hervorragend angelegt, in den großen Städten zu Zentren bürgerlicher Lustbarkeit geworden waren. Den Haag besaß zwei *doelen*, die man als Niederlassungen des Rathauses betrachtete.
Jede Gegend hatte ihre besonderen Traditionen: in Friesland gab es Ringläufe, anderswo Wettläufe und Pferderennen. Auf der Insel Terschelling, wo die Robben auf ihren jahreszeitlichen Wanderungen durchkamen, mischten sich die Bauern verkleidet unter das ausgelassene Treiben dieser sehr zutraulichen Tiere, lockten sie recht weit vom Ufer weg, warfen sich dann auf sie und fingen sie ein.
Zahlreiche populäre Zeitvertreibe zeugten von einer ziemlich barbarischen Grausamkeit gegenüber den Tieren. Das „Gansziehen" bestand darin, eine lebendige Gans, deren Hals mit Fett eingerieben worden war, mit den Pfoten an einer waagerecht in einer bestimmten Höhe gespannten Leine aufzuhängen. Junge Leute jagten mit einem Fahrzeug oder zu Fuß bei vollem Tempo unter dem Tier durch und versuchten, seinen Kopf zu fassen und es herunterzureißen. Manchmal spannte man die Leine über einen Kanal. Die Spieler fuhren, halbnackt in einem Boot stehend, unter ihr vorbei. Wenn der Schlag danebenging, fielen sie ins Wasser. Beim „Vogelschneiden" mußten die mit einem Messer bewaffneten Spieler mit verbundenen Augen den Hals einer Ente oder eines blinden Hahns durchschneiden, die mit den Pfoten an einer Leine aufgehängt waren. In den Schenken spielte man „Katze". Eine Katze wurde in ein Fäßchen gesperrt und an einem Seil zwischen zwei Pfeilern aufgehängt. Jeder Spieler zahlte eine bestimmte Summe, das Ganze war der Preis des Siegers. Abwechselnd warf man mit aller Kraft schwere Knüppel nach der Tonne. Diese ging langsam kaputt, und die Katze wurde vor Angst verrückt. Schließlich sprang eine Daube heraus, das Tier, in mehr oder weniger schlimmem Zustand, fiel herunter, und die Knüppel prasselten weiter auf es nie-

der, bis es krepierte ... Dieses abscheuliche Treiben erfreute sich einer solchen Beliebtheit, daß man am Ende des Jahrhunderts Leute in guter Gesellschaft sehen konnte, die, auf Vornehmheit bedacht, die Katze in der Tonne durch einen Pfau ersetzten!
Unter all diese Spiele mischten sich Kinder, und ihre Sensibilität verfeinerte sich dadurch nicht. Banden von Gören amüsierten sich damit, streunende Hunde zu fangen und sie nach allen Regeln der Kunst kielzuholen: eine in der Marine zur Anwendung kommende Strafe, die darin besteht, den Delinquenten an einen Galgen zu hängen, ihn herunterfallen zu lassen und ihn mit einer Winde wieder hinaufzuziehen, und das mehrmals hintereinander. Kinder aus bester Familie vergnügten sich bei solchen Spielen. Man fertigte für sie komplette militärische Waffensammlungen aus Pappmaché, Holz und Weißblech an: Säbel, Spieße, Trommeln und Trompeten. Aber sie zogen Blasrohre und Schleudern aus ihrer eigenen Produktion vor, die wirksamer waren und viele Unfälle verursachten. Im Brabant lieferten sich Banden auf Stelzen, die von Trommlern begleitet wurden, offene Schlachten, wobei sie die Taktik der Armeen nachahmten. Die großen politischen Krisen spiegelten sich manchmal in den Kinderspielen wider. Während der Ereignisse von 1619 entdeckten die Bürger von Den Haag eines Morgens auf dem Voorhout fünf Schneemänner von natürlicher Größe, die Oldenbarnevelt und die Anführer der arminischen Partei darstellten. Eine Schar von Gören bombardierte diese Figuren, wozu sie aus voller Kehle sangen: „Ein Arminier ist die Pest des Landes, sein Haus ein Nest von Salamandern ... Die Arminier an den Galgen.“[6]
Ein am Ende des Jahrhunderts auf französisch zusammengestelltes Repertoire gibt einen Überblick über die in den Niederlanden praktizierten Kinderspiele: Ball, Fliege, Nasenstüber, Savate, Wurfscheibe, Schnarre, Knöchelchen, Barren, Tischchen, Paar oder unpaar, Nuß, zerbrochener Topf, kleines Pferd.[7]
Fügen wir noch hinzu Blindekuh, kleine Mühle, Bockspringen, Kreisel, Bogen, Murmeln, was auf den Grab-

Selbstbildnis mit aufgelegtem Arm

Saskia am Fenster

Junge Frau am Fenster

Gelehrter

Bettler an der Tür

Six-Brücke

Landschaft mit Kühen

Schwein

steinen der Friedhöfe, wenn nicht gar in der Kirche gespielt wurde, weil der Straßenboden weder hart noch eben genug war; Kreis- und Puppenspiele für die Mädchen. Puppen wurden aus Holz, Stoff, Papier, sogar aus Silber in allen Formen hergestellt, manche mit beweglichen Augen, in den Trachten verschiedener Provinzen. Die kleinen Mädchen der reichen Familien besaßen Puppenstuben mit Utensilien aus Porzellan, Kupfer, Eisen, Silber; Puppenhäuser hatten sechs bis sieben Zimmer mit wertvollem Holz- oder Metallmobiliar. Die Spiele wechselten mit der Jahreszeit: im Frühling sprangen die Mädchen mit dem Seil, die Jungen sprangen über die Gräben, im Herbst ließ man Drachen steigen. Zahlreiche Abzählreime wurden uns überliefert und die (für uns häufig unverständlichen) Namen der Spiele, für die sie dienten.[8] Jede Provinz, jede Insel hatte die ihren, die sich durch Bezeichnung und Details unterschieden, im Wesentlichen aber identisch waren und von einer gemeinsamen Kinderfolklore in ganz Europa zeugen.

Trotz kirchlicher Verdammungen blieb der Tanz während des ganzen Jahrhunderts beliebt. Tanzschulen und -lehrer hatten ihr Auskommen. Es gab kaum ein öffentliches oder privates Fest, bei dem nicht getanzt wurde. Zwei Stile standen sich gegenüber, je nachdem, ob Rhythmus und Figuren von alten Traditionen folkloristischen Ursprungs geprägt oder erst kürzlich importiert worden waren. Auf dem Land, im städtischen Kleinbürgertum tanzte man den „Heb-den-Fuß“, den „Hütetanz“, die „sieben Sprünge“, „Hänschen-bleibe-still“, „Savate“ und viele andere, die manchmal nur in bestimmten Gegenden geläufig waren. Die Patrizier dagegen tanzten Menuett, Courante, Scaramouche, Gaillarde, „schöne Braut“, Farlane, Alcide, „liebenswerter Sieger“ ..., und diese französischen Bezeichnungen sagen genug darüber, woher diese Moden kamen. Wie jedoch auch immer der Stil eines Balls gewesen sein mag, es war selten, ihn nicht mit einem Reigen zu beenden.

FESTESSEN UND TRINKGELAGE

Traditionelle Gefräßigkeit

Im gewöhnlichen Leben relativ genügsam, verschlingt der Niederländer des goldenen Jahrhunderts zu großen Anlässen unglaubliche Mengen von Speisen und Getränken. Die knauserige Sparsamkeit der Haushaltung verlangt nach Entschädigung. Bankett und Trinkgelage, unter welchem Vorwand auch immer, sprengen für einen Moment den engen und bedrückenden Rahmen der Familie und stellen grundlegende Äußerungen des gesellschaftlichen Gefüges dar. Man tafelt, um die Geburt eines Kindes zu feiern, seine Taufe, seine Entwöhnung, den ersten Kirchgang seiner Mutter nach der Geburt, die Familiengeburtstage, Fastnacht, das Antreten einer Reise, eine Rückkehr nach Hause, die Berufung in ein Amt oder den Beitritt zu einer Innung, Verlobung, Hochzeit, Beerdigung. Die Kirche protestiert vergeblich gegen diese übertriebene Neigung zum irdischen Wohl, der Staat gegen eine derartige Verschwendung: Diese Tradition bleibt während des ganzen Jahrhunderts fast vollständig erhalten, vor allem im Bürgertum und bei den Bauern. Die kleinen Leute, zu arm, um bei ihren Zusammenkünften viel zu essen, trinken dafür um so mehr. Man kommt mit verwandten Familien zusammen, mit Nachbarn, aber auch im Rahmen zahlreicher Vereine. Der Bürgermeister bewirtete den Magistrat, der Rektor einer Universität den Lehrkörper. Zu den Festessen der „Rhetorik-Kammern" konnte jedes Mitglied einen Gast mitbringen, dem drei Lagen auf Kosten der Kasse zustanden.

Die Mitglieder der Musikgesellschaft von Arnhem empfingen abwechselnd einmal im Monat ihre Kollegen: Die Statuten verpflichteten sie, eine Hammelkeule zu servieren, Schellfisch, zwei Salate, Butter, Käse, Birnen, Äpfel oder Pflaumen sowie Wein: diese Festlegung, damit Exzesse, die der von der Gesellschaft gepflegten Kunst unwürdig waren, vermieden würden. Die Bankette der Gilden dagegen sind wegen ihrer Üppigkeit in Sprichworte eingegangen. Das Gelage dauerte manchmal zwei Tage und länger. Die Chirurgengilde von Enkhuizen mußte eine Verordnung erlassen, um ihren Kollegen zu untersagen, sich bis zur Anstößigkeit zu betrinken, und sie anzuweisen, jemanden, der unter den Tisch gefallen war, sofort nach Hause zu schaffen.

Die reiche Händlergilde von Amsterdam, Sankt-Martins-Gilde genannt, reichte am Morgen ihres ersten Bankett-tages Kalbsfüße und Flecke mit jungen Erbsen, einen schönen, fetten *hutspot,* einen Braten mit Butter und Käse; abends verzehrte man die Reste, zu denen man Pökelfleisch und Reis gab, am nächsten Tag Pasteten, Kaninchen, Huhn und Gans. Die Masse siegte über die Klasse. Das Menü gewisser Bankette bestand allein aus Fleisch, Pasteten und gezuckerten Früchten in unbegrenzter Menge. Das von Nicolas Tulp zu seinem fünfzigjährigen Jubiläum gegebene Festessen dauerte von zwei Uhr nachmittags bis elf Uhr abends, und während der ganzen Zeit bediente das Personal ohne Unterbrechung.

Wenn ihre Mittel es ihnen erlaubten, luden die „Nachbarschaftsgesellschaften“ einmal im Jahr die Familienväter des Stadtviertels mit ihren Ehefrauen ein, Witwer durften eine Begleiterin ihrer Wahl mitbringen. Diese Freundschaftsmahle legte man vorzugsweise in den Herbst, die Jahreszeit, in der die Nahrungsmittel am billigsten waren. Das Festessen dauerte im allgemeinen drei Tage, an einem davon wurde nur Fisch gegessen. Die Freude der Tischgenossen artete in närrischen Frohsinn aus, in Radau und Schabernack. Der Gefräßigste der Gesellschaft kletterte auf den Tisch, einen Kupferkessel als Krone auf dem Kopf und einen Kochlöffel als Zepter. Durch die Fenster sahen Passanten herein ... Häufig wurden die Bankette in den Schenken abgehalten. Lud man zu sich ein, bestellte man die Hauptgerichte bei einem Koch und Konditor. Wenn ein Magistrat einen Prinzen oder einen ausländischen Botschafter empfing, beauftragte er den Bürgermeister, die Speisenfolge und das Tischprotokoll festzulegen.

Dieses Protokoll war komplizierten Regeln unterworfen,

die den Umständen entsprechend variierten, deren Befolgung jedoch den Niederländern aller Schichten sehr am Herzen lag. Im Winter setzte man die Männer so nah wie möglich ans Feuer, die Frauen weiter davon weg, da sie ein Stövchen unter den Füßen hatten. Ein vom Herrn des Hauses ausgesprochener Willkommensgruß ging dem Essen voran. In dessen Verlauf sprach man so viele Toasts aus, wie Gäste anwesend waren: Die Tradition bestimmte die Reihenfolge dieser Toasts, die Wahl des Glases und die Art der Flüssigkeit, mit der sie gefüllt wurden. Man trank unheimlich. Man benutzte große, schalen- oder flötenförmige Gläser, deren Fassungsvermögen die Ausländer in Schrecken versetzte: Der niederländische Bürger mißtraute demjenigen, der weniger trank als er, und ihm erschien es als eine Unhöflichkeit, wenn er seine Gäste nicht betrunken machte.
1681 nahm Lemaître an einem, ganz wie es sich gehörte ausgerichteten, Verlobungsbankett teil, bei dem außer einer bestimmten Anzahl reiferer Paare auch die Gläubigen der Pfarrei und zwei Mönche anwesend waren. Während der fünf Stunden, die das Mahl dauerte, tranken die Zechbrüder ununterbrochen Rheinwein, stießen Arm in Arm lärmend an, zerbrachen Gläser und beklekkerten den Tisch. Manche kippten auf diese Weise bis zu fünfzig Schoppen hinunter, die Gesichter waren puterrot, aber niemand schien wirklich betrunken zu sein.[1] Die Gilden ließen den Wein zu ihren Gelagen fässerweise heranschleppen. Die Luftbeschaffenheit in diesem Land, vermutet Temple, treibt die Leute zum Trinken; und bei einem so drückenden Klima ist der Alkohol unverzichtbar, um den Geist munter zu bekommen, daher sind die Auswirkungen dieses Alkoholismus in den Niederlanden viel weniger mißlich, als sie es anderswo wären.[2] Allerdings trinken die Patrizier, außer bei Banketten, nicht. Dennoch, fährt Temple fort, gibt es keinen Holländer, der sich nicht wenigstens einmal in seinem Leben betrunken hätte.[3] Das harte Leben dieses Volkes kennt nur eine Freude und nur einen wahrhaften Luxus, den Alkohol, „ohne den sie in ihrem tatsächlichen Reichtum arm und elend erscheinen würden“[4].

Die Frauen trinken genausoviel wie die Männer. Sogar die jungen Mädchen weisen ein Glas, das man ihnen schon des Morgens anbietet, nicht zurück, und einige unter ihnen, vom Bier nach und nach aufgeschwemmt, nehmen dadurch ein heruntergekommenes Aussehen an, das sie nicht mehr loswerden. Was die Ausländer in Erstaunen versetzt, ist der systematische, zivilisierte Charakter, den diese Trunkenheit in den bürgerlichen Traditionen annimmt. „Alle diese Herren der Niederlande", schreibt Théophile de Viau, „haben beim Betrinken so viele Vorschriften und Zeremonien, daß die Disziplin mich genauso abstößt wie das Übermaß."[5] Die Armen trinken fast nur Bier und Schnaps; bei den Bürgern gesellt sich der Wein dazu, dessen Verwendung in dem Maße geläufiger wird, wie man auf der sozialen Leiter nach oben steigt. In der niederländischen Wirtschaft des 17. Jahrhunderts, die fast ausschließlich auf dem Transithandel beruht, ist der Wein eine der wenigen importierten Waren, von der große Mengen für den nationalen Verbrauch vorbehalten werden.
Neben dem Rheinland war Frankreich der Hauptlieferant, im besonderen das Anjou und das Bordelais: Die Häfen von Nantes und nach 1630 die von Bordeaux stapelten die Ware, die holländische Schiffe nach Rotterdam brachten. 1618 galt der Weinhandel als das einträglichste Geschäft dieser Stadt. Im Herbst nach den Weinlesen nahm der Handel solche Ausmaße an, daß die Rotterdamer Unternehmer zusätzliche Schiffe von Zeeland mieteten, weil ihre Flotte nicht dafür ausreichte. Holländische Händler, die sich an der Loire und in der Gironde niedergelassen hatten, kontrollierten die Produktion zahlreicher Weingegenden. In Ponts-de-Cé tätigten die Holländer das Sortieren und Verteilen der Ernte, minderwertige Qualität schickten sie nach Paris, die bessere nach Rotterdam.[6] Man importierte auch Wein aus Spanien und dem Rheinland. Von den Portugiesen kaufte man Malvasier aus Kreta: Da man von diesem Wein annahm, daß er beim Transport besser werde, schifften ihn die portugiesischen Händler in Chania nach Indien ein und brachten ihn von dort nach Europa

zurück, wo ihn die Holländer zu einem Preis übernahmen, der bis 200 Dukaten für ein Faß von 450 Litern betragen konnte.
Der mit hohen Zollgebühren belegte Wein wurde in kleinen Mengen von Apothekern verkauft. Man lagerte ihn in Fässern, Steinkrügen oder Lederschläuchen. Die Schankwirte servierten ihn in Zinnkannen mit unterschiedlichem Fassungsvermögen, das von ungefähr ein und einem Viertel bis sieben und ein halbes Liter reichen konnte. Erst gegen Ende des Jahrhunderts beginnen vornehme Kaffeehäuser und reiche Privatpersonen besondere Behälter zu benutzen, in denen man die Weinflaschen auf Eis legte.
Der aus Frankreich importierte Weinbrand machte dem eigenen Korn Konkurrenz. Seit Beginn des Jahrhunderts besaßen Rotterdam und Weesp große Brennereien. Diese Industrie blühte und wurde häufig mit der Schweinezucht gekoppelt, da man die Tiere mit den Produktionsabfällen ernährte. Gerstenbranntwein, Arrak und Ratafialikör bildeten den gängigen Bedarf an starkem Alkohol. Der seit dem 16. Jahrhundert bekannte Wacholderschnaps scheint erst im Verlauf des 17. richtig populär geworden und bei den Reichen nicht vor dem 18. Jahrhundert in Gebrauch gekommen zu sein. Um 1660 trieben die Brennereien von Schiedam damit einen beträchtlichen Handel.[7]
Das Wort „Schenke“ bezeichnet Etablissements, die sich stark voneinander unterscheiden: die Dorfkneipe, wo man sein Bierchen in einer Kellerecke oder einer dunklen Küche trinkt; die kleine städtische Gaststube, die im Vestibül des Besitzers eingerichtet ist; der weite geflieste Saal mit bemalten Fenstern und dicken gewachsten Balken, dessen Wirt niemand anderes ist als der Maler und Brauer Jan Steen; der ländliche Treffpunkt reicher Feinschmecker wie „Zum gelehrten Mann“ in Bennebroek, der berühmt ist für seine Lachsspezialität in grüner Soße; vornehme Wirtshäuser mit luxuriösem Mobiliar und glänzendem Glaszeug, die von Stadträten, Professoren und Gildenmeistern besucht und zur Ausrichtung offizieller Bankette genutzt werden. Welcher

Art die Schenke auch sein mag, selten trinkt man dort allein. Man kommt in Begleitung hierher, oder man gesellt sich zu den Trinkern an den Tischen. Man stößt an. Jeder gibt seine Runde. Man singt. Wirt und Knecht beeilen sich, das Dienstmädchen flirtet. Diese Leute gelten, ob nun zu Recht oder Unrecht, als wenig ehrbar. Je mehr der Gast sich beschwipst, desto besser stehen ihre Chancen, ihn zu hintergehen. Man bezichtigt sie, ihren Wein zu panschen oder mit Sonnenblumen zu färben, ein Handtuch auf den Boden der Bierkanne zu legen, die Flasche abzuräumen, bevor sie geleert ist, den Preis ungebührlich heraufzusetzen, 2 statt 1 auf die Rechnung zu schreiben ...

Dennoch gehen die gesamte männliche Bevölkerung und viele Frauen aus einfachen Verhältnissen emsig in die Schenken. Man trifft hier Jugendliche und Kinder. Im Lauf des Jahrhunderts versuchen diverse Verordnungen das einzuschränken, was man an hoher Stelle mehr und mehr als öffentliche Geißel betrachtet: so 1631 das Edikt der Staaten von Holland, das vorschrieb, Schenken und Wirtshäuser während der Zeit des Gottesdienstes und nach neun Uhr abends zu schließen, und das Ausschenken von Schnaps an Jugendliche untersagte.

Den Namen „Musikdiele“ gab man Wirtshäusern, die ein Orchester unterhielten. Einige unter ihnen, die einer reichen Kundschaft vorbehalten waren, boten in einem schönen Saal gelegentlich hervorragende Konzerte, denen man beim Trinken lauschte. Aber die meisten waren von Matrosen und Dirnen besuchte Spelunken, wo ein paar Wimmerhölzer mehr Lärm als Musik machten. Das Orchester spielte von vier oder sechs Uhr nachmittags bis neun oder zehn Uhr abends. Man bezahlte kein Eintrittsgeld, aber der Wirt bot nur Wein an, ein teures und häufig gepanschtes Getränk. In einer vom Qualm der Pfeifen verpesteten Luft warteten auf Holzbänken, die in einem Saal mit niedriger Decke aufgereiht standen, dicke Mädchen auf Verehrer, die sie zum Tanzen auffordern würden. Die Geigen jaulten. Weinselige Stimmen lallten einen Refrain. Die Trinker stellten ihre leeren Gläser auf Brettern ab, die über den Bänken an den

Wänden angebracht waren, packten ihre Tänzerin und schoben sie in das Gewühl, das die ganze Mitte des Saals einnahm. Wurde man sich einig, wohnte das Mädchen nicht weit; danach kam man wieder.

Die Modegetränke

Im Verlauf der zweiten Hälfte des Jahrhunderts verbreiten sich in der holländischen Gesellschaft drei neue Produkte, deren Gebrauch auf lange Sicht ihre Sitten tiefgehend wandeln wird: Tee, Kaffee und Schokolade.
Um 1640 empfahlen gewisse Kräuterärzte als Fieber- oder Stärkungsmittel einen Aufguß aus einem seltenen und recht teuren, aus China importierten Kraut, dem Tee.[8] Die hohe Gesellschaft von Den Haag hatte schon Geschmack daran gefunden und nahm ihn sogar ohne ärztliche Verordnung zu sich: Beim Apotheker kaufte man ein paar dieser getrockneten Blätter zum Preis von Gold, und mit Freunden probierte man dieses Getränk wie ein aristokratisches Vergnügen. Eine Mode brach los. 1660 war der Gebrauch von Tee bei den Reichen üblich, zehn Jahre später hatte er sich im Bürgertum durchgesetzt. 1700 soll Tee aus China oder Indien zu den bedeutendsten Importwaren im niederländischen Handel gehören. Nichtsdestotrotz bleibt er teuer. Von hundert Gulden das Pfund fällt er auf zehn; dieser Preis ist immer noch unerschwinglich und führt dazu, den Tee zu den Gegenständen des bürgerlichen Luxus zu zählen, oder ihn gar zu einem Objekt des Snobismus zu machen. Seine Liebhaber sprachen über ihn wie die Winzer vom Wein, verglichen die Sorten, diskutierten die Arten der Aussaat, des Pflückens und den Einfluß, den die Bodenbeschaffenheit auf die Qualität der Ernte ausübte. Von seiten eines Gastes hätte die Ablehnung von ihm angebotenen Tee eine genauso große Beleidigung dargestellt wie das Ablehnen von Wein. Ein geübter Trinker schaffte leicht zwanzig bis fünfundzwanzig kleine Tassen an einem Abend; einige brachten es bis auf fünfzig! Auch werden die Ärzte zum Ende des Jahrhunderts ihre

Meinung geändert haben und die schädlichen Folgen dieses Getränks auf den Organismus, insbesondere auf das Nervensystem der Frauen, anprangern. Ursprünglich wurde der Tee gleich bei dem Händler, der ihn verkaufte, getrunken. Schon früh weihten die wohlhabenden Familien diesem Zweck ein Zimmer ihres Hauses, im allgemeinen einen der kleinen Räume, die neben dem Vestibül lagen. Dorthin begab man sich zu in etwa feststehenden Zeiten: am Nachmittag, am Abend. Es ist wahr, daß man in der schönen Jahreszeit den Tee lieber im Garten nahm. Eine richtige Liturgie spielte sich um spezielle Gebrauchsgegenstände ab: Teetische und -büffets, die manchmal wertvoll waren wie Juwelen (man fertigte welche aus Gold, mit Perlen besetzt); Tassen und Steingut nach chinesischen oder japanischen Modellen. Hermetisch verschließbare Dosen enthielten fünf oder sechs Sorten Blätter. Die Teekanne hatte die Form eines großen Gefäßes mit doppelter Öffnung: in die eine füllte man das Wasser, aus der anderen schenkte man den Aufguß aus. Man nahm ein kleines Stück Kandiszucker in den Mund und schluckte die heiße Flüssigkeit, in der es nach und nach schmolz. Zwischen zwei Tassen knabberte man einen dieser „Teekuchen", die die Bäcker seitdem anboten, oder Marzipan oder auch kandierte Früchte und Waffeln. Bevor man das „Teezimmer" verließ, wurde ein Glas gezuckerter Schnaps oder trockener Weißwein getrunken.

Der Kaffee, den holländische Botaniker seit dem Ende des 16. Jahrhunderts kannten, ging erst nach 1665 in den mondänen Gebrauch über. Auch er von den Ärzten als Stärkungsmittel und Adstringens empfohlen, scheint sich nicht wirklich vor den letzten Jahren des Jahrhunderts verbreitet zu haben. Zu Beginn des 18. Jahrhunderts kannten die Bauern ihn noch nicht. Zu dieser Zeit hatten die niederländischen Pflanzer den arabischen Kaffeebaum in Ostindien akklimatisiert. 1711 erreichte die erste Ladung aus Java den Hafen von Amsterdam.

Inzwischen hatten die modebewußten Leute die Gewohnheit angenommen, dem Genuß ihres Kaffees einen Augenblick gegen Ende des Vormittags zu widmen. Auf

einen Tisch mit kleinen Tassen stellte man eine mit kaltem Wasser gefüllte Porzellanschale, die dazu diente, jene von Zeit zu Zeit abzukühlen. In der Mitte enthielt eine hohe, dreifüßige Kaffeekanne aus Kupfer oder Silber das Kaffeepulver (das mit Zimt, Ingwer oder Nelken gewürzt sein konnte), auf das man kochendes Wasser goß. Drei kleine Hähne unten am Gefäß erlaubten das Getränk in die Tassen fließen zu lassen, wo man es süßte, manchmal mit Honig. Manche gaben Milch dazu. So war das, was man trank, im pharmazeutischen wie ironischen Sinn nur eine Kaffeetinktur, über die sich die Franzosen sehr lustig machten.[9]
Am Ende des Jahrhunderts bei den Zusammenkünften am Nachmittag oder am Abend servierte man oft Tee und Kaffee gleichzeitig. In mehreren Städten waren „Gesellschaften von Tee- und Kaffeetrinkern" gegründet worden. Sie hatten einen ziemlich schlechten Ruf, weil sie Amateure beiderlei Geschlechts, die allein ihre gemeinsame Leidenschaft verband, zusammenführte, was als unschicklich galt. Die Lokale, „Kaffeehäuser" oder einfach „Cafés", in denen diese Gesellschaften ihre Sitzungen abhielten, unterschieden sich kaum von den Schenken, es sei denn durch ihr ausschließlich weibliches Personal. Das Etablissement öffnete morgens von neun bis elf Uhr. Man trank hier, rauchte dabei und las die Zeitungen. Nach und nach begab man sich auch des Abends dorthin, um zu spielen. Auch Wein wurde hier ausgeschenkt, im 18. Jahrhundert gesellte sich die Schokolade dazu. Diese hatte mit dem Ende des 17. Jahrhunderts den Hof von Den Haag erobert, scheint aber nicht wirklich vor 1750 verbreitet gewesen zu sein. 1719 trinkt der Abbé Sartre bei Notabeln davon und stellt fest, daß sie genauso köstlich wie ihr Kaffee scheußlich ist.[10]

Der Tabak

Das „Nikotinkraut" war in seiner Eigenschaft als Arzneipflanze seit dem Ende des 16. Jahrhunderts in den Niederlanden bekannt. Der Brauch, seine Blätter zu schnupfen und zu rauchen, verbreitete sich in der Zeit des Waffenstillstands mit einem erstaunlichen Tempo. Vor 1625 hatte er alle Bevölkerungsschichten erreicht. Die Umgangssprache stellte Raucher und Alkoholtrinker gleich: Man sagte „eine Pfeife Rauch trinken". Dichter widmeten dem Tabak Lobgesänge. Man komponierte Lieder zu diesem Thema. Eine ganze medizinische Literatur beschäftigte sich mit dem Problem. Der Tabak war zu einem Schwerpunkt des nationalen Interesses geworden. Jedermann schnupfte. Am Ende des Jahrhunderts hatten selbst die Bettler ihre Tabakdose und tauchten die Finger hinein, bevor sie die Hand aufhielten. Der anfänglich von den Apothekern verkaufte Tabak wurde zum Gegenstand eines speziellen Handels.[11] Die Wirtsleute hielten Vorräte für ihre Kundschaft bereit. Die für die Pfeife bestimmten Blätter wurden getrocknet, aber nicht zerschnitten gekauft. Zu Hause bewahrte man sie in Dosen auf, bei sich in Tabakbeuteln. Man rauchte aus langen Terrakottapfeifen mit engem Kopf. Man hatte Silberpfeifen versucht, aber sie machten den Rauch zu herb. Etwa zehn niederländische Städte besaßen Pfeifenfabriken: die berühmteste war Gouda. Diese Industrie nahm hier einen derartigen Aufschwung, daß 1720 15 000 Menschen davon lebten. Das Rauchen verlangte wie das Trinken Zeit, Konzentration und ein gewisses Zeremoniell. Man setzte sich an den Tisch, nahm seinen Tabak heraus, hackte ihn mit Hilfe eines Spezialmessers klein, stopfte die Pfeife und zündete sie an der Kerze oder an Glutbecken an, die für diesen Zweck vorgesehen waren.

Man rauchte vier, fünf Pfeifen nacheinander. Der Tabak war das billigste Vergnügen. Man rauchte überall: in den Häusern, den Büros, den Geschäften, den Herbergen, den Kutschen. Allein die Kirchen entkamen dieser Ansteckung. Die ganzen Niederlande waren vom Tabak verpestet. Grosley erzählt, daß ihm eine dichte Wolke die Sicht nahm, als er die Tür eines kleinen Rotterdamer Cafés öffnete: da drin waren dreihundert Raucher![12]

Diese Exzesse beunruhigten die Regierungen. Sie belegten den Tabakhandel mit hohen Steuern, brachten Pla-

kate zur Warnung der Bevölkerung an; Prinz Moritz verbot den Soldaten seiner Truppen die Pfeife; Piet Hein verbot Gleiches den Matrosen seiner Flotte; Synoden schleuderten den Bannfluch. Vergebens. Allein die Anabaptisten enthielten sich dieses für die menschliche Würde verderblichen Gifts. Die Frauen aus dem Volk, die Bäuerinnen, rauchten kaum weniger als ihre Männer. Die Damen der guten Gesellschaft widerstanden dieser Leidenschaft, ihre Reinlichkeitsliebe litt darunter. Sie mußten wahre Wunder vollbringen, um ihre Wohnungen zu lüften. Sie bemühten sich, die Raucher der Familie in ein dafür geopfertes Zimmer zu verbannen. Einige fügten in ihren Ehevertrag eine Klausel ein, die ihrem Mann untersagte, zu Hause zu rauchen. Diese weibliche Reaktion trug zum Erfolg der „Tabakkneipen" bei. Übrigens hieß das, vom Regen in die Traufe zu kommen, und viele Frauen beklagten, daß ihr Mann auf diese Weise eine neue Gelegenheit bekam, Geld auszugeben, und einer ständigen Versuchung der Trunksucht und Unmoral ausgesetzt war. Diese im Laufe des Jahrhunderts entstandenen „Tabakkneipen" waren nur eine andere Art Wirtshaus, wo man trank und spielte und dabei aus einer Pfeife rauchte, die die Runde machte.
Die Befürchtungen der Ehefrauen waren nicht unbegründet. Die Vermehrung der Tabakkneipen, Tee- und Kaffeehäuser untergrub in der zweiten Hälfte des Jahrhunderts die Familientraditionen gewaltig, denn mehr und mehr nahm man die Gewohnheit an, abends auszugehen und sogar die Feiertage gänzlich in diesen Etablissements zu verbringen.

DIE ÖFFENTLICHEN FESTE

Fröhliche Traditionen

Von der Geburt bis zum Tod markieren die großen Ereignisse des Lebens, wie wir gesehen haben, die familiäre Existenz der Niederländer und lassen dabei regelmäßig den Gemeinschaftssinn wiederaufleben. Die Anzahl dieser Festlichkeiten nimmt in dem Maße zu, wie die Familie sich vergrößert und im Alter voranschreitet, denn zu den eigentlichen Festen gesellt sich das Feiern ihrer Geburtstage, die die Niederländer in Ehren halten. Es kommen entfernte Verwandte, Nachbarn, Kollegen, überbringen Glückwünsche und Geschenke und teilen die Freude am Festmahl. Sehr alte Bräuche, deren ursprüngliche Bedeutung seit langem in Vergessenheit geraten ist, pflanzen sich auf diese Weise fort. Jeder gut eingerichtete Haushalt besitzt einen großen Blasebalg auf Füßen, dessen geschickte Betätigung ein jammervolles Geplärr herausquetscht, ein bei solchen Zusammenkünften sehr beliebter Zeitvertreib. Die Festgelage und mehr noch die Geschenke zur Geburt, Verlobung, Hochzeit, zum Geburtstag haben institutionellen Charakter. Die bestehenden Behörden bestätigen deren Tradition sozusagen amtlich. Die Stadt schenkt ihren Magistratsmitgliedern anläßlich ihrer silbernen oder goldenen Hochzeit, zur Taufe oder Heirat ihrer Kinder einen Pokal, in den ihre Wappen graviert sind. Bei der Geburt von Prinzen oder großen Persönlichkeiten, die sie ehren oder die sie sich geneigt machen wollen, verleihen Magistrate oder Staaten einen in einer wertvollen Schatulle verwahrten Leibrentenbrief, dessen Überreichung im Rahmen einer großen Festlichkeit stattfindet. So erhält der künftige Statthalter Wilhelm II. an seiner Wiege drei Rentenbriefe mit einem jährlichen Wert von 13600 Gulden ..., und aus diesem Anlaß verteilt die Regierung 225 Gulden an die Armen von Den Haag! Für Wilhelm III. wird eine Rente von 18000 Gulden ausgesetzt. Die Obrigkeiten, von denen die Schenkung kam, waren als gemeinschaftlicher Pate bestellt und nahmen mit einer Abordnung an der Taufzeremonie teil, die sie durch ihr Ansehen aufwerteten und mit dem Glanz ihrer Gesandtschaft verschönerten.

Ein traditionelles Familienfest mit gemeinschaftlichem und – zumindest ursprünglich – sparsamem Charakter bot der Monat November: das Schlachtfest. Die meisten Bürger besorgten ihren Fleischvorrat für den Winter,

wenn nicht für das ganze Jahr. Je nach Bedeutung und Reichtum der Familie kaufte der Hausherr auf eigene Rechnung oder gemeinsam mit Nachbarn ein Schwein und eine Kuh auf dem Markt. Man ließ das Tier im Hof oder vor dem Haus schlachten, die Stücke hängte man an Haken, die zu diesem Zweck in einem Balken befestigt waren. Dann machte man sich an das Pökeln oder Räuchern. Das dauerte seine Zeit, und diese zwei oder drei Tage gaben Anlaß für ein echtes Volksfest. Tagsüber arbeitete man schwer, nahm von Zeit zu Zeit einen Schluck Wacholderbranntwein und zu Mittag ein Stück Brot und ein Glas Bier im Stehen. Hinten aus ihrer Küche lenkte die Mutter der Familie das Treiben. Abends lud man sich von einem Haus ins andere zu langen Mahlzeiten mit gebratenem Fleisch und frischer Wurst ein, die reichlich begossen und von Omeletts mit Speck begleitet wurden. Für viele einfache Leute waren das die einzigen Mahlzeiten des Jahres, wo man frisches Fleisch aß; während der elf folgenden Monate würde man sich mit den Pökelvorräten begnügen.
Ab 1635 ist im Bürgertum ein bis dahin unbekannter oder tadelnswerter Geschmack an außerfamiliärer Lustbarkeit zu verzeichnen: Fast überall im Land entstehen „Vergnügungskollegs" *(collégiën)*. Diese ordnungsgemäß mit Statuten versehen, halten an festgelegten Tagen Sitzungen ab, im allgemeinen montags oder mittwochs. Sie vereinen Personen beiderlei Geschlechts, die sich durch ihren Beruf, ihr Alter oder gemeinsame Interessen nahestehen. Man redet sich mit „Gevatter" oder „Gevatterin" an, man trinkt, man singt, man spielt Karten. Diese Gewohnheit verbreitet sich in allen Schichten der Gesellschaft, es gab schicke „Kollegs" und andere, die es nicht waren. Parival war um 1660 in eines von ihnen eingeladen und beschreibt es mit folgenden Worten: „Sechs oder sieben der angesehensten Personen teilen die Woche unter sich auf, jede bekommt einen Tag fest zugesprochen. An jenem Tag begibt man sich gegen sechs oder sieben Uhr zu ihnen, und man verbringt den Abend hier mit Spielen und Gesprächen, bis gegen zehn Uhr, wenn jeder sich zum Souper zurückzieht ... Auch

unter jungen Damen finden sie statt: ... dort wird nicht soviel gespielt, aber als Entschädigung trifft man hier häufig so charmante und geistreiche Personen, daß man keinen Grund hat, die Zeit, die man dort verbringt, zu bedauern."[1]

Als die ersten „Cafés" aufkamen, hielten die „Kollegs" dort ihre Zusammenkünfte ab und lieferten den Bürgern, die diese neue Etablissements besuchten, die gesellschaftliche Rechtfertigung, die ihre Leidenschaft brauchte.

Trotz der Vorwürfe der reformierten Kirche blieben mehrere ehemalige katholische Feste in verweltlichter Form in der Volkstradition lebendig. Mit dem Feiern der Heiligen Drei Könige, der Fastnacht, von Sankt Martin, Sankt Nikolaus und selbst Pfingsten verband sich eine lebhafte Folklore, die gleichzeitig familiär und kollektiv war und entsprechend den Regionen recht unterschiedlich. Dieses waren öffentliche Feste, an denen mit Ausnahme einiger Puritaner die ganze Nation teilnahm. In den Augen von Temple[2] bildeten sie einen der Reize des niederländischen Lebens.

Am 6. Januar bestimmte man beim Frühstück, wer die Könige sein würden, vermittels einer Saubohne, einer grünen Bohne oder eines Geldstücks, die in das Brot, das gebrochen wurde, eingebacken waren oder als Spielsteine für die Auslosung benutzt wurden. Hier und da wählte man drei Könige: Zwei von ihnen waren in ein weißes Kleid gehüllt, der dritte, mit bärtigem Gesicht, in ein schwarzes. Die drei zogen los, eine Kerze in der Hand und einen Papierstern, gefolgt von ihrer Schar Kinder, die einen Korb über dem Kopf trugen, vom Narren und vom Vielfraß, die mehr oder weniger grotesk gekleidet waren, und alle sangen sie alte Lieder, die die Geschichte von Herodes und den Weisen erzählten. Sie kehrten in eine Schenke ein, wo man sie mit Ölkuchen bewirtete.

In einigen Städten, etwa in Amersfoort, losten die Notabeln die Könige in der Bürgermeisterei aus. Bis zum Beginn des 18. Jahrhunderts führten in manchen Dörfern die Rhetoriker an jenem Tag das mittelalterliche Spiel von den Heiligen Drei Königen auf. Anderswo stellte man, einem sehr alten Brauch gemäß, auf dem Boden eines Zimmers Kerzen, die die kleinen Kinder übersprangen. In Noordwijk begann das Fest der Könige am Abend des 5. Januar mit einem Umzug von Kindern, die einen Sack am Gürtel trugen und von Tür zu Tür um Brot, Käse und Geld bettelten.

Der erste Montag, der auf die Heiligen Drei Könige folgte, war durch Festlichkeiten gekennzeichnet, die aus dem ehemaligen Fest der Unschuldigen hervorgegangen waren. Die Druckereiarbeiter machten daraus eine berufliche Feierlichkeit. Die Gilden organisierten Umzüge, die Rhetoriker führten das „Spiel der Unschuldigen" auf, die Reichen tafelten, die Magistrate beschenkten ihre Angestellten: Wein, Geflügel, Kleidung, Geld ...

Den Regierungen war es gelungen, die Kostümierungen zur Fastnacht zu verbieten. Nur die Rhetoriker in einigen Dörfern und gewisse Adlige am Hof von Den Haag maskierten sich noch. Auch reduzierte sich die Feier des Festes auf ein Krapfenessen, das häufig in den Schenken eingenommen wurde. Hier widerhallte es von einem speziellen Repertoire an mehr oder weniger obszönen Volksliedern. In Dordrecht hatte man den Brauch besonderer Tänze zu diesem Anlaß bewahrt. In manchen Dörfern machten die Kinder einen ohrenbetäubenden Radau, liefen durch die Straßen und schwangen ein „Musikinstrument", das aus einem Topf mit einer Blase darüber bestand.

Taubenschießen, Tänze und Gesänge kennzeichneten das Pfingstfest. Ein Umzug sehr junger Leute, die mit Blüten und Blättern gekrönt und mit Symbolen aus Gold- oder Silberpapier geschmückt waren, geleitete die „Pfingstbraut" singend durch die Stadt. Diese, aus den Mädchen des Ortes wie eine Schönheitskönigin erwählt, auf Gemeinschaftskosten in ein weißes Kleid gehüllt und mit Blumen geschmückt, schritt, von ähnlich gekleideten Ehrenjungfrauen umgeben, voran. Auf dem Weg des Festumzugs sammelte man Geld: mit dem, was zusammenkam, ging man trinken. Dieser Brauch zog solche Ausschreitungen nach sich, und die traditionellen

Gesänge schockierten die sittenstrengen Leute dermaßen, daß die meisten großen Städte im Laufe des Jahrhunderts den Pfingstfestzug verboten.
Sankt Martin[3] wurde am Abend des 11. November in allen holländischen Familien gefeiert. Eine Mahlzeit vereinte sie an einem strahlend erleuchteten Tisch. Man aß Krapfen, Mispeln und eine gebratene Gans. Man trank neuen Wein und sang dazu das alte Lied:

> Sankt Martin, Sankt Martin!
> Heute Most, morgen Wein!

Dann zog die Jugend singend durch die Straßen. Mit Papierlaternen in der Hand klopften sie an die Türen der Reichen, um Holzscheite zu erbitten, aus denen sie ein Freudenfeuer machten. Kinder warfen Körbe mit Mispeln, Kastanien und Nüssen in die Flammen ... Sankt Nikolaus war das Fest der Kinder. Dieser Brauch reichte mindestens bis ins 13. Jahrhundert zurück und strahlte einen altertümlichen Zauber aus, den die Geschenke symbolisierten, die in die Schuhe unter dem Kamin gelegt wurden. Vom Morgen bis zum Abend waren die Kinder der Nachbarschaft beim Bäcker versammelt, um den Schmuck aus Silberpapier auf die traditionellen Lebkuchen zu kleben. Man aß, trank und tanzte. Man sang:

> Sankt Nikolaus, guter, heiliger Mann,
> zieh deinen schönsten Mantel an
> und reite so nach Amsterdam ...
> Äpfel der Oranier,
> Äpfel von den Bäumen!
> Da leben reiche Herren,
> Da leben reiche Damen,
> die zwei Paar Ärmel tragen.
> Meine Hübsche, laß uns heiraten![4]

Diese Zusammenkünfte verursachten manchmal ein solches Spektakel, daß die Obrigkeiten hier und da Druck auf die Eltern ausübten, damit diese ihren Sprößlingen verboten, daran teilzunehmen. In Rijnsburg gingen die Bauern in Anwesenheit der ganzen Bevölkerung die Kühe auf den Weiden melken und verteilten süße Milch und Kekse. In Rhijnsaterwoude rief ein Ausrufer die Kinder unter vierzehn Jahren und die Alten über siebzig Jahren zusammen und schickte sie auf den Polderdeich von Wassenaar, wo für sie sieben große Eimer lauwarme Milch und fünfzehn Dutzend Kekse bereitstanden. Im ganzen Land hatten an jenem Tag die Insassen der Altenheime und Waisenhäuser ein Recht auf ihre Ration an Leckereien: Weißbrot und gefärbten Zucker.

Das Maifest ging auf heidnische Bräuche zurück, die noch älter waren. Am Abend des 30. April stellte man auf dem Marktplatz einen Maibaum auf, der mit Kronen, Papierschlangen, vergoldeten Zweigen und Sinnsprüchen geschmückt wurde. Am Morgen des 1. Mai fand sich die Jugend der Stadt grün gekleidet dort ein und umtanzte ihn singend. Dann wurde getrunken. Die jungen Leute aus guter Familie schickten sich gegenseitig Geschenke und Glückwünsche. Man sang viel. Die Buchhändler verkauften Sammlungen mit „Mailiedern". Am Abend wurde die Stadt beleuchtet, die ganze Bevölkerung ging auf die Straße, und das Fest endete sehr spät in allgemeiner Auflösung. In Den Haag nahm diese Feier einen offiziellen Charakter an. Das Haus des Statthalters nahm am Festmarsch teil. Man errichtete nicht einen, sondern mehrere Maibäume, die ehrerbietig den Staaten von Holland, der Regierung der Union und den verschiedenen Prinzen der Familie von Oranien gewidmet waren.

Die Mehrzahl der Städte besaß besondere Bräuche, die Anlaß zu lokalen Festen gaben, wie in Amsterdam und seiner Umgebung der *luylak*. In der Morgendämmerung des Samstags vor Pfingsten rannten Scharen von Kindern durch die Straßen, die eine Graskrone trugen, lärmten, um die Bürger zu wecken, an die Türen klopften, Steine an die Fenster warfen und mehr oder weniger unflätige Lieder sangen.

Luylak!
Schlafsack,
Bettdecke,
Kirmespuppe,
die erst um neune sich erhebt!

Manchmal machten sich die tobenden Gören über das flache Land her, gegnerische Banden prügelten sich, oder aber sie fielen gemeinsam über die Holzmühlen her, die in dieser Gegend zahlreich sind, und beschädigten deren Einrichtungen. Der Magistrat von Amsterdam mußte anordnen, die Tore an diesem Tag bis um sechs Uhr geschlossen zu halten. Wiederholte Eingriffe der Polizei führten schließlich dazu, daß sich diese Tradition auf das Singen von Liedern beschränkte.
Ebenfalls in Amsterdam öffnete man den Kindern während der ersten Woche der Septemberkirmes das Gebäude der Börse. Am Morgen begaben sich kleine Jungen mit Trommeln und Flöten im Festzug dorthin, und man ließ sie den ganzen Tag da spielen, außer während der zwei Stunden, die den Geschäften gewidmet waren. Am Sankt-Hiobs-Tag veranstaltete die Jugend von Rotterdam einen Ausflug in das Dorf Schoonderlo, das für die Anzahl seiner Schenken berühmt war, und trieb dort sein skandalöses Spiel. Ein Edikt von 1625 setzte diesem Brauch ein Ende. In Friesland liefen die jungen Leute in der Silvesternacht scharenweise durch die Straßen, bemächtigten sich aller beweglichen Gegenstände, die sie dort fanden – Gerätschaften, Fuhrwerke –, und vertauschten oder versteckten sie in dem allgemeinen Tohuwabohu ...
Leiden gedachte am 3. Oktober, wie es heute noch geschieht, dem Jahrestag seiner Befreiung. „Gastronomische" Rituale (*hutspot* und Heringe) kennzeichneten dieses patriotische Fest, das einzige, das an einem bestimmten Datum gefeiert wurde. Dagegen waren die großen Ereignisse der nationalen Geschichte und gewisse diplomatische Festakte im Laufe des Jahrhunderts von einer Reihe außergewöhnlicher, gelegentlich grandioser Feierlichkeiten begleitet, wie 1638 in Amsterdam der Empfang der Königinmutter Maria von Médicis. Festzüge der Gilden, militärische Aufmärsche, Beflaggungen, Bankette: Die Stadt empfing zum ersten Mal in ihren Mauern eine „echte Königin"; der Stolz der Amsterdamer Emporkömmlinge sah in diesem Besuch die Besiegelung eines Erfolgs. Das verdrehte ihnen den Kopf. Die Bürgerwehr

ließ den Festumzug, den sie an jenem Tag veranstaltet hatte, von einem Maler an den Wänden ihres Versammlungslokals verewigen. Dann 1642, als die Königin von England kam, um ihre Tochter, die Braut von Wilhelm II., vorzustellen; 1689 bei der Krönung des Statthalters Wilhelm III. zum König von England. Während des größten Teils des Jahrhunderts erfüllte Amsterdam die Repräsentationsaufgaben der Republik an den Höfen Europas. Während des Besuchs, den Moritz von Nassau 1618 nach der Verhaftung von d'Oldenbarnevelt der Stadt Amsterdam abstattete, zeigten die Rhetoriker eine Reihe allegorischer Mimenspiele, die die Ruhmestaten des Prinzen feierten; es gab einen Festumzug mit Kutschen, die die Ehrerbietung der sieben Provinzen überbrachten; und schließlich stellten lebende Bilder einige große Ereignisse der jüngeren Nationalgeschichte dar. Der Westfälische Frieden wurde in der ganzen Union mit außergewöhnlichen Feierlichkeiten gewürdigt: öffentliche Lesungen von Gedichten und historischen Berichten, Schmückung der Fassaden, Beflaggungen, Trompeten, Glockenspiele, Bankette, Gebete, Ehrensalven. Auf dem Damplatz in Amsterdam stellte ein allegorisches Mimenspiel den Prinzen dar, umgeben von der Weisheit, der Umsicht, der Gerechtigkeit und der Tapferkeit; Moritz von Nassau erschien als Numa Pompilius, Friedrich-Heinrich als Hannibal, Wilhelm II. als Augustus. Alles war erleuchtet. Die Beleuchtungen bildeten die Ausschmückung für alle Feste dieser Art. Man illuminierte nach den Siegen, die die Armeen des Prinzen errungen hatten. Fackeln wurden aus Reisig, Pech und selbst Teer gemacht, wobei man schlimme Feuersbrunsten riskierte. Die Reichen gaben in ihren Gärten manchmal private Lichterfeste und Feuerwerke.

Die Kirmessen

Wenige Traditionen waren so tief in der niederländischen Seele verwurzelt wie die Kirmessen. Als Wilhelm III. König von England geworden war, gestand er eines Tages seinen Londoner Vertrauten, daß er gern 200 000 Gulden gäbe, um Flügel zu bekommen und zur Kirmes von Den Haag zu fliegen. Einstmals war er in Begleitung seines ganzen Hofs dorthin gereist. Prinzen und Prinzessinnen, hohe Stadträte, Würdenträger mischten sich mit dem gleichen Freudenausbruch unter das Volk. 1654, im heikelsten Moment der englisch-niederländischen Krise, diskutierte Johann de Witt, auf dem damals die schwersten öffentlichen Verantwortungen lasteten, auf der Kirmes vor dem Stand eines Waffenhändlers über Politik. „Heilige Kirmes" sagte man in der guten alten Zeit, wie man „Heiliger Nikolaus" sagte. Mehr als ein Fest war die Kirmes ein regelmäßiges Aufblühen des Gemeinschaftssinns, die Zusammengehörigkeit in der Freiheit und Brüderlichkeit eines Tages. Ursprünglich als „Kirchmesse", als lokales Fest bei einer Kapelle oder einem Kloster gefeiert, hatte sich die Kirmes seit der Reformation verweltlicht. Die Prediger, die sich alle Mühe gaben, sie als papistisches Überbleibsel zu bezichtigen, sprachen ins Leere. Im 17. Jahrhundert gibt es keine Stadt, kein Dorf mit etwas Bedeutung, die nicht ein- oder zweimal im Jahr ihre Kirmes gehabt hätten. Dort vermischt sich die örtliche Bevölkerung mit der der Umgebung und mit den Vertretern von weiter entfernt liegenden Ortschaften. Hier wird gekauft, verkauft und sich amüsiert. Die Kirmes unterhält die wirtschaftlichen sowie die kulturellen Bindungen des Landes. Dennoch werden im Lauf des Jahrhunderts gewisse Anzeichen des Niedergangs sichtbar: Die Kirmes wird mehr und mehr zügellos, sie setzt rohe, gewöhnlich verdrängte Leidenschaften frei. In gleichem Maße zeichnet sich eine gewisse gesellschaftliche Spaltung ab: Die „besseren" Leute kommen nur mehr als Zuschauer, statt sich unter das Volk zu mischen. Der Puritanismus gewisser Großbürger beeinflußt in diesem Punkt die Adligen, die natürlich freiere Sitten haben.

Die Kirmes dauert oft eine Woche, manchmal zwei oder auch drei wie in Haarlem. In Den Haag erstreckt sich die Maikirmes über vierzehn Tage, die im September über acht; übrigens wird die zweite per Dekret 1643 abgeschafft. In dieser Stadt ist die Organisation des Festes dem Hof selbst und der Regierung anvertraut – die sich die Einnahmen teilen. So erhält die Kirmes von Den Haag einen besonderen Charakter, der vergleichsweise offizieller und luxuriöser als anderswo ist. Sie wird innerhalb und außerhalb des weitläufigen Vierecks abgehalten, das die Prinzenpaläste im Stadtzentrum bilden. Sie beginnt am 3. Mai genau um halb eins mit einem Glockenläuten vom Rathaus, das bis um ein Uhr dauert.

Auf dem Marktplatz, in den Straßen errichtet man Zelte. Händler und Unterhalter finden für diese Arbeit unter der Bevölkerung bereitwillige Hilfen, nicht immer kostenlos, denn sie bezahlen sie manchmal mit Freikarten. Die ganze Stadt ist auf den Beinen, schon hat das Fieber sie erfaßt. Die Torwächter, Trommler und privaten Werbeleute kündigen das große Ereignis an, indem sie es in Reimen anpreisen. Ein Festmarsch der Gilden eröffnet es, dem das Schießen auf den „Papagei" folgt. Die Menge drängelt und rempelt. Öffentliche Wege sind mit Reihen von Ständen, Bänken und Baracken verstopft. Die Bäcker haben mit dem Verkauf des Kirmeskuchens begonnen: einer flachen, ovalen Galette, die mit rosa Zuckerguß glasiert ist und auf der in weißen Lettern eine von Konfekt gerahmte Inschrift prangt: „Für Eure Kirmes", „In Liebe", „Von ganzem Herzen". Diese Kuchen dienen als Kuppler: Man beschenkt eine Schöne damit, sie hebt ihn auf bis zum zweiten Sonntag, der der Kirmes folgt, dann kommt der Verliebte nachsehen, ob man ihm ein Stück zurückbehalten hat …

Die Schenken sind ständig voll. Für viele Bauern bringt die Kirmes der Nachbarstadt vor allem eine Gelegenheit, in einer ungewohnten Umgebung zu trinken. Lange Tische werden vor die Tür gestellt. Man setzt sich auf Bänke, auf ein Faß, auf die Erde; man tanzt. Die Kinder heulen, verfolgen sich, spielen Tamburin und Flageolett; Fiedler kratzen zwischen den ausgelegten Waren die Saiten. Auf gut Glück schnappt man jemanden am Kragen, gießt ihm ein Glas Bier ins Hemd, oder aber man schmiert ihm das Gesicht mit Mehl oder Wachs ein.

Die Kirmes wird zum ausschweifenden Gelage. In manchen Dörfern führt man feierlich einen mit Blumen gekrönten „Kirmesochsen“ herbei, der alsbald auf dem Marktplatz geschlachtet und gebraten wird und von dem jeder gegen Bezahlung ein Stück essen kann. „Kirmessänger“ ziehen durch die Straßen, Tafeln werden dabei getragen mit dem Text ihrer Lieder. Alles singt. Frauenschreie mischen sich unter das Quietschen der Karussells. Die Luft in den Zelten wird schnell unerträglich, der Geruch stickig. Frauen fallen in Ohnmacht. Man verkauft Kuchen, Töpferwaren, Stoffe, Nippes aus Glas und Silber, Spielzeug, Bilder. Akrobaten und Seiltänzer rivalisieren mit den Turnerriegen, die die ägyptische Pyramide darstellen. Hier zeigt man einen weisen Hund, dort ein Pferd, das rechnen kann. Gaukler aus ganz Europa führen auf den großen Kirmessen verschiedene Clowns ein, die ausländischer Herkunft sind: Suppenkasper, Punch, Hanswurst. Holland hat seinen populären Pekelharing. Diese Personen spielen burleske Farcen, die auf den Bühnen den Possen der Rhetoriker nahekommen. Manchmal hat das Kirmestheater ein höheres Niveau: Das Amsterdamer Theater spielte auf der Kirmes von Haarlem sowie 1640 die französische Truppe des Prinzen von Oranien. Die „mechanischen Theater“ zeigten Puppen, deren Bewegungen von einem Uhrmechanismus geregelt wurden, die trommelten oder ins Horn bliesen.[5] Ausländische „Künstler“ verstärkten bei den wichtigsten Kirmessen die übliche Schar der Zigeuner und einheimischen Scharlatane. Schweden tauchten die Hände in einen Tiegel voll geschmolzenem Blei. Der Engländer Richardson schluckte flüssigen Schwefel, geschmolzenes Glas und kaute Kohlen.

Unter den Gauklern, Heilern und Wahrsagerinnen pries ein Rattenfänger seinen Arsenkuchen und stellte seine an einem Band aufgehängten jüngsten Opfer aus. Handwerker produzierten zur öffentlichen Unterhaltung die Wunder ihrer Kunst: Einige, die angeblich aus Böhmen kamen, bliesen Glas. War es auch selten, daß man exotische Tiere, etwa ein Kamel oder einen Elefanten, betrachten konnte, hatte man doch zumindest auf jeder

Kirmes seinen Bestand an Pferden, Kühen, Hunden und Schweinen mit zwei Köpfen, drei oder sechs Beinen, mit einem Fell von ungewöhnlicher Farbe. Oder aber Bienen flogen auf Befehl ihres Abrichters in ihren Korb zurück. Anderswo zeigte sich ein Rumpf-Mensch, der fähig war, nur mit seinem Mund zu nähen, zu weben oder mit der Pistole zu schießen. Gelegentlich existierte die „Rarität" nur in der Anpreisung durch den Jahrmarktsschreier: dieser zeigte eine tobende, in Ketten geschlagene Frau, jener einen gefesselten Mann, von dem man versicherte, daß er sieben Jahre lang Sklave der Türken gewesen war. Eines dieser Monster hat in der Geschichte der Anekdoten eine Spur hinterlassen: ein Fischer mit dem Spitznamen „der lange Gerrit", der 2,59 Meter groß war und die Kraft eines Pferdes hatte. Zweifellos rief sein Ruhm die Neider auf den Plan: Der arme Teufel scheint 1668 auf einer Kirmes bei einem Handgemenge, in das er verwickelt war, umgekommen zu sein.

In der Tat endeten die Jahrmärkte vor allem auf dem Land selten ohne Ausschreitungen. Wenn nach einigen Tagen die Geister erregt genug waren, die Körper genügend vom Alkohol durchtränkt, reichte ein falsches Wort, eine gewagte Geste gegenüber einer Frau, ein Blick, um die angestauten Energien freizusetzen. Faust- und Stockschläge waren dabei Kleingeld. Auch auf diesem Gebiet hatte man Traditionen: Man hielt eine Tonpfeife in der Faust, um sie schlagkräftiger zu machen, als Reserve hatte man Sand in der Tasche, den man dem Gegner im passenden Moment in die Augen streute, vorher hatte man sich die Nägel wie Sägezähne geschnitten, damit man, wenn die Stunde der Abrechnung gekommen war, besser kratzen konnte. In manchen Dörfern gehörte das Handgemenge zu den Belustigungen, man organisierte Turniere, bei denen man die Gegner mit stumpfen Messern ausrüstete ... um Blut zu sehen, aber keine schweren Verletzungen! Und man trampelte im Straßenschlamm umher.

FÜNFTER TEIL
KUNST UND LITERATUR

DIE SCHÖNEN KÜNSTE

Der militante Kalvinismus der Kriegsepoche, der zwar Gegner des Humanismus, aber doch von ihm beeinflußt war, hat eine eigenständige geistige Kultur hervorgebracht, deren erste Früchte kurz vor 1600 reifen. Aus pastoralen Bedürfnissen heraus geschaffen und in der Absicht, die wirklichen Menschen, die Kämpfenden, die Einfachen, die Kleinen zu erreichen, soll diese Kultur während des gesamten goldenen Jahrhunderts eine allgemeine Orientierung beibehalten, die gleichzeitig religiös, populär und national ist. Zu dem Zeitpunkt um 1660, da die Ideen und Stile der französischen Klassik in die Niederlande eindringen, blieben sie Aufsatz, Zierat und Zwischenspiel – importierte Dinge eben. Was den Puritanismus betrifft, übte er vor allem einen indirekten Einfluß im Sinne der Verinnerlichung aus. So entsteht nach und nach eine Kluft zwischen den wilden und kraftvollen Tendenzen der niederländischen Volksseele und ihren formalistischen, schwülstigen und hochtrabenden Ausrichtungen. Die ersten entsprechen dem, was der Bürger in diesem Land war, die zweiten dem, was er in seinem neu erlangten Reichtum zu sein träumte, die ersten dem Barock, die zweiten dem Geschmack Ludwigs XIV. Aber noch in der puritanischen Klassik begreift der niederländische Großbürger sich selbst weniger unter dem königlichen Gesichtspunkt, den die französische Kunst pries, als unter dem heroisch-antiken Aspekt des *civis romanus*.

Vielleicht erklären diese Widersprüche das Fehlen von Stil in des Wortes tiefster Bedeutung, das man in der niederländischen Gesellschaft des goldenen Jahrhunderts ausgemacht hat und das sie daran hindert, sich in den Künsten mit gültigen Werken auszudrücken, die harte Materialien bearbeiten: in der Bildhauerei und Architektur.[1] Jene Künste dagegen, in denen sie glänzte und in die etwas aus ihrem tieferen Sein einging, waren die, die offener sind für das innere Leben, das Leben im Inneren, für das private Milieu: Dichtkunst, Musik und Malerei.

Die Maler

„Zweifellos existiert kein Land auf der Welt", schreibt Parival, „wo es so viele und so ausgezeichnete Gemälde gibt."[2] Die Geschichte bietet wenig Beispiele für Generationen, die so reich an großen Malern waren wie in den Niederlanden jene der Jahre 1595 bis 1625. Van Goyen wird 1596 geboren, Albert Cuyp 1605, Rembrandt 1606, van Ostade 1610, die beiden Both 1608, van der Helst 1613, Metsu 1615, Ferdinand Bol 1616, Terborch 1617, Wouwermans 1619, Potter 1625, Jan Steen 1626. Und diese außergewöhnliche Blüte konzentriert sich fast gänzlich in der Provinz Holland, einem Flekken, der kaum größer ist als unser Departement Pas-de-Calais. Leiden gibt der Welt Rembrandt, van Mieris, Jan Steen; Den Haag Potter, van Ravesteyn, van Goyen; Delft gibt De Hoogh, Vermeer; Dordrecht Guyp; aus Haarlem stammen van Ostade, Brouwer, Wouwermans.[3] Amsterdam ist eine Kolonie von Malern ...

Den verschiedenen Schulen zum Trotz bieten uns diese Künstler ein erstaunlich homogenes Werk, dessen Grundzüge durch die gesellschaftliche Rolle, die es erfüllte, geprägt waren. Die aufsteigende Bourgeoisie liebte es, sich mit Luxusgegenständen zu umgeben, die einst den Adligen und der Kirche gehört hatten. Ein wirtschaftlicher Zwang trieb sie dazu: das schon angedeutete Bedürfnis nach Anlagemöglichkeiten für ihre Handelsgewinne, ein Bedürfnis, das in hohem Maße den Charakter und die Entwicklung der Kultur des goldenen Jahrhunderts bestimmte und zu einer beträchtlichen Nachfrage auf dem Konsumgütermarkt führte. Die Struktur dieser Gesellschaft und ihre Moral beschränkten das Angebot an Warengütern aber hauptsächlich auf

Produkte, die dem Komfort und der Ausschmückung des Hauses dienten.
Für den niederländischen Bürger des 17. Jahrhunderts ist das Gemälde ein Möbelstück. Und unersetzlich in seiner Funktion, die verabscheuten kahlen Wände zu bedekken. Gleichzeitig schmeichelt das Gemälde, vor allem, wenn es ein Porträt ist oder ein Interieur darstellt, dem etwas naiven Stolz des arrivierten Mannes. Der Besitzer der Herrenherberge in Edam beauftragt 1633 einen Maler, die Korpulenz, die ihm zu Ruhm und Ehre gereicht, auf der Leinwand festzuhalten: Mit zweiundvierzig Jahren wiegt er mehr als 450 Pfund! J. Molenaer porträtiert einen Reeder, der von seiner ganzen Familie umgeben ist und mit dem Finger auf die 92 Schiffe weist, die er im Hafen besitzt. Um 1675 hatte ein gewisser wohlhabender Amsterdamer Buchhändler nicht weniger als 41 Bilder in seinem Haus, und er bildete keine Ausnahme, obgleich in dieser schon recht späten Epoche die Tapisserie begonnen hatte, der Malerei eine beachtliche Konkurrenz zu machen.
Bis gegen 1660 legt der geringste Krämer Wert darauf, Gemälde zu besitzen. Er hängt in allen Räumen welche auf. Auf diese Weise sieht man selbst Bauern 2000 bis 3000 Gulden ausgeben. Dennoch ist man sich nicht bewußt, dadurch eine Kunst zu fördern. Die große Masse der Liebhaber von Malerei weiß nicht, zu welcher außergewöhnlichen Vollkommenheit die nationale Schule gelangt ist. Der gewollt gebildete, aber doch erfahrene Kreis von Muiden verkennt Rembrandt. Seine Mitglieder schwören nur auf Rubens, einen Flamen. In den Augen des Patriziers, des reichen Bürgers, ist der Maler ein Lieferant unter anderen. Kunstförderung wird nicht praktiziert. Man bestellt, man zahlt. Es hat den Anschein, daß die vierzig bekannten Gemälde von Vermeer alle auf Bestellung ausgeführt wurden. Bestenfalls ist man gewillt, einem Künstler, dessen Beschäftigungslosigkeit oder Verschwendungssucht ihn zum Notleidenden werden ließen, Geld zu leihen, aber die Bedingungen für ein Darlehen sind drakonisch. Rembrandt machte wiederholt diese harte Erfahrung, Cornelis Wit-

sen hatte Schuldverschreibungen bis zu 4000 Gulden von ihm. Zahlungsunfähigkeit bedeutete Bankrott und Pfändung, der Künstler ging daran zugrunde. Es waren weniger die überzogenen Forderungen der Bilderhändler als die Patrizier von Amsterdam, seine Gläubiger, die Rembrandt ruinierten und sein Ende beschleunigten. Pieter van Laar blieb als Ausweg nur der Selbstmord; das Elend machte aus Herkules Seghers einen unheilbaren Alkoholiker; Frans Hals, Ruysdael, Hobbema fielen früher oder später karitativen Einrichtungen zur Last; trotz der 500 Bilder, die er malte, blieb Jan Steen arm; und als Vermeer starb, schuldete er seinem Bäcker 600 Gulden ...

Dennoch fügte sich der Maler ohne gravierende Konflikte in die gesellschaftliche Ordnung. Nichts liegt den Sitten dieser Zeit ferner als das Aufbegehren des Unverstandenen oder das fanatische Verlangen nach Originalität. Der Künstler versucht möglichst gut eine alles in allem handwerkliche Technik anzuwenden, die er erlernt hat, über deren tiefere Natur er sich jedoch nicht befragt. Die Maler bilden eine Gilde, man bekommt über die gewohnten Rangstufen Zutritt zu ihr: Man war Lehrling bei einem Meister, der einen die Pinsel auswaschen und das Atelier kehren ließ, als Geselle hat man die Leinwände des Meisters auf Rahmen gespannt, eine nebensächliche Figur auf dem Bild entworfen, dessen Wesentliches er sich selbst vorbehält, man hat seine Skizzen ausgeführt. War man endlich Meister geworden, belieferte man einen Markt, dessen Kurswerte von den allgemeinen Gesetzen des Handels beherrscht wurde. So gesehen, verdiente die Arbeit weder besondere Anerkennung noch besondere Ehre.

Die Gilde der Maler ist eine bescheidene. Obwohl der Maler in der öffentlichen Meinung im allgemeinen als wenig seriös galt, entging er als Mitglied dem Gefühl, ein Sonderling zu sein, einer seltsamen Spezies anzugehören: ein Gefühl, das ein Niederländer dieser Zeit nicht ohne Mißbehagen gehegt hätte. Der vorherrschende Geschmack seiner Mitmenschen bestimmte in weitem Maße den eigenen Geschmack des Künstlers.

Man liebte Harmonie der Gestaltung, Reichtum der Farben, man verabscheute Sentimentalität und mehr noch Mystizismus. Was man heute als den Realismus der großen holländischen Malerei bezeichnet, ist nichts anderes als die Widerspiegelung dieser engen Bindung des Künstlers an die Gesellschaft, in der er lebt.
Es existierten Gemäldehändler, Krämer, die zwischen dem Maler und seinen Kunden vermittelten. Doch man verkaufte Bilder auch auf Jahrmärkten, auf Kirmessen. Die Wohlfeilheit der Ware zog die Käufer an. Auch wenn uns die Preise als reiner Wert sehr hoch erscheinen, waren sie viel niedriger als im spanischen Belgien, und dieser ökonomische Faktor hat sicher den Aufschwung der holländischen Schule begünstigt. 600 Gulden waren offenbar kein übertriebener Preis für ein Bild von mittleren Ausmaßen. Van Mieris verlangte 1200 für eine „Frau an ihrem Fenster". Zweifellos wurde das Geschäft häufig zu viel niedrigeren Summen abgeschlossen.[4]
Die Körperlichkeit, die Aktdarstellung interessieren nicht. Der einzige menschliche Typ, der Aufmerksamkeit verdient, ist der Bürger, der Mann in seiner authentischen Kleidung, seiner täglichen Gegenwart. In diesem Punkt ist der Bruch mit der Renaissance vollkommen, besonders mit Italien, obschon man viel von ihr gelernt hat. Zahlreiche holländische Maler reisen noch nach Rom. Hier studieren sie vor allem die Landschaftsmalerei. Aber sie hüten sich vor heroischen Themen. Auf den Leinwänden, die sie aus Italien mitbringen, haben sie eine Bäuerin mit ihrem Krug festgehalten, einen Hausierer, einen Hirten, eine Herde: lebendige, dem Schauspiel der Straße entnommene Gestalten, auf die sie die Wärme dieser Sonne, die ihnen in Holland fehlt, konzentrieren. Allegorie, Mythologie, Symbol und die sogenannten akademischen Verfahren spielen in der holländischen Malerei eine zweitrangige, oft unbedeutende Rolle. Die Landschaft selbst hat diesen Aspekt von kosmischem Gewimmel, den man bei Brueghel sah, verloren. Bei den Bauern von van Ostade ist sie nur noch diskrete Einladung, in die Persönlichkeit des Man-

nes einzudringen, für den sie den Rahmen abgibt. Um 1600 richten sich die Bemühungen hauptsächlich auf die Herausarbeitung von Formen und Farben, auf die dekorative Einteilung der Oberflächen. Dreißig Jahre später verwischt man die Konturen und spielt mit monochromatischen Effekten. Die tiefe Spannung hat sich verschärft. Doch um 1650 kommt ein gewisser Geschmack am Theatralischen auf. Man beginnt wieder, gelegentlich von der Antike zu träumen. Seitdem fällt die Kurve ab. Das Auge jedoch hat sich verfeinert, es erfaßt die Reflexe des Materials, drapiert die prunkvollen Stoffe; man beschwört im Schillern des Nebensächlichen das Wesentliche; das Herz des Betrachters wird stärker herausgefordert. Nach dem Tod Rembrandts setzt eine technische Tradition sich fort, aber das letzte Viertel des Jahrhunderts ist vom Niedergang einer Kunst gekennzeichnet. Der Erfolg eines de Lairesse war das erste Anzeichen dafür.

Die Formen dieser Kunst haben sich in einer kleinen Anzahl von Genres entfaltet. Gesellschaftlich ist die Porträtmalerei das Wichtigste. Die Nachfrage war enorm: Allein das Atelier von van Mierevelt soll fünftausend Porträts angefertigt haben. Es kam vor, daß man mehrere Exemplare von ein und demselben bestellte. Die Psychologie der Käufer unterschied sich nicht sehr von jener der Kundschaft unserer Fotografen. In Frankreich war es ebenso. Die Landschaftsmalerei wird durch das Farbenspiel, das der weite holländische Himmel erlaubt, zur ausgeprägtesten lyrischen Ausdrucksweise. Was das sogenannte Genrebild betrifft, verdankt es seinen anfänglichen Erfolg der Verdammung von Darstellungen des Göttlichen durch die Reformation. Szenen aus dem Interieur, Jahrmärkte, Stilleben ersetzten die Kreuzabnahmen, die von den Kirchen nicht mehr gebraucht wurden, und entsprachen gleichzeitig den eigentlichen Bedürfnissen einer neuen Gesellschaft. Humor, Ironie und Karikatur gehen unter diesem Deckmantel durch und passen sich derselben Tendenz an. Gemälde von Städten, Häfen, Flotten und Seeschlachten drückten auf andere Weise dieses kollektive Bewußtsein aus. Es wird das Werk Rembrandts sein, mittels der biblischen Themen wieder eine religiöse Malerei zu erschaffen, und zwar eine, die der kalvinistischen Seele angepaßt ist. Die Kupferstecherei folgt denselben Wegen: Man hat sie aus gutem Grund als die typische Kunst des 17. Jahrhunderts in Holland betrachtet. Die Anzahl der Werke, die sie hinterlassen hat, ist beträchtlich: Porträts, Serien des Typs „Die Arbeiten in den Jahreszeiten“, Genreszenen, Landschaften und vor allem Bilder oder Karikaturen mit aktuellen Inhalten, all das in einzelnen Blättern, in Alben, als Illustrationen von Pamphleten oder literarischen Werken, wie die Stiche von van der Venne zu den Gedichten von Cats. Der Kupferstich hält alle Erscheinungen des nationalen Lebens fest, die Darstellung lehnt sich an die Erfahrung an. In gewissen Aspekten hat der Kupferstich dieser Zeit etwas von unserer journalistischen Fotografie. Er widerspiegelt alle Veränderungen der politischen und militärischen Geschichte. Noch direkter als die Malerei drückt er das Selbstverständnis der Nation aus. Mit einigen seiner Vertreter reicht er an die große Kunst heran, bei anderen ähnelt er einem Abziehbild. Die populären Kupferstecher benutzen so lange wie möglich dieselben Platten und beschränken sich darauf, die Hauptgestalt zu verändern. Daher die ältliche Naivität vieler Illustrationen von Pamphleten und preisgünstigen Büchern.

Die Musiker

Die musikalische Tradition in den Niederlanden ist alt. Die „flämische“ Schule des 15. und 16. Jahrhunderts erstrahlte nicht nur in Frankreich, sondern auch in Italien, wo sich ihr Einfluß zu Beginn des großen Aufschwungs von einheimischer Musik über Künstler wie „Clemens non papa“ bei einem Palestrina bemerkbar macht. Die Reformation hatte dieser Tradition einen Hieb versetzt. Nach 1600 tritt nicht ein großer Name mehr hervor. Dennoch besteht ein intensives musikalisches Gemeinschaftsleben weiter, ein ausgereifter und im ganzen si-

cherer Geschmack ist kennzeichnend für diese ansonsten so wenig künstlerische Gesellschaft. Der Bürger des 17. Jahrhunderts wußte diese Neigung zu der Kultur, die er sich geschaffen hatte, zu integrieren.
Die Musik stellt für ihn in erster Linie eine soziale Bindung in Form des Gesangs dar. Wir haben schon festgestellt: keine Familienfeier, keine öffentlichen Festlichkeiten ohne Lieder. Die Snobs sprachen geringschätzig von diesen Melodien. Nicht daß sie verachtenswert gewesen wären, aber sie rührten noch von dem mittelalterlichen Kulturgut her, und ihr einfacher Charme war für die Liebhaber des italienischen oder französischen Stils nicht sichtbar.

Ich habe Ihnen guten Abend gesagt, meine Joosje,
meine kleine Bonbondose.
küßt mich, wir sind allein …
… Ich nenne Euch mein Herz, mein Trost, mein Schatz.
Ich schwöre Euch beim Fell von Onkel Lubberts Katze,
oh! Oh! daß ich Euch gewonnen habe![5]

Naiv geschraubt, gelegentlich moralisierend oder im Gegenteil fast obszön, konnten solche Liebeslieder dem Muidener Freundeskreis nicht gefallen, dessen Spiel die Affektiertheit des Hôtel de Rambouillet nachahmte. Huyghens verfaßte für sie auf französisch oder italienisch mehrere der Romanzen, die er in seinen *Pathodia* vereinte:

Meiner Wonnen feierliche Zeugen,
dichte Eichen, schöne Schluchten,
die ich sah so viele Sommer,
mit Neid und Stolz auf meine Freuden,
glaubet nicht, daß anderswo ich mich verlöre,
es sei denn, daß die Liebe mich erhöre …

Seit dem Ende des 16. Jahrhunderts hatten sich in mehreren Städten musikalische Gesellschaften gebildet, die nach dem Waffenstillstand eine große Entwicklung erfuhren. Ihre Mitglieder kamen aus allen gesellschaftlichen Klassen. Die beiden herausragenden *collegia musica* waren das 1591 in Arnhem gegründete und die Gesellschaft der Heiligen Cäcilie, 1631 in Utrecht von Notabeln der Stadt ins Leben gerufen. Amsterdam bekam seine musikalische Gesellschaft erst 1634.

Diese Gesellschaften vereinten fünfzehn bis zwanzig Personen, die sich abwechselnd bei einer von ihnen versammelten, um sich in sakralen und profanen Gesängen zu üben, einstimmig oder mehrstimmig, seltener in der instrumentalen Musik. In der Folge interessierten sich die Magistrate für diese Zusammenkünfte und stellten häufig ein Lokal zur Verfügung. Die Gesellschaft gab sich ein Wappen, wie eine Gilde. Statuten erlegten ein Minimum an Disziplin auf, wachten über Regelmäßigkeit und Würde der Sitzungen: Eine zu scharfe Diskussion, ein Streit wurden mit Geldbußen zwischen vier und acht Gulden geahndet; wer grundlos fernblieb, mußte als Zeichen der Wiedergutmachung die beste Flasche aus seinem Keller spendieren. Ein geselliger Teil beendete die musikalischen Übungen. Aber wenn es elf schlug, räumte der Knecht die Gläser ab und wischte mit dem Lappen über die Tische: auf dieses Zeichen hin erhob man sich, nachdem man der Ordnung halber festgehalten hatte, wieviel Wein in jeder Flasche verblieben war.

Es kam vor, daß die Gesellschaft eine außerordentliche Sitzung abhielt, bei der ein kleines Orchester für den Chor benötigt wurde. Unter der Leitung des örtlichen Kapellmeisters versammelte man ein paar Geigen als Begleitung für die hohen Stimmen und einen Cembalospieler. Auf alle Fälle waren Konzerte im eigentlichen Sinne, für die man Eintritt bezahlte und die einem großen Publikum offenstanden, bis zum 18. Jahrhundert in den Niederlanden unbekannt, es sei denn, in verwischter Form in den Musikdielen. Dagegen hatten manche Städte einen kommunalen Spielmannszug geschaffen. Seit 1617 besaß Groningen einen, den es in eine Uniform kleidete. In Utrecht und anderswo bliesen die

Trompeten des Wachkorps täglich eine Stunde auf dem Rathausplatz.

Die reformierte Kirche hatte anfänglich aus ihrer Liturgie jegliche Musik außer der vokalen verbannt. Diese Sachlichkeit rief seit Beginn des 17. Jahrhunderts Proteste hervor. Um 1640 führte man unter dem Druck der öffentlichen Meinung den Gebrauch der Orgel wieder ein. Alsbald entdeckten die Prediger deren Nützlichkeit. Man lud Organisten ein, an festgelegten Tagen Konzerte zu geben, die die Gläubigen vom Besuch der Musikdielen abhalten sollten. Gelegentlich fanden außerordentliche Konzerte nach dem Gottesdienst oder zu großen Festen statt. Hierbei sang der Chor Psalmen, sei es auf herkömmliche Weise, sei es, indem man sie auf profane Melodien transponierte.

Unter den Organisten treten ein paar Persönlichkeiten hervor, deren Name die Geschichte der niederländischen Musik dieser Epoche illustriert. Willem, der Organist der Neuen Kirche von Amsterdam; Johann du Sart in Haarlem; Heinrich Spaen in Dordrecht, der so verehrt wird, daß die Stadt ihm 100 Gulden für die Musik zahlt, die er auf einen Psalm komponiert hat. Was Swelinck betrifft, den Organisten der Alten Kirche von Amsterdam, den Vondel „den Phönix der Musik" nannte, so machte ihm eine Gruppe von Notabeln, die ihn finanziell unterstützen wollten, eines Tages ein Geschenk von 200 Gulden, aber nicht in bar, sondern als Verrechnungsscheck; die Sponsoren hatten die Summe einfach im Namen des Musikers in ihre eigenen Unternehmen investiert und teilten ihm seitdem jedes Jahr mit, um wieviel sein Vermögen sich entsprechend den Börsenkursen erhöht hatte …

Kleine Gruppen von Straßenmusikanten zogen durch das Land, spielten in den Dörfern, auf Jahrmärkten, zu Hochzeiten und verdingten sich den Verliebten, die Serenaden hören wollten. Viele Maler haben ihre pittoresken, zerlumpten oder kostümierten Gestalten skizziert, und die merkwürdigen Instrumente, die sich zu Laute und Rohrpfeife gesellten: der *bombas*, eine hochklingende Geige mit einer Saite, deren Körper eine Schweineblase bildete; der *draailer*, eine tragbare Drehorgel.

Die „Rhetoriker“

Die Niederländer üben sich emsig in der Verskunst. Von Widmungen oder Grüßen, die man in das Album eines Freundes schreibt, bis zum Text der unzähligen Lieder und der ironischen oder schwülstigen Inschriften an öffentlichen Gebäuden, die Verskunst dringt von allen Seiten in das Alltagsleben ein und füttert das Gedächtnis mit Rhythmen und Bildern, die jedermann gelegentlich zu gebrauchen bemüht ist. Der Austausch von Versen ist selbst im einfachen Bürgertum eine der Formen, die gesellschaftliche Beziehungen widerspiegeln. Jede Stadt hat ihre Dichter, die als solche bekannt und manchmal wahrhafte Poeten sind. In Amsterdam gibt es die meisten, dann in Dordrecht. Professionelle Verseschmiede beliefern die wenig begabten Amateure. Die Gebildeten verfassen lateinische Verse, und die Akademie von Amsterdam vergibt jährlich einen Preis für lateinische Dichtung.

Eine ehrwürdige Institution, die der „Rhetorik-Kammern“, erhält diese Traditionen aufrecht. Aus mittelalterlichen Vereinigungen mit vorwiegend religiösem Charakter hervorgegangen, waren die „Kammern“ zu Vereinen geworden, deren Mitglieder sich in der Dichtkunst übten, literarische Wettbewerbe veranstalteten und Amateurtheater spielten. Die Humanisten verachteten diese Überreste eines anderen Zeitalters, die altmodische Stile fortbestehen ließen, und die ungeschickten Reimereien biederer Leute, die keinerlei literarische Bildung besaßen. Nichtsdestotrotz waren die „Rhetorik-Kammern“ um 1600 noch recht lebendig, außer im Norden und im Osten des Landes, und erfüllten eine nicht zu leugnende gesellschaftliche Funktion.

Jede Stadt, sogar jedes Dorf hat seine „Kammer“. Diese hält ihre Versammlungen in der Herberge oder in einem von der Stadt zur Verfügung gestellten Lokal ab. Sie hat einen Schirmherren, eine Schirmherrin, einen Wahlspruch, ein Siegel, eine Standarte und eine symbolische

Blume oder einen Baum, wovon sie ihren Namen ableitet. Die drei „Kammern“ von Leiden nannten sich ehrerbietig „Weiße Akelei“, „Orangefarbene Lilie“ und „Palme“; jene von Alkmaar „Grüner Lorbeer“; die von Schiedam „Rote Rose“ und „Feigenbaum“. Ein Präsident und die Ältesten leiten die Organisation, laden zu den Sitzungen ein, verwalten die Kasse und erheben Geldbußen. Weil sie Gunst und Unterstützung der Großen suchen, bieten sie die Ehrenpräsidentschaft häufig einem Adligen oder einem Patrizier an, dem man den Titel „Prinz“, wenn nicht gar „Kaiser“ verleiht. Die Kammer hat ihren offiziellen Poeten, den *factor*, der die Aufgabe hat, Urkunden zu den Wettbewerben zu verfassen und bei gewissen feierlichen Anlässen Stücke zu schreiben. Wenn die „Kammer“ eine Aufführung vorbereitet, verteilt der *factor* die Rollen und führt Regie. Außerdem ist diese Person beauftragt, den jüngsten Mitgliedern die „Rhetorik“, das heißt die Regeln der Verskunst, zu lehren.[1] Die „Kammer“ hatte auch ihren Possenreißer, den Narren, der nach alter Tradition mit einem schwarzgestreiften gelb-grünen oder blau-weißen Kostüm bekleidet war und dessen mehr oder weniger zweifelhafte Späße Leben in die Versammlungen brachten. Bei öffentlichen Auftritten legten die „Rhetoriker“ eine Uniform an: in Middelburg einen roten Talar, der silbern mit den Wappen der „Kammer“ und mit Wahlsprüchen bestickt war.

Die Zusammenkünfte fanden sonntags nach dem Gottesdienst statt. Hier trank man Wein und Bier. Man sprach nur in Versen, und sei es, um den Kellner zu rufen. Die Rechnung wurde in Versen verfaßt. Eine Vorschrift untersagte zu spielen, zu fluchen, den Teufel zu erwähnen (außer in Liedern), die Wände zu beschmutzen und Prostituierte mitzubringen.

Die „poetische“ Arbeit bestand in Dichtungsübungen: Ringelgedichte, Balladen, Lieder, doppelsinnige Verse oder solche, die man auch rückwärts lesen konnte, und alle akrobatischen Finessen, von denen im Lehrbuch von Matthys de Casteleyn die Rede war. Oder aber man bereitete eine dramatische Aufführung vor: eine Farce oder

Posse mittelalterlicher Art oder eine allegorische „Moralität“, die häufig von der Aktualität inspiriert wurde. Man versuchte weniger, ein neues Gefühl hervorzurufen, als dem Zuschauer das Vergnügen des Wohlbekannten zu vermitteln. Selten ging man über zwei, drei oder vier Personen hinaus. Das Komische beruhte mehr auf der Mimik als auf subtilen Spielen des Geistes oder der Sprache.[2] Nach und nach verbreitete sich die Gewohnheit, auch Komödien oder Tragödien im modernen Stil aufzuführen. Aber die alten Genres bewahrten sich die Vorliebe des Publikums aus dem Volk.

Zur Kirmes, zu Ostern, Pfingsten und zu gewissen außergewöhnlichen Festen traten die Rhetoriker in der Öffentlichkeit auf. Monate vorher starteten sie eine Einladung zum Wettbewerb an die anderen „Kammern“ in der Gegend: Man präzisierte die zur Debatte stehenden Themen (wie „Die Liebe ist Grundlage für alles“), die Anzahl und Art der für ihre Abhandlung zu verwendenden Verse. Aber man prämiierte auch die Dekorationen, die Wappen, ja sogar die Fanfaren der gegnerischen Kammern. Die Preise waren Gegenstände aus Gold, Silber und Zinn – Pokale, Leuchter, Pfeifen. Manchmal veranstaltete man auch Improvisationswettbewerbe: Ein Mitglied der Jury stellte Fragen, die Dichter saßen mit einem Blatt auf den Knien da und schrieben ihre Antwort in Versen. Wer als erster fertig wurde, erhielt den Preis. Das Fest verursachte einen Massenandrang und brachte einen gewissen Pomp mit sich: Umzüge, musikalische Aufführungen, Gauklerbühnen und Tribünen. Die Magistrate sorgten für die Unterbringung der eingeladenen Rhetoriker und beteiligten sich an der Finanzierung.[3] Eine Lotterie, manchmal zugunsten der städtischen Hospitäler, erhöhte die Anziehungskraft der Feierlichkeit.

In den Städten nahm die Bedeutung der Rhetorik-Kammern im ersten Drittel des Jahrhunderts schnell ab. Viele „Kammern“ lösten sich auf. Um 1660 fand man nur noch in den Dörfern welche, und in den Augen eines Ausländers wie Parival[4] gehörten sie zu dem Plunder, der im Begriff war zu verschwinden.

Die Geschichte der beiden „Kammern“ von Amsterdam

ist bezeichnend. Die ältere von ihnen, die 1517 gegründete „Heckenrose", stand der von Einwanderern aus dem Brabant und Flandern geschaffenen mit dem Namen „Weißer Lavendel" gegenüber. Um 1614 spitzte sich die Konfrontation dermaßen zu, daß etliche Mitglieder der „Heckenrose" sich zurückzogen. Nun gab es im Schoß dieser Kammer aber mehrere Gebildete, die sich aus dem Zwang der Tradition befreien und ihren Kreis den Ideen des Humanismus öffnen wollten: Hooft, Breero, Vondel, Samuel Coster. Angesichts der Spaltung, die der „Heckenrose" drohte, ergriff Coster 1617 die Initiative und versammelte die dynamischsten Elemente der Vereinigung in einer „Akademie", die mit den Rhetorik-Kammern brach.

In einer Bretterbaracke im Stadtzentrum untergebracht, auf einem von der Stadt abgekauften Grundstück, wurde Costers Akademie 1618 mit der Aufführung der Tragödie „Die Ermordung Wilhelms von Oranien" eröffnet. Ein mit den Ordinarien des städtischen Waisenhauses geschlossener Vertrag überantwortete diesen die finanzielle Verwaltung ... und die Einnahmen, die schon bald einen Gewinn von 1000 Gulden ausmachten. Costers Absicht bestand nicht so sehr darin, die rhetorische Tradition zu zerstören, als vielmehr darin, sie zu erneuern. Er verstand es, dem Amsterdamer Bürgertum eine kulturelle Einrichtung zu geben, die seiner würdig und den klassischen literarischen Quellen weit geöffnet war. Das ursprüngliche Projekt umfaßte in diesem Rahmen auch die Einrichtung von Geschichts-, Philosophie- und Ästhetikkursen. Der Geist dieses Unternehmens neigte zum „Libertinismus". Die Kirchenräte protestierten. Der Magistrat erregte sich. Schließlich zog Coster sich 1623 angewidert zurück. Das, was er geschaffen hatte, war im Begriff, das erste Theater der Niederlande zu werden. Hier spielte man Stücke von Coster, Vondel, Hoogendorp, die klassische niederländische Schule, die übrigens eher barock denn klassisch in dem Sinne war, wie wir dieses Wort verstehen. Gegen eine solche Einrichtung konnten die beiden „Kammern" nicht bestehen: 1635 lösten sie sich auf und traten der Akademie bei.

Zu dieser Zeit ist Coster tot und sein Holzbau vom Verfall bedroht. 1637 beschließt die Verwaltung des Waisenhauses, 20000 Gulden in ein neues Gebäude aus Stein zu investieren. Trotz der Schwierigkeiten seitens der Kirchenräte wird das neue Theater schnell erbaut; es wird eingeweiht mit einer Aufführung des „Gysbrecht van Amstel“, einem Drama von Vondel, das die Größe Amsterdams preist. Das Bauwerk umfaßt einen Saal, der von zwei Logenetagen umgeben ist, die durch Vorhänge abgeschirmt werden können: eine Annehmlichkeit, die Liebesgeplänkel erleichtert. Eine sehr breite Bühne ohne Beleuchtungsgerät, seitlich von Mauern begrenzt, die zwei Gefängnisse darstellen sollen, verengt sich nach hinten zu, wo ein erhöhter Thron unter einem Baldachin auf Pfeilern steht. Zu dessen beiden Seiten symbolisieren zwei kleine, von Säulen umgebene Karrees die Wohnräume. Die Bühne selbst ist ohne Dekoration; mit ihrem großflächigen Zentrum versinnbildlicht sie einen ungewissen Ort, wo der Hauptteil der Handlung spielt. Am Fuß der Bühne befindet sich das Orchester – Trompete, Baß, Geige, Laute –, das das Stück begleiten oder die Zwischenakte ausfüllen soll. Dieser Rahmen rührte in gewisser Weise noch aus der Tradition des Frühmittelalters her. Aber das Gebäude wurde 1664 renoviert und modernisiert. Die Kunst des Bühnenbilds wurde perfekter, die Bühne tiefer, man schuf Perspektiven und benutzte „Maschinen“.

Das Theater als bedeutende Einnahmequelle des Waisenhauses wurde alsbald zum Gegenstand städtischer Fürsorge. Zur gleichen Zeit, da die Ordinarien eine gewisse Zensur auf die Programme ausübten, verliehen sie ihrem Theater ein echtes Handelsmonopol. Daher waren in Amsterdam Gastspiele ausländischer Truppen eine Seltenheit.

Amsterdam blieb bis 1658 die einzige Stadt der Niederlande, die ein festes Theater besaß. In jenem Jahr wurde eins in Den Haag gebaut. 1664 verwandelte ein mächtiger Holzhändler dieser Stadt den Saal für das Schlagballspiel in der Absicht, daraus eine Oper „in herkömmlicher Gestalt von 30 bis 32 Fuß Länge“[5] zu machen. Dieses Etablissement bestand fast vierzig Jahre. Gibt es kein festes Theater, spielt man in einem Zelt, in einem gemieteten öffentlichen oder privaten Saal, in einem Schuppen, auf dem Schießstand, in der Pikenkammer, selbst im Refektorium des Hospitals, oder ein Zimmermann baut für ein paar hundert Gulden eine Bühne und Bänke auf. Die Mietzeit stimmt häufig mit der Dauer einer Kirmes oder eines Jahrmarkts überein, manchmal dauert sie länger: Um 1600 schließen in bedeutenden Städten Schauspieltruppen Pachtverträge über sechs Wochen, in Ausnahmefällen über sechs Monate ab.

Dennoch war das Theaterleben des Landes sehr beschränkt. Selbst in Amsterdam öffnete das Theater nur ein paar Monate im Jahr zwei Tage in der Woche. Der Widerstand der Kirche gegen diese Art der Unterhaltung ließ niemals nach und schuf eine Situation, die für die Entwicklung der dramatischen Kunst wenig förderlich war. Die Magistrate wurden unter Druck gesetzt und gezwungen, restriktive und schikanöse Maßnahmen zu ergreifen. Spielverbot zu Ostern oder Weihnachten, an Predigttagen, bei öffentlicher Trauer, in Hunger- oder Kriegsjahren: jeder Anlaß war willkommen. Und der städtische Fiskus drängte die armen Teufel, die ausreichend in ihren Beruf vernarrt waren, dennoch Schauspiele aufzuführen.

Der Zuschauer hat seinen Platz beim Kassierer bezahlt, der am Eingang des Saals sitzt. Er tritt ein. Durch einen Seiten- oder Mittelgang begibt er sich zu dem Platz, der auf seiner Eintrittskarte vermerkt ist. Vielleicht findet er ihn besetzt: Es ist nicht ausgeschlossen, daß die Verwaltung den Platz im Eifer, ihre Einnahmen zu vergrößern, zweimal verkauft hat. Der Pechvogel stellt den zuerst Gekommenen zur Rede. Sind nur noch wenige Plätze frei, artet der Streit in eine Schlägerei aus. Schließlich rückt man zusammen. Eine Frau geht durch die Reihen; in der einen Hand eine Kanne, in der anderen ein Glas, bietet sie ihr Bier an. Eine Programmverkäuferin ruft ihre Ware aus. Die Zuschauer knacken Nüsse, knabbern

Äpfel, rauchen Pfeife. Alle Bevölkerungsschichten stürzen sich in dieses Gewimmel. Junge Mädchen warten hier auf ein Abenteuer. Schöne Frauen zeigen sich. Taschendiebe widmen sich ihrem Gewerbe. In den Logen wie im Parkett wird gelacht und geküßt. Die Schauspieler heben die Stimme, um diesen Tumult zu übertönen ...

Der Erfolg des Amsterdamer Theaters ist teilweise der starken Persönlichkeit einiger Schauspieler zu verdanken, wie Adam Karels Germes, der seit 1617 an Costers Akademie die großen Rollen bekam und im Alter Diktionsprofessor wurde; oder de Boer, Neffe eines Generalgouverneurs von Java, der die Freiheit des Theaters den Aufgaben eines hohen Staatsamts vorzog; oder auch Cornelis Bor, der in der „Iphigenie“ von Racine den Agamemnon spielte. Aber das durchschnittliche Niveau blieb niedrig. Professionelle Schauspieler waren zunächst die Ausnahme. Ihre Anzahl stieg aus praktischen Gründen: Jede Woche ein anderes Stück zu spielen, wie es in Amsterdam Brauch war, überstieg die Kräfte von Amateuren. Die zeitweiligen oder ständigen, ansässigen oder Wandertruppen, von denen es übrigens vor 1650 sehr wenige gab, kamen aus allen Berufsgruppen. Da waren schauspielernde Matrosen, Lastträger, Barbiere, Buchhändler. Weibliche Rollen wurden ursprünglich von Männern gegeben. Die erste Schauspielerin, Ariane Noozeman, trat 1645 in einer Wandertruppe auf. Erst 1655 gelangte sie ans Theater von Amsterdam. Trotz der Proteste von Rigoristen schätzte man diese Neuheit so sehr, daß man der Schauspielerin eine phantastisch anmutende Gage von viereinhalb Gulden pro Abend gewährte.[6] Die Truppe teilte ihre Einnahmen in zwei gleiche Teile: einen für die Gemeinschaftskasse, den anderen für die Rechte der Armen. Niemand dachte an den Verfasser. Vondel bekam für seine Stücke nicht einen Pfennig.

Geschwollener Redestil und Seichtheit kennzeichnen das Spiel. Um 1650 waren die meisten Schauspieler fast Analphabeten. Der Mangel an qualifiziertem Personal hatte manchmal seltsame Folgen. 1670 übersetzte Blasius für das Theater von Amsterdam eine lateinische Komödie und tauschte dabei die Person eines alten Vaters durch eine alte Mutter aus, denn die Truppe hatte niemand, der eine Vaterrolle spielen konnte, während der Schauspieler Baat sich auf Mütterrollen spezialisiert hatte. Die ausländischen Gastspieltruppen wiesen keine viel bessere Qualität auf. Saint-Évremond, der 1669 eine Aufführung des „Tartuffe" in Den Haag erlebte, beurteilt die Schauspieler als „ziemlich gut für das Komische, gräßlich im Tragischen mit Ausnahme einer Frau, einer sehr guten Komödiantin für alles"[7]. 1687 nimmt Missanon in Amsterdam an einer dürftigen Aufführung einer französischen Oper teil, in der die am wenigsten schlechte Schauspielerin eine dicke Holländerin in einer Männerrolle ist, sie hat eine ganz gute französische Aussprache, obwohl sie nicht ein Wort davon versteht.

Die erste Hälfte des 17. Jahrhunderts ist das goldene Zeitalter von Wandertruppen aller Nationalitäten, sie bestehen aus zehn bis zwölf Schauspielern, werden manchmal von einem Bühnenbildner begleitet und ziehen durch Westeuropa. In den Niederlanden kündigt man 1598 in Leiden eine italienische Truppe an. Aber die Italiener bleiben rar. Erst nach 1670 wird man auf eine gewisse Anzahl treffen. Englische Truppen dagegen besuchen regelmäßig die Nord- und Zentralprovinzen, gelegentlich Leiden und Den Haag, und geben zwischen 1590 und 1656 etwa zwanzig Gastspiele. Nach 1660 sollen die Franzosen die einzigen Ausländer sein, die gelegentlich die Vereinigten Provinzen besuchen. Sie kamen seit 1605 in das Land[8] und spielten gern hier, besonders in Den Haag, wo sie der Hof, der ihnen sehr gewogen war, unterstützte: Prinz Moritz stellt ihnen Geleitbriefe aus, Friedrich-Heinrich gewährt ihnen Gratifikationen, Wilhelm II. zahlt großzügig die Reisespesen der Truppen, die er liebt. Auch stellen sich die Franzosen, sowie sie in den Niederlanden eintreffen, in den Dienst des Hofes. Sie machen ihre Aufwartung und bitten um Spielerlaubnis. Gerichtliche Streitereien ziehen die Dinge in die Länge. Schließlich richtet man sich in dem ausgewählten Lokal ein, häufig im Rittersaal, dem größten von Den Haag, der 112 Fuß lang und 32 Fuß breit ist. Ein Trommler zieht durch die Stadt und lockt das Publikum an. Jenes schätzt die Anwesenheit von Schauspielerinnen, die in den französischen Truppen üblich ist. Um 1622 erhält eine Truppe, zu der Charles le Noir, Charles Guérin, François Métivier gehören, den Titel „Komödianten des Prinzen von Oranien". Sie behält ihn während ihrer europäischen Wanderungen bis 1655. Kurz darauf, 1658, wird der kleine Saal für Schlagballspiele in Den Haag in ein festes französisches Theater umgewandelt.

Vom Theater erwartete das niederländische Publikum entweder die Flucht in den Traum oder das Gegenteil, den mehr oder weniger satirischen Kommentar zu seiner Wirklichkeit; die aufkommenden Tragödien der drei Einheiten mit langen Tiraden gefielen ihm zum großen Bedauern von ein paar Gebildeten wenig. Zu Beginn des Jahrhunderts beherrschen die, oftmals politische, Farce und das Mantel-und-Degen-Schauspiel die Szene. Die großen holländischen Dramaturgen, Coster oder Vondel, orientieren sich an der antiken Schule, aber mehr auf englische als auf französische Weise. Man imitiert, man übersetzt die elisabethanischen Dramen. Der populärste Autor war Jan Vos, von Beruf Glasbläser, dessen schrekkenerregendes Stück „Arian und Titus" selbst die Rhetoriker auf den Jahrmärkten spielten. Eine Gestalt brach auf der Bühne zusammen, ein Strom von Blut ergoß sich aus einer unter seinem Mantel verborgenen Blase. Als Produzent von Sensationsstücken wurde dieser Jan Vos ein Vertrauter des Amsterdamer Patriziats und Theaterdirektor und ließ hier Calderón und Lope de Vega aufführen, deren barocker Charakter einer tiefen Neigung des Publikums entsprach.

Im ernsten Genre entnehmen die Niederländer viele Sujets der Bibel: „Johannes der Täufer", „Luzifer" von Vondel, „Der Kindermord zu Bethlehem" von Heinsius. 1638 spielt eine französische Truppe in Den Haag den „Cid". Für das Publikum ist das eine Offenbarung. Van Heemskerck übersetzt diese Tragödie. Eine Bewegung scheint ihren Anfang zu nehmen. 1639 übersetzt Heerman ein Stück von Mairet, 1647 überträgt der Ratspensionär Jan de Witt selbst Horaz. Aber die Würde und Nüchternheit des Stils, der damals auf der französischen Bühne triumphierte, setzt sich in dieser bürgerlichen Gesellschaft schwer durch. Ihr Einfluß auf die niederländische Dramaturgie bleibt lange Zeit unbedeutend. Um ihn zu erhöhen, bedurfte es der Anstrengungen der Gesellschaft „Nil volentibus arduum", die 1669 in Amsterdam gegründet wurde, um die Nachahmung der französischen Klassik zu fördern. Die Mitglieder des „Nil" geben mehrere theoretische oder kritische Werke heraus, übersetzen oder adaptieren Corneille, Racine, Quinault, Molière und führen sie im städtischen Theater auf. So werden zwischen 1680 und 1700 etwa fünfzig französische Tragödien und Komödien dargeboten. Von da an ist die Sache gewonnen, das alte holländische Drama existiert nicht mehr: Die um 1670 ausbrechende Frankomanie triumphiert auf der Bühne genauso wie in der Kleidermode oder im Gebrauch des Kaffees ...

Adlige am Hof von Den Haag und einige Patrizier pflegten umsichtig ein unterhaltendes oder pädagogisches Gesellschaftstheater. So spielten um 1605 die jungen Huyghens bei ihnen „Das Opfer Abrahams" von Bèze vor einem mondänen Publikum. 1641 führten die Töchter der Königinwitwe von Böhmen, die in Den Haag Zuflucht gesucht hatten, die „Medea" von Corneille auf.

In den „Lateinschulen" war es eine alte Tradition, das Theater als Mittel zum Erlernen der Sprachen zu benutzen. Man spielte besonders bei Preisverleihungen klassische lateinische, selbst griechische Tragödien oder Komödien, zu denen ein ausgewähltes Publikum geladen war; der Magistrat übernahm die Unkosten und belohnte die besten Schauspieler. Die Theologen fragten sich, ob eine solche Praxis nicht die Moral verletzen würde. Die Kuratoren verhängten eine vorbeugende Zensur. In den Schulen, wo man französisch lehrte, spielte man von Zeit zu Zeit religiöse oder moralisierende Stücke in dieser Sprache.

Dramatische Aufführungen wurden oft mit einem Ballett beendet. Dieses wurde manchmal während des Zwi-

schenaktes dargeboten. Das holländische Ballett beruhte auf einer einheimischen Tradition und unterlag bis zum 18. Jahrhundert kaum fremden Einflüssen: Es ging aus alten Kirmestänzen und aus den Zwischenspielen in den Rhetorik-Kammern hervor. Die choreographischen Themen gaben jene von bäuerlichen oder Volksreigen wieder, ja sogar von Matrosentänzen, die vom Dudelsack begleitet wurden.
Was die Oper betrifft, so kam sie um die Mitte des Jahrhunderts nach Den Haag, eingeführt von französischen Truppen, aber ihre Ausstrahlung ging nicht über diese Stadt hinaus.

Literaten und Literatinnen

Dichter, Romanciers und Geschichtsschreiber des goldenen Jahrhunderts sind sich ihrer Zugehörigkeit zu einer Gesellschaft bewußt, in der sie in der Eigenschaft als Beamte und Händler ihre wesentliche Aufgabe erfüllen. Sie haben nichts von professionellen Literaten. Ihre Poesie oder Prosa ist nur Schmuckwerk ihres Lebens oder aufschlußreiches Zeugnis. Bei den Gebildetesten unter ihnen hat der Kult der antiken Schönheit etwas Abstraktes: In ihrem Geist stellt sich eine ideale, heroische, marmorne Welt zwischen die Wirklichkeit und das Schreiben. Die „Geschichte der Irrungen" von Hooft betrachtet die jüngere Geschichte der Niederlande mit den Augen des Tacitus. Der Stolz des aufsteigenden Großbürgers von 1640 bis 1650 kommt hier auf seine Kosten. Aber die Nation in ihrer komplexen Vitalität spiegelt sich nicht darin wider. Heinsius, eine mächtige und prunksüchtige Person, korrespondiert mit mehreren Pariser Literaten und ist eine Art Trissotin. Der banal moralisierende Realismus, die ein wenig derbe Freude der Rhetorik-Kammern von einst oder die Verve der „Lumpenpoeten" des 16. Jahrhunderts hatten den Volksgeist in der Epoche, da die Republik sich mühsam herausbildete, besser zum Ausdruck gebracht.
Der Bürger ist kein literarischer Typ geworden. Die Lite-

ratur wußte ihn nur mit antikem Flitter oder als Karikatur darzustellen. Da das analytische Denken noch nicht weit war und die Literatur zu sehr Ideen verhaftet blieb, hat sie nicht erreicht, was der Malerei, weil sie reine Kunst ist, wunderbar gelungen ist. Wenn es sie überkommt, die lebendige Wirklichkeit erfassen zu wollen, bringt sie nur die Anekdote hervor. Diese Unfähigkeit wird durch die Tatsache verstärkt, daß im Gegensatz zu den Malern die Schriftsteller im allgemeinen zur herrschenden gesellschaftlichen Klasse gehören und einen strengen politischen Konformismus wahren. Die Popularität des Dichters Cats beruht weniger auf literarischen als auf religiösen und moralischen Gründen.

Der Einfluß des englischen, italienischen und selbst französischen Barocks macht sich in der ersten Hälfte des Jahrhunderts stark bemerkbar. Man übersetzt und kopiert dann „Arkadien" von Sydney. Von „Astrée" bis zu den Werken von La Calprenède und Madeleine de Scudéry riefen alle französischen Erfolgsromane holländische Nachahmungen hervor. Mythologie und Allegorie schmücken einen sich auflösenden Liebesstil. So entwickelt sich ein poetischer und romanesker Geschmack, der jeden, der ein wenig Anspruch an den Geist stellt, von den Rhetorik-Kammern fernhält. In dem Maße, wie das Jahrhundert voranschreitet, kapselt sich die Form immer mehr ab, tendiert zur Feierlichkeit, wenn nicht zur Schwülstigkeit hin.

Nichtsdestotrotz heben sich von dieser Masse von Amateuren mehrere Autoren ersten Ranges ab, deren Werk die wahre Literatur des goldenen Jahrhunderts darstellt. Gerbrand Adriaenszen Breero (1585–1618), Amsterdamer, Sohn eines reichen Schuhmachers, mit den literarischen Kreisen der Stadt, wo er hohes Ansehen genießt, vertraut, hat keine wissenschaftliche Erziehung erhalten. Seine Unkenntnis des Lateinischen trägt vielleicht dazu bei, ihn stärker an seine Muttersprache und das lebendige Volk, das sie spricht, zu binden.

Dieses Volk, das brodelnde Leben, das es umgibt und an dem er sich labt, sind die Lehrer von Breeros Grammatik, das Repertoire seiner Themen, seine Musen. Von

ausgeprägter Originalität, hat Breero, der als Maler debütierte, von seinem ersten Beruf die Schärfe des Blickes, den Sinn für Farben und Formen, für die Karikatur und auch das Urwüchsige bewahrt. Er besitzt Humor und Beredsamkeit. Er hat den Geist der Renaissance, ohne deren Rezepte zu kennen. Als er mit dreiunddreißig Jahren stirbt, hinterläßt er ein beträchtliches Werk: Liebes-, Bauern- und satirische Lieder, mehrere Mantel-und-Degen-Dramen, auf die Komödien und Farcen folgten, deren dramatische Perfektion ihm in der Kammer und dann in der Akademie einen ununterbrochenen Erfolg bescherte.
Pieter Corneliszen Hooft (1581–1647) steht in heftigem Kontrast zu ihm. Als Sohn eines Amsterdamer Bürgermeisters gehört Hooft zu der freigeistigen und humanistischen Aristokratie der „Regenten". Ab seinem siebzehnten Jahr bereist er Frankreich, Deutschland und Italien, wo er, von dessen Kunst, Landschaften und Sprache begeistert, drei Jahre verbringt. Er liest Petrarca, Tasso und Guarini. Wieder zurück, studiert er in Leiden Recht und Literatur und bekleidet 1609 das Richteramt von Muiden. Seitdem verbringt er seine Zeit teils auf diesem Schloß, das er zu seiner Sommerresidenz macht, und teils in Amsterdam. Er hat Geschmack und eine wahre Liebe für das Schöne. Er ist ein guter Freund und weiß sich mit Talenten zu umgeben, denen sein Wissen und seine Erfahrung zur Entfaltung verhelfen. Kurz nach seiner großen Reise hat er von den Rhetorikern seine „Granida", eine italienisch inspirierte Pastorale, spielen lassen, die dem Publikum wenig gefällt. 1614 führt er „Geeraert van Velsen", die erste moderne Tragödie der holländischen Sprache, auf: ein halber Mißerfolg. Seine Komödie „Warenar" soll mehr Widerhall finden. Auf dem Theater ist Hooft weniger gut als in der Prosa seiner historischen Werke, die reich, scharfsinnig, bis zur Unverständlichkeit verdichtet ist und hinter der man die Gegenwart des lateinischen Vorbilds spürt: eine herrliche Redekunst, die wirklich mehr ist als Geschichte im eigentlichen Sinne. Durch seine Literatur wird Hooft zum Guez de Balzac der Niederlande. Aber

mehr als alles andere ist er Poet, vor allem Poet der Liebe. Lieder, Sonette, in denen der Manierismus weder Kraft noch das Leben tötet. Eine Sorge um die formale Schönheit quält den Dichter, der den Erinnerungen an die italienische Renaissance völlig hingegeben ist, in seinen erlesensten Kreationen. Constantin Huyghens (1596–1687), der ihm in gewisser Hinsicht nahesteht, verfügt über weniger Harmonie und Feinheit. Aus einer reichen Den Haager Familie stammend, Doktor der Rechte, wird er der Vater des Gelehrten Christian Huyghens. In seiner Jugend wirkte er an den Gesandtschaften in England und Venedig mit. Seit 1626 ist er Sekretär des Statthalters und behält dieses Amt unter drei aufeinanderfolgenden Regierungen. Hochangesehen, gastfreundlich, interessiert er sich ohne jedes Gehabe für alle Künste, alle Wissenschaften. Er fühlt sich unter den Bürgern genauso zu Hause wie am Hof. Sein dichterisches Werk, sicher von unterschiedlicher Qualität, ist durch Bilderreichtum gekennzeichnet, den Vondel rühmte, und durch das Streben nach einer außergewöhnlichen Ausdrucksweise, durch Dunkel und gezwungene Verdichtung. Huyghens sucht mit einem Minimum an Worten ein Maximum an Ausdrucksstärke. Seine kompakten, dichten Verse erstrahlen von allen Seiten, ihre Syntax sammelt oder zerstreut sich, entfaltet sich in *concetti*. Keine großen Themen: Die Sujets sind zumeist dem Alltagsleben entlehnt. Das „Batavische Tempe" beschreibt den Voorhout von Den Haag im Lauf der vier Jahreszeiten. Das „Kostbare Bankett" brandmarkt die nichtige Liebe zur Mode und einen gewissen stupiden Luxus. Und das Werk zählt nicht weniger als 3000 Stegreifdichtungen oder Epigramme …

Die Gestalt des Joost van den Vondel (1587–1679), des „Prinzen unserer Poeten", des Corneille, wenn nicht gar des Shakespeare der Niederlande, beherrscht die Amsterdamer Schule. In Köln geboren, als Sohn eines anabaptistischen Antwerpener Flüchtlings, der gegen Ende des 16. Jahrhunderts nach Amsterdam kam, um einen Strumpfhandel zu gründen, machte der zum Nachfolger seines Vaters bestimmte Vondel kaum Studien. Erst im

Mannesalter lernte er Französisch, Deutsch, Latein und die Naturwissenschaften. Seinerseits Händler geworden, vertraute er das Geschäft seiner Frau an und widmete sich der Literatur. Um 1612 beginnt er zu schreiben. Später durch seinen Sohn ruiniert, wurde er Buchhalter der Darlehensbank und verbrachte die letzten zwanzig Jahre seines Lebens in sehr bescheidenen Verhältnissen. Seine Konversion zum Katholizismus um 1614 trennte ihn von Freunden (Coster, van Baerle, de Groot), in deren Mitte er seine Jugend verlebt hatte.

Ein aufrechter und sanfter Charakter, guter Staatsbürger, treuer Freund, vorbildlicher Gatte und Vater, für alle Bewegungen seines Jahrhunderts empfänglich, Prototyp des ehrbaren Holländers, identifiziert sich der Mensch Vondel ganz mit seiner Epoche. Sein Werk scheint auszudrücken, was sein Leben offensichtlich nicht war. Zutiefst inspiriert, erhellt von dem scharfen Blick, den Vondel für die Welt hat, von hoher Kultur, belebt von einer großen Freiheit der Sprache, erreicht es in seinen besten Teilen kosmische Dimensionen. Das goldene Zeitalter der Vereinigten Provinzen findet hier seinen Widerschein wie die himmlischen oder infernalischen Mächte, die es überdauern. Gelegenheitsdichtungen, historische Poeme, soziale, politische, religiöse Satiren; eine Reihe von Dramen, die durchdrungen sind von Erhabenheit und einer Lehrhaftigkeit, die sich in einigen Punkten zu höchster Kontemplation erhebt. Dieses Werk von großem Formenreichtum ist in einer außergewöhnlich persönlichen Sprache geschmiedet, die dunkel bleibt eben durch ihren Erfindungsreichtum. In ihm erreicht die kreative Kraft eines Marnix, eines Coornhert, eines Spieghel, der letzten Schriftsteller der Kriegszeit, ihren Höhepunkt und wächst über sich hinaus.

Der Schule von Amsterdam steht die sogenannte Dordrechter Schule gegenüber, die traditionalistischer, vom modernen Humanismus weiter entfernt ist und sich um Jacob Cats (1577–1660) gruppiert. Dessen Ruhm hat für uns etwas Verblüffendes. Das 17. Jahrhundert erlebte keine strahlendere Karriere als die seine, aber vor allem keine, die inniger mit der Geschichte eines ganzen Vol-

kes verbunden war. Als Zeeländer in Brouwershaven auf der Insel Schouwen-Duiveland geboren, in Zierikzee aufgewachsen, studiert Cats in Leiden, dann in Orléans und versieht seit 1626 hohe öffentliche Ämter: Ratspensionär von Middelburg, später von Dordrecht, dann der Provinz von Holland, mehrere Male Botschafter in England, beendet er seine Tage friedlich in seinem Scheveninger Landhaus und hinterläßt ein gewaltiges dichterisches Werk. Die Modernen haben leichtes Spiel, sich über seine Seichtheit, Gleichförmigkeit, seinen totalen Mangel an Verkürzung, Anspielung, Humor lustig zu machen. „Vater Cats", wie man ihn nannte, hat weder die Stärke von Vondel noch die Harmonie von Hooft, noch die Fülle von Huyghens. Aber in den Augen des niederländischen Bürgers dieser Zeit ist er der Poet. Sein Werk ist nach der Bibel die Lieblingslektüre seiner Nation. Mit dieser ist Cats verwachsen. Er hat ihre typischen Tugenden und Fehler, er verkörpert die kalvinistische Seele dieser Zeit. Sein erklärtes Ziel ist nicht die Suche nach der Schönheit als solche, sondern es besteht darin, das Familienleben des mittelständischen Niederländers mit erbaulicher und sanfter Lektüre zu verschönern. Sein Stoff ist eben das tägliche Dasein, dessen kleine Ereignisse und Bräuche ihm Sujets für die familiäre Unterhaltung liefern, die oft einen didaktischen Ton annimmt. Auf bewundernswerte Weise weiß er die richtige Bemerkung zu finden, das Bild, in dem der Leser sich mit seinem wahren Gesicht, seinen natürlichen Sympathien und Antipathien erkennt, die Idee, die die errichtete Ordnung rechtfertigt und stärkt. Seine Größe liegt in dieser außergewöhnlichen Einheit.
Diesen fünf Namen könnte man noch andere hinzufügen. Überall im Land haben sich literarische Kreise gebildet, man besucht sich gegenseitig und korrespondiert miteinander, man errichtet eine Welt aus Worten und schönen Gedanken. Gesellschaften werden gegründet: Hier produziert man Sonette und Oden, die als Sammlung veröffentlicht werden, man unterhält sich über Literatur und übt sich in gegenseitiger Kritik. Der Sitz der Gesellschaft befindet sich meistens in der Wohnung

eines ihrer Mitglieder. Sie ist weniger ein „Salon" der Pariser Art als das Abbild einer dieser kleinen „Akademien", von denen es zur selben Zeit in der französischen Provinz so viele gab. Man erarbeitet Statuten und verleiht Preise. Die Notabeln geben sich die Ehre, daran teilzunehmen; wenn sie schon keine poetische Begabung in sich verspüren, so zahlen sie zumindest. Die Rhetorik-Kammern verkümmern immer mehr: sie bleiben gut genug für das Gewöhnliche, Ungehobelte. Am Ende des Jahrhunderts werden die literarischen Gesellschaften sie ersetzt haben.[9]

Gewisse literarische Kreise der Großbourgeoisie bewahrten einen weniger starren Charakter. Sie wurden von starken Persönlichkeiten geprägt, die um sich eine gleichzeitig mondäne, literarische und künstlerische Gesellschaft gruppierten. Wie in Amsterdam Roemer Visscher, der Sohn eines durch den Getreidehandel reich gewordenen Krämers, der gebildet ist und heiter und gelegentlich satirische Gedichte schreibt und dessen Lebensart an diejenige von italienischen Patriziern erinnert. Er gehört zu den Mitgliedern der „Heckenrose", die sich Neuem öffneten. Seine beiden Töchter Anna und Maria Tesselschade[10] brachten Leben in sein schönes Haus am Engländerkai: vielseitige Frauen, die ihr Vater neben Kalligraphie, Zeichnen, Musik, Tanz und Stickerei auch in den angewandten Künsten des Modellierens und Glasschleifens, im Schwimm- und Reitsport sowie in Sprachen und Geschichte unterrichten ließ. Zudem waren sie klug und charmant. Als Dichterinnen, Malerinnen, Kupferstecherinnen und Musikerinnen unterhielten Anna und Maria um die Jahrhundertmitte den strahlendsten Amsterdamer Klub für Schöngeister. Alles, was in dieser Stadt literarischen oder philosophischen Ruhm anstrebt, geht durch ihren Salon. Vondel beschwört „das gesegnete Haus von Roemer, dessen Fußboden durchgetreten, dessen Schwelle abgenutzt ist vom Schritt der Maler, Künstler, Sänger und Dichter"[11].

Dennoch behält diese Bewegung um Visscher in dieser in vollem Aufschwung begriffenen Stadt, die sich einträglichen Tätigkeiten widmet, etwas Gekünsteltes, die Poesie, die man hier mit diesen Damen und ihretwegen pflegt, verbleibt auf der Stufe des Madrigals. Anna und Maria, die erste mannhafter, zarter die zweite, sind die Pretiosen der Niederlande. Maria wartet, bis sie neunundzwanzig ist, um sich zu verheiraten, so sehr verabscheut sie, wie ihre französischen Schwestern, eheliche Bindungen einzugehen.

Das aktivste Zentrum der holländischen Préciosité entsteht 1609, als Hooft in den Amtsbezirk des Schlosses von Muiden berufen wird, das etwa zwanzig Kilometer östlich von Amsterdam am Ufer der Zuyderzee liegt und ein schönes gotisches Bauwerk darstellt, befestigt und von einem lieblichen Garten umgeben. Von 1609 bis 1647 finden hier literarische Zusammenkünfte statt, fast zur gleichen Zeit, da in Paris das Hôtel de Rambouillet beherrschend ist (1610–1652).

Maria Visscher, die den Kreis auch nach ihrer Heirat weiter besucht, ist seine Königin. Sie führt hier ihre junge Freundin Francisca Duarte ein. Vondel, Constantin Huyghens, der Gelehrte Reael, ehemaliger Gouverneur von Indien, die Professoren Vos und van Baerle sind die Stammgäste dieser Abende. Van Bacrle, Inhaber des Lehrstuhls für lateinische Redekunst an der Universität, ist eine typische Persönlichkeit der literarischen Welt von Amsterdam: Renaissance-Mensch, kraftstrotzend und unbekümmert, liebt er die schönen Frauen und lauert auf Gelegenheiten, seine abwechselnd spitzfindige oder gelehrte Verve in Reden oder Gedichten zur Schau zu stellen. So wie er trachten die Stammgäste von Muiden nach dem Sonderbaren, dem Komplizierten, dem Ungereimten, dem Kalauer. Man spielt mit vorgegebenen Endreimen. Hooft schreibt Maria eine mythologische Epistel, um ihr mitzuteilen, daß sie bei ihm ihre Pantoffeln vergessen hat.

Übrigens reicht die preziöse Neigung nicht aus, um den Muidener Kreis zu definieren.[12] Vondel wehrt sich dagegen; worauf man noch mehr Wert legt als auf eine vornehme Ausdrucksweise (im Gespräch wird eine außerordentliche Freiheit der Sprache bewahrt), ist die

Herausbildung von guten Manieren und Geist als Reaktion auf die allgemeine Grobheit. Es liegt Stoizismus in der Muidener Luft. Auf niederländischer Erde ist dieser Kreis die letzte Offenbarung der Renaissance. Eine künstlerische Renaissance ohne jede Üppigkeit. Hooft und seine Gäste, wohlhabende Leute, lebten ohne ausschweifenden Luxus auf eine alles in allem sehr bürgerliche Weise. Im „Rittersaal" des Schlosses unter der hohen Decke aus gewachsten Balken, zwischen den mit schweren Stoffen bespannten Wänden, vor dem gewaltigen mittelalterlichen Kamin las man Lukian oder den Kavalier Marino, jeder unterwarf sein letztes Gedicht dem Urteil der Versammlung, man begleitete Francisca Duarte, die ein Sonett von Huyghens sang, auf der Laute oder der Baßlaute; oder aber man verbrachte einen Nachmittag mit einem Spaziergang auf dem Land, wobei man plauderte und Streiche spielte; eines Tages stibitzte man aus dem Garten eines gewissen Herrn Schaep Artischocken …

Buch- und Verlagswesen

Das niederländische Publikum ist lesehungrig. Das Buch ist in diesem Land ein Gebrauchsgegenstand, seine Benutzung nicht wie im größten Teil des damaligen Europa einer kleinen Elite vorbehalten. Die Verkaufsziffern der illustrierten Ausgabe mit Gedichten von Cats, eines verhältnismäßig teuren Buchs, erreichten 1655 fünftausend Exemplare, für diese Zeit eine verblüffende Anzahl.[13] Das Lesen, zumeist von Kommentaren oder Diskussionen begleitet, bildet eines der Elemente des Familienlebens. Es wird gekauft, gewiß. Aber jede Familie besitzt einen von ihren Vorfahren übernommenen Bestand an Büchern, den sie unablässig mit dem gleichen Vergnügen von neuem liest.
Die Prediger empfehlen, die Bibel und erbauliche Werke zu lesen, die in der Tat den Grundstock vieler bürgerlicher Bibliotheken bilden: der „Hof des Paradieses", der „Garten des Herzens", Predigtsammlungen,

mehr oder weniger allegorische Religionsunterweisungen, die man selbst in Armeezelten und Schiffskombüsen findet. Die Katholiken halten sich noch mit der Heiligen Geschichte auf. Aber der Geschmack am Lesen geht weit über diese Grenzen hinaus. Mehr wegen ihres Inhalts als wegen ihrer Form liebt man die schildernde, die moralisierende Dichtung. Eines der bis gegen 1650 meistgelesenen Werke ist Guevaras aus dem Spanischen übersetzte Adaption der Selbstbetrachtungen von Marc Aurel. Die von Erasmus oder aus einer zeitgenössischen Feder stammenden Sammlungen von Sentenzen aus der Bibel schmeicheln einem nationalen Geschmack am Sinnspruch, am Sprichwort, der durch diese Ausgaben weiter gepflegt wird.

Die alten Ritterromane bleiben in der Gunst. In sieben Jahren, zwischen 1644 und 1651, verlegt der Amsterdamer Buchhändler Cool den „Schwanenritter", den „Sire Frederic van Jennen", „Die Zerstörung von Jerusalem" und „Die sieben römischen Weisen" neu: letzter Ausdruck einer Literatur, die bis ins 13., 14. Jahrhundert zurückreicht. In den Schulen liest man noch die „Geschichte von den vier Söhnen des Haimon". Der moderne Geschmack verlangt nach der „Astrée" und ihren Imitationen, wie der 1634 in Hoorn veröffentlichten „Geschichte von Damon", die eine der Episoden des Romans von d'Urfé aufgreift. „Don Quijote" wird übersetzt. Auch die Alten werden gelesen, im Original oder in der Übersetzung, je nachdem, welche Bildung man hat: „Der goldene Esel" von Apuleius, „Das Leben des Äsop". Unter all dem ist nichts speziell für Kinder Bestimmtes, abgesehen von ein paar der Bibel entnommenen „heiligen Geschichten" oder öden Moralpredigten wie „Die Stufenleiter der Jugend" oder „Der Spiegel der Jugend in den niederländischen Kriegen".

Gut verkaufen sich die populärwissenschaftlichen Werke, aber noch besser Reiseberichte, die auf Tagebüchern oder Erinnerungen von Seefahrern beruhen. Das 1646 veröffentlichte Tagebuch einer Reise durch den Fernen Osten von Bontekoe erlebte fünfzig Auflagen. Der Amsterdamer Buchhändler Commelin bescherte sich einen Erfolg, indem er 1644 eine Sammlung von einundzwanzig Reiseberichten aus Indien auf den Markt bringt. Rasch heruntergeschrieben, bar jedes literarischen Anspruchs, nehmen diese Bücher das wirkliche Leben genau unter die Lupe; die Autoren meinen, der Schiffahrt und dem Handel nützliche Hinweise zu liefern. Wenn in ihrer Prosa hier und da eine gewisse Neigung zum Wunderbaren durchbricht, ein biblischer Moralismus, so geschieht es absichtslos. Übrigens haben manche Berichte durchaus einen wissenschaftlichen Wert, wie die Werke, in denen der Orientalist Cornelis de Bruyn die zwei Reisen beschreibt, die er mit finanzieller Unterstützung von Amsterdamer Bürgermeistern in den Nahen Osten und dann nach Rußland und Zentralasien machte.

Die Verleger von Reiseberichten geben auch Karten heraus, Land- oder Seekarten, Atlanten, Stadtpläne, die mit höchster Sorgfalt gedruckt und manchmal von großem künstlerischem Wert sind. Ein Klassiker dieses Genres war der 1604 in Amsterdam von dem Kupferstecher Hondius herausgegebene Atlas von Mercator. Die Arbeiten des Amsterdamer Geographen und Verlegers Blaeu erlangen europäisches Renommee: man kam von Paris, um ihn zu konsultieren.

Im 16. Jahrhundert war das niederländische Verlagswesen ziemlich heruntergekommen; obwohl Haarlem stolz darauf war, daß Lourens Janszen Koster, der Erfinder des Buchdrucks, dort das Licht der Welt erblickt hatte, fehlte es an Büchern. Die Gelehrten mußten sie aus Deutschland, der Schweiz, Frankreich, Italien kommen lassen, was ein gewisses Risiko barg, denn die langen Reisen in der Kutsche setzten diese Ware einer gefährlichen Feuchtigkeit aus. Außer Leiden besaß keine Stadt eine öffentliche Bibliothek, höchstens irgendeine Sammlung frommer Werke. Aber die Buchindustrie entwikkelte sich nach 1580 rasch. 1584 wurde der berühmte Plantin aus Antwerpen Buchdrucker der Universität von Leiden. In der ersten Hälfte des Jahrhunderts waren 244 „Buchhändler“ in die Amsterdamer Gilde eingeschrieben, in der zweiten Hälfte 476. „Buchhändler“ bedeutet

zumeist auch Drucker und Verleger: Die drei Tätigkeiten gehörten zusammen und entgingen der Spezialisierung. Bei Blaeu arbeiteten zehn Pressen ohne Unterbrechung. Professionelle Übersetzer wie Glazemaker lieferten unerschöpfliche Vorlagen, die von der Philosophie über die Geschichte bis zur Musik alle Genres umfaßten.
Der Aufschwung dieser Industrie war mit dem der Papierherstellung verbunden: Seit dem Ende des 16. Jahrhunderts besaßen Dordrecht, Utrecht und Alkmaar ihre Papiermühlen. In den ersten Jahren des 17. Jahrhunderts wird es in Geldern und in der Gegend von Zaandam produziert. Ab 1672 soll diese Stadt zu seinem Hauptzentrum werden. Obwohl die Elzevirs weiter französisches Papier importieren, wurde das holländische Luxuspapier marktführend und zu großen Teilen jenseits der Grenzen verkauft. Spezialisierte Aufkäufer trugen den Rohstoff zusammen, die Fetzen wurden von einem Mühlstein zermahlen und in einem Bad aus sehr reinem Wasser aufgelöst: Daher war es auch nicht möglich, diese Industrie irgendwo zu errichten. Die in langen Holzbottichen ausgebreitete Masse trocknete unter Druck zwischen Lagen aus Filz; nachdem diese in offenen Schuppen der Luft ausgesetzt worden waren, wurden sie mit Alaun und Leim behandelt. Diese Arbeitsgänge verlangten eine sichere Hand, und die Mitglieder der Papierherstellergilde waren stolz auf ihren Beruf. Sie hinterließen ihr Wappen als Wasserzeichen in ihrem Papier. Die Gesellen auf Arbeitsuche trugen ein in Versen abgefaßtes Zeugnis bei sich.
Der Buchdrucker hatte seinen Schriftgießer, seinen Korrektor, seine Typographen, seinen Buchbinder. Die Einbände wurden aus geleimtem oder genageltem Leder hergestellt. Die Qualität des holländischen Buches war berühmt. Um 1640 pendelte einer der Elzevir-Brüder zwischen Leiden und Paris, um den französischen Markt zu erforschen. Das Steigen der Preise, wenn eine gefragte Ausgabe fast vergriffen war, der heimliche Handel mit verbotenen oder suspekten Werken: alles Gelegenheiten für Spekulationen. Das Gesetz, das den Buch-

druck regelte, der Verkauf und Vertrieb von Büchern unterstand der Zuständigkeit der Magistrate. Auch war die Gesetzgebung von einer Ortschaft zur anderen verschieden, je nach Interesse des lokalen Handels. Das Ergebnis dessen war eine große Publikationsfreiheit, der Zensur zum Trotz; es genügte, die Hintergründe dieses Handels zu kennen.

Diese Situation, eine Profitquelle für unternehmerische Buchdrucker, erklärt, daß seit dem Beginn des 17. Jahrhunderts eine gewisse Anzahl französischer Werke in Holland verlegt wurde. Diese Entwicklung nahm erst nach 1680 mit der Verschärfung des Antikalvinismus in Frankreich und der Zunahme nonkonformistischer Schriften große Ausmaße an. Doch schon 1613 gibt ein holländischer Verleger die Werke des kalvinistischen Dissidenten Castellion, eines Apostels der Toleranz, im Original und in der Übersetzung heraus.

1648 verlegt Elzevir die „Ausgewählten Briefe" von Balzac; es ist bekannt, daß der Autor in Holland gelebt und Beziehungen dorthin aufrechterhalten hat. Man besorgte die Ausgabe nach Manuskripten, die aus Frankreich geschickt wurden. Manchmal begnügte man sich mit der Reproduktion eines vergriffenen, beschlagnahmten oder vertraulichen französischen Originals. Descartes befand sich in Holland, als er die „Abhandlung über die Methode" schrieb. Den Druck übernahm der Leidener Buchhändler Jean Le Maire. Uns ist der aus diesem Anlaß vor einem Notar unterzeichnete Vertrag überliefert.[14] Der Autor verpflichtet sich, mit dem Verleger beim Vertrieb seines Buches in Frankreich zusammenzuarbeiten; der Verleger behält sich das Recht vor, zwei Auflagen zu drucken, von denen eine in einem anderen Land als Holland gemacht werden kann, und zwar in einer Höhe bis zu dreitausend Exemplaren. Nach dem Ausverkauf dieser Auflage oder dem Rückkauf der nicht verkauften Bücher durch den Autor erwirbt dieser das Eigentum an seinem Werk zurück. Als Zahlung erhält Descartes zweihundert persönliche Exemplare.

SECHSTER TEIL
DIE HOLLÄNDISCHE GESELLSCHAFT

DIE MACHT DER HIERARCHIEN

Gesellschaftliche Spaltung

In den ersten Jahren des 17. Jahrhunderts hatten die von einem zu langen Krieg hervorgerufene Erschöpfung, aber auch der gewaltige Aufschwung, den der Großhandel nahm, die Leidenschaften eines aufrührerischen Volkes abgestumpft. Dennoch hinterließ die Erfahrung der Befreiungskämpfe tiefe Spuren in den nationalen Strukturen. In dem Maße, wie der Besitz von Reichtümern und politischer Macht die Heftigkeit der Forderungen dämpfte, sorgte er auch für soziale Unterschiede. Die an die Macht gelangten Klassen neigten zur Toleranz und zu einem oligarchischen Autoritarismus, der sich, oft sehr kurzsichtig, allein den lokalen ökonomischen Interessen verschrieben hatte. Sie schmollten mit dem Prinzen, der sie in den Schatten stellte. Aber in den nunmehr beherrschten Klassen wirkten die alten Reflexe weiter. Eine starke gefühlsmäßige Bindung an die Familie von Oranien, die Nachkommenschaft des Befreiungshelden, lenkte die politischen Schwärmereien. Die Dispute der Theologen hatten auf der Straße mitunter extreme Gewalt zur Folge. Die Konzentration von politischer und ökonomischer Macht in den gleichen Händen verschärfte diesen Gegensatz: In einer Republik, wo jedermann Steuern bezahlte, wo alle das gleiche Recht hatten, einen Teil der Indienkompanie zu kaufen, erschienen die jeglicher juristischen Grundlage entbehrenden De-facto-Privilegien, die die Mächtigen genossen, wie eine brutale Form der Unterdrückung.
Durch diesen Aspekt der Entwicklung Europas[1] um zwei Jahrhunderte voraus, blieb die niederländische Gesellschaft in anderer Hinsicht archaisch, tief im Mittelalter verwurzelt. Daher rühren gewisse Kontraste, die sie

aufwies. Mit einem langen Krieg hatten die Städte ihre Freiheit teuer erkauft. Aber sie begriffen sie auf die Art der ehemaligen „Kommunen". Der Handel hatte sich durch das Werk einiger tüchtiger Geschäftsmänner weltweit entwickelt; dennoch blieb seine Ausübung durch alte Innungsrahmen behindert. Unter den „Besitzenden" selbst bewahrten der steinreiche Finanzier und der bescheidene Krämer gemeinsam die Sitten, die Denkweisen des Urbürgertums: konservativ, solide, verbissen, auf Vorschriften bedacht, jeglicher Neuerung gegenüber mißtrauisch und in gewisser Weise stolz auf ihre Engstirnigkeit. Nichtsdestotrotz wirkten ausländische Einflüsse in dem Maße auf diese Sitten ein, wie sich die Präsenz der Niederlande in der Welt ausdehnte. Doch da sie gewisse Schichten der Bevölkerung mehr, andere dagegen weniger oder gar nicht betrafen, trugen sie zur Verstärkung der gesellschaftlichen Schranken bei. Nach 1650 übten besonders die französischen Moden einen großen Reiz auf den Adel, die Offiziere der Armee und bestimmte reiche Bürger aus. Dieser Einfluß erreichte mit der Zeit gerade noch die Dörfer in der Nähe von Den Haag: Der mittlere Teil der Provinz Holland erhielt dadurch eine besondere Prägung – die der Rest des Landes wenig schätzte. Um 1680 stand dann eine kleinbürgerliche Krämerschaft einer schmalen, reichen und zunehmend französisierten Schicht einerseits und der Masse des ärmlichen, nur auf sich selbst bezogenen Volkes andererseits gegenüber. Dieses sollte bis zum Ende des 18. Jahrhunderts für ausländische Einflüsse fast unzugänglich bleiben, aber auch nur noch ein verblaßtes Abbild der tollkühnen und unbeugsamen alten Geusen bieten.

Nach 1610 wird die Trennung zwischen den gesellschaftlichen Klassen von Generation zu Generation unerbittlicher. Der Verfasser einer Amsterdamer Schmähschrift beklagt 1665, daß die Verbreitung einer gewissen Eleganz in der Kleidung diese grundlegenden Unterschiede in den großen Städten verwischt. „Es ekelt mich, wenn ich eine Schneidersfrau im Samt daherkommen sehe..."[2] Man hüte sich also, auf den Schein hereinzufallen! So konnte sich von oben eine gewisse Gleichmacherei zwischen Groß- und Kleinbürgern herausbilden. Die Großen verteidigen sich: Um ihre Kaste errichten sie die Barriere der Etikette. Sicher bleiben die menschlichen Beziehungen friedlich, dem nationalen Temperament sind gewalttätige Auseinandersetzungen zuwider, die allgemeine Gutmütigkeit betört die Ausländer. Jedoch sorgt die Sprache der Höflichkeit für den nötigen Abstand.

Ein umfassendes System von Titeln und Bezeichnungen hebt die gesellschaftlichen Zugehörigkeiten hervor. Mit Begriffen, die dem Französischen entlehnt sind („Monsieur", „Seigneur" und andere), ersetzt man jene, die die nationale Tradition liefert. Von den „sehr mächtigen Seigneurs", Mitgliedern der Generalstaaten, den „edlen und strengen Seigneurs" der Admiralität und „Madame" ihrer Gattin zu „Monseigneur" dem Bürgermeister, zum „Maître", der der Chirurg, der Advokat und der Älteste einer Gilde sind, errichtet die Gesellschaft Schranken, die man nicht ohne Probleme überwindet. Ein Professor ist „ehrwürdiger und sehr gelehrter Seigneur". Ein Großhändler, ein mittlerer und ein kleiner tragen unterschiedliche Titel, die subtile Adjektive unterscheiden. Einem gewissen de Vries, einem Ölfruchthändler, schreibt man: „Seigneur de Vries in Öl", so sehr verband man mit der Vorstellung von Großhandel die von Größe. Die kleinen Handwerker geben sich mit der französischen Anrede „Monsieur" zufrieden. Jedoch kommt es zu einer Entwertung. Am Ende des Jahrhunderts wird man seinen Barbier als „Seigneur" anreden, das Wort (das übrigens nie den aristokratischen Glanz des Französischen hatte) verliert zum Ärgernis der ordnungsliebenden Seelen jegliche Bedeutung. Es ist wahr, daß der zwanglose Gebrauch diese Übertreibungen vermied. Zumindest unterstrich er immer das gesellschaftliche Amt des Betreffenden: „Monsieur Doktor", „Monsieur Pastor", „Monsieur mein Meister" ... Es kam vor, daß Beamte sich weigerten, ein Schreiben anzunehmen, in dem die Anrede fehlte, auf die sie das Recht hatten.

Dennoch reduziert sich diese so unterteilte Gesellschaft

beinahe nur auf einen der Stände, die, einer mittelalterlichen Tradition entsprechend, die Franzosen von damals in ihrer eigenen Nation unterschieden. In Wirklichkeit existiert allein der dritte Stand. Der wenig zahlreiche Adel überlebt sich, der katholische Klerus war halb in die Illegalität gedrängt worden, und die kalvinistischen Prediger bilden keine „Innung" im eigentlichen Sinne mehr. Auch sind die gesellschaftlichen und politischen Unterschiede in den Niederlanden – im Gegensatz zu dem, was man im restlichen Europa des 17. Jahrhunderts beobachtet – fast ausschließlich ökonomischer Art. Es ist schwierig, diese Unterschiede auch nur annähernd in Zahlen auszudrücken. An Dokumenten zum Lebensniveau des Patriziats fehlt es nicht, doch ist es häufig mühsam, den Anteil am geschäftlichen und den am persönlichen Einkommen der Großhändler auszumachen. Dank Verträgen oder Verordnungen von Gilden haben wir einige Kenntnisse von Löhnen der Arbeiter. Das Einkommen anderer Bevölkerungskategorien bleibt uns fast unbekannt.[3] Wir erkennen höchstens eine Größenordnung.

An der Spitze der Pyramide – eine Handvoll Finanziers, wie jener Lopez Suasso portugiesischer Abstammung, der Wilhelm III. 1688 die für seine Englandexpedition benötigten zwei Millionen vorschießen konnte. 1624 besitzt der größte Amsterdamer Steuerzahler ein Vermögen, das auf eine Million geschätzt wird.[4] Diese auf lokaler Ebene beträchtlichen Ziffern bleiben weit entfernt von dem, was in den Nachbarländern die größten Grundstücksvermögen des Adels erzielten.

In den Niederlanden bilden Landbesitzer eine viel weniger wohlhabende Klasse. Es gibt nicht viel Großbesitz, und laut Temple[5] übersteigt die Bodenrente selten zwei Prozent. Die hohen Staatsämter, die Adel und Großbürger unter sich aufteilen, bringen wenig ein: Ihre Inhaber, von denen man erwartet, daß sie sich dem öffentlichen Wohl widmen, halten ihre Stellung nur, wenn sie in den Handelskreislauf eintreten – mit dem Kauf von Gesellschaftsanteilen oder der Verwaltung eines Familienvermögens. Der Admiral, der die Flotte kommandiert, bezieht am Vorabend des Kriegs von 1672 ein Honorar von 5000 Gulden jährlich; der Ratspensionär von Holland, der damals tatsächlich der oberste Richter der Republik ist, 2000.[6] Ein Händler von mittlerer Bedeutung kann theoretisch eine Kaufkraft haben, die der ihren gleicht oder darüber liegt.

Ein gewisser Amsterdamer Buchhändler, dessen Geschäfte gut gehen, zahlt 1675 50 Gulden Steuern vom Zweihundertsten, was ein flüssiges Kapital von 10000 Gulden bedeutet, zu dem sich Forderungen im Wert von 12000 Gulden gesellen. Dieser Händler lebt gemütlich in einem hübschen Haus, er besitzt Silberzeug und ein komfortables Mobiliar, er hat für sich und seine Frau im voraus eine Gruft in der Alten Kirche gekauft. Wie hoch mag sein jährliches Einkommen sein? Einige tausend Gulden, zwölftausend gar? Um 1630 verzeichnen die Steuerregister von Amsterdam etwa 1500 Vermögen zwischen 25000 und 50000 Gulden.[7] Die an hohe Persönlichkeiten gezahlten Entschädigungen, deren Mobiliar von einer Feuersbrunst zerstört wurde, belaufen sich auf 20000, 30000 Gulden.[7] Der Reichtum verteilt sich ziemlich gleichmäßig über das ganze Bürgertum. Etwa zehn sehr reichen Familien steht eine vielköpfige wohlhabende Klasse gegenüber. Im Gegensatz dazu befindet sich die Schar der Lohnempfänger aus Handel und Industrie auf einem viel niedrigeren wirtschaftlichen Niveau. In den kleinen, von den Gilden streng kontrollierten Betrieben entgeht das Lohngefüge der Unternehmerwillkür eher als in den großen Manufakturen.

Die Durchschnittsziffer bleibt extrem bescheiden. Ein Zimmermann auf einer Schiffswerft verdient um 1600 einen halben Stuiver die Stunde. Bei einem mittleren Arbeitstag von zwölf Stunden hat er ohne Arbeitslosigkeit ein Einkommen von 100 Gulden im Jahr. 1662 verdient ein Maurer, der das ganze Jahr arbeitet, höchstens 24 Stuiver am Tag, was etwa 360 Gulden im Jahr ausmacht, aber davon muß er sein Werkzeug kaufen und unterhalten.[8] Übrigens kann man diese beiden Zahlen nicht vergleichen, weil die Löhne im goldenen Jahrhun-

dert unablässig stiegen. Die Tuchscherer, die 1607 in Amsterdam einen Tageslohn von 14 Stuiver erhalten, der als „annehmbar“ gilt, bekommen in den folgenden Jahren eine Reihe von Erhöhungen: 1631 sind sie bei 18 Stuiver, etwa 270 Gulden im Jahr.[9]
Dennoch zog diese Entwicklung insgesamt keine Erhöhung des Lebensniveaus nach sich. Tatsächlich stiegen die Preise in dieser Zeit schneller und beträchtlicher als die Löhne.[10] Von örtlichen Unterschieden abgesehen, erhöhten sie sich für lebenswichtige Produkte von 100 Prozent im Jahr 1580 auf 166 im Jahr 1620 und 1650 auf 250 Prozent. Zwischen 1650 und 1655 erreicht die Kurve ihren Gipfel.[11] Schlechte Ernten und Kriege haben bestimmte Jahre besonders schwierig gemacht, so 1623 und 1630. Während des ganzen Jahrhunderts betrachten ausländische Reisende Holland als ein Land des teuren Lebens. 1620 lehnt sich die Frau des französischen Professors Rivet dagegen auf, daß ihr Ehemann den Lehrstuhl, den man ihm in Leiden bietet, annimmt, denn sie findet, daß die Preise in diesem Land zu hoch und die Löhne zu niedrig sind. Die zunehmende Teuerung der Mieten ist einer der Hauptfaktoren für diese Situation. 1631 kostet ein Bürgerhaus mittlerer Bedeutung in Leiden 145 Gulden jährlich, 1675 ein reich ausgestattetes Haus in Amsterdam 700 Gulden. Der Fiskus, der eine Steuer von einem Achtel auf die Mieten erhebt, steigert diese noch. Die Entwicklung der Handelsgeschäfte vertieft im Lauf des Jahrhunderts die Ungleichheiten im Lebensniveau. Die großen Vermögen wachsen schneller als die mittleren; und zumindest in den bedeutenden Städten werden die Lohnarbeiter zu Proletariern, obgleich die Löhne 1690 in den holländischen Innungen um 16 Prozent höher liegen als in England.[12] In dem Maße, wie die Unterschiede zunehmen, werden die Beziehungen gespannter, und in der benachteiligtesten Schicht der Bevölkerung verkümmern die schöpferischen Traditionen. Um 1700 wird jegliche Volkskultur einschließlich dem, was diese an Kollektivbewußtsein beinhaltet, aus den wichtigsten städtischen Zentren verschwunden sein.[13]

Das Wort „Hof“, für einen Franzosen des 17. Jahrhunderts voller Zauber, ist auch in den Niederlanden nicht unbekannt. Man verwendet es hier (Het Hof), aber man mißt ihm nur wenig Bedeutung bei. Der Statthalter, der der politischen Macht im eigentlichen Sinne enthoben ist, der Souveränität (in engen Grenzen) eher vermittelt, als sie zu repräsentieren, wüßte, selbst wenn er es wollte, kein Versailles um sich herum zu errichten. Sein schlecht definiertes Amt fügt sich schlecht in den Staat. Etwa fünfzehn Jahre lang erweckt Friedrich-Heinrich, indem er den Kredit, den er genießt, geschickt ausnutzt, beinahe den Anschein eines Monarchen. Dann wird 1651 das Statthaltertum abgeschafft. 1672 führt man es wieder ein. Das goldene Jahrhundert wird unter diesen Wandlungen vorübergehen.
Der entscheidende Einfluß des Bürgertums erlegt den Prinzen von Oranien einen verhältnismäßig einfachen Lebensstil auf. Von den drei Palästen in Den Haag ist einer nur ein sehr eindrucksvolles Herrenhaus, das wie eine Festung aussieht, der andere ein reiches Patrizierhaus. Was das „Holzhaus“ betrifft, das örtliche Luxembourg, so ist es gerade ein hübscher Landsitz. Die Einnahmen des Prinzen, die aus seinen persönlichen Gütern und den Bezügen für seine militärischen Ämter stammen, hätten keinen königlichen Hofstaat gestattet. Gottesfürchtig und mit Ausnahme von Friedrich-Heinrich, der ein großer Baumeister war, den Künsten ziemlich gleichgültig gegenüberstehend, hatten die Oranier nichts, was für eine brillante Gesellschaft anziehend gewesen wäre. Offiziere, Frauen aus dem Adel, Diener, viele Ausländer auf der Durchreise: aus diesem Milieu ging keiner von jenen hervor, die das goldene Jahrhundert ausmachten. Im zweiten Viertel des Jahrhunderts versucht Amalia van Solms, die Friedrich-Heinrich geheiratet hatte, einen Hof zu schaffen, der diesem großen Mann und den Niederlanden, die auf dem Gipfel ihrer Macht sind, würdig ist. Ihr gelingt lediglich, den Prinzenklüngel noch unzugänglicher zu machen und ihn

von der Nation zu entfernen: eine kleine, fremdartige Insel, eine französisierte Kolonie am Rande des wirklichen Hollands. Das Palastvolk umgab sich mit einer Schar von livrierten Pagen, die spanische Kniehosen trugen, mit jungen französischen und deutschen Adligen, die Dienstgrade in der niederländischen Armee innehatten. Komödien, Konzerte, Maskeraden, Bälle, Pferderennen, Jagden und selbst Turniere sorgten für ein Treiben, das man von Versailles abgeguckt hatte, dem jedoch die Seele fehlte.

All das war nur Fassade, und die prinzipientreuen Bürger erbosten sich darüber. Der König von Frankreich redete Friedrich-Heinrich mit „Eure Hoheit" an, der von England gab seine eigene Tochter dem Sohn des Statthalters zur Frau. Am Hof hatte man aufgehört, holländisch zu sprechen, nur noch Französisch war hier zu hören, man kleidete sich und aß nach französischer Sitte. Ein gewisses Bürgertum äffte seinerseits diese Bräuche nach, kein lebendiger Impuls ging davon aus. Wilhelm II., ein die Politik verachtender Weltmann und Schürzenjäger, der auf skandalöse Weise mit einer französischen Schauspielerin, der gewissen La Barre, liiert war, machte das Maß voll. In den zwanzig Jahren, da das Statthaltertum abgeschafft war, überlebte der verkleinerte Hofstaat und war mehr denn je mit seinen Intrigen beschäftigt.

Wenig rührt es das kleine Volk, das nach der Legende vom Schweigsamen lebt. Um 1660 malt uns Jan Steen biedere Leute, die in einer Herberge den Geburtstag des Prinzen feiern.[14] Armer Prinz, der künftige Wilhelm III., der zu dieser Zeit in seinem Palast in Den Haag Ballett tanzte, auf unglückseligen Festen, wie jenem, das er anläßlich des Friedens von 1668 gab: In der Menge, die sich eine ganze lange Nacht vor schlecht ausgestatteten Büffets drängelte, wurden Leute ohnmächtig, weil sie keine Luft bekamen; durch die Fenster der in einen Tanzsaal verwandelten Reitbahn riefen die Unglücklichen nach der Bedienung, um sich von draußen Bier- oder Weinkrüge bringen zu lassen …

Die Adelsklasse, die aus Familien entstammt, welche im

Mittelalter belehnt worden waren, ist in den Niederlanden des goldenen Jahrhunderts sehr ungleich vertreten: im Norden und in Friesland nicht existent, relativ zahlreich und politisch aktiv in den ländlichen Gegenden von Gueldern und Overyssel. Im Westen hat der Befreiungskrieg sie dezimiert. 1620 zählte man in der Provinz Holland nicht mehr als fünfunddreißig adlige Familien. So bildet der Adel eine schmale gesellschaftliche Schicht, die in die neue Ordnung integriert ist und deren Mitglieder der Union einen Teil ihrer Verwaltungs- und Militärkader stellen. Aber die Art und Weise, wie er im Parlament vertreten ist, schränkt seine wirkliche Macht stark ein: In den Staaten von Holland verfügt die Fraktion der Adligen nur über eine Stimme gegen achtzehn des Bürgertums aus den Städten. Es gibt keine Erhebung in den Adelsstand. Familien fallen unter weibliche Erbfolge oder vermischen sich trotz eines starken Vorurteils gegen unstandesgemäße Ehen mit bürgerlichem Blut. Zweifellos als Reaktion darauf tragen gewisse Adlige einen übertriebenen Stolz auf ihren Stand zur Schau, schicken ihren Koch, ihren Schneider, ihren Architekten auf die Schule nach Frankreich und ahmen die Sitten von Versailles nach. Aber so ist es nur um ein paar Glückliche bestellt: Viele verarmte Gutsbesitzer unterscheiden sich kaum von den Bauern, unter denen sie leben; sie beschränken ihren Ehrgeiz darauf, Dorfnotabeln zu werden, und verschließen sich in dieser Einsamkeit.

Im Schoße einer Nation von Händlern lebt der Adel wie im Exil. In der Tat verweigert er sich jeglichem Handel. Er lebt in seinen Schlössern, im Winter manchmal in seinen Stadthäusern. Er widmet sich dem Studium der Literatur und der Mathematik, der Jagd, der Bestellung der Felder und dem Staatsdienst. Er erledigt seine Pflichten rechtschaffen und genießt im allgemeinen ein hohes Ansehen. Parival bewundert die Umgangsformen dieser Edelmänner, ihre Geduld und ihre Weisheit. „Aber", fügt er hinzu, „sollte es welche geben, die gewalttätig, dünkelhaft und hochmütig sind, sähen sie sich ihrerseits verachtet, denn da es weder Untertänigkeit noch Abhängigkeit gibt, erweist man nur jenen Ehre, die sie sich durch ein freundliches und einnehmendes Wesen verdienen."[15] Wohl oder übel ist der niederländische Adel in die bürgerliche Welt eingetreten. Er hat sich ihren Sitten angeglichen und in einem geringeren Maße ihrem Utilitarismus. Er bewahrt die Erinnerung an seine ehemaligen Rechte, doch er handelt nicht damit.

Als regierende Kaste, die aus dem reichen Bürgertum hervorgegangen ist, konzentriert das Patriziat in seinen Händen die politische Macht. Die Patrizier bilden eine strenge Oligarchie, die eifersüchtig über ihre Privilegien wacht und für die die Kooptation der einzige Weg ist, um an Kommandoposten zu kommen. Gelegentlich nennt man sie „Regenten", denn zu ihren politischen Funktionen gesellt sich die Präsidentschaft in zahlreichen Organisationen von privatem oder öffentlichem Interesse. Ihre Gattinnen treten häufig selbst den Vorständen wohltätiger Werke bei. Um die Jahrhundertmitte werden sie von gewissen ausländischen Reisenden auch „Rentiers" genannt.

In dieser Zeit, da sie in der Tat definitiv von der Klasse der Händler getrennt sind, leben sie von dem, was ihre Investitionen in staatliche Wertpapiere, in Aktien von Handelsgesellschaften, in gerade erworbenes Land einbringen. Sie haben den Handel mit Waren durch das Geschäft mit Kapitalanlagen ersetzt. Bis gegen 1650 unterscheidet sich ihr Lebensstil kaum von dem des Bürgertums. In der Folge nähert er sich dem des Hochadels so sehr, daß um 1700 diese beiden durch zahlreiche Heiraten verbundenen Klassen fast ineinander übergegangen sind.

Die Opposition des Patriziats zu Friedrich-Heinrich konnte in dieser Entwicklung eine Rolle spielen und es zu einer gewissen Zurschaustellung seiner Macht drängen. Ein patrizisches Klassenbewußtsein bildete sich heraus und wurde gefestigt. Es drückte sich häufig in einer gewollten Strenge aus, in einer für die Ausländer erstaunlichen Einfachheit, die im Grunde vielleicht nicht frei war von Arroganz. Jan de Witt, der zwanzig Jahre lang eine Art Diktator war, führte das Leben eines mittleren Beamten, wie Temple, der ihn gut kannte, bezeugt. Geschmackvoll, aber ohne Gesuchtheit gekleidet, ging er gewöhnlich zu Fuß und behielt die Karosse den offiziellen Zeremonien vor. Sein Tisch unterschied sich kaum von dem irgendeines Bürgers. Der Staat stellte ihm mehrere Bedienstete zur Verfügung, aber in seinem Privatleben zierte er sich durchaus nicht, sich in häusliche Aufgaben einzumischen, denn so war es Brauch im Land.[16]

Hohe Beamte mit viel Gefolge waren selten. Die großen Städte stellten ihren Bürgermeistern eine Dienerschaft, die nur zur Aufwertung ihrer Repräsentation bestimmt war, aber nicht für ihr Privatleben. Daher der Ruf unbestechlicher Ehrbarkeit, den das Patriziat – zu Recht oder Unrecht – genoß. Dieser Ruf war ein für das politische Gleichgewicht des Landes unverzichtbarer Faktor. In der Tat besaß das Patriziat eine De-facto- und keine wirkliche Rechtsexistenz. Historisch war es aus Familien hervorgegangen, die in den mittelalterlichen „Kommunen" die städtischen Gesetzgebungen ausgenutzt hatten, um an die Macht zu kommen. Mittels des Krieges hatten die „Regenten" ihren Einfluß auf die Unionsregierung ausgedehnt, die sie völlig kontrollierten, indem sie sich der Befugnisse der Adligen und Händler bedienten. Das Regime, das sie dem Land auf diese Weise aufgezwungen hatten, mußte, um sich zu halten, gleichzeitig gegen den Einfluß des Kleinbürgertums und gegen den der Statthalterschaft kämpfen. Dieser Kampf, das ist die politische Geschichte der Niederlande im goldenen Jahrhundert.

Die mächtigste Waffe, über die das Patriziat verfügte, war der moralische Kredit, den es errungen hatte. Die Händler beklagten diese Situation. 1652 bringen die von Amsterdam ihr Bedauern zum Ausdruck, von Magistraten regiert zu werden, die den Handel aufgegeben und den Sinn für die vitalen ökonomischen Probleme verloren haben. Dennoch kann eine offene Feindschaft nur schwerlich hervorbrechen. Es sind die reichsten Händler, von denen sich das Patriziat allmählich die neuen Elemente holt, die es braucht, wobei es sich durch viel mondäne Vorsicht schützt. Der Übergang von einem Milieu ins andere vollzieht sich durch Heirat: Er setzt die Bereitschaft voraus, auf den Handel zu verzichten – und viel Geduld aufzubringen.

DAS VOLK

Bürger

Ihr Vermögen, ihr persönlicher Einfluß, ihre Beziehungen machten einige, dem Patriziat mehr oder weniger verbundene Magnaten des holländischen Handels zu wirklichen Weltmächten: ein Moucheron, ein Isaak Lemaire, ein Ludwig de Geer – alle drei übrigens ehemalige Immigranten – verhandeln mit Königen, machen der internationalen Politik den Weg frei. Aber solche Persönlichkeiten bleiben im Schoß der Handels- und Handwerksbourgeoisie die Ausnahme. Deren Masse, vom Tuchmacher zum Brauer, zum Modeschneider oder zum kleinen Krämer, die sich in Hinsicht auf das Vermögen gewiß voneinander unterschieden, blieb sich ähnlich und behielt gemeinsame Interessen: Die Handelsspezialisierung war noch relativ wenig vorangetrieben, und die verschiedenen Geschäftsnetze waren eng miteinander verknüpft.
Das Fehlen politischer Verantwortung, die dem Bürger erlaubte, sich ausschließlich der Leitung seiner Geschäfte zu widmen, verstärkte seinen Individualismus. Handel und Amüsement – letzteres oft kindisch oder flüchtig, sind die einzigen Beschäftigungen des Durchschnittsbürgers. Sollte er einen Traum hegen, so den, seine Tochter mit einem zu verheiraten, der vermögender ist als er selbst. Selbst wenn er einen gewissen Grad des Reichtums erlangt hat, Besitzer mehrerer Speicher, mehrerer Schiffe ist, trägt er in der Öffentlichkeit ein Rapier und bei sich zu Hause Morgenmantel und Pantoffeln. Dennoch ist er keineswegs geistig schwerfällig. Die Gewandtheit oder gar die Schläue ersetzen ihm den

Scharfsinn. Er besitzt eine große Fähigkeit zur Nachahmung, viel logisches Denkvermögen und übertrifft an Wirksamkeit auf fast allen Gebieten jede Vorstellung, die man von ihm hegt. Zu diesen Eigenschaften gesellt sich eine unerbittliche Standhaftigkeit: ein holländischer Händler wird niemals auf sein Recht verzichten. Verhandelt er mit einem Ebenbürtigen, ist er der freimütigste und loyalste Mann der Welt. Wittert er aber bei seinem Partner irgendeine Unkenntnis, läßt er es sich nicht entgehen, ihn auszunutzen. Sein Gerechtigkeitsempfinden beruht weniger auf einer hohen moralischen Integrität als auf einer gesunden Einschätzung der Umstände.

Für die große Mehrheit dieser Händler war die Bereicherung, die das goldene Jahrhundert allgemein charakterisiert, die Frucht einer grimmigen Beharrlichkeit, einer strengen Sparsamkeit und vorsichtig kalkulierter Verwegenheiten. Die Amsterdamer Familie Witsen brauchte ungefähr sechzig Jahre, um die einzelnen Etappen zu durchlaufen: Von bäuerlicher Herkunft, verdingt sie einen ihrer Söhne in der Marine, einen anderen als Arbeiter in einer Fischerei; dann erlaubt sich die Sippe den Kauf eines kleinen Schiffes, wagt sich mit einer Ladung Käse auf die Ostsee und bringt Weizen heim. Bald wird man weitere Schiffe kaufen ... Der Erfolg ist nicht sicher. Bankrott ist nicht selten, und man regelt ihn mit einer Gleichgültigkeit, die an Unredlichkeit grenzt: Es kommt vor, daß man seine Gläubiger nur mit einem Betrag von drei oder vier Prozent bezahlt. Eine Regelung von vierzig Prozent gilt als außergewöhnlich.

Die untere Schicht dieser Bourgeoisie umfaßte ein Volk von bescheidenen, oft ärmlichen Kleinhändlern, in deren Händen fast der gesamte Ausstattungshandel ruhte. Bekleidungsschneider oder -verleiher, Brillenmacher und Zinngießer, Schleifer, Blumenhändler und alle anderen, die in ihrem Vestibül oder in ihrem Hof Laden oder Werkstatt unterhielten. Der Lebensmittelhandel fand in spezialisierten Läden statt: Fleisch, Brot, Pasteten und Kuchen wurden bei den Metzgern, Bäckern und Konditoren verkauft; Gewürze und Wein beim Apotheker, Obst und Gemüse beim Gärtner. Unseren Lebens-

mittelgeschäften entsprechende Läden boten Salz, Seife, Trockengemüse, Butter und Käse feil. Die Eigentümer all dieser Geschäfte bildeten eine seßhafte Masse ohne große Hoffnung auf sozialen Aufstieg.
Die Vertreter der freien Berufe stellten als solche keine besondere Klasse dar. Prediger und Lehrer, Ärzte, Anwälte und Notare unterschieden sich vom Rest der Nation mehr durch ihre spezielle Tätigkeit als durch ihre Herkunft. Nichtsdestotrotz rekrutierten sich diese Berufe nicht nach rein intellektuellem Gesichtspunkt. Wir haben gesehen, daß die Ärzte im allgemeinen zum Großbürgertum, wenn nicht zum Patriziat gehörten, die Prediger zur geringsten Klasse. In ihrer Gesamtheit ging die niederländische „Intelligenzia" aus bürgerlichen Milieus hervor und bewahrte viele ihrer Denk- und Lebensgewohnheiten: eine ungleiche Mischung aus Nettigkeit und Kastengeist, aus Wissen und Borniertheit, aus Ungezwungenheit und Feierlichkeit. Gleiche Titel, Diplome, der Gebrauch des Lateins führen in einer Innung ehrenhafte Bürger zusammen, die sich ihrer beruflichen Würde sehr bewußt sind, aber im Inneren von Neid zerfressen werden, die, oft von ziemlich geringer Herkunft, gelegentlich triviale Neigungen zeigen, Bankette lieben und schnell betrunken sind wie jener Baudius, dessen Zecherei seine Kollegen an der Universität von Leiden empörte. Ein gelehrter Empiriker wie Leeuwenhoek, der Erfinder des Mikroskops, wurde niemals auf einen Universitätslehrstuhl berufen; seine Unkenntnis des Lateinischen und fremder Sprachen stellte für ihn ein unüberwindbares Hindernis dar. Er konnte über den Rang eines kleinen Beamten der Stadt Delft nicht hinausgelangen.

Arbeiter

Von der untersten Schicht des Kleinbürgertums schlecht zu unterscheiden ist die große Masse der ökonomisch Labilen, derjenigen, die durch ihre Abhängigkeit und durch die Unmöglichkeit, Ersparnisse zu machen, regelmäßig vom Verlust ihres Existenzminimums bedroht sind. In einer Zeit, da die Niederlande als die reichste Nation Europas gelten, besitzt der „Pöbel“ fast nichts vom nationalen Kapital. Obwohl die ökonomische und gesellschaftliche Entwicklung ihn unterteilt und die Interessen zersplittert hat, bleibt er von einem gemeinsamen soziologischen Merkmal gekennzeichnet: Der Puritanismus bürgerlicher Sitten hat ihn sehr wenig berührt. Diese Arbeiter, diese Domestiken, diese kleinen Leute mit den geringen Löhnen frappieren die Ausländer durch ihre umwerfende Freundlichkeit. Fragen Sie in einer großen Stadt irgendeine Dienerin, einen Hausierer nach dem Weg: er tritt auf die Schwelle heraus oder macht einen Umweg, er besteht darauf, Sie selbst auf den rechten Weg zu bringen. Der einfache Mann ist oft geschwätzig, fast immer klatschsüchtig. Aber er ist auch schrecklich gewinnsüchtig. Die Aussicht auf einen sofortigen Verdienst bringt ein Volksviertel ins Wallen. Gastwirte, Kutscher, Portiers, ambulante Händler versuchen erst einmal, wenn sie auf einen unbekannten Kunden treffen, ihm trotz aller Tarife so viel Geld wie möglich aus der Tasche zu ziehen. Der ausländische Besucher muß unablässig auf der Hut sein. Manche geraten in Zorn: Obwohl solche Sitten in ganz Europa gang und gäbe sind, erscheint ihnen der Niederländer knauserig, habgierig und nur aufs Geld versessen. Selbst seine Genügsamkeit und seine Anspruchslosigkeit halten sie schlicht für Früchte des Geizes.

Des weiteren ist der Niederländer streitsüchtig. Zwar sind bei den Reichen die übrigens offiziell verbotenen Duelle sehr selten, nur die Offiziere der Armee und die Studenten pflegen sie. Aber Bauern, Arbeiter, Matrosen schlagen sich, manchmal mit großer Brutalität, um ein Nichts. Messer werden gezogen, Blut fließt, die Polizei drückt ein Auge zu, die Gerichte zeigen in bezug auf diese Schlägereien trotz der Gesetze, die dafür Gefängnis oder hohe Geldbuße vorsehen, eine außergewöhnliche Milde.

Die Wohnungsnot, die, wie wir gesehen haben, während des ganzen goldenen Jahrhunderts in den niederländischen Städten herrscht, bestimmt zu einem großen Teil die Lage des Arbeiters. Von 20000 Arbeitern, die 1638 die Textilmanufakturen von Leiden beschäftigten, wohnte die Mehrzahl in Behausungen, in denen es keinerlei Möbel, nur Strohlager gab. Gerrit Kist, der Zimmermann von Zaandam, den Peter der Große besuchte, wohnte mit seiner Familie in einem einzigen Raum. Dennoch hatte dieses Elend die alten Traditionen der Gastfreundschaft nicht getötet. Eine alte Zaandamer Frau, Marie Hitmans, die Mutter eines Arbeiters, den Peter der Große eingestellt hatte, lädt den Zaren zu sich auf eine Flasche Wacholderbranntwein ein, die Frau eines anderen Arbeiters bittet ihn, ihr kärgliches Mahl zu teilen.

Die Verordnungen der Gilden legten zumeist die Arbeitszeit und dadurch den Lebensrhythmus der Arbeiter fest. Nur die städtischen Richterschaften hatten das Recht, die Vorschriften zu ändern, aber das erforderte langwierige Verfahren. Daher rührt eine allgemeine Beständigkeit des Lebensrahmens, den im Prinzip höchstens die Arbeitslosigkeit durchbrach. Doch waren manche Industrien störenden Einflüssen von außen unterworfcn. Transport und Schiffbau, cng mit dcm Handcl verknüpft, reduzierten ihre Aktivitäten und entließen Personal, sobald dieser eine Abnahme verzeichnete, zum Beispiel in Zeiten von Krieg, selbst wenn dieser weit weg stattfand. Fabriken, die die Antriebskraft von Mühlen ausnutzten, verlängerten den Arbeitstag übers Maß, wenn der Wind günstig war.

Alte Handwerke wie das Textilhandwerk, das in der Provinz Holland innerhalb weniger Jahre in den Rang einer Industrie aufgestiegen war, entgingen in Wirklichkeit der Gesetzgebung durch die Innungen. Die steile Aufwärtsentwicklung der Leidener Manufakturen hatte in dieser Stadt zu einer für die Zeit beträchtlichen Konzentration von Arbeitern geführt. Im 17. Jahrhundert ist Leiden nach Lyon die zweite Industriestadt Europas. Der Zustrom von Flüchtlingen hatte den Ersatz der traditionellen weiblichen Hilfsarbeiter durch männliche Arbeitskräfte ermöglicht und es somit gestattet, die Löhne ganz niedrig zu halten. In der Folge stellte man die Frauen zu einem Hungerlohn wieder ein und auch mehr und mehr Kinder (indem man den Sinn der Gildenverordnungen über die Berufsausbildung verdrehte). Die Ausbeutung der Kinder, die manchmal schon im Alter von sechs Jahren in die Werkstätten gesteckt wurden, nahm bereits um 1620 in Leiden und bald darauf in Amsterdam, Alkmaar, Utrecht und Groningen den gleichen schamlosen Charakter an wie später in England zu Beginn des Maschinenzeitalters. Schon 1597 legte ein Erlaß Protest ein gegen den Brauch gewisser Unternehmer, kleine Kinder unter dem Vorwand der Berufsausbildung zu richtigen Sklaven zu machen.[1] Es ist von Kindern die Rede, die von ihrem Unternehmer außerhalb der Arbeitszeit zum Betteln in die Stadt geschickt wurden. Es kam vor, daß die Justizbehörde sich rührte und in den extremen Fällen eingriff, wie 1636 in Delft.

Man beschäftigte auch Kinder von Arbeitern, deren Stellung somit erblich wurde. Zutreiber fingen umherirrende Kinder ein, kleine Bettler, die auf den Straßen aufgelesen wurden und von denen manche aus Friesland, Flandern oder Deutschland kamen. Die Waisen aus den offiziellen Einrichtungen wurden gelegentlich von ihrem Vormund für Hungerlöhne vermietet. Während des Textilbooms zwischen 1638 und 1648 importierten die Unternehmer von Leiden viertausend Lütticher Kinder, die ihnen ein Händler brachte. Die Magistrate wagten nicht, diese Praktiken zu verbieten, versuchten jedoch ihre Auswirkungen einzuschränken. 1641 schuf man in Leiden eine Arbeitsinspektion, die mit der Kontrolle von kindlicher Hilfsarbeit beauftragt war. 1646 wurde die Arbeitszeit für Kinder durch eine Verordnung auf vierzehn Stunden täglich begrenzt! 1648 stellte die Stadt einen Lehrer ein, der den in den Manufakturen arbeitenden Kindern ein paar grundlegende Dinge beibringen sollte …

Das Schicksal der erwachsenen Arbeiter in den Berufsinnungen war auf dem Weg der Industrialisierung kaum beneidenswerter als das ihrer Kinder. In den Berufen, die ihren alten handwerklichen Charakter bewahrten, konnte es in den menschlichen Beziehungen etwas Wärme geben, doch die materiellen Arbeitsbedingungen verschlimmerten sich im Lauf des Jahrhunderts. Ein Holländer, erklärte Colbert, arbeitet an einem Tag mehr als ein Franzose in einer Woche. Der Arbeitseifer, den die niederländischen Arbeiter an den Tag legten, und die Stunden, die sie ableisten mußten, sicherten ein hohes Einkommen, auf das der Minister Ludwigs XIV. neidisch war. Die Anzahl der täglichen Arbeitsstunden, die Anzahl der jährlichen Arbeitstage hatten sich seit der Reformation beträchtlich erhöht, besonders wegen der Abschaffung von Feiertagen, die die katholische Kirche einst eingeführt hatte. Selbst die Erholung am Sonntag war nicht völlig sicher. Hier und dort wurde auch nachts gearbeitet.

Dennoch kann man in den Niederlanden des goldenen Jahrhunderts nicht von einem „Arbeiterproblem“, von einer „sozialen Frage“ sprechen. Eine Ungerechtigkeit scheint niemand wirklich wahrgenommen zu haben. Höchstens ein gewisses Unbehagen war von Zeit zu Zeit festzustellen. 1619 äußert die Synode von Dordrecht den Wunsch, daß die Löhne immer angemessen sein mögen und die Arbeiter die sonntägliche Ruhe genießen können. 1601 untersagte die Stadt Amsterdam den Konditoren, die Kuchen in den Auslagen zu prunkvoll auszuschmücken, „aus Angst, die armen Leute zu betrüben, bei denen dieses Schauspiel die Begierde anstachelt“[2]. Im Grunde beschränkte sich die Sozialpolitik der Magistrate, wie wir in einem weiteren Kapitel sehen werden, auf die Organisation verschiedener Wohltätigkeitseinrichtungen.

Die sozialen Unruhen, die die Niederlande im 17. Jahrhundert erschütterten, resultieren aus individueller, mehr oder weniger anarchistischer Gewalt, nicht aus einer vorgefaßten Absicht im Rahmen irgendeiner organisierten Bewegung. Noch finden Demonstrationen, Streiks und Auseinandersetzungen häufiger in den streng korporativ gebliebenen Innungen als in den großen Manufakturen statt. In Leiden verkündet man Streiks 1637, 1643, 1648, eine „Meuterei“ 1638. Zwi-

schenfälle dieser Art passieren regelmäßig in den wichtigen Städten. Sie führen zu nichts. 1629 verhindert das Eintreten von Schweden in den Dreißigjährigen Krieg das Eintreffen von polnischem Weizen und zieht eine Verteuerung des Brotes nach sich. Eine Schar von Armen stürzt sich in Leiden auf eine Bäckerei und plündert sie. Der Magistrat ließ die Ordnung wiederherstellen, ergriff drei oder vier Rädelsführer, die öffentlich ausgepeitscht wurden: alsbald kehrte Ruhe ein. 1672 stürmt der von einer Frau aufgewiegelte „Pöbel" von Hoorn das Haus des Bürgermeisters, zerschlägt das Mobiliar, bricht die Fässer auf der Straße auf. Aber als die Bürgerwehr eintrifft, hat er sich schon aufgelöst.
Meistens war das Streitobjekt die Höhe des Lohns. Zeigten die Meister der Gilden oder die Stadtverwaltung einen „Komplott" an, setzte sich die Unterdrückungsmaschinerie in Bewegung: Gefängnisstrafen, hohe Geldbußen oder gar Verbannung auf das Land, eine Strafe, die in diesem überbevölkerten Land die Verurteilung zum Hungertod bedeuten konnte. Ab und zu bewilligte man dennoch eine Erhöhung. In diesen Kämpfen schien es in der Tat viel weniger um das Lebensniveau der Arbeiter zu gehen als vielmehr um das wirtschaftliche Monopol einiger Unternehmer, die um jeden Preis die Aufrechterhaltung der öffentlichen Ordnung forderten. Seit dem Beginn des Jahrhunderts betrachtete man hier und dort den Einsatz von Waffen bei schwerwiegenden Konflikten als ein Recht des Arbeitgebers. Infolge der Leidener Unruhen von 1638 regten die Staaten die Gründung einer Unternehmervereinigung an, die sich auf die zehn Städte mit Textilindustrie erstreckte. Diese Vereinigung gestattete insbesondere die Kontrolle von umherziehenden Hilfsarbeitern, indem sie ihnen ein Führungszeugnis auferlegte. Solche Maßnahmen wurden gelegentlich von seiten der Behörden durch Ratschläge begleitet, die von einem unbestreitbaren Gerechtigkeitsgefühl eingegeben waren, jedoch leere Worte blieben.[3]

Die Matrosen bilden in Holland, Zeeland und Friesland eine vielköpfige Masse. Ihre Anpassung an das Meer verleiht ihnen einen Charakter, zwingt ihnen eine Lebensart auf und fördert Traditionen, die sie zu einem stark geprägten Menschentyp machen. Sicher unterscheiden sich ihre Tätigkeiten: Fischer, Küstenschiffer, Matrosen von Handelsgesellschaften oder Admiralsflotten, Piraten ... Doch besitzen alle gewisse gemeinsame Züge, sie sind rauher und einfacher als die Landleute. „Indem sie fast ständig auf dem Meer sind“, schreibt Parival, „wo sie keinerlei Berührung mit den Menschen haben, können sie weder Höflichkeit erwerben, noch sich in einer anderen Tugend als der der Geduld üben, wozu ihnen Winde und Stürme häufig Gelegenheit geben. Sie müssen immer tapfer sein, aber ich weiß nicht, ob man nicht sagen kann, daß ihre Tapferkeit eher passiv als aktiv ist.“[4]
Diese nüchternen, widerstandsfähigen, manchmal harten Männer, die ein ständiges Wanderleben führen, haben Frau und Kinder in den Dörfern und Städten an der Küste. Ihr sexuelles Leben ist trotz der langen Abwesenheit und ferner Gelegenheiten geordnet, ihr Herz treu. Grosley stellt sie in einer Zeit, da man die natürlichen Tugenden rühmt, den Matrosen der Provence gegenüber, die in jedem Hafen der Levante ein Verhältnis haben.[5] Selbst die Kapitäne, die im allgemeinen von sehr bescheidener Herkunft sind und nur die Schule der Praxis durchlaufen haben, haben an Bord (im Unterschied zu ihren französischen, englischen oder dänischen Kollegen) weder Diener noch Weinvorräte, noch Mätressen. Käse und Bier genügen ihnen als Kost, ein Hund als Gesellschaft, die Sorge um die Ausrüstung als Zeitvertreib.
Der gewohnheitsmäßige Kontakt mit den Gewalten der Natur hat die Matrosen zu den abergläubischsten Niederländern gemacht. Wenn die Segel bei Flaute einfallen, zieht der Matrose seine Flöte hervor und spielt eine Zaubermelodie, um die Winde anzustacheln. Bedroht ein Sturm das Gleichgewicht des Schiffes, verprügelt er

den Schiffsjungen, um den tobenden Geist des Meeres zu besänftigen. Wenn ihn der Hunger peinigt, hütet er sich, manche dieser Vögel, die um seinen Mast kreisen, zu erlegen, denn sie verkörpern die Seele der ertrunkenen Matrosen.

Trotz der außergewöhnlich harten Lebensbedingungen waren Meutereien von Matrosen selten. Die ersten Expeditionen in den Fernen Osten oder den Hohen Norden richteten einen beträchtlichen Teil der Mannschaft zugrunde, so lange, bis man sich an das extreme Klima gewöhnt und erfahren hatte, welche Vorsichtsmaßnahmen es erforderte. Die Mannschaften der Hochseeschiffe, die teilweise unter den Vagabunden und elenden Arbeitern in den Niederlanden und den Nachbarterritorien ausgewählt wurden, erhielten lächerliche Löhne: In der Tat kam es darauf an, die Kosten der Flotte so niedrig wie möglich zu halten, um gegen die ausländische Konkurrenz zu kämpfen. 1630 erhielt ein Matrose der Kriegsmarine 30 Gulden im Monat. Dieser Betrag war seit fünfundsiebzig Jahren unverändert. Eine feste und längere Verpflichtung war die Ausnahme, Arbeitslosigkeit eine ständige Bedrohung – nicht nur für die einfachen Matrosen, sondern sogar für die unteren Offiziere, die Lotsen, Chirurgen, Maate, Leutnants und oft sogar die Kapitäne, die sich gesellschaftlich kaum von ihren Männern unterschieden. Erst nach 1628 bildeten die Kapitäne der Kriegsmarine eine feste Innung. Während ein Schiffseigner hundert Prozent und mehr von dem Geld verdient, das er in ein Handels- oder Fischereischiff investiert, gelangen Offiziere und Matrosen kaum über das Existenzminimum hinaus. Die Bevölkerung von Seedörfern wie Maassluis gilt als „verelendet“[6]. Die extreme Genügsamkeit der Seeleute ist zweifellos weniger eine Tugend als eine Notwendigkeit.

Der Kapitän ist persönlich verantwortlich für die materielle und soziale Organisation an Bord. Sein Ruf hängt von der Art und Weise ab, wie er mit der Summe auskommt, die ihm der Eigner oder die Admiralität genau vorgibt, und sein persönlicher Gewinn davon, was er für

Lebensmittel, Schiffsreinigung und Sanitärprodukte an Ausgaben einspart. Für die armen Teufel, die die Jahre in diesem Beruf hart werden ließen, ist die Versuchung zu groß.

Obwohl die Mehrzahl der niederländischen Schiffe besser unterhalten und sauberer ist als die anderer Nationalitäten, sind manche ein richtiges Bagno: Ein Übermaß an geladener Ware bringt ein Zusammengepferchtsein auf extrem engem Raum mit sich, Schmutz, Brutalität und Hunger. Von Zeit zu Zeit erhebt sich ein Kapitän gesellschaftlich über die Masse der Matrosen. Er hat es verstanden, mit mehr oder weniger ehrenhaften Mitteln Ersparnisse zu machen oder sich an den Gewinnen seiner Unternehmer beteiligen zu lassen. So sieht man den einen oder anderen ehemaligen Kapitän sich ein Häuschen kaufen oder – typisches Zeichen der Verbürgerlichung – sich porträtieren lassen.

Im Lauf des Jahrhunderts ergriff die Admiralität verschiedene Maßnahmen zugunsten der sozialen Sicherheit der Matrosen ihrer Flotte, die Opfer von Seekriegen wurden: Entschädigungen für den Verlust eines Gliedmaßes, Renten für Witwen und Waisen. Ein komfortabel ausgestattetes Hospiz in Enkhuizen nahm die alten Matrosen auf, die den Dienst quittiert hatten. Doch Nutznießer dieser Einrichtung waren nur eine privilegierte Minderheit unter dem großen „Meeresvolk".

Trotz der bemerkenswerten Fortschritte, die die holländische Seefahrtstechnik gemacht hatte, bleibt die Bedrohung durch den Schiffbruch für den Matrosen ein Element seines alltäglichen Lebens. Die Chronik der Zeit registriert eine ununterbrochene Reihe von manchmal verheerenden Katastrophen. 1657 verschwinden während einer Waljagd fünfzig Schiffe auf einmal. Manche Schiffbrüche erregen Aufsehen. So zum Beispiel der unter Bontekoe, der sich 1619 zutrug. Bontekoe kommandierte ein Schiff von 500 Tonnen mit 600 Mann Besatzung. Mitten im Sturm steckte ein Matrose aus Ungeschick ein Schnapsfaß in Brand. Die Anstrengungen, die man unternahm, um es zu löschen, führten nur dazu, die Flammen weiterzutreiben, so daß sie die Ölvorräte erfaßten und dann die Pulverfässer, die ins Meer zu werfen keine Zeit mehr geblieben war. Das Schiff explodierte und sank auf der Stelle. Bontekoe, der sich an einem Wrackteil festhielt, konnte einige seiner Männer erreichen, die sich an eine Schaluppe klammerten. Dreizehn Tage irrten sie ohne Vorräte, ohne Kompaß unter der Sonne der Tropen umher. Aus Hemden ließ Bontekoe ein grobes Segel anfertigen, aus einem Brett eine Art Sextant, um sich nach den Sternen zu richten. Die Männer aßen die Fische, die sie mit der Hand fangen konnten, sie tranken ihren Urin. Schließlich fast verrückt geworden, versuchten sie, den Schiffsjungen zu erdrosseln, um ihn zu verschlingen. Bontekoe gelang es, dieses Verbrechen zu verhindern und seine Matrosen bis zu dem Tag durchhalten zu lassen, da sie an einer indischen Insel anlegten, von wo aus sie später ein holländisches Schiff erreichen konnten. Nach dem Kentern der „Raven", die Schiffbruch erlitten hatte, ohne zu sinken, klammerten sich 83 Männer bei wild bewegter See 48 Stunden lang an den Kiel des umgeschlagenen Schiffes. Als man sich dem Wrack nähern konnte, waren es nur noch zwanzig Überlebende ... Die Gewalt des Meeres und seine Untiefen machten die Küstengewässer der Niederlande fast überall gefährlich. Wenn ein Schiff auf den Untiefen strandete, lief es Gefahr, unter der Wucht der Wellen auseinanderzubrechen oder unter der des Windes zu kentern. Daher die Bedeutung des übrigens exakt geregelten Besitzrechts an Strandgut für die Seeprovinzen. Wurde die ganze oder ein Teil der Mannschaft gerettet, gab man das Wrack seinem Besitzer gegen Erstattung einer Entschädigung zurück, war die Mannschaft untergegangen, ging das Wrack in den Besitz des Fiskus über und gehörte dem Verwaltungskreis, in dessen Zuständigkeitsbereich man es gefunden hatte. Die Reeder standen also vor dem Problem der Bergung. 1660 wurde in Zeeland eine Maschine erfunden, mit der man gesunkene Schiffe aus dem Meer heraufzog. Zum Gedenken an dieses Ereignis prägte man eine Medaille, die die neue Maschine unter einem passenden Wahlspruch zeigte: *Soli Deo honor et gloria.*

Das Strandrecht galt per Gesetzeskraft auch für die Wale, die manchmal an den holländischen Küsten verendeten. Aus dem Öl eines dieser Tiere konnte das Dorf, auf dessen Gebiet man es entdeckte, bis zu 500 Gulden herausschlagen.

Bauern

Die Bauernschaft, von arm bis reich, weist nicht weniger Mannigfaltigkeiten auf als das Stadtvolk. Aber diese Mannigfaltigkeit tritt weniger hervor; sie wird von der starken Einheitlichkeit verdeckt, die sich aus dem ununterbrochenen Kontakt mit der Erde und einem besonders starrköpfigen Traditionalismus herleitet.
Die niederländischen Bauern, bemerken Parival und Temple,[7] sind eher beharrlich als arbeitsam. Häufig groß, schwer und sehr widerstandsfähig, verdanken sie die bemerkenswerte Frische ihres Aussehens einer vegetarischen Ernährung und der Milch. Von einfältigem Geist und ziemlich grob, ertragen sie es dennoch schwerlich, mit Schroffheit behandelt zu werden. Vernunftgründe haben mehr Einfluß auf sie als große Gesten, vorausgesetzt, man billigt ihnen die für ein langsames Nachdenken notwendige Zeit zu. Die Nähe der großen Städte bedeutet ihnen nichts. Die vollkommene Ehrenhaftigkeit, die hausbackene Weisheit, welche ihre herausragenden Tugenden sind, bleiben nur in den ziemlich isolierten Dörfern gut bewahrt. „Sie geben sich mit dem zufrieden, was ihnen gehört", schreibt Parival, „und wenn Ihr ihnen ein Fünf-Sous-Stück geben wollt für etwas, was nur zweieinhalb Sous wert ist, nehmen sie nur das, was ihnen zusteht, und geben Euch den Rest zurück. Solltet Ihr Euch hartnäckig erweisen, betrachten sie Euch als Narren."[8] Grosley beschreibt die Zeremonie, die bei den Bauern des nördlichen Hollands einem Kauf von Wolle vorausging. Hatte die Verhandlung lange genug gedauert, sprach der Verkäufer sein letztes Wort und warf einen Dukaten in das Glas, das er dem Käufer reichte, dann goß er Wacholderschnaps hinein. Man stieß an,

Auge in Auge. Wenn der Käufer beim Trinken den Dukaten mit den Lippen erwischte, schlug man ein, der Handel war abgeschlossen, und der Käufer behielt den Dukaten als Draufgabe. Andernfalls ließ man den Dukaten auf dem Grund des Glases und trennte sich ohne Abschluß, aber herzlich, indem man sich gegenseitig gute Dienste anbot.[9]

Die Bauern, deren Ländereien unweit der Städte lagen, hatten besser als die anderen die Vorteile der Kapitalisierung erkannt. Sie hatten verstanden, daß die Versorgung der Städter zu einem großen Teil von ihnen abhing, und diese Lage nutzten sie aus. Auch fand man unter ihnen mehr wohlhabende Leute als in den weniger städtischen Provinzen.

Die peinliche Sauberkeit der Bauernhäuser, selbst der Ställe, rief die Bewunderung ausländischer Besucher hervor. In diesem Land striegelte man die Kühe wie anderswo die Pferde, man band ihnen den Schwanz hoch, um zu verhindern, daß er besudelt würde. Nach der Aussage von Guicciardini[10] konnten seit dem 16. Jahrhundert fast alle niederländischen Bauern lesen und schreiben. Es empfiehlt sich, diesen Satz wörtlich zu nehmen: „lesen und schreiben", nicht mehr, und der mit der Dorfschule betraute Pastor hätte große Mühe gehabt, abstraktere Kenntnisse in die schwerfälligen Köpfe seiner Knirpse dringen zu lassen; „die Bauern", nicht die Bäuerinnen, Mädchen wurden nicht zur Schule geschickt. Das intellektuelle Niveau der niederländischen Bauernschaft war jedoch für diese Zeit trotzdem als hoch anzusehen.

Die Beziehungen mit der Stadt waren wirtschaftlicher Natur, indem man ihr seine landwirtschaftlichen Produkte verkaufte, oder unterhaltsamer Art, wenn man die großen Jahrmärkte besuchte. Doch der bäuerliche Geist hegte einen unklaren Verdacht gegen diese zu großen Städte, Schlupfwinkel aller Laster. Mit argwöhnischen Augen sah der Bauer seine Tochter mit einem Jungen aus der Stadt gehen. Das war ein gefährliches Spiel, und seine immer gleichen Folgen, sagte man, waren leicht vorherzusehen.

Noch mehr als der Städter pflegt der Bauer den Familienkult, und über diesen hinaus den Kult der Sippe. Als Descartes in dem Dorf Egmond lebte, mußte er für einen jungen Bauern, seinen Nachbarn, bei den Richtern um Milde nachsuchen: Er war für schuldig befunden, den zweiten Mann seiner Mutter getötet zu haben. Jene, von diesem brutalen Mann über die Maßen geschlagen, hatte sich von ihm getrennt, man drohte sich gegenseitig. Der Clan schloß sich wieder und dürstete nach Rache. Während eines Handgemenges wurde der Feind umgebracht. Wer also trug die Verantwortung für dieses Verbrechen? Am Sarg vergaben die Familienmitglieder dem Mörder.[11]
Der Befreiungskrieg hatte das Land schwer getroffen. In Abständen Verwüstungen, taktische Zerstörungen, Vergeltungsmaßnahmen. In fünfundzwanzig Jahren wechselte die Region von Eindhoven elfmal den Herrscher. Dieses Unheil hatte eine ganze Volksliteratur von „Bauernklagen" hervorgebracht und das Entsetzen vor dem Soldaten tief unter den Bauern verwurzeln lassen. Doch die Beseitigung des spanischen Regimes brachte der wohlhabenden Bauernschaft auf lange Sicht Nutzen. Die unter Zwangsverwaltung gestellten oder vom Staat zurückgekauften Grundgüter der katholischen Kirche und gewisser Adliger waren an die Bauern verpachtet oder verkauft worden. Die Feudalrechte sowie die Geldschulden wurden aufgehoben. Der juristische Status des Bauern unterschied sich kaum noch von dem des Bürgers. Ein wilder Unabhängigkeitsgeist beseelte diese erst seit kurzem gleichberechtigte Klasse. Man erzählt, daß der König von Böhmen während seines Hollandaufenthaltes durch einen Bauern mit Mistgabelhieben von dessen Feldern, auf denen er jagte, vertrieben wurde. Jedes Dorf hatte seinen Amtsrichter und seine Gerichtsräte, die von der Provinz oder dem Lehnsherrn ernannt wurden und die Rechtsprechung ausübten, sowie seine Ratsherren, die örtlichen Verwaltungsangestellten. Es hatte sein jährliches Fest und seine Vergnügungsgesellschaften. Einige gut gelegene und ordentlich verwaltete Dörfer erreichten dank der Prosperität der Städte einen be-

neidenswerten Grad an Reichtum. In Jisp sah man wohlhabend gekleidete Bauern in vierspännigen Kutschen fahren, die ihre Peitsche knallen ließen wie die Herren.
Eine besondere Situation charakterisierte Friesland und mit Abstufungen das Groninger Land, das im Mittelalter kein feudales Regime kannte. Der Boden war hier Eigentum freier Bauern, die in souveränen Bünden vereint waren. Was später an Land gepachtet wurde, unterlag einer komplexen Rechtsordnung, die etwa der französischen Erbpacht entsprach. Dieses seit Jahrhunderten bestehende System hatte zur Herausbildung einer reichen bäuerlichen Elite geführt, die sich Pächter und Landarbeiter nicht ohne Habgier unterwarf.[12]
Tagelöhner und andere Lohnarbeiter der Landwirtschaft bildeten eine arme, zum Teil umherwandernde Masse. Im Frühjahr zogen Gruppen, die Frauen, Kinder und Karren mit sich führten, in den Norden des Landes, um die Eichen zu entrinden. Diese jährliche Migration war von einer hohen Kindersterblichkeit begleitet. Monatelang lebten die Arbeiter mitten im Wald in primitiven Erdhütten, die sie dann verließen, um sie im folgenden Jahr, wenn die Vegetation sie überwuchert und Unwetter sie verwüstet hatten, wieder aufzusuchen. Hier und dort gründeten sich im Laufe des Jahrhunderts Landarbeiterorganisationen, die Beiträge in eine Kasse für gegenseitige Hilfe zahlten. Aber nur die weniger Armen vereinigten sich hier.

MASSENELEND UND KRIMINALITÄT

Immer wieder wird, wie wir gesehen haben, ein Teil des Volkes ins Elend abgetrieben. Aber noch unterhalb dieser Kleinverdiener gibt es eine Randgruppe in beständiger existentieller Not. Die Häufigkeit der Arbeitslosigkeit und das Nomadisieren unter den Reservearbeitern machen es unmöglich, zwischen den weniger begünstigten Arbeitern und den eigentlichen Vagabunden abzu-

grenzen. Zusammen bilden sie ein durchwachsenes Milieu, in das sich asoziale Elemente mischen und das in brutaler Weise vom Hunger bedroht ist.
Diese Schicht, durch dieselbe Gesellschaft ausgegrenzt, deren ökonomische Unzulänglichkeiten sie hervorbringen, macht sich bettelnd überall bemerkbar. Diese Bettelei, eine unheilbare Wunde der Städte und Dörfer, verschlimmert sich in dem Maße, wie das Jahrhundert voranschreitet. Die Provinzialstaaten verbieten sie regelmäßig. Doch die Bettelei ist eine naturgemäße Geißel, die Erlasse nicht aufhalten können. Amsterdam wimmelt von Bettlern und falschen Krüppeln. Nach dem Waffenstillstand und der Entlassung der Söldner verschlimmerte sich das Übel. Schmugglerbanden, die umherzogen oder hier und da in unkontrollierbaren Spelunken lebten, gaben sich kleinen illegalen Gewerben hin, stahlen zur Not, töteten sogar, wurden von einer Provinz zur anderen gejagt, je nachdem, wie die Strafe der Verbannung sie eben traf. Sie sprachen ein unverständliches Rotwelsch, von dem irgend jemand es 1613 für nützlich erachtete, ein Vokabular zu veröffentlichen. Wer hätte den Wegelagerer vom Elenden unterscheiden können? Zigeuner mischten sich unter all diese Vagabunden: als Wahrsager und Horoskopdeuter redete man ihnen auch nach, Kinder zu stehlen; obwohl sie eingesperrt und vertrieben wurden, kamen sie immer wieder. Die Organe der öffentlichen Sicherheit waren unfähig, ihre Aufgaben angemessen zu erfüllen.
Es war gefährlich, des Nachts unbewaffnet im Wäldchen von Den Haag herumzulaufen. 1643 fand man hier den frisch abgetrennten Kopf eines Mannes, und niemals konnte die Polizei die Mörder fassen. Ferner wurden hier 1661 zwei Fräulein aus guter Familie am hellichten Tag entführt. Die Städte erhöhten die Truppenstärke ihrer Polizei, befahlen die Verhaftung von Bettlern ohne Erlaubnis, setzten Belohnungen für Bürger aus, die einen Dieb anzeigten oder gefangennahmen. Rotten von „Armenjägern“ hetzten die Vagabunden auf dem Land mit Hunden.
Da sich die Magistrate der ökonomischen Wurzeln die-

ser Unruhen mehr oder weniger bewußt waren, veranlaßten sie während des ganzen Jahrhunderts in den Jahren der Knappheit oder der Teuerungen kostenlose Verteilungen von Lebensmitteln. Man ließ ein Schiff mit Weizen oder Roggen kommen, woraus ein Brot fürs Volk hergestellt wurde. Auf diese Weise unterstützte man 1634 in Leiden 20000 Personen.[1] In Amsterdam fand einmal in der Woche eine offizielle Geldverteilung an die Armen statt. Die reformierte Kirche leistete ihren Beitrag zu diesem Unternehmen, das übrigens nur die Bedürftigen erreichte, die zumindest einen provisorischen Wohnsitz hatten. Ein Angestellter des Diakonats oder der Stadt brachte ihnen im Winter ein wenig Butter, Käse, Brot und Torf. In der schönen Jahreszeit wurden die Lebensmittel gestrichen, dann mußte sich jeder selbst durchschlagen.[2]

Die Magistrate oder die Kirche organisierten regelmäßige Kollekten. Die Bürger zeigten sich oft großzügig. Es kam vor, daß eine geschickt geführte Sammlung in einer großen Stadt bis zu 15000 oder gar 25000 Gulden einbrachte. Zu außergewöhnlichen Anlässen gebot die Tradition gewisse Almosen, wie zum Beispiel bei reichen Hochzeiten. In mehreren Städten überließ man den Armen am Ende einer Bestattungsfeier das Leichentuch. Selten starb ein wohlhabender Bürger, ohne einen Geldbetrag für Wohltätigkeitswerke zu hinterlassen. In ganz Europa war der barmherzige Ruf der Niederländer fest begründet. Ludwig XIV. selbst beruhigte Charles II. am Vorabend des Überfalls auf die Niederlande angeblich mit diesen Worten: „Haben Sie keine Angst um Amsterdam. Ich bin der unerschütterlichen Hoffnung, daß die Vorsehung es erretten wird, und sei es nur mit Rücksicht auf seine Barmherzigkeit ..."

Leiden, von seinem Industrieproletariat in Schwierigkeiten gebracht, richtete ein Armenamt ein, das über große Mittel zur Unterstützung verfügte. In der zweiten Hälfte des Jahrhunderts erbaute man durch Privatgelder in mehreren Städten kleine Häuser, die zu sehr geringem Preis an die wirtschaftlich Schwachen vermietet wurden. Überall existierten Hospize, die manchmal den ehemaligen religiösen Orden entzogen worden waren und unter staatlicher Verwaltung standen. In den größten Zentren waren diese Einrichtungen unterschiedlicher Art: Leiden hatte ein Hospiz für Obdachlose, ein anderes für Greise und vervollständigte diese sozialen Einrichtungen mit einem Waisenhaus. Doch seit Beginn des 17. Jahrhunderts bestand die Hauptaufgabe der Hospize im Auffangen der Landstreicher. In den meisten Ortschaften von durchschnittlicher Bedeutung fand der Vagabund eine Aufnahmestelle, die manchmal dem Hospital angeschlossen war, wo man ihn kostenlos drei Tage lang beherbergte. Am Morgen des vierten Tages mußte er weiterziehen. Jedenfalls war in manchen Städten der Zustrom der Landstreicher so groß, daß man die Hospize von Juni bis Oktober geschlossen hielt. Die Ausstattung dieser Einrichtungen war primitiv: ein großer geheizter Gemeinschaftssaal mit Bänken, zwei Schlafräume: einer für die Männer und einer für die Frauen. Am Ende der Mahlzeit zog man vorsichtshalber die Messer ein. Während der Nacht wurden die Schlafsäle wie ein Gefängnis verschlossen.

Außer einem großen Hospital besaß Amsterdam mehrere Waisenhäuser und ein Asyl, wo man bis vierhundert arme Greisinnen beherbergte. 1613 wurde ein „Hospiz der Barmherzigkeit" eingerichtet, in dem man die Bedürftigen unterbrachte, die vom Betteln lebten. Um hier aufgenommen zu werden, mußten diese einen Aufenthalt von mehreren Jahren in der Stadt nachweisen. Doch das Hospiz bewilligte auch bedürftigen Reisenden einen Zuschuß. Ein Propst und Angestellte der Einrichtung durchstreiften jeden Tag die Stadt, um die Bettler aufzulesen. Später übernahm dieses Hospiz außerdem die überzähligen Kinder aus dem Waisenhaus und wurde mit der Ausführung kostenloser Bestattungen beauftragt.

Die Verwaltung der verschiedenen Hospize vertraute die Stadt einem Komitee von Notabeln, Männern und Frauen, an, die ein solches Amt für eine Ehre hielten. Wenn auch die Verwaltung barmherziger Einrichtungen auf dem Niveau der niederen Angestellten oft zu wünschen ließ, so war ihre oberste Leitung dagegen im allgemeinen von bemerkenswerter Genauigkeit. Häufig wurden zu ihrer Finanzierung die Einnahmen der ehemaligen kirchlichen Besitzungen bereitgestellt, zu denen vor allem in der zweiten Hälfte des Jahrhunderts Stiftungen und Legate kamen. Kollekten fanden einmal im Monat von Tür zu Tür statt und jeden Sonntag in der Kirche. In bestimmten Bereichen der Stadt wurden Sammelbüchsen aufgestellt. Zugunsten ihrer Hospize verzichtete die Stadt auf die Einnahme verschiedener Steuern, wie der auf Getreideimporte, Versteigerungen, Bankette, Luxusbegräbnisse. Schließlich organisierte man regelmäßig von der Öffentlichkeit sehr geschätzte Wohltätigkeitslotterien. Es kam vor, das der Hauptpreis 1000 Gulden betrug, während das Los für zwei Stuiver verkauft wurde.[3]

Am Ende des Jahrhunderts erwiesen sich die karitativen Einrichtungen als zu klein und ihre Einnahmen als unzureichend. Man kam auf verschiedene Notbehelfe: die Erhebung spezieller Steuern, die Vervielfachung der Lotterien, das Zurückweisen der Armen in die Gemeinde, aus der sie gekommen waren.

Seit Beginn des Jahrhunderts besaß Amsterdam zwei für Asoziale bestimmte Hospize, die etwas von einem Gefängnis und einem Umerziehungsheim hatten: das *Rasphuis* für die Männer, das *Spinhuis*[4] für die Frauen. Am Giebel des ersteren erläuterte eine lateinische Inschrift seine Funktion: *Virtutis est domare quae cuncti pavent.*[5] Die Insassen, auf Anordnung der Justiz eingeschlossen, wurden hier zu handwerklichen Arbeiten gezwungen, insbesondere mußten sie Holz aus Brasilien feilen (daher der Name der Einrichtung, von *raspen*, „raspeln, feilen"). Wer die Arbeit verweigerte, wurde grün und blau geschlagen. Bei einem Rückfall sperrte man den Schuldigen in einen Keller, den ein Rohr langsam mit Wasser füllte. Um dem Ertrinken zu entgehen, mußte der Gefangene ununterbrochen pumpen – so zwang man ihn zum Arbeiten! Landstreicher, Diebe, Nichtsnutze jeglichen Schlags waren im *Rasphuis* neben schwer erziehbaren jungen Leuten untergebracht, die man auf Bitten ihres Vaters hier eingesperrt hatte. Im *Spinhuis* (das „Haus, in dem man spinnt") wohnten Prostituierte, Mädchen, die ihren Familien davongelaufen waren, Ehefrauen, die von ihrem Mann wegen schlechtem Betragen oder Trunkenheit in Verwahrung gegeben worden waren. Die vermögendsten dieser Frauen konnten gegen Zahlung einer Miete ein Einzelzimmer bewohnen.

Einige der Verbrechenschronik von Amsterdam entnommene Fälle verdeutlichen die Situation, der die Strafjustiz gegenüberstand. Tryntje Pieters, Dienstmagd, wird wegen Mord an ihrem unehelichen Kind zum Tode verurteilt. Laurens Cornelisse, Insasse des *Rasphuis,* wird gehängt, weil er den Geldschrank des Amtsrichters in den Räumen des Gerichts aufgebrochen hatte, das über ihn richten sollte. Jean Franchoy, wegen Bigamie zum Pranger verurteilt, desgleichen Abraham Fredrickszen, Angestellter eines Grabsteinmetzes auf dem Kartäuserfriedhof, wegen Leichenfledderei. Der Soldat Ernst Rip wird wegen Mord an einem Kameraden zum Tode verurteilt. Albert Alberts und seine Frau, notorische Hehler, werden gehängt, weil sie aus einem Massengrab den Kopf und die rechte Hand eines Hingerichteten gestohlen haben; zweifellos spielt in ihren Fall ein Verdacht auf Magie hinein. Diese Aufzählung könnte man bis ins unendliche fortsetzen. Mord, Diebstahl, Brandstiftung, Fälschung kommen hier am häufigsten vor. Eine Frau, Griet Andries, erschien zweiunddreißigmal vor Gericht. Das Strafrecht schlägt mit unbarmherziger Strenge zu. Es stürzt sich besonders auf Raub, Hausfriedensbruch, Urkundenfälschung. Manchmal zeugt es von entsetzlicher Grausamkeit. Sechzehnjährige Jungen werden mit Feuer und Eisen gebrandmarkt. Ein fünfundachtzigjähriger Kapitän, des Mordes schuldig, wird lebendig verbrannt. Man erwähnt einen Rückfalltäter, der im Lauf eines Jahres elfmal ausgepeitscht und fünfmal gebrandmarkt wurde. Im letzten Viertel des Jahrhunderts vollstreckte man in Amsterdam 209 Todesstrafen.

Grotius rechtfertigt diese Grausamkeit mit der Notwendigkeit, potentielle Gewaltverbrecher abzuschrecken.

Sie ist durch eine gewisse Härte der Empfindungen erklärbar, die dem ganzen damaligen Europa gemeinsam war. Die Inkohärenz des niederländischen Strafrechts verschärfte sie auf alle Fälle. Gesetze und Sitten waren in der Tat von Provinz zu Provinz, wenn nicht von Stadt zu Stadt, verschieden, und jeder Versuch einer Vereinheitlichung stieß auf die Abwehr der örtlichen Gerichte. In diesem juristischen Chaos war das Verbrechen überhaupt nicht definiert. Das Kriterium, das der richterlichen Beurteilung zugrunde lag, war einfach, daß „so etwas in einem zivilisierten Staat nicht zu tolerieren ist". Gotteslästerung oder die Verwendung von Falschgeld konnten aus dieser Sicht eine genauso tadelnswerte Handlung sein wie Mord oder Hochverrat.

Das Geständnis galt als unwiderruflicher Beweis, gegen den kein Einspruch möglich war. Auch zeigte die Polizei die Neigung, es so schnell wie möglich herbeizuführen; während der Verhöre kam die Folter, obgleich sie illegal war, für gewöhnlich zur Anwendung. Das Verrenken von Gliedmaßen, das zwangsweise Verabreichen von ekelhaften Sachen, Auspeitschung, Verbrennungen, das allerdings war in ganz Europa üblich. Die Juristen unterschieden nach holländischem Brauch fünf Stufen der Folter, nach friesischem, der milder war, drei. Diese Klassifizierung diente als Grundlage für das Strafmaß, denn oft folgte dem Urteil die Folter ganz offiziell, nachdem sie illegal dazu gedient hatte, das Geständnis zu erpressen.

Kultivierte und verfeinerte Justizbeamte ertrugen diese manchmal langen Sitzungen ohne Skrupel und Ekel. Wenn sie lange dauerten, ließen sie sich, um sie zu verkürzen, ihre Mahlzeiten in den Saal bringen, wo der Henker gerade einen Unglücklichen „bearbeitete". Sie selbst hatten aus einem üblichen, bizarren und blutrünstigen Register diese Strafen bestimmt. Amputation der rechten Hand, der Nase, eines oder beider Ohren, Verbrennen der Zunge. Man stach Augen aus, riß eine Wange auf, brandmarkte die Schulter mit einem roten Eisen. Für geringste Vergehen stellte man den Schuldigen an den Pranger, eingeschlossen in eine Glocke aus

Holz, aus der nur der Kopf herausragte, mit einer Inschrift oder einem Symbol, die seine Missetat kennzeichneten. Oder aber man führte ihn in schändlicher Aufmachung durch die Stadt.
Dem Hausierer, der des Verkaufs verbotener Bücher für schuldig befunden worden war, setzte man einen Doktorhut auf, man hängte ihm einen Packen seiner Waren um den Hals und zerrte ihn durch die Straßen. Der kleinste Dieb wurde von zwei Polizisten durch die Stadt geführt, das Diebesgut auf seinem Kopf befestigt. Der Pranger, ein vor dem Rathaus errichtetes Gerüst, war wie eine Folterbank, die öffentliche Zurschaustellung bedeutete eine Schande, die nur die Allerelendsten nicht zu fürchten hatten.
Andere Strafen waren sozialen oder ökonomischen Charakters: Entzug des Bürgerrechts, Berufsverbot, Geldsanktionen. Durch die Verbannung konnten Individuen, die für gefährlich gehalten wurden, unter irgendeinem Vorwand vertrieben werden: Man wies sie für einen Monat, lebenslänglich oder gar für hundert Jahre und einen Tag aus! Einer Person, die sich Schlägen und Verletzungen schuldig gemacht hatte, verbot man für ein Jahr, ihre Wohnung nach acht Uhr abends zu verlassen, einer anderen untersagte man für drei Jahre den Besuch von Wirtshäusern. In den Zeiten großer Arbeiten (Bau von Festungsanlagen, Eröffnung von Bergwerken in irgendwelchen fernen Kolonien) verurteilten die Gerichte gern zu „öffentlichen Arbeiten“.
Die Todesstrafe wurde normalerweise durch Erhängen vollzogen. Doch gingen ihr oft Foltern voraus, oder man ersetzte es durch eine grausamere Hinrichtung: Der Schuldige, der auf einem Stuhl gefesselt saß, wurde mit einem Säbel enthauptet; man verbrannte ihn, man ertränkte ihn in einem Faß, oder aber er wurde lebendig begraben. Manchmal quälte man noch den Leichnam. Der von Selbstmördern wurde gehängt: Man band ihn an ein Pferd, das ihn bis an den Fuß des Galgens schleifte. Diese Hinrichtungen stellten für die Stadtbevölkerung ein Schauspiel dar, das wie eine ehrbare Volksbelustigung angesehen wurde. An jedem Amster-

damer Stadttor erhob sich ein Galgen, die Zufahrten der meisten Städte boten das gleiche Bild. Zwei starke, vier bis fünf Meter hohe vertikale Pfeiler, mit einem horizontalen Balken verbunden, der lang genug war, daß ein halbes Dutzend Kadaver bequem an ihren Stricken baumeln konnte ... Eine Leiter ermöglichte dem Henker, sie festzumachen und ihre Schlingen zu kontrollieren.
Dieser Henker war ein bedeutender Beamter, „Meister der Hohen Werke von Holland, wohnhaft in Haarlem", der einzige offiziell tätige in der Provinz. Sein Lohn berechnete sich nach der Leistung: 3 Gulden für eine Enthauptung, zu denen 9 Gulden für das Begraben hinzukamen. Das Rädern trug mehr ein: 3 Gulden pro Schlag, das Ganze konnte um die 30 Gulden einbringen. Die Auspeitschung zum gleichen Tarif kam nicht über 24 Gulden ...
Gefängnisstrafen waren relativ selten. Man sah die Verhaftung weniger als eine Strafe an, sondern eher als eine Sicherstellung des Angeklagten vor seiner Verurteilung. Die reichen Gefangenen konnten ihre Haftbedingungen bequem erleichtern. Doch die armen Teufel lernten ein schreckliches Elend kennen. Die Häftlinge bezahlten nämlich ihre Nahrung, und die Wärter zogen aus diesem Handel Profit. Unterernährung und mangelnde Hygiene machten die Gefängnisse zu Infektionsherden. In Amsterdam waren die Gefängnisse in den Kellern des Rathauses und den vier ältesten Stadttoren untergebracht: Mauern von zwei Metern Dicke, enge, vergitterte Luken, die Feuchtigkeit eines dürftigen Strohlagers. Im Lauf des Jahrhunderts fanden einige verwegene Angeklagte die Möglichkeit, daraus zu entkommen, wie 1652 Johannes Palmer. Das Gericht verurteilte ihn in Abwesenheit zur Verbannung, da man ihn nicht wieder hatte einfangen können.

1601 zählte die unter dem Kommando des Statthalters stehende Armee weniger als 20000 Mann. Den größten Teil dieser Truppe bildeten Engländer, Franzosen, Deutsche und Schotten, die in Kompanien oder Regimenter gleicher Nationalität eingeteilt waren und von ihren eigenen Offizieren kommandiert wurden.[1] Die einzigen niederländischen Einheiten bestanden aus den Friesen des Prinzen Wilhelm-Ludwig und dem Kavallerieregiment des Prinzen Moritz. Der Kriegseifer der vereinigten Provinzen war nur noch Erinnerung. Von den beiden in Kraft befindlichen Arten der Rekrutierung – der freiwilligen Verpflichtung und der Besoldung ausländischer Truppen – vermochte nur noch die zweite den Erfordernissen der letzten Feldzüge vor dem Waffenstillstand Genüge zu tun.

Auch betrafen die Kriege, in die die Niederlande von 1600 bis zur französischen Invasion 1672 verwickelt waren, immer nur die Grenzregionen der Republik. Die meisten von ihnen fanden auf dem Meer, weit entfernt von den Hoheitsgewässern statt. In den Augen eines Bürgertums, das sich ausschließlich um ökonomische Probleme sorgte, erfüllten die Landtruppen während dieser Periode außergewöhnlicher Immunität keine lebensnotwendige Funktion mehr. Zur Absicherung der ihnen anvertrauten zweitrangigen Aufgaben reichten Söldner. Doch auch von ihnen brauchte man nicht so viele. Nach dem Waffenstillstand von 1609 wurden 15000 entlassen und die übriggebliebenen Kompanien auf fünfzig Mann reduziert.[2] Welche sozialen Folgen diese Maßnahme nach sich zog, haben wir gesehen. Nach dem Westfälischen Frieden fanden die Staaten von Holland die Entlassung der halben Armee nicht ausreichend und forderten vom Prinzen, diese auf drei Viertel auszudehnen. Der Konflikt, den die Ablehnung Wilhelms II. nach sich zog, wäre in einen Bürgerkrieg gemündet, hätten nicht der Tod des Statthalters und die Abschaffung seines Amts den Triumph der Regenten gestattet.

Die Armee kam teuer, und die Stände fanden ihren Unterhalt kostspielig und bewilligten die nötigen Kredite nur widerstrebend.[3] Die Bedeutung dieser offensichtlich unrentablen Ausgabe verstanden sie schwerlich. Die Notwendigkeit, eine Kriegsflotte zu unterhalten, erschien ihnen einleuchtender: die Prosperität ihres Handels hing zum großen Teil davon ab. Doch die Landstreitkräfte? Niemals, außer während des Brasilienkrieges, war man auf die Idee verfallen, sie in Übersee einzusetzen. Die großen Kompanien in den Kolonien verfügten über von ihnen bezahlte Privattruppen.

Als die internationale Konjunktur es erforderte, rekrutierte man ein paar zusätzliche Regimenter: 1666 während des Krieges gegen den Bischof von Münster bildeten die Staaten eine Armee von 60000 Mann. Danach schickte man diese Leute nach Hause.[4] In der zweiten Hälfte des Jahrhunderts resultierte daraus eine Desorganisation des Militärapparates, auf die die ausländischen Botschafter ihre Regierungen hinwiesen. 1670 verfügte die Armee über zehn Kavallerie- und neunzehn Infanterieregimenter, etwas mehr als 26000 Mann. Als 1672 der französische Angriff erfolgte, mußten in aller Eile 12000 Männer und 10000 Pferde vom Kurfürst zu Brandenburg geliehen werden.

Rekrutierungsoffiziere sicherten die Wiederherstellung der Truppenstärke: sie verpflichteten sich vertraglich, eine bestimmte Anzahl von Männern für eine genannte Summe zu liefern. Mit ausländischen Herrschern geschlossene „Überlassungsverträge“ ermächtigten diese Offiziere, ein festgelegtes Gebiet zu durchkämmen. Doch war die Aufgabe nicht immer leicht. Zu Kriegszeiten war die Ware Mensch in Europa selten und teuer. In anderen Fällen machte sie sich unwillig davon. Wenn der Werber Verpflichtungen abgepreßt hatte, versah er seine Männer mit einer wachsamen Eskorte und ließ sie zur Grenze führen. Dort wurde die ganze Schar in Planwagen verladen und ohne Zwischenstop zum Sammelort gebracht.

In Friedenszeiten waren die Truppen in den Grenzgarnisonen abseits der großen Handelsstädte stationiert. In

den Gegenden, wo sich die Söldner aufhielten, bildeten sie eine fremde, von der Bevölkerung etwas isolierte Schar, und zwar eher wegen ihres Berufes als wegen ihrer Herkunft. Hochzeiten zwischen Soldaten und Mädchen aus dem Volk waren häufig. Dieser Tatsache schreibt Busken-Huet die Verbreitung eines gewissen physischen Typs zu, der klein ist und dunkelhaarig.[5]
Das Vorhandensein einer Garnison sicherte der Stadt, die sie beherbergte, große Einkünfte: der Lebensmittelhandel mit Steuer für die Gemeinde nahm zu, und auch der Handel, den die Einquartierung der Truppen mit sich brachte. Es gab tatsächlich keine Kasernen, zumindest im Winter nahmen die Soldaten in der Stadt Quartier. Doch sobald im Frühling das für die Pferde benötigte Futter zu sprießen begann, zog die Truppe aufs Land, um dort ihr Lager zu errichten. Um das hohe Zelt des Kommandanten und das seines Generalstabs waren der Artilleriepark, das Arsenal, das Depot der Pontonpioniere und die Kavallerie und Infanterie im Viereck gruppiert. Ein strenger Befehl regelte die Anlage dieser Saisonstadt, die man im Spätherbst wieder verlassen würde: eine Straße pro Kompanie, am Ende der Straße die Zelte des Hauptmanns, des Zahlmeisters, des Leutnants und der Sergeanten. Ein Marktplatz eröffnete sich einer Schar von Schankwirten, Händlern und Handwerkern von außerhalb. Auch Frauen. Bärtige Veteranen mischten sich unter junge, faule, gewalttätige Spieler und Trinker. Das organisierte Marodieren, das gelegentlich in Plünderungen ausartete, war ein unausrottbares Übel, ebenso die Handgemenge und Duelle zwischen Soldaten verschiedener Nationalitäten.
Der Mann der Truppe kaufte sein Brot und sein Bier bei der Intendantur. Obgleich sein Sold weniger erbärmlich war als in anderen Armeen, blieb seine Lage recht prekär.[6] Den Waffenberuf aufzugeben war schwierig. Mit seinem Eintritt besiegelte der Arme sein Schicksal. Häufig bei seinem Hauptmann verschuldet, sah er sich an die Kompanie gebunden, solange er diensttauglich blieb. Verletzt oder krank, wurde er sich selbst überlassen. Er mußte sich einen Platz in einem Hospiz suchen und ihn

von seinem Handgeld bezahlen. Die in Kriegszeiten improvisierten Krankenreviere waren oft nur verseuchte Modergruben, wo die Kranken wie die Fliegen krepierten. Wurde der Soldat im Dienst alt, blieb ihm ab dem Tag, da seine Kräfte ihn verließen, nur das Betteln. Am Ende ihrer Tage fanden nur wenige Privilegierte einen Posten als Wächter in einer Stadt.

Die Offiziere dagegen genossen ein hohes moralisches Ansehen, obwohl man sie als simple Diener des Staates betrachtete. Viele von ihnen gehörten dem protestantischen Adel der Nachbarländer an. Auch hoben sie sich, da empfänglicher als andere Klassen der Gesellschaft für ausländische Einflüsse, durch eine elegantere und mondänere Lebensart ab. Jedoch bezeugen die Armeeregister die vollkommene Ungebildetheit einiger von ihnen, die nicht mal in der Lage waren, ihren Namen zu schreiben!

Der Offizier war Besitzer der Einheit, des Regiments oder der Kompanie, die er kommandierte. Letztere bildete den Grundstein der Infanterie, zwanzig Kompanien machten ein Regiment aus.[7] Eine Kompanie stellte eine bedeutende Einnahmequelle dar. In der Tat kamen zum Sold des Hauptmanns die Gewinne, die er mit dem Verkauf von Ausrüstungsgegenständen an seine Männer machte. Des weiteren unterließ er trotz der von den Regierungskommissaren unternommenen Kontrollen im Rahmen des Möglichen, Tote oder Deserteure aus der Soldliste zu streichen, und steckte die Differenz ein (die „tote Zahlung"). Von den Mitteln, die die Verwaltung ihm vorschoß, kaufte der Hauptmann Nahrungsmittel und Waffen, zahlte Sold, Krankengeld und sogar Lösegelder. In Friedenszeiten machten in diesem Budget Löhne für Aushilfskräfte einen bedeutenden Posten aus, die an Freiwillige gezahlt wurden, welche für abwesende Soldaten auf Wache standen. In der Tat verschwand ein gewisser Prozentsatz der Truppe für längere oder kürzere Zeit, in der sich die Männer bei Bauern oder Handwerkern als Saisonarbeiter verdingten.

Keinerlei Uniform. Nur der Helm und der Harnisch, gelegentlich eine Schärpe in den Farben der Kompanie und das Tragen einer Lederweste verwiesen äußerlich auf den Militär. Der heroische Geschmack des 16. Jahrhunderts war verlorengegangen. Soldat und Offizier waren nichts als Bürger unter Waffen. Um 1640 verbreitete sich bei den Offizieren die Mode weißer Krawatten mit farbigem Knoten. Zwanzig Jahre später hatte sich diese Eleganz in der gesamten guten Gesellschaft durchgesetzt.

Moritz von Nassau hatte in Breda eine Militärakademie gegründet, wo Ingenieure wie Stevin die Kunst der Befestigung und Stretegie lehrten. Offiziere aus ganz Europa kamen, um an seinen Vorlesungen teilzunehmen. Für die Männer der Truppe hielt derselbe Prinz Exerzitien in der Handhabung von Muskete und Pike, den beiden Hauptwaffen der Infanterie, ab. Während der Monate, die man im Lager verbrachte, widmete man einen Teil des Tages diesen Übungen. Die Kavallerie machte einen bedeutenden Teil der Armee aus, in manchen Zeiten ein Drittel oder ein Viertel. Das technische Korps, Stellmacher, Schmiede, Fuhrmänner, umfaßte bis zu zehn Prozent der Truppe. In ihre Anzahl ordnen sich auch die Artilleristen ein. Die niederländische Artillerie galt als die beste der Welt. Es ist wahr, daß in dieser Epoche vierzig Geschütze eine furchtbare Macht verkörperten. 1627 konnte Friedrich-Heinrich vor Grol achtzig in Stellung bringen, 1629 vor 's-Hertogenbosch einhundertsechzehn.[8] Auf alle Fälle diente die Artillerie nur zur Belagerung befestigter Plätze. Wenig manövrierfähig, behinderten die Geschütze eher die Truppenbewegung im Felde. Um die Kanonen vom größten Kaliber zu ziehen, waren sechzehn Pferde nötig, was auf den schlechten Wegen der Niederlande beinahe unlösbare Probleme heraufbeschwor. Im Fall eines überstürzten Rückzugs war die Kanone verloren. Angesichts einer recht mobilen feindlichen Infanterie wurde sie durch ihre Schußverzögerung (eine Kugel alle zehn Minuten) schwerlich einsetzbar.

Der Troß der Versorgungseinheiten benutzte den Umständen entsprechend beschlagnahmte oder gemietete Planwagen oder Schiffe. Moritz setzte bis zu 3000 Fuhrwerke ein; bei der Belagerung von Rijnberk 1633 vereinte er auf dem Rhein eine Flotte von 2000 Lastkähnen. Die von den Niederlanden im Lauf des Jahrhunderts geführten Landkriege bestanden weniger aus Feldzügen im eigentlichen Sinne denn aus Belagerungen. Das hauptsächlich ökonomische Ziel dieser Expeditionen machte in der Tat den Besitz einer Stadt oder eines Verkehrsknotenpunktes wertvoller als den ausgedehnter Territorien. Die Rentabilität des Unternehmens rechtfertigte große Ausgaben. Die Einnahme des Hafens von Ostende 1603, der bestverteidigten Stellung in Europa, kostete vier Millionen. Wurden die Holländer ihrerseits belagert? Beim Nahen der feindlichen Armee stürzten die Bauern der Umgebung in die Städte, ihr Vieh vor sich hertreibend und ihre Karren mit sich ziehend. Man schloß die Tore. Bürgertrupps stiegen auf die Wälle und zogen Säcke und Reisigbündel hinauf. Die Späher studierten den Rhythmus des noch weit entfernten Geschützdonners. Wenn das feindliche Lager vor den Mauern stand, wenn vierzig Pfund schwere Kugeln begannen, die Fassaden zum Bersten zu bringen, grub man einen Stollen in Richtung der Stellung. Doch vielleicht gruben auch die Angreifer einen, in anderer Richtung. Auf diese Weise waren sich in Maestricht die Pioniere der beiden Armeen in unterirdischer Finsternis begegnet. Die Holländer zogen sich eiligst zurück, warfen Holzscheite in ihren Eingang, steckten sie in Brand und trieben den Rauch mit Hilfe der Blasebälge von der Orgel der Großen Kirche auf die Spanier. Unterdessen brachten die Frauen auf den Zinnen Öl in Trögen zum Kochen. Wenn die Stadt ihre Munition verbraucht hatte, wenn alle Ratten aufgegessen waren, durchbrach man die Deiche. Diese verzweifelte Maßnahme, die einst die Spanier in Schrecken versetzt hatte, ist in die Militärbräuche eingegangen. Als sich 1673 die friesischen Deputierten weigern, ihre Provinz zu überfluten, um sie den Franzosen vorzuenthalten, läßt der Statthalter sie als Verräter erschießen.

Außer dem schlecht in die Bevölkerung integrierten Militär gab es eine beträchtliche ausländische Kolonie in den Niederlanden. Um 1685 schätzt ein Franzose die Zahl der Ausländer bzw. der Abkömmlinge von Ausländern, die sich dauerhaft in der Provinz Holland niedergelassen hatten, auf die Hälfte der Gesamtbevölkerung.[1] Diese Kolonie war durch die vertretenen Nationalitäten (Flamen, Engländer, Deutsche, Skandinavier, Franzosen, Schweizer) ebenso heterogen wie in bezug auf deren soziale Lage. Die Tuchbleichindustrie in Haarlem beschäftigte notleidende brabantische oder westfälische Hilfsarbeiter. Jakob Poppen dagegen, ein Deutscher aus Holstein, kam ohne einen Pfennig nach Amsterdam und starb 1624 als Millionär und Bürgermeister dieser Stadt. Frans Banningh Cocq, die Hauptgestalt der Nachtwache von Rembrandt, eine bedeutende Amsterdamer Persönlichkeit, war der Sohn eines aus Bremen gekommenen Arbeiters. Die zwischen Holland und der Levante hergestellten regulären Handelsbeziehungen bringen eine Gruppe armenischer Händler nach Amsterdam. Ab 1644 sollen sich der Archimandrit von Kephallenia und der Metropolit von Ephesos in Leiden aufhalten: der Patriarch von Jerusalem hat sie auf Betreiben des niederländischen Botschafters (der auf diese Weise den Einfluß der Jesuiten im Nahen Osten zu zügeln versucht) beauftragt, das Bekenntnis des reformierten Glaubens und den Katechismus von Heidelberg ins Griechische zu übertragen.

Die protestantischen flämischen und wallonischen Flüchtlinge, die seit dem Ende des 16. Jahrhunderts kamen, bildeten die zahlreichste ausländische Gruppe, und diese beeinflußte die Entwicklung des Landes am stärksten. Alsbald in den wirtschaftlichen Bereich eingetreten, hatten sie eine Kompetenz und eine Masse von Arbeitskräften eingebracht, die bei Anbruch des goldenen Jahrhunderts zu entscheidenden Faktoren der Prosperität wurden. Sie belebten das alte Leidener Textilhandwerk, die Haarlemer Bleichmanufakturen und erneuerten deren Techniken. Wenn Amsterdam in der Nachfolge Antwerpens zum Handelszentrum wurde, verdankt es das zum Teil dem Zustrom von Tausenden Antwerpener Handwerkern und Händlern nach 1585. Die Unternehmerischsten von ihnen legten die Fundamente für die kommerzielle Expansionspolitik, die die niederländische Stärke ausmachen sollte. So Willem Usselincx, ein reicher Händler, der als erster auf die Idee kam, Kolonien in der Neuen Welt zu gründen. Ebenso Moucheron und Issac Lemaire. Die flämische Emigration brachte ihr Kontingent an Gebildeten und Gelehrten ein. Die Heinsius und Vossius waren belgischer Herkunft.

Im Lauf des Jahrhunderts wurden die Niederlande nach und nach zu dem Zufluchtsland schlechthin in Europa. Verfolgte, Verdächtige, von der Ausdrucksfreiheit begeisterte Intellektuelle gesellten sich zu den Handwerkern, Künstlern und Gelehrten, die die Möglichkeit – oder die Illusion – eines großzügigeren Lebens und ausgedehnter Absatzmärkte angezogen hatte. Diesen Leuten bot die Republik beträchtliche Vorteile. Die meisten ihrer Städte, insbesondere Amsterdam, galten als uneinnehmbar; die Tatsache, daß die wirkliche politische Macht in den Händen der Magistrate ruhte, erschien, zu Recht oder Unrecht, als Garantie gegen jegliche Tyrannei; die Handelspolitik war für diese Zeit liberal; die Glaubensfreiheit fast vollkommen; nichts stand dem Kapitalimport im Weg, und wer zuerst kam, konnte sein Vermögen in den Kellern der Bank von Amsterdam deponieren. Schließlich äußerten die Staaten ihren Willen, das Asylrecht zu garantieren: nicht einmal konnten die Gesandten Frankreichs die Auslieferung eines flüchtigen französischen Untertans durchsetzen.

Besonders in der Provinz Holland nahmen die großen Städte so einen in allen Bevölkerungsschichten spürbaren kosmopolitischen Charakter an. In den Arbeitervierteln von Leiden hatten sich um die Jahrhundertmitte zu den Abkömmlingen von Wallonen und Flamen der ersten Stunde Franzosen, Deutsche, Lothringer und Engländer gesellt. Wir haben gesehen, daß die an den nie-

derländischen Universitäten entfaltete intensive wissenschaftliche Tätigkeit schon vor 1600 Studenten aus ganz Europa anzog. Zwischen 1615 und 1690 durchliefen fast 2700 die Groninger Fakultäten. Außer ausländischen Gelehrten, denen die Universitäten Lehrstühle anboten und unter welchen besonders die Franzosen zahlreich waren, kamen andere einfach, um in den Niederlanden ihren Frieden zu finden. Descartes hielt sich hier dreißig Jahre auf (1618 bis 1619 und von 1620 bis 1649), lebte im Schatten der Schulen von Leiden, Amsterdam und Franeker und knüpfte Verbindungen mit allem, was die Republik an herausragenden oder erstaunlichen Geistern zu bieten hatte. Ménard war Almosenpfleger unter Wilhelm II. und offizieller Geschichtsschreiber. 1619 kam sogar ein König, um beim Statthalter Zuflucht zu suchen: Der entthronte Friedrich von Böhmen wählte Den Haag als Domizil, wo er 1632 starb. Seine Witwe mit ihren vier charmanten Töchtern und ihren fünf Söhnen blieb da; arm und verlassen, führte sie das bescheidene Leben einer Bürgerin, doch umgab sie die Bewunderung und Zuneigung von Literaten und Künstlern, aus denen sie ihren „Hof“ gebildet hatte.
Um die Jahrhundertmitte war die Mehrheit der Flüchtlinge französischer Herkunft. Der Anteil erhöhte sich noch nach der Aufhebung des Edikts von Nantes. Viele Hugenotten, die als Broterwerb nur ihre Sprache besaßen, eröffneten, wie wir gesehen haben, „französische Schulen“. Die Magistrate unterstellten sie dem gemeinen Recht, das die Leistung des Eides verlangte, und überließen die Wahl von Programmen und Methoden ihrer Initiative. Dieses liberale Regime und der gute Ruf, den die Lehrer genossen, trugen dazu bei, daß diese Schulen in den großen Städten sich ständig vermehrten. Nach 1685 stieg ihre Anzahl dermaßen, daß viele von ihnen ihre Pforten schließen mußten, da sie dieser Konkurrenz nicht mehr standhalten konnten.
Andere Franzosen nutzten, um zu leben, die Talente, die als speziell ihrer Nation eigen galten. Sie gaben Fechtunterricht, oder aber sie klapperten mit ihrer Geige unterm Arm die Wohnungen der Reichen ab, de-

nen sie Lektionen im Tanz erteilten. Einige fanden eine Stelle als Küchenmeister bei Prinzen oder Patriziern. Später genossen die französischen Friseure die Gunst der Vornehmen ...
Eine gewisse Zahl dieser geflohenen Franzosen fand Zugang zu wallonischen Kreisen: von den ersten Hennuyern abstammende Familien, Lütticher und Brabanter, die vor der spanischen Herrschaft nach Norden geflohen waren. Zumindest teilweise bewahrten sie den Gebrauch ihrer Sprache und vereinten sich in der „wallonischen Kirche"; doch die Gesellschaft, die sie bildeten, reichte weit darüber hinaus. Besonders sie wurde von Descartes besucht ... und durch die Vermittlung von Gebildeten, die es in ihrem Schoß gab, konnte der Kartesianismus seit Mitte des 17. Jahrhunderts einen Einfluß auf das holländische Denken ausüben.
Die fast alle aus kleinen Provinzstädten stammenden französischen Flüchtlinge brachten eine Gutmütigkeit, eine Freundlichkeit und Fröhlichkeit nach Holland, die man sehr schätzte.[2] Dennoch fiel ihnen die Anpassung an die Lebensweise der Niederlande schwerer als den Deutschen oder den Engländern. Es war nicht selten, versichert Parival[3], daß sie zwei Generationen brauchten, um sich dem niederländischen Wesen ganz und gar anzupassen. Die Schwierigkeiten, holländisch zu sprechen, die scheinbar viele Franzosen gehabt haben, oder die Nachlässigkeit, die sie in dieser Hinsicht an den Tag legten, machte ihnen die soziale Integration nicht leichter. Pierre Le Jolle, der eine Holländerin heiratete, wurde zweisprachig. Allem Anschein nach ist sein Fall die Ausnahme. Doch das kleine niederländische Volk beherrschte keine fremden Sprachen. Als Saumais im Dezember 1636 in Den Briel von Bord ging, mußte er bei strömendem Regen drei Stunden lang durch die Stadt irren, ehe er eine Herberge fand, wo man ihn einigermaßen verstand.

SIEBTER TEIL
HOLLAND BEI DER ARBEIT

EIN REICHES LAND

Trotz des Kriegsunheils sahen sich die Staaten schon 1616 reich genug, um die Häfen Den Briel und Vlissingen von den Engländern zurückzukaufen. Antoine de Monchrestien charakterisierte den niederländischen Erfolg in seiner „Abhandlung über politische Ökonomie" von 1615 als Wunder menschlicher Arbeit in einem kaum zum Leben geeigneten Land.[1] Temple[2] schließt sich dieser Wertung an. Die Prosperität der Niederlande betört Europa, macht es neugierig und schließlich unruhig. Noch um 1700 entdeckt der junge Graf von Rohan in diesen Provinzen mehr Zeichen echten Reichtums als in ganz Italien und Deutschland.[3] Aus der kritischen Überprüfung dieser Lage entwickeln die englischen Theoretiker die Wirtschaftswissenschaft des 18. Jahrhunderts.

Die Organisation des Reichtums

Der Reichtum der Niederländer beruht sowohl auf ihrer Arbeit und ihrem Geschick als auch auf der unendlichen Weisheit bei der Verwaltung ihrer Einkommen. Temple analysiert diese Situation: Der Niederländer, sagt er, richtet sein Leben so ein, daß er immer etwas weniger ausgibt, als er verdient. Der Staat seinerseits geht gleichermaßen vor: durch seinen Fiskus schöpft er einen bedeutenden Teil der privaten Ersparnisse ab, bildet aber ebenfalls Kapital. Dieses System wahrt gleichzeitig private Interessen und allgemeine Moral.[4] Das Familienbudget eines Großbürgers umfaßt vier Posten: Unterhaltung des Haushalts, Verschönerung des Hauses, Steuern und Kapitalzuwachs. Die anderen Ausgaben sind unwesentlich. Die Steuerbelege gestatten, die Vermögensentwicklung in Amsterdam und Den Haag zwischen 1625 und 1675 zu ermessen. Dank diesem Akkumulationssystem wachsen die großen Vermögen schneller als die kleinen. Für letztere beschränken sich die Anlagen im allgemeinen, wie wir gesehen haben, auf den Erwerb von Luxusgütern, bei ersteren wird der Kapitalüberschuß in Ländereien investiert und später, nach 1650, in staatliche Wertpapiere.

Die Hauptquelle dieses Reichtums ist der Kredit. Das Gesetz straft zahlungsunfähige Schuldner mit Gefängnis. Freilich, die beiden freien Städte Vianen und Culemborg gewähren Asylrecht, aber dorthin zu fliehen, kommt einem Konkursgeständnis gleich. Die Währungsanarchie, die die unlauteren Praktiken der Kassenverwalter begünstigte, bildete noch 1600 ein beträchtliches Hindernis für die Entwicklung des Landes. So gründete Amsterdam 1609 eine Wechselbank *(Wisselbank)*, die dazu bestimmt war, die Stelle der Wechsler einzunehmen und die Kassenverwalter zu kontrollieren, indem sie ein Zahlungssystem per Überweisung einführte. Als Einlage- und Wechseleinrichtung geplant, wurde die Bank vor allem durch ihre Zusammenarbeit mit der Ostindienkompanie alsbald zu einem Kreditinstitut, einem Rentenverteiler, dessen Tätigkeitsbereich schnell über die Grenzen der Union hinausreichte.

Die Wechselbank war zusammen mit der Börse während des ganzen Jahrhunderts eines der beiden lebenswichtigen Organe Amsterdams und somit Hollands. Die Bürgermeister verwalteten ihre Schlüssel wie die der Stadt selbst, ihre Pforten öffneten sich nur in Anwesenheit eines ihrer Ratsherren. Märchenhafte Summen sollen hier deponiert gewesen sein. In dieser Hinsicht ließ sich die Einbildungskraft des Volkes freien Lauf. Parival[5] bemerkt umsichtig, daß das Geheimnis, mit dem die Bank ihre Operationen umgibt, eine genaue Kenntnis oder auch nur eine Mutmaßung dessen, welches Verhältnis zwischen ihrem Effektivschatz und ihrem Kredit besteht, unmöglich macht. Nichtsdestotrotz konnte er die „erstaunliche“ Anzahl der Gold- und Silberbarren, der Gegenstände aus Edelmetallen und der Geldsäcke, die in den Kellern des Rathauses aufgetürmt waren, feststellen: dort, in einem von gewaltigen Türen verschlossenen Gewölbe, ruht der Schatz der Bank, die Quelle ihres Kredits, der gebildet wird aus den Einlagen der Händler.

Jedes halbe Jahr wird die Bank für vierzehn Tage geschlossen. Dann übergeben die Konteninhaber dem Rechnungsdienst einen zusammenfassenden Bericht: Einzahlungen, Überweisungen, Saldi. Der Kassenverwalter überprüft die Angaben mit Hilfe seiner eigenen Register. Ist dem Inhaber ein Irrtum unterlaufen, wird er mit einer entsprechenden Geldstrafe belegt. Auf diese Weise ist die Bank eine Art Gemeinschaftskasse der Händler aus der Stadt geworden. Das System verschafft Sicherheit und Bequemlichkeit, die unschätzbar sind. In der Tat garantiert die Stadt Amsterdam die Vertrauenswürdigkeit der Bank, und diese regelt ihre Zahlungen in harter Währung. Die größten Zahlungen innerhalb der Stadt, der Union und bald auch des Kolonialreichs werden übrigens per Banküberweisung vorgenommen.[6] Der auf diese Weise verzeichnete Geschäftsumfang erreichte um 1700 mehrere Millionen täglich.[7]

Schon 1614 veranlaßten sowohl soziale als auch finanzielle Betrachtungen Amsterdam, des weiteren eine Kreditbank zu gründen *(Bank van Lening)*, die dazu bestimmt war, sich an die Stelle von Privatwucherern zu setzen. Indem sie die Zinssätze senkte, drosselte diese Einrichtung die Verarmung des Kleinbürgertums und stärkte den Kredit der städtischen Banken. Durch Darlehen der Wechselbank gestützt, spielte die Kreditbank bis 1640 hauptsächlich die Rolle eines Handelskreditinstituts. In der Folge ging diese Aufgabe mehr und mehr an private Banken über, die zu diesem Zweck gegründet wurden.

Die Einrichtung von Banken veränderte die Währungssituation kaum, die trotz der Versuche, sie zu vereinheitlichen, bis zum Jahrhundertende ziemlich inkohärent blieb. In mehreren Ortschaften beherrschten mittelalterliche Konzessionen das Wechselrecht. Jede Provinz hatte ihre Währung; in Holland selbst besaßen Hoorn,

Medemblik und Enkhuizen eine gemeinsame und verwalteten die Prägung abwechselnd jeweils für sieben Jahre. Gleichberechtigt waren Münzen in Umlauf, die sich nach Herkunft, Gewicht und Wert stark unterschieden: flämisches Pfund, Silberdukaten, Reichstaler, Kreuzer, Caroli und andere.[8] Mehrere spanische und deutsche Währungen waren offiziell gültig. Selbst der Gulden als Hauptzahlungsmittel unterschied sich je nach Herkunft aus Holland, Deventer, Zwolle und Kampen. In diesem Land mit ausgeprägtem Geldumlauf war das von besonderem Übel. Temple[9] vermerkt den Überfluß an Hartgeld in allen sozialen Klassen. Der Gebrauch von Silbermünzen, sagt er, ist hier beim kleinen Volk weiter verbreitet als der von Kupfergeld in Frankreich. Von Zeit zu Zeit gelingt es den Behörden, eine unerwünschte Münze abzuschaffen. 1667 verordnet Amsterdam einen festen Umtauschkurs für alle in Umlauf befindlichen Einheiten.[10] Von seiner Einführung 1544 unterlag der holländische Gulden bis 1680 einer fortschreitenden Entwertung, die ihn um mehr als fünfzig Prozent seines Wertes beschnitt.[11] Schließlich wurde er 1681 gesetzlich stabilisiert und auf ein Gewicht von 9,45 Gramm Feinsilber festgelegt. Dennoch waren Falschmünzer nicht selten. Gold imitierten sie mit einem Überzug aus einer Quecksilberlegierung, Silber mit Blei, Zinn oder gar Eisen. Das Gesetz verfolgte dieses Verbrechen unbarmherzig, der Schuldige wurde zum Tode verurteilt und sein Habe konfisziert.

Das Durcheinander im System der Maße und Einheiten stand dem im Währungssystem in nichts nach. Jede Stadt besaß ihre Verordnung und ihre eigenen Auslegungen. Auch waren die Definitionen mehrdeutig. So variierte die im Großhandel sehr gebräuchliche Tonne *(ton)* je nach Ort und Art der Waren von 4 *oxhoofd* (etwa 213,75 Liter) bis ½ *last* (etwa 15 Hektoliter). Das Pfund *(pond)*, ein geläufiges Maß im Einzelhandel, entsprach 494 Gramm; doch die Marine benutzte ein anderes, dreihundertmal schwereres Pfund.[12]

Seit Mitte des 16. Jahrhunderts existierte ein System von Seeversicherungen, das die Transportrisiken abdeckte.

Die im Verkaufspreis der Ware inbegriffene Gebühr dafür belief sich um 1650 auf 1,25 bis 5 Prozent desselben.[13] Das Transportschiff wurde als vermißt betrachtet, wenn in einer bestimmten, je nach Meer unterschiedlichen Zeitspanne keine Nachrichten von ihm eintrafen: ein Jahr und sechs Wochen, wenn es einen Hafen Europas oder der Levante verlassen hatte, zwei Jahre, wenn es in Indien losgefahren war. Die Versicherungsentschädigung wurde dann innerhalb von drei Monaten fällig.

Das Nachrichtenwesen

Im Dienst ihres Handels hatten die Niederlande zwei für das damalige Europa bemerkenswerte Einrichtungen geschaffen: eine regelmäßige Post und Nachrichtenblätter.

Seit Mitte des 16. Jahrhunderts beschäftigte Amsterdam einige städtische Boten, zu denen sich in der Folge jene gesellten, die die Innung der Händler in Dienst stellte. Auf diese Weise war die Stadt 1621 regelmäßig mit etwa zwanzig Handelsplätzen in der Republik und jenseits der Grenzen verbunden, bis nach Rouen und Hamburg. Andere Städte folgten diesem Beispiel. Als öffentliche Diensteinrichtungen von den Magistraten kontrolliert, entwickelten sich diese Poststationen schnell. Die Boten, Männer und Frauen, von denen in unruhigen Zeiten eine Sicherheitsgarantie verlangt wurde, spezialisierten sich auf bestimmte Abschnitte. Ihre Vielzahl bewirkte unter ihnen die Herausbildung einer Hierarchie: Der überlastete Bote überließ trotz offizieller Verbote einen Teil seiner Besorgungen an Mitarbeiter. So hoben sich schnell die reich gewordenen Chefs des Postverkehrs von der Masse der Angestellten ab; diese Konzentrationsbewegung führte zur Gründung ausgedehnter postalischer Unternehmen in den Händen einiger mächtiger „Postmeister". Zum Beispiel besaß Hendrik van der Heide, dem das Verdienst zukommt, Postwege nach mehreren schwer zugänglichen Städten erschlossen zu haben, 1655 das Postmonopol für Frankreich, Italien,

Deutschland und England. Solche Ämter gestatteten, riesige Gewinne zu machen. Gegen Ende des Jahrhunderts brachten die Postämter in Amsterdam 168 000 Gulden jährlich ein. Auch wurden die Postmeisterstellen zu einem Objekt von Intrigen und Korruption: man sah Frauen und Kinder, die damit betraut waren.

Jede Postlinie hatte ihr Büro. In Amsterdam gab es vier, die diesbezüglich als Antwerpener, Hamburger, Kölner und Inlandspost bezeichnet wurden. Die Antwerpener Linie sicherte die Verbindungen nach Belgien und Frankreich (von Den Haag nach Paris brauchte ein Brief vier Tage) und übers Meer nach Spanien und Portugal; von Rotterdam gab es einen Anschluß nach England. Die Hamburger und die Kölner Linie gingen nach Skandinavien und den Rheinländern. So bildete Amsterdam das Kommunikationszentrum. Ein von Hamburg nach Utrecht gesandter Brief passierte seine Büros. Die Amsterdamer Händler profitierten davon, da sie damit immer als erste über Preisentwicklungen an ausländischen Handelsplätzen informiert waren, über Schiffe in fernen Häfen, über Naturkatastrophen und Schiffbrüche – über alle Faktoren, die die Spekulation beeinflußten.

Ursprünglich benutzten die Boten innerhalb der Union die Massentransportmittel. Bis 1663 überquerten diejenigen der Linie Amsterdam–Friesland die Zuyderzee mit dem Segelschiff, was bei Windstille beträchtliche Verspätungen verursachte. In der Folge waren die Boten zu Pferd unterwegs. Jene, welche die Fernlinien bedienten, brachten den Postsack zum Abfahrtsort der Kutsche oder des Schiffes, die ihn weiterbefördern sollten. Die Linie Amsterdam–Den Haag, die die Diplomatenpost absicherte und bis Rotterdam und England reichte, war überlastet. 1659 beschloß man, die Briefe, die dem Büro nach der Abfahrt der letzten Kutsche übergeben wurden, des Nachts zu Pferd zu transportieren. Der Bote verließ Amsterdam um 21 Uhr 30, ritt nach Haarlem, wo er die Spaarne mit dem Boot überquerte, und weiter nach Lisse: hier traf er einen Kollegen, der um 22 Uhr von Den Haag losgeritten war. Die beiden Männer tauschten ihre Säcke aus, tranken ein Glas und brachen

in entgegengesetzter Richtung wieder auf. 1622 wurde dieser Nachtdienst bis Rotterdam ausgedehnt. In dieser Stadt unterhielt ein Verbindungsmann des Amsterdamer Büros eine Gezeitentafel (nach der die Abfahrts- und Ankunftszeiten festgelegt waren) und sicherte den Anschluß zur See. Ein einfaches System gestattete, direkt mit den Hochseeschiffen zu arbeiten, ohne über die Hafendienste zu gehen. Der Postbote deponierte die seeklare Post in einem besonderen Boot, das an der Maasmündung verankert lag und sie auf die Schiffe verteilte. Jene händigten ihm die für Holland bestimmten Briefe aus, die sie geladen hatten. Die Übergabe vollzog sich in wasserdichten Säcken, die von Bord zu Bord geworfen wurden. Eine Schaluppe brachte die so zusammengetragene Post vom Sammelschiff zur Mole; ein Reiter nahm sie in Empfang und brachte sie zum Büro, von wo sie nach Amsterdam befördert wurde.
Man wußte so sehr um die Bedeutung der Post für das gute Funktionieren des Handels, daß sich in Amsterdam neben den offiziellen Stellen parasitäre Nutznießer breitmachten. Die Kais wimmelten von Landstreichern, die, sobald ein Schiff festmachte, es anriefen und flehten, man möge ihnen die für die Händler bestimmten Briefe übergeben. Manche bezahlten, um dies zu erreichen, dann eilten sie zu den Empfängern und verlangten ein Porto, das ihnen einen guten Gewinn bescherte. Dieses System entartete zur Korruption, Individuen beschlagnahmten die Post, um sie zu hohen Preisen an ihre Adressaten zu verkaufen. Um diesen Handel zu unterbinden, fanden die Behörden nur eine wirksame Möglichkeit: sie untersagten Spaziergängern den Zutritt zu den Kais. Von da ab wurden die Lotsen angehalten, ihre Post in einem auf der Neuen Brücke eingerichteten Büro zu deponieren. Hier registrierte man die Briefe, und eine Kopie der Liste wurde alsbald in der Börse angeschlagen. Der Absender eines Briefes versiegelte ihn: zu Beginn des Jahrhunderts mit Wachs; um 1625 verbreitete sich die Verwendung von Siegellack. Entweder gab man die Briefe im Postamt ab, oder man warf sie in einen der Kästen, die hier und dort in der Stadt ange-

bracht waren. Das durch die Bürgermeister festgelegte Porto wurde entweder im Büro entrichtet (der Angestellte befestigte eine Marke mit dem Wappen der Stadt auf dem Umschlag), oder es ging zu Lasten des Empfängers. Im letzten Fall schrieb man auf den Umschlag „der Bote wird zahlen"[14]. Die Gebühren waren relativ hoch, die Post ein teurer Service.
Seit Ende des 16. Jahrhunderts beschäftigten die Generalstaaten im Ausland (z. B. in Köln) einige Agenten für politische Informationen. Nach jeder Seereise erstatteten die Flottenkapitäne Bericht über die Neuigkeiten, die sie in der Welt zusammengeklaubt hatten, und stellten der Admiralität ihr Bordtagebuch zur Verfügung. Um 1600 entsandten mehrere Magistrate wie die von Leiden und Dordrecht bezahlte Informanten nach Italien, Deutschland, England und anderswohin. Von ihren ausländischen Verbindungsleuten persönlich informierte Großhändler beschäftigten in Den Haag Agenten, die beauftragt waren, sie über die Ereignisse am Hof und die Maßnahmen der Regierung auf dem laufenden zu halten. 1611 hatte Amsterdam ordentliche Nachrichtenübermittler in Antwerpen, Köln, Hamburg, Wesel, Münster, Gent, Lille, Tournai und Valenciennes. Vier Jahre lang gab es auch einen in Lissabon, er wurde schließlich von den Portugiesen verhaftet. Ab 1613 publizierte die Maklergilde ein Bulletin über die internationale Preisentwicklung. Seit 1616 hatte die Ostindienkompanie ihr eigenes Handelsinformationsblatt, das sein hoher Abonnementpreis fast zu einer vertraulichen Angelegenheit werden ließ. Volkstümliche Pamphlete, oft als einfache Flugblätter, kommentierten das nationale Zeitgeschehen für die breite Öffentlichkeit. Der Krieg und die politischen Spaltungen, die ihn begleiteten, hatten sie aufkommen lassen. Im allgemeinen mit Kupferstichen oder Zeichnungen illustriert, stapelweise an den Bauchläden der Buchhändler oder auf den Märkten ausgelegt, übten diese leidenschaftlichen und aufsehenerregenden Schmähschriften einen Einfluß auf die öffentliche Meinung aus, mit dem die Regierungen rechnen mußten. Sie kommentierten – manchmal in Versform –

die politischen oder militärischen Ereignisse, sie vermittelten auch Nachrichten über Naturkatastrophen, Verbrechen, Epidemien, Wunder ...

Nachrichtenblätter im eigentlichen Sinne erschienen in Amsterdam erstmalig zwischen 1617 und 1619. Schnell vervielfältigte sich ihre Anzahl. Um 1630 zwang die unter ihnen herrschende Konkurrenz sie, nach offizieller Anerkennung zu trachten. Doch blieb der Magistrat dieser Art von Öffentlichkeit eher feindlich gesonnen. Dagegen genossen die Nachrichtenblätter bei den Lesern eine außerordentliche Gunst: ihre Lektüre wurde, wie der Gebrauch des Tabaks, zur nationalen Leidenschaft. Um die Jahrhundertmitte besaßen Den Haag, Delft, Leiden, Rotterdam und Haarlem ihre eigenen Nachrichtenblätter. Diese Zeitungen erschienen einmal und sogar dreimal pro Woche in zwei halbseitigen Spalten. Um 1650 wurde der Holländische Merkur, eine Monatsschrift, gegründet.

Die von dieser Presse wiedergegebenen internationalen Nachrichten beruhten auf den offiziellen Korrespondenzen. Das hatte eine starke Verzögerung bei der Übermittlung zur Folge. Ein Haarlemer Organ veröffentlicht am 9. Januar 1627 diesbezügliche Nachrichten, die datiert sind mit Linz, 12. Dezember 1626; Venedig, 18. Dezember; Paris, 21. und Berlin, 22. Dezember. Im übrigen waren diese Nachrichten meistens völlig bedeutungslos: die geringsten Ereignisse am Hof des Statthalters waren der Gegenstand ausschweifender Kommentare. Gewisse mit unkontrollierbaren Gerüchten gespickte Artikel nahmen nach 1660 einen aggressiven Charakter an, der sich gegen die Politik von Ludwig XIV. richtete. Die französischen Gesandten intervenierten mehrere Male vergeblich, und La Fare macht diesen Ton der holländischen Presse zum Teil mitverantwortlich für den Krieg von 1672.

Die Hoffnung auf eine stärkere Verbreitung in den Emigrantenkreisen, wenn nicht im Ausland, veranlaßte mehrere Buchhändler, Zeitschriften in französischer Sprache herauszugeben: den vor allem in der Den Haager Aristokratie verbreiteten „Galanten Merkur", die „Außerordentlichen Leidener Nachrichten". Die bedeutendsten

dieser Zeitschriften hatten eher einen literarischen als einen politischen oder kommerziellen Charakter.
Sehr bald kamen die kleinen wirtschaftlichen Lokalinteressen in der Presse in Form von Annoncen zum Ausdruck. Die erste erschien am 23. Mai 1626 in einem Amsterdamer Blatt anläßlich der Veröffentlichung des zehnten Bandes von Wassenaers „Historie". Ab 1632 wurde diese Praxis geläufig. Man plazierte die Annoncen unter die Nachrichten, an den Rändern oder auf die Rückseite des Blattes. Eliasar Bassan, ein Schokoladenfabrikant, teilte mit, daß seine „ausgezeichneten Schokoladenerzeugnisse noch mehrere Monate beim selben Preis bleiben werden"; ein Drogist preist seinen „weltweit berühmten Tee aus Schweizer Kräutern". Die allgemeine Absicht dieser Texte scheint darin zu bestehen, den Leser von der Ehrenhaftigkeit des Warenpreises zu überzeugen. Doch wird die Funktion der Annonce universeller: „Wir suchen einen Pommerschen Wolfshund, der auf dem Kai abhanden kam ..."[15]

Das Steuersystem

Die Mehrzahl ausländischer Besucher ist über die außergewöhnliche Steuerlast verwundert.[16] Wie erträgt ein Volk eine solche Bürde, ohne zu ersticken? Wie kann der Handel trotz solcher Fesseln gedeihen? Freilich, die Steuern belasten in erster Linie die kleinen Verbraucher und begünstigen die großen Gesellschaften. Von Zeit zu Zeit kam es unter den armen Schichten zu Aktionen des Widerstands. 1618 mußte Amsterdam Prüfer für Steuerhinterziehungen in Dienst stellen. Nach 1666 brachen vor diesem Hintergrund mehrere Konflikte zwischen den Gesellenverbänden der Textilindustrie und den Behörden aus. Die Ursache dieser Situation war der vom Staat während des Krieges angehäufte ungeheure Schuldenberg. Das Volk bezahlte teuer für seine Befreiung. Um 1660 hatten die Generalstaaten noch etwa 13 Millionen Gulden an Schulden, vor allem bei den „Regenten", die den Zinssatz für diese Summe hochhielten.[17]

Direkte Steuern wurden auf das Vermögen erhoben (der „Zweihundertste"), als auch – im Verhältnis zur Miete – auf Immobilien, auf die Haushalte (die „Tilgungssteuer"), wobei die Zahlungspflichtigen nach einer Tabelle in mehrere Klassen unterteilt waren: die höchste, sogenannte „kapitalistische" vereinte die Bürger, deren Einkommen mehr als 2000 Gulden betrug und die gewisse äußere Zeichen für ihren Reichtum an den Tag legten. Immobilienverkäufe und Erbpacht zogen gewaltige Steuererhebungen nach sich. Dazu kamen regelmäßige Sonderabgaben zur Finanzierung einer Militärexpedition oder großer öffentlicher Arbeiten. Dann wurde die Immobiliensteuer verdoppelt oder verdreifacht, man erhob eine Gebühr für den Torf oder die Kamine, man richtete eine provisorische Kopfsteuer ein, man vereinnahmte ein Prozent der Vermögen.
Die indirekten Steuern waren zahlreicher und gleichzeitig sehr viel höher. In Leiden stieg die Salzsteuer bis auf 100 Prozent des Salzwertes; beim Bier betrugen die Abgaben 66 Prozent, beim Brot 25 Prozent und bei Fleisch 14 Prozent. Die Vorschriften waren von Ort zu Ort unterschiedlich. In Amsterdam kostete der Wein, wenn er an Privatpersonen verkauft wurde, zweimal soviel wie das Bier, dieses jedoch war für die Schankwirte ein und ein halbes Mal so teuer wie für die Bürger. Steuern auf Essig, Zucker, Vieh, Fisch: Kein Konsumartikel entging ihr. Es wurden 1621 die Ölsteuer eingeführt, 1623 Abgaben für Tabak, 1625 eine Steuer auf Butter. 1624 erfindet man die Stempelsteuer. Das Ergebnis dessen war, daß gegen Ende des Jahrhunderts ein Fleischgericht in einer Amsterdamer Herberge mit fünfzehn verschiedenen Abgaben belastet war, ehe es dem Verbraucher serviert wurde, ein Fischgericht in Soße mit dreißig! Die Kontrolle dieser Akzisen verlief minutiös. In Utrecht besuchte der städtische Angestellte für die Biersteuer mit dem Leuchter in der Hand die Keller der Brauer und zählte die Fässer. Jede Tonne, die den Betrieb verließ, mußte das Siegel des Fiskus tragen, und Name und Beiname des Empfängers hatten in ein Register eingeschrieben zu sein. Bei augenscheinlichen Ungesetzlichkeiten

hatte der Kontrolleur das Recht, Ermittlungen anzustellen. Eidesstattlich ließ er den Händler, seine Frau, seine Kinder, seine Dienstboten und seine Nachbarn aussagen. Es war mühsam, zwischen den Maschen eines solchen Netzes hindurchzuschlüpfen. Die zahllosen Gemeindesteuern, Platzgelder, Mautgebühren, die den Güterverkehr im Landesinneren betrafen, verschärften dieses System und standen im Gegensatz zu der relativen Geringfügigkeit der Zollabgaben, die nur für den Großhandel in den Häfen von Vorteil war.[18]
Die Steuererhebung fiel in die Zuständigkeit der Provinzen, die einen Teil davon an die Kasse der Union abgaben. 1672 wurde die administrative Erfassung eingeführt. Vor dieser Zeit verpachteten die Provinzen die Eintreibung der diversen Abgaben an den Meistbietenden. Der Vertrag belief sich auf eine kurze Spanne – drei, sechs oder zwölf Monate. Der Pächter beschäftigte bezahltes Personal, so daß die vereinnahmten Summen netto in seine Kassen kamen. Wenn man Parival[19] Glauben schenken darf, wurde die Bierakzise allein für die Stadt Amsterdam für ein und eine halbe Million verpachtet. In dieser Zeit ging das Gerücht um, daß das Steueraufkommen dieser Stadt täglich 50000 Gulden ausmachen würde. 1665 belief sich das Gesamteinkommen der Union auf ungefähr vierzig Millionen, wovon zweiundzwanzig aus der Provinz Holland stammten. Amsterdam lieferte die Hälfte des Provinzbudgets, dieses die Hälfte des Budgets der Union.[20] Die Verwaltung der öffentlichen Gelder kam, über die Vermittlung diverser exekutiver Organismen, den Generalstaaten und den Beamten zu, die von den lokalen Regierungen berufen worden waren. Auf diese Weise hing die Verwendung der Steuereinnahmen gänzlich von der Zustimmung der Provinzen, das heißt von deren Notabeln, ab.[21]

Der niederländische Boden bringt sehr wenig hervor (mit Ausnahme der Milchprodukte), zu wenig, um die Bedürfnisse einer überreichlichen Bevölkerung auf irgendeinem Gebiet zu decken. Weizen, Gerste, Kohle müssen importiert werden und alle industriellen Rohstoffe: vom Kupfer und anderem Metall über Wolle, Hanf, zum Holz für Seebauten und zu Farbstoffen. In dem Maße, wie Reichtum und Nachfrage wachsen, vervielfältigen sich die Bande der Abhängigkeit, die die Niederlande mit dem produktiven Frankreich, Deutschland, England, Skandinavien und Polen verbinden, und werden stärker.[1] Diese natürliche Armut erzeugt die Ansiedlung einer Verarbeitungsindustrie, deren Produkte wie Textilien und Papier zum Teil wieder exportiert werden. Das Schicksal dieses Landes scheint seiner Aktivität nur einen gewinnbringenden Ausweg zu lassen: den Handelsverkehr. In einer Epoche, da der ökonomische Aufschwung in Europa sich mit den alten lokalen Märkten nicht mehr zufriedengeben konnte, verlangten die geringe Vereinheitlichung der Waren, die relative Langsamkeit der Verkehrsverbindungen die Einrichtung eines großen Verteilerzentrums. Die Niederlande, an der Kreuzung der Seewege gelegen, die den europäischen Nordosten mit dem Südwesten verbinden und mit Wasserstraßen in alle Himmelsrichtungen, entsprachen diesem Erfordernis um so besser, da sie seit dem 15. Jahrhundert eine bedeutende Handelsflotte besaßen.

Doch waren die sieben Provinzen in dieser Hinsicht noch sehr unterschiedlich bedacht. Mit Ausnahme der Hansestadt Groningen, die ein bedeutendes Handelszentrum blieb, widmete sich der nördliche Teil des Landes, Friesland, Ommelanden, Drenthe, Overijssel, in erster Linie der Viehzucht und der Torfgewinnung. Das gleiche traf zum Teil für Geldern zu. Im Land der sogenannten Generalstaaten südlich von ’s-Hertogenbosch hatte die vom Krieg verwüstete Landwirtschaft zum Teil der Viehzucht Platz gemacht.[2] Die wirtschaftliche Aktivität konzentrierte sich in den Seeprovinzen Zeeland und vor allem Holland, das heißt in dem Landesteil, der für das Funktionieren eines fast ausschließlich auf das Meer orientierten Handels geographisch am besten geeignet war. Auf dem Gipfel ihres Erfolgs betrachteten Holländer und Zeeländer die kontinentalen Provinzen oft als Störenfriede, und ihre Politik trägt den Stempel dieser Gesinnung. Als wirtschaftliche Spitze des Landes besaß Holland große Industriezentren – Leiden, Delft, Haarlem, Zaandam. Seine Bestimmung, seine wesentliche Tätigkeit war der Großhandel nicht minder. Amsterdam als Führungskraft Hollands existierte wiederum fast nur durch ihn. Indem diese Stadt als erste auf die nördlichen Meere vorstieß, besonders auf die Ostsee, hatte sie gegenüber ihren Rivalen wie Middelburg oder Rotterdam einen Vorsprung gewonnen, den sie während des gesamten Jahrhunderts hielt.

Durch Wälder und Sümpfe vom Kontinent relativ isoliert, nur im Südwesten durch ihre Flüsse mit ihm verbunden, waren die Niederlande leichter zugänglich vom Meer, und dennoch fand man an ihren sandigen Küsten mit der tückischen Dünung, mit den tiefen Sümpfen nur drei schiffbare Passagen: die Mündungen der Schelde und der Maas sowie die Zuijderzee zwischen der Meerenge von Texel und dem IJ oder Vlieland. An diesen drei Routen hatte sich eine Anzahl von Häfen entwikkelt. In den Augen von Franzosen oder Engländern waren die natürlichen Voraussetzungen nicht die besten: niedrige, enge Wasser, die ständig von der Versandung bedroht waren.[3]

Erforderten diese Häfen auch beträchtliche Unterhaltungsarbeiten, boten sie doch zumindest den Vorteil der Sicherheit; und der Realismus der Holländer des 17. Jahrhunderts war ausgeprägt genug, sie unter dem Gesichtspunkt ihrer vortrefflichen lokalen Bedingungen zu beurteilen und nicht nach einem Ideal. Das gilt auch für Amsterdam.[4] Das IJ, in Höhe der Stadt etwa eine halbe Meile breit, bildet einen vorzüglichen Hafen, doch gelangt man dorthin nur über hundertzwanzig Kilometer gefährlichen Grund, an den sich im äußersten Süd-

westen der Zuijderzee der Golf von Pampus anschließt, wo sich die Sande auftürmen, gegen die man keine wirksamen Wehre errichten konnte.
Die im Laufe des Jahrhunderts zunehmende Versandung des Pampus verursachte dem Verkehr immer größere Schwierigkeiten. 1690 mußte ein Hievsystem eingerichtet werden, um die Durchfahrt für die größten Schiffe zu sichern: zwei flache Schuten, die so mit Wasser gefüllt waren, daß sie bis Dollbord einsanken, nahmen das Schiff in die Zange. An dessen Rumpf befestigte man waagerechte Balken aus eisenbeschlagenem Holz, deren Enden man von beiden Seiten auf die Schuten drückte. Dann wurden die Schuten leergepumpt und hoben beim Aufsteigen das Schiff an. So wurde der schwierige Abschnitt überwunden, danach ging man in umgekehrter Reihenfolge vor.
In einiger Entfernung von den Kais schoben sich lange, mit Planken verbundene Buhnen in das IJ und bildeten eine Reihe von Docks. Dort legten diese Schiffe an. Es wurde hier in kleinere Boote umgeladen, die dann allein zum Kai fuhren. Die wichtigsten Handels- und Seedienste waren in zwei Gebäuden im Vorhafen konzentriert. Innerhalb der Bannmeile der Stadt in Richtung Pampus stand auf Pfählen eines der Geschäfte der Indienkompanie, an dem die Schiffe direkt anlegen konnten; rundherum, auf kleinen, mit Brücken verbundenen Inseln, waren Seilereien, Ankerschmieden, Schiffszimmereien eingerichtet. Diese Dienstleistungsbetriebe beschäftigten am Ende des Jahrhunderts mehr als dreizehnhundert Arbeiter, die von vier Uhr morgens bis sechs Uhr abends tätig waren. Weiter entfernt auf dem IJ stand, auch auf Pfählen, das Gebäude der Admiralität. Es beherbergte ein Arsenal und in den Docks, die es umgaben, fünfzig ständig zum Auslaufen bereite Kriegsschiffe. Das Treiben im Hafen wurde kaum geringer, wenn der Tag zur Neige ging. Ogier, der die Zuijderzee in der Nacht des 23. Juli 1636 durchquerte, sah das Meer von den Laternen der Segelschiffe bedeckt, die nach Amsterdam unterwegs waren.[5] Um den Monat August kehrte die Flotte aus Indien zurück: etwa zwanzig der größten damals

herstellbaren Schiffe, von denen man erzählte, daß sie zweihundert Tonnen Gold transportieren würden. Im April brach die Ostsee-Flotte auf, die bis zu zweihundert Schiffe umfaßte. In der Tat ist der Amsterdamer Hafen spezieller auf den Fernen Osten und die nördlichen Meere sowie das Mittelmeer orientiert. Unter den diversen niederländischen Häfen war eine gewisse Differenzierung erkennbar. Die Städte der Zuijderzee schicken ihre Handels- oder Fischereiflotten in den Nordatlantik, Rotterdam sichert einen guten Teil des Verkehrs mit Frankreich und England ab: Parival, wenn man ihm Glauben schenken darf, hat in seinem Vorhafen Den Briel bis zu vierhundert auslaufbereite Schiffe liegen sehen.[6]

Der außerordentliche Aufstieg der Niederlande ist erklärbar durch das Zusammentreffen unterschiedlich förderlicher Naturbedingungen und dem Charakter seiner Menschen, der besonders geeignet war, daraus Vorteil zu ziehen. Abscheu vor dem Müßiggang und äußerste Genügsamkeit kennzeichnen ihn; der Inlandsverbrauch ist in bezug auf den Umfang der Importe und Wiederausfuhren gering. Temple besteht auf diesen Punkt: Niemals hat ein Volk so viel gehandelt und so wenig verbraucht; die Holländer kaufen ununterbrochen, um sogleich wieder zu verkaufen. Sie beherrschen den Gewürzmarkt, schreibt Temple und gebraucht ein aussagestarkes rhetorisches Bild, doch ernähren sie sich von ihrem Fisch und ihrem Gemüse; sie verkaufen die besten Erzeugnisse ihrer Textilindustrie nach Frankreich und kaufen in England für ihren eigenen Bedarf das gröbste Tuch.[7] Die höhere Arbeitsleistung senkt deren Preis. Der Individualismus gipfelt im Hang zum Risiko; die Umsicht mäßigt ihn, und beides zusammen läßt Verbindungen gewagter Art entstehen: die Kompanien, die sich von den mittelalterlichen Gemeinschaften sehr unterscheiden. Der aus politischen und religiösen Gründen entfesselte Krieg gegen die Spanier hatte sich nach und nach auf die wirtschaftliche Ebene verlagert. Zu Beginn des 17. Jahrhunderts trieben die Erfordernisse dieses Kampfes die Holländer auf weit entfernte Meere. Doch gleichzeitig bewirkten sie bei diesem Volk die Herausbildung einer neuen Liebe zum Geld und einer Sehnsucht nach Frieden.

Wenn man auch seitdem überall in der Welt Niederländer antrifft, wandern doch nur wenige von ihnen aus. Sie reisen umher, siedeln sich aber nicht an. In der ersten Hälfte des Jahrhunderts errichteten Holländer Zukkerraffinerien in Bordeaux, La Rochelle, Angers, Rouen; Colbert zog einige Weber in die Picardie, ebenso der berühmte van Roubaix nach Abbeville; wir haben gesehen, daß Weinhändler sich im Loiretal niederließen. Doch trotz ihrer wirtschaftlichen Bedeutung (zur Zeit Colberts wurden diese Kalvinisten nie behelligt) blieb die holländische Kolonie in Frankreich außer in Nantes weniger zahlreich. Ludwig de Geer, ein aus Lüttich stammender Amsterdamer, hatte von Gustav-Adolph die Verwaltung der schwedischen Minen erwirkt. Dieser steinreiche Schmiedemeister und Kanonenhändler zog nur eine äußerst geringe Zahl seiner Landsleute in seine Unternehmen. 1609 war ein Amsterdamer Händler Bürgermeister von Göteborg, ein Haarlemer wurde etwas später Gesandter der schwedischen Krone in seiner Stadt. Doch das waren vereinzelte Abenteurer. Die holländischen Weber von Frankfurt und Schlesien – eine Handvoll Handwerker. Die russischen Zaren holten ein paar Facharbeiter, vor allem aus der Haarlemer Gegend, ins Land. Die Salpeterwerke, die in der Entstehung begriffene Metallurgie von Tula und Kaluga, die Schiffswerften an der Oka erhielten Zulauf von niederländischen Pionieren. Einer der ersten, die sich in Moskau niederließen, Isaak Massa, hatte das Interesse der Amsterdamer Händler auf die Bedeutung des russischen Markts gelenkt. Seitdem kam der, wenn auch zahlenmäßig schwache, menschliche Austausch nicht mehr zum Stillstand, er ist die Erklärung für den Besuch, den Peter der Große den Niederlanden am Ende des Jahrhunderts abstattete.

In dieser Epoche waren seit einem dreiviertel Jahrhundert die Horizonte immer weiter geworden, der unternehmerische Geist der Niederländer bekam immer mehr Raum. Der Gewinn entsprach dem eingegangenen Risiko und den erduldeten Entbehrungen. Die Seereise von Amsterdam zur Sundastraße dauerte zwischen 300 und 365 Tagen. Oliver van Noort, ein bis über die Ohren verschuldeter Abenteurer, der alles aufs Spiel setzte, brach mit vier Schiffen und 248 Mann Besatzung zu einer Weltreise auf, mit einem Schiff und 45 Mann kehrte er zurück. Das war 1601. Zwei große Entdeckungsreisen waren damals schon unternommen worden, die eine endete mit einer heroischen Niederlage, die andere eröffnete einen entscheidenden Weg. 1596 wurden Heemskerk und Barentsz ermächtigt, einen Handelsweg über den Norden Asiens zu erforschen, der erlauben sollte, den Fernen Osten in Sicherheit vor den spanischen Galeeren zu erreichen. Die Staaten hatten ihnen eine Prämie von 25 000 Gulden in gediegenen Münzen ausgesetzt, falls sie in einen chinesischen Hafen gelangten. Die Expedition, zwei Schiffe, brach am 18. Mai auf. Am 5. Juni stieß sie auf das erste Treibeis, das die Matrosen anfänglich für riesige Schwäne hielten: Spitzbergen. Weiter nach Nowaja Semlja. Vom Herbsteis eingeschlossen, von einem Sturm heimgesucht, von Heemskerks Männern getrennt, waren Barentsz' Matrosen, siebzehn Leute, zwei davon krank, gezwungen, auf dieser Insel zu überwintern. Sie brauchten ein Haus. Die gewaltigen, von den Sommerströmen aus Sibirien herbeigetragenen Stämme waren hart wie Stein und widerstanden der Säge. Ausgehungerte Eisbären fielen über die erschöpften Arbeiter her. Dennoch wurde das Haus errichtet. Man arbeitete mit der Axt, man zog ein schönes, rechteckiges Gebälk hoch, auf holländische Art, und als es im Oktober fertiggestellt war, brachte man am First einen Zweig an, wie in Holland. Es blieben die Feinarbeiten. Zu diesem Zeitpunkt starb der Bordtischler. Ihn zu begraben war unmöglich, so hart war die gefrorene Erde. Man hatte keine Bretter mehr. Die Innenwände des Schiffs wurden herausgerissen, das Dach fertiggestellt, indem man ein Segel daraufnagelte. Die Polarnacht brach an. Am Ufer wurde eine Wache eingerichtet in der Illusion (man wußte nichts über das Klima dieser Gegenden), alsbald Anzeichen für die Auflösung des Eises zu entdecken. In dem fensterlosen Haus mit den kalfaterten Wänden rauchte das Feuer nur, ohne zu wärmen. Der Schnee verstopfte den Schornstein, zu Weihnachten hatte er das Haus völlig zugedeckt. Die Kleidung der für ein solches Abenteuer schlecht gerüsteten Männer bedeckte sich mit Rauhreif, die Schuhe gefroren. Sie machten sich Schuhe aus Fuchsfell. Am Abend der Heiligen Drei Könige befiel die Unglücklichen ein Wahn: diesen Tag muß man feiern wie zu Hause. Sie trinken ihren letzten Wein, backen aus ihrem letzten Mehl Krapfen und wählen einen König. Am 16. Januar geht die Sonne wieder auf. Fieberhaft bereitet man sich auf die Abfahrt vor. Doch Mitte März ist das Schiff noch immer im Eis gefangen, fünfundsiebzig Fuß vom freien Wasser entfernt. Im April und im Mai wird es von Eisbergen festgehalten. Ende Mai, am Ende der Kraft, gibt Barentsz sein Schiff auf und läßt seine Männer mit den beiden Schaluppen aufbrechen, die sie an den Stellen, wo das Meer noch nicht frei ist, schleppen werden. Barentsz stirbt unterwegs. Seine Gefährten erreichen schließlich am 19. Juli 1597 das offene Meer. Sie kommen zur Halbinsel Kola, wo sie Heemskerk wiederfinden.

Einen Monat später passierte eine andere, im April 1595 gestartete Expedition endlich die Meerenge von Texel und kehrte in den Hafen von Amsterdam zurück. Als sie von der zunehmenden Schwäche der portugiesischen Flotte erfuhren, hatten die Staaten von Holland nämlich Cornelis de Houtman und den Lotsen Keyser vier kleine Schiffe ausrüsten lassen, mit der Absicht, den Weg nach Indien über Afrika zu erkunden. Mit den Schiffen lieferten die Staaten die 249 Mann Besatzung; nur 89 sollten ihr Vaterland wiedersehen. Die nach theoretischen Gegebenheiten ungefähr festgelegte Route führte die Flotille nach Sankt Helena und dann zum Kap der Guten Hoffnung. Anlandung bei den Hottentotten: die Holländer, die zum ersten Mal welche sehen, mißtrauen ihnen, da sie ihrer Meinung nach aussehen wie abgeschnittene Gehängte. Doch der Handel mit ihnen ist angenehm: für ein Messer bieten sie einen Ochsen. Auf Madagaskar, das sie am 18. August erreichen, als schon siebzig Matrosen an Krankheiten gestorben sind, bekommt man für einen schönen Zinnlöffel ein schönes junges Mädchen von elf Jahren. Doch während des Feilschens wird einem Matrosen die Gurgel durchgeschnitten. Man bleibt mehrere Monate auf dieser Insel. Im Januar 1596 besucht man die Bucht von Antongil, wo es drei Dörfer gab. Eines Tages stehlen die Einwohner eines dieser Dörfer eine Schaluppe von einem holländischen Schiff ... um deren Nägel habhaft zu werden! Die Holländer protestieren mit Musketenschüssen, die Eingeborenen bewerfen sie mit Steinen. Am Ende der Schlacht ist das Dorf, mehr als hundert Häuser, dem Erdboden gleichgemacht. Alsbald sticht man in See, Kurs auf Sumatra. Auf offenem Meer kreuzt man malaisische Barken mit Segeln aus geflochtenem Stroh, mit Wanten aus Lianen. In Bantam, dem Ziel der Reise, das man am 23. Juli erreicht, ist zwischen den Dschunken und portugiesischen Schiffen kaum der Anker geworfen, da auch schon eine Meute von Javanern, Chinesen und Arabern über das Deck hereinbricht. Ein Markt wird improvisiert. Houtman lädt 250 Sack Pfeffer, 25 Ladungen Muskat, 30 Ballen Seide und will zu den Molukken weiterfahren. Er bekommt Schwierigkeiten mit den Portugiesen. Man nimmt Geiseln von ihm. Seine Männer haben genug. Sie meutern und verlangen, auf der Stelle nach Holland zurückzukehren.

Eines der Schiffe, die „Amsterdam", ist leck. Da es unmöglich ist, es zu reparieren, steckt man es in Brand. Sie erreichen Bali, wo sie bis zum Februar 1597 bleiben werden. Der König dieser Insel empfängt dieses ihm unbekannte Volk herzlich und interessiert sich dafür; die Matrosen entfalten eine Karte und umreißen mit dem Finger die Grenzen ihres Landes: sie vereinnahmen Holland, Deutschland, Norwegen und Rußland! Sie haben einen großen König, sagen sie, der Moritz heißt und eine Armee mit 30 000 Reitern und 50 000 Infanteristen besitzt. Die Balinesen staunen, doch sie wundern sich: Dieser Moritz ist dreißig Jahre alt und noch immer ledig! Auf Bali nehmen die Könige ihre erste Frau mit zwölf Jahren, mit zwanzig haben sie zweihundert ... Auf diese Weise machen sich die Holländer mit den fremden Sitten der „Inder“ vertraut. Doch vor allem hat Houtman den Beweis für das Scheitern der Portugiesen im Orient erbracht. Jetzt ist der Weg frei. Das Signal für den großen Aufbruch ist gesetzt.[8]

Die im Verlauf von zwei Jahrhunderten[9] in der Küstenschiffahrt gesammelte Erfahrung hatte in den Niederlanden eine Elite tüchtiger Matrosen herausgebildet, kreative Mechaniker, die Erfindungen aller Art machten, hochqualifizierte Konstrukteure ..., sogar Juristen. Seefahrtsgesetze wie die von Briel, die bis ins 15. Jahrhundert zurückgehen oder die aus älteren französischen oder englischen Bräuchen übernommenen von Amsterdam sind bis in die moderne Zeit die Grundlage des internationalen Seerechts.

Der besonders in der ersten Hälfte des Jahrhunderts lebendige Hang zum Abenteuer schloß bei vielen Seefahrern eine solide wissenschaftliche Bildung nicht aus. Die besten Familien sahen es gern, daß sich ihre Kinder auf ferne Expeditionen begaben. Die von den Seefahrern jener Zeit verfaßten Berichte zeugen von wirklicher Sichbewußtmachung nicht weniger als von Mut und Neugier. Sie erwähnen alles: die angetroffenen Vögel, die Form der Ufer, die Strömungen, die Krankheiten, die Unbilden der Witterung, die notwendigen Reparaturen. Auf der Insel Waygatsch im arktischen Meer haben die Matrosen in einer Eiswüste vierhundert auf dem Boden liegende Holzstatuen entdeckt. Ist das das Reich der Toten? Ein Schatz an Beobachtungen bildet sich heraus. Verleger wie Gerhard Ketel in Franeker spezialisieren sich auf ihre Veröffentlichungen, an deren Anfang ein lokaler Dichter eine Einführung in prunkvollen Versen gibt. In der Öffentlichkeit entsteht eine Art naturalistische Mythologie, die allein eine gewisse optische Täuschung märchenhaft macht.

1665 schätzte Colbert die Anzahl der unter der niederländischen Trikolore durch die Welt fahrenden Schiffe auf 15 000 oder 16 000 (das macht 75 Prozent der europäischen Flotte aus). Diese Zahl ist viel zu hoch gegriffen, 1670 umfaßte die niederländische Flotte höchstens 2 400 Schiffe. Auf alle Fälle besaß Frankreich seinerseits damals nur ein paar hundert.[1] Der geringe Selbstkostenpreis der Ausrüstungen und Mannschaften, die hohe Leistung der letzten und die Kompetenz der Schiffsoffiziere gestatteten den niederländischen Seetransporten drei Jahrhunderte lang, jegliche ausländische Konkurrenz auszuschalten.
Im 16. Jahrhundert benutzten Holländer und Zeeländer fast nur kleine Schiffe mit einer Tonnage von 80 bis 120 Tonnen. Um 1590 baute man schon welche, die 200 bis 400 Tonnen erreichten. Nach 1600 ging man ausnahmsweise bis 600 und 1 000 Tonnen. Die letzte Zahl kennzeichnet die größten für den Handel mit Indien bestimmten Schiffe. Die meisten von ihnen faßten nicht mehr als 500 bis 600 Tonnen. Technische Vervollkommnung begleitete die Erhöhung der Tonnage. Nur die kleinsten Schiffe bewahrten die alte Anordnung mit einem einzigen Deck. Um 1590 verbreitete sich ein neuer Typ, das *fluit*, mit rundem Heck, das besonders für die Seefahrt auf den europäischen Meeren geeignet war und einen beträchtlichen Einfluß auf die Entwicklung des niederländischen Handels ausübte. Etwas später kamen zahlreiche Schiffsarten mit flachem Heck auf, die für lange Strecken bestimmt waren. Die Takelage wurde komplizierter: Zum Großsegel am Besanmast gesellte sich ein kleines Rahsegel, dann brachte man eine zusätzliche Stange am Bugspriet an. Bald benutzte man auf den Ozeanlinien nur noch mächtige Dreimaster mit mehreren Decks und doppelter Back. Für jeden Seeweg gab es einen speziellen Schiffstyp, manchmal, je nach Bedarf, mehrere: ob es sich um den Transport von leichten oder schweren Waren handelte, ob es auf die Geschwindigkeit ankam oder ob das Schiff im Konvoi fahren sollte.

In den ersten Jahren des Jahrhunderts ließen die von den spanischen Galeeren beeindruckten Staaten einige Schiffe dieses Typs bauen. Doch waren diese auf dem Ozean kaum manövrierfähig und wurden alsbald wieder aufgegeben.

Private und Staatsmarine

Bis zum Ende des 16. Jahrhunderts bildete die niederländische Flotte keine „Marine" in dem Sinn, daß sie ein Minimum an Standardisierung und eine zentrale Organisation aufgewiesen hätte. Die ersten heterogenen Geschwader, die im Krieg gegen Spanien eingesetzt wurden, formierten sich, wie es gerade den lokalen Interessen entsprach, indem private Schiffe unter städtischer Gerichtsbarkeit zusammengezogen wurden. Die strategischen Zwänge (Artilleriegefechte auf hoher See wurden alltäglich) gestatteten den Prinzen von Oranien und den ersten Amsterdamer Großhändlern, in diese Anarchie einige Organisationsprinzipien hineinzubringen, gemäß der wachsenden militärischen und kommerziellen Aufgaben, die auf die Seeleute zukamen.
Daher die baldige Gründung der großen Kompanien einerseits und andererseits der Admiralitäten. Jedenfalls erfolgte im 17. Jahrhundert niemals eine vollständige Abgrenzung zwischen privater Handelsmarine und staatlicher Kriegsmarine. Die Interessen blieben verquickt, das Führungspersonal stand weiter in engem Kontakt miteinander, die Ausrüstung war zum großen Teil die gleiche, die jeweils zugewiesene Rolle häufig fast identisch. So trug die Tatsache, daß die Admiralität den Handelsflotten Militärkonvois stellte, zum internationalen Kredit der holländischen Transporteure bei. Sowohl in dem einen Bereich als auch in dem anderen war die Marine Gegenstand aufmerksamer Bemühungen des Staates: ob Handels- oder Kriegsmarine, sie erwies sich als der einzige Garant der nationalen Prosperität. Nichtsdestotrotz gewann der kommerzielle Bereich schließlich die Oberhand. Sobald die Lage in der Welt sich zu stabilisieren

schien, kürzten die Regierungen die Kredite der Kriegsmarine. Bis zur nächsten Alarmbereitschaft lebte die Admiralität von Notbehelfen: Darlehn, Entlassungen von Personal, Verkäufe von Schiffen (mit Verlust). Daher die erstaunlichen Schwankungen in der Kapazität dieser Marine im Lauf des Jahrhunderts. Im Jahr nach dem Westfälischen Frieden reduzierte sich ihre Tonnage um zwei Drittel, ihre Mannschaften um 60 Prozent.[2] Übrigens kosteten die dreißig oder vierzig Begleitschiffe, mit denen man sich in Friedenszeiten begnügte, mit ihrer Ausrüstung und ihren Besatzungen nicht weniger als etwa sechs Millionen im Jahr.

In den letzten Jahren des 16. Jahrhunderts gegründet, umfaßte die vom Statthalter als oberstem Admiral befehligte Admiralität fünf Kollegien, die sich aus Abgeordneten der Provinzen zusammensetzten und ihren Sitz in Amsterdam, Middelburg, Rotterdam, Hoorn-Enkhuizen und Harlingen hatten. In ihrer Eigenschaft als zentrale Behörde erfüllte sie vielfältige Funktionen: Verwaltung der Schiffe, Rekrutierung der Mannschaften, Auswahl der Offiziere, Ausübung der Rechtsprechung bei Verbrechen auf See und bei Schmuggel. Sie verfügte über eine unabhängige Kasse, die durch die Zollgebühren gespeist wurde. Reichten diese in unruhigen Zeiten nicht mehr aus, erteilten die Provinzialregierungen außerordentliche Zuschüsse. So war die Handlungsfreiheit der Admiralität durch die Kontrolle der Provinzialregenten doppelt begrenzt. Doch entzog sich die oberste Leitung der Militärmarine ihr umgehend. Jedes Kolleg machte seine eigene Politik und scherte sich wenig um die Zusammenarbeit.

Zu Beginn lieh die Admiralität – man hatte sich angewöhnt, „die Admiralitäten“ zu sagen – der Handelsflotte die Schiffe, die sie benötigte. In den ersten Jahren des 17. Jahrhunderts kaufte sie noch eine gewisse Anzahl dazu. Diese Käufe wurden während des Waffenstillstands eingestellt, und die Schiffskapazität der Admiralität reduzierte sich zur Bedeutungslosigkeit. Nach 1650 bedurfte es des Englandkriegs, um das Interesse der Regenten zu wecken. Seitdem baute die Admiralität ihre

Schiffe selbst, in die sie ihre Gewinne investierte. Sie unterhielt ein Heer von vereidigten Beamten, Kommissaren, Kontrolleuren und Eintreibern, das damit beauftragt war, die Ausrüstungen zu verwalten und die beim Feind gemachte Beute zu veräußern.
Trotz ihres wechselnden Geschicks erfüllte die Admiralität in der Epoche der großen niederländischen Eroberungen eine hervorragende repräsentative Aufgabe. Es gab mehrere ernste Zwischenfälle mit den Engländern in bezug auf das Grüßen der Flagge. Die Regierung erwies Admirälen und Kapitänen Ehren und vertraute ihnen häufig diplomatische Posten in Übersee an. Sicher rekrutierte man die Matrosen auf gut Glück auf dem Arbeitsmarkt. Die Offiziere dagegen wurden meistens ausschließlich unter Berücksichtigung ihrer Fähigkeiten, ihres Ansehens und ihres Charakters ausgewählt. Im allgemeinen von bescheidener Herkunft, stellten sie in der Republik eine unumstrittene Elite dar. Ein Tromp, ein de Ruyter (der als Kind die Haspel einer Seilerei für sechs Stuiver die Woche drehte) sind die Helden dieser Zeit, von der Menge vergöttert, die am Ufer betet, während sie die Schlacht schlagen. Trotz der hohen Prämien, die sie für ihre Beuten erhalten (von 6000 bis 50000 Gulden), und der Vergünstigungen durch Naturalien bleiben sie bescheiden. Als der Graf de Guiche am Tag nach dem Sieg vom 15. Juni 1666 de Ruyter einen Besuch auf seinem Admiralsschiff abstattete, traf er den großen Mann an, wie er seine Kajüte kehrte und seine Hühner fütterte. De Ruyter war fromm. Bei ihm an Bord sang man Psalme, und vor jedem Kampf wurde gebetet. Als verantwortliche Behörde unterstützte die Admiralität in ihrer Marine alle Bekundungen eines religiösen Gefühls sowie einer nationalen Ideologie.
Die dem Handel oder Fischfang dienenden Privatflotten entgingen jeglicher zentraler Verwaltung. Der Reeder, der Fischereibesitzer behandelte seine Schiffe wie eine Familienangelegenheit, die großen Kompanien (deren Organisation wir später kennenlernen werden) die ihren wie ein großes Unternehmen. Die Größe ihrer Flotten machte die Rekrutierung einer ausreichenden Besatzung

manchmal mühsam. Deshalb stellte die Kompanie einen Werber ein, dem sie für jeden zu stellenden Mann einen Vorschuß von 150 Gulden in Form eines Kreditbriefs gab. Da dieser dringend bares Geld brauchte, verkaufte er seine Briefe an einen Makler, manchmal zu einem Viertel ihres Nennwerts. So sahen sich die künftigen Matrosen, bevor sie überhaupt angeheuert waren, in den Rang von Spekulationsobjekten erhoben.

Korsaren und Piraten

Der Krieg und der Zwang, den Spanier an den Quellen seines Reichtums zu treffen, hatten am Ende des 16. Jahrhunderts die Piraterie in die niederländischen Seebräuche einziehen lassen. Vor dem Waffenstillstand verteilten die Städte oder die Admiralitäten auf Antrag „Kommissionsbriefe“ an die Reeder, die sie ermächtigten, in einem vorgegebenen Abschnitt auf Raubzug zu gehen. Alle sozialen Schichten beteiligten sich mehr oder weniger an diesem Unternehmen. Der Bürgermeister Amsterdams um 1610, Jan Corneliszen, galt als alter Seeräuber. Die „Korsaren“, Beauftragte mit einem Patent für Seeräuberei, verloren schließlich alle Skrupel und überfielen unterschiedslos feindliche Schiffe, neutrale und selbst die ihrer Landsleute. Sie sanken mehr und mehr auf das Niveau von Piraten, von Wegelagerern, die zum eigenen Vorteil handelten. Die Regierungen versuchten zu reagieren. 1605 verlangte man die Registrierung der Kommissionsbriefe, im folgenden Jahr beschloß man, sie nur bei Hinterlegung von 20 000 Gulden zu bewilligen, und man versuchte, die etwa einhundertdreißig Korsaren, die in der Welt herumfuhren, nach Holland zurückzuholen. Doch der Waffenstillstand setzte diesen offiziellen Interventionen ein Ende. Seitdem beabsichtigte der Staat, den Abkommen gemäß neutral zu bleiben. Die private Seeräuberei entwickelte sich nur um so besser.[3] Man hielt sie gemeinhin für einträglicher als den Indienhandel.

Fast ein halbes Jahrhundert lang ist das also das goldene

Zeitalter der Seewölfe mit der langen Haarmähne, dem schwarzen Bart, die über der nackten Brust eine ärmellose Jacke tragen, ihre Koppel gespickt mit Pistolen und Messern; es sind Trinker, Spieler, Lästerer, die sich einigermaßen sicher sein dürfen, daß sie erdrosselt oder gehängt enden werden. Auf französisch werden sie als *flibustier* bezeichnet, eine Entstellung des holländischen *vrybuiter*, das „Jäger der freien Beute" bedeutet. Zu ihnen gehörte Klaas Compaan aus Zaandam, „der Schrecken der Meere" genannt, der beim Auslaufen Bibel, Psalter und Bordtagebuch über die Reling werfen ließ, um unbehelligt von Gewissensbissen arbeiten zu können. Im übrigen war er ein braver Mann, der nach einem guten Fang (auf sein Konto kamen 358!) nicht versäumte, seiner Gemahlin einen Sack mit Geld und Juwelen zu senden, an deren Seite er in seinem kleinen Haus von Oostzaan sein Leben friedlich beendete ...

Jedes Handelsschiff, unter welcher Flagge auch immer, war eine willkommene Beute. Die Interventionen von Heinrich IV. und der englischen Regierung vertrieben Korsaren und Piraten schließlich aus dem Nordatlantik. Doch es blieben noch genügend andere Meere. Beute und Gefangene waren in den Häfen der Berber leicht zu verkaufen. Auf diese Weise kamen Verbindungen zwischen den niederländischen Piraten und der Bevölkerung in den Häfen des Maghreb zustande. Mehr noch: ab 1600 bis 1610 sieht man abtrünnige, mit arabischen Namen versehene Holländer hier Fuß fassen und sich unter die maurischen Piraten mischen.[4] Der berühmte Morate Reis war niemand anderes als ein gewisser Jan Janszen aus Haarlem, Soliman Buffoen ein Jakob de Hoereward aus Rotterdam.[5] Der schreckliche Veenboer wurde 1620 unter den Namen Soliman Reis in einem Kampf gegen ein christliches Schiff getötet. Coert Siewerts war in den Dienst Venedigs getreten und unternahm zum Wohl Ihrer Durchlaucht Raubzüge gegen die Türken. Mit Ruhm bedeckt, endete er als oberster Admiral von Dänemark!

Der Handel von Stadt zu Stadt im Inneren der Union nahm, so rege er auch gewesen sein mag, im Gesamtumfang der Geschäfte nur einen unbedeutenden Platz ein. Ein merkwürdiges Mißverhältnis schien den Handelsverkehr dieser Nation zu beherrschen, seine Bedeutung erhöhte sich mit wachsender Entfernung. Deutschland als naher Nachbar war vor allem durch den Rhein Transitweg und Quelle von Rohstoffen wie Getreide, Holz und Wein. Seine Aufnahmekapazität dagegen war schwach. In Frankreich kontrollierten die Rotterdamer, wie wir gesehen haben, teilweise den Weinhandel. Holländische Händler hielten Anteile an den Papierfabriken von Angoulême. Die Textilindustrien aus der Normandie, dem Anjou und der Bretagne waren von niederländischen Transporteuren abhängig. Vor 1672 sicherten jene den größten Teil des französischen Außenhandels ab und sogar der Küstenschiffahrt zwischen den Häfen des Königreichs. Daher die Mißgunst, daher die Spitznamen „Blutsauger", „ausgehungerte Flöhe", mit denen man sie in der Zeit Heinrichs IV. und Richelieus bedachte. Bis gegen 1650 kamen auf ein beladenes Schiff, das England in Richtung Holland verließ, zehn, die in der Gegenrichtung unterwegs waren. Dieser einseitig ausgerichtete Handel, der auf Abkommen beruhte, die am Ende des Mittelalters geschlossen worden waren, stellte für die Engländer eine solche Knechtschaft dar, daß der Hof unter der Hand die Piraterie in der Nordsee gegen holländische Schiffe begünstigte.

Eines der wichtigsten englisch-niederländischen Handelsobjekte war das Tuch, das die Holländer aufgrund von Verträgen unbearbeitet in England kauften, um es bündig zu schneiden, zu färben und wieder zu exportieren. Durch diverse Zollmaßnahmen versuchten die Engländer dieses Privileg, das ihrer Industrie einen Teil ihrer Gewinne raubte, zu beschränken. Die Schmuggler hatten leichtes Spiel, im Labyrinth dieser Gesetzgebung Fuß zu fassen.

Trotz des Kriegs hatte der Handel mit Spanien niemals

aufgehört. Als Heinrich IV. 1595 in Betracht zog, die Verbindungen zur Iberischen Halbinsel zu untersagen, wehte über Holland ein Wind der Panik. Getreide, Holz, Fisch in die eine Richtung, Öle, Obst und Wein aus der anderen – ein bedeutender Transithandel, der vor den großen kolonialen Unternehmungen eine Lebensnotwendigkeit für die Niederlande darstellte. Nach 1609 scheint das Geschäftsvolumen abgenommen zu haben, doch kurz vor 1648 engagieren sich Unterhändler dafür, in Amsterdam den Markt für spanisches Silber einzurichten. Nach dem Westfälischen Frieden führt dieser Kuhhandel zum Erfolg. 1650 räumt das „Marineabkommen" der holländischen Flotte zahlreiche Privilegien in bezug auf den Transport bestimmter Waren nach Spanien, Portugal und Amerika ein. Im übrigen war der Schmuggel in dieser Gegend immer rege und erstreckte sich selbst auf Waffen und Munition.[1]

Der Umfang von Importen an norwegischem Holz, die zugunsten der Amsterdamer und Zaandamer Händler von den Häfen Enkhuizen, Hoorn und Harlingen abgesichert wurden, überstieg um die Jahrhundertmitte 100 000 Tonnen. Damals baute man für diesen Handel einen speziellen Schiffstyp mit tiefem Laderaum und starkem Tiefgang. Da Norwegen dagegen in den Niederlanden nur ein wenig Weizen kaufte, war die Handelsbilanz hier passiv. 1635 sieht man im Fallreep eines Schiffes, das auf dem Weg nach Bergen ist, Säcke mit Tausenden von Gulden in Münzen, auf einem anderen drei Fässer voller Reichstaler …

Aus dem Handel auf der Ostsee dagegen zogen die Niederlande große Gewinne. 1600 fuhren 55 Prozent der in den schwedischen oder russischen Häfen festmachenden Schiffe unter niederländischer Flagge, fünfzehn Jahre später hat sich dieses Verhältnis auf 67 Prozent verschoben.[2] Die Holländer sicherten die Getreidetransporte aus den nördlichen Ländern nach dem Westen und Süden Europas ab. Auf der Hinreise hatten die Schiffe Kolonialwaren, Textilien, Leichtgut geladen, das bei dieser langen und schwierigen Navigation das Problem der Trimmung aufwarf. Zuerst benutzte man Sand. Doch da

er bei Einfahrt in die Häfen über Bord gekippt wurde, lief man auf lange Sicht Gefahr, diese zuzuschütten. So wurde der Sand mehr und mehr durch Ziegel ersetzt, die man vor dem Auslaufen verkaufte. Vielleicht erklärt diese Tatsache die Verbreitung von Bauweisen und architektonischem Stil der Niederlande im baltischen Raum.
Der Zugang zur Ostsee hing von der Gunst der Mächte ab, die den Sund kontrollierten, war also in gewisser Weise bedroht. Doch seit der zweiten Hälfte des 16. Jahrhunderts verfügten die Holländer über einen anderen Weg: den um das Nordkap und durch das Weiße Meer, wo der Hafen von Archangelsk scheinbar auf ihren Rat hin angelegt wurde.
Das von den Niederländern in Nord- und Westeuropa gehaltene Quasi-Monopol der Handelstransporte führte ab Mitte des Jahrhunderts zu wachsenden internationalen Spannungen. In der Absicht, es zu brechen, erließ Cromwell 1651 seine berühmte „Navigationsakte"[3]. Darauf folgten die Kriege von 1652 und dann 1665. In Frankreich machte die Wirtschaftspolitik von Colbert die Aufhebung der niederländischen Hypothek notwendig. Daraus resultierte zu einem Teil der Krieg von 1672.[4] Auf lange Sicht sollten diese Konflikte die Rezession und schließlich den Ruin des niederländischen Großhandels bewirken.
Bis gegen 1650 hatte dieser im Mittelmeerraum nur Italien berührt: vor allem Livorno, Civitavecchia, Neapel, Sizilien und in geringerem Maße Venedig. Gewiß hatten die von Heinrich IV. mit Transporten zwischen Frankreich und der Türkei beauftragten Holländer schon vor 1600 die entscheidende Bedeutung erkannt, die die Levante für sie darstellte. Doch benötigten sie in diesen von den „Berbern" heimgesuchten Gewässern ein halbes Jahrhundert, um die Sicherheit ihrer Seefahrt gewährleistet zu sehen. 1611 entsandten die Staaten Cornelis Haga auf Vorschlag eines in Istanbul ansässigen holländischen Händlers in geheimer Mission zur Kontaktaufnahme mit der Hohen Pforte. Trotz der Opposition des französischen Botschafters genügten Haga ein paar Mo-

nate, um ein Abkommen zu erwirken: freie Zufahrt zu den osmanischen Häfen, Schutz vor Piraten, Eröffnung niederländischer Konsulate, denen die ausschließliche Gerichtsbarkeit über ihre Staatsbürger oblag. Als Gesandter der Staaten beim Sultan bis 1639 gelang es Haga, seinen Landsleuten die Tore zur muselmanischen Welt zu öffnen. Nacheinander wurden Konsulate in Aleppo, Algier, Tunis und Marokko eröffnet, Verträge mit den marokkanischen und algerischen Behörden unterzeichnet. Die vertragschließenden Seiten wachten über die strenge Einhaltung dieser Abkommen: Als ein holländischer Kapitän auf der Höhe von Livorno ein algerisches Schiff angegriffen und versenkt hatte, wurde der niederländische Konsul in Algier verhaftet und in Eisen gelegt ... 1625 setzte Haga bei seiner Regierung die Gründung eines „Handelsdirektoriums für die Levante" durch, das mit der Leitung und Kontrolle aller Fragen bezüglich der Seefahrt im Mittelmeer beauftragt war. Dieser von sieben Amsterdamer Händlern gebildete Organismus blieb etwa zwanzig Jahre in Funktion.[5]

Die großen Kompanien

1594 hatten sich ungefähr zehn am Gewürzhandel interessierte Amsterdamer Händler zu einer „Gesellschaft der fernen Länder" zusammengeschlossen, um gemeinsam eine gewisse Anzahl von Schiffen auszurüsten. Weitere Vereinigungen der gleichen Art entstanden. Houtmans Fahrt, die die Bedeutung des Seewegs um das Kap offenbarte, war wie ein Fanfarensignal für die Unternehmungen. 1601 segelten fünfzehn Privatflotten, die achtundsechzig Schiffe umfaßten, nach Indien. Aus Mangel an Organisation kam es zum völligen Desaster. Die Intervention von d'Oldenbarnevelt veranlaßte die Generalstaaten 1602, eine „Ostindienkompanie" zu gründen, die die bestehenden Vereinigungen unter einem Statut analog dem unserer anonymen Gesellschaft zusammenfaßte und sie mit dem alleinigen Recht auf den Handel mit dem Fernen Osten versah. Das Kapital, das sich von Beginn an auf etwa sieben Millionen Gulden[6] belief, wurde durch individuelle Anteile erstellt. Im Prinzip wurden die bescheidensten Summen akzeptiert, die Sparern aller Art eine Investitionsmöglichkeit boten. In der Tat vermied die O. I. K., ihr Kapital zu erhöhen und stellte die Einlagen bedeutender Kapitalien beizeiten ein. Ihre Anfänge waren mühsam. Doch seit Mitte des Jahrhunderts brachten die Aktien 500 Prozent.[7]

Die Leitung der Kompanie ruhte in den Händen eines Direktoriums von siebzehn Mitgliedern, die unter den Großaktionären gewählt wurden. Die Verwaltung war zwischen fünf Handelsniederlassungen aufgeteilt, die eine gewisse Autonomie genossen und ihren Sitz in Amsterdam, Middelburg, Enkhuizen, Delft und Rotterdam hatten. Die Rechte und Aufgaben jeder Handelsniederlassung der Kompanie waren in Abhängigkeit von den Anteilen der entsprechenden Städte am Ausgangskapital festgelegt, Amsterdam besaß 60 Prozent. In den sechs Hauptstädten der O. I. K. wurde das „Ostindienhaus" zu einem der repräsentativsten Gebäude. Das Middelburger und Amsterdamer Haus gehörten zu den Schönheiten der Stadt.

In dem verhältnismäßig wenig organischen Staat sorgte die Kompanie für die Konzentration der nationalen Macht. Auf finanzieller Ebene gewiß, aber auch auf dem Gebiet der Ausstattung. Tatsächlich besaß sie eigene Schiffe, die sie häufig an die Admiralität auslieh, eigene Kais, eigene Geschäfte, eigene Handelsniederlassungen. Auf militärischem Gebiet bis zu einem gewissen Grad, weil sie einen Generalstab und eine bis zu 30 000 Mann starke Truppe unterhielt sowie eine Kriegsflotte mit vierzig bis fünfzig Schiffen. Schließlich politisch, denn bald beherrschte sie die indischen Kolonien, verwaltete Territorien, verhandelte mit den dortigen Oberhäuptern und mit den europäischen Mächten. Dennoch wurde eine Bresche in ihr Monopol geschlagen, durch die Initiativen von Privatpersonen, die es ablehnten, sich ihr zu beugen und die im Auftrag ausländischer Mächte andere Kompanien gründeten.

Mit ihrer Gründung hatte die O. I. K. auf Java und auf

den Molukken Fuß gefaßt. Die holländischen Seefahrer, die nach Houtmans Expedition die Seereise nach „Indien" unternahmen, waren dort mit den Portugiesen aneinandergeraten. 1600 und 1601 mußte zu den Waffen gegriffen werden. Die vom missionarischen Eifer der Portugiesen verstimmten Ureinwohner ergriffen bei diesen Anlässen die Partei der holländischen Neuankömmlinge, die sich nur für den Handel interessierten. Der Moment, dauerhafte Niederlassungen auf diesen Inseln einzurichten, war nahe.

Ab 1609 ernannte die O. I. K. einen Generalgouverneur für die Überseeterritorien, den, sich anzusiedeln, sie auf die Insel Ambon entsandte. 1618 wurde dieser Posten ein echtes Gouvernement, als die Siebzehn ihn Jan Pieterszoon Coen anvertrauten, einer vielseitigen, merkwürdigen Persönlichkeit, einer der undurchsichtigsten Gestalten des goldenen Jahrhunderts. Coen flößt den Sultanen mit seiner Brutalität Angst ein, die, von den Engländern möglicherweise unterstützt, seine Handelsniederlassungen bedrohten. Doch gleichzeitig träumt er davon, das Monopol der Kompanie zu brechen und entwirft eine Kolonialpolitik, die jener angepaßt ist, die die Spanier in Amerika betrieben: Die Eingeborenen vertreibend, verlangt er von den Generalstaaten, ihm eine Gruppe holländischer Pioniere mit hoher Moral samt ihren Familien zur Verfügung zu stellen und diesen sicheren Kern von einer in anderen Teilen der Welt zusammengekauften Sklavenarmee zu umgeben, um, den Umständen entsprechend, eine brauchbare militärische Kraft und eine wenig kostspielige Arbeitstruppe zur Verfügung zu haben. Nichts von diesem Plan ging auf. Doch zumindest konnte Coen, als er 1619 die Stadt Jakarta eingenommen und dem Erdboden gleichgemacht hatte, ganz nach Belieben auf diesen Ruinen Batavia errichten, das sich seitdem zum Zentrum der niederländischen Herrschaft entwickelte: Gruppen japanischer und chinesischer Handwerker und Pflanzer, eine europäische Bevölkerung, in der sich Holländer und Engländer vermischen, ein Fort, eine Garnison, ein Gericht und sogar eine Kirche, Notar, Arzt und Polizei, Verordnungen gegen Trunkenheit und Konkubinat, eine Art koloniales Genf, das die Leute aus Amsterdam oder Den Haag ein „ehrenhaftes Gefängnis" nannten ... Fünfzig Jahre später eine wirkliche Stadt, nach dem Vorbild Amsterdams erbaut und das Herz eines Imperiums.

Gleichwohl beschränkte sich die niederländische Präsenz noch lange Zeit auf die an den Küsten gelegenen Handelskontore. Die Rechtsprechung des Gouverneurs geht kaum über die chinesisch-europäische Siedlung hinaus, die von einer Festung geschützt wird, in der die Kompanie untergebracht ist. Über das Hinterland weiß man nichts. Vor 1630 scheint man nicht einmal etwas von der Fruchtbarkeit Javas geahnt zu haben. Niemand unternimmt vor 1648 Reisen in das Landesinnere, zunächst ist der Kompanie jegliche Vorstellung von territorialer Eroberung fremd. 1644 läßt sie gegenüber den Generalstaaten verlauten, daß „die in Ostindien eroberten Städte und Festungen nicht als Errungenschaften des Staates betrachtet werden dürfen, sondern als persönliches Eigentum der beteiligten Händler, welche das Recht haben, sie zu verkaufen an wen sie wollen, und sei es an den König von Spanien"[8]. Es wird ein Jahrhundert brauchen, bis die Kompanie nach und nach, ohne es vorgehabt zu haben, die Kontrolle über die gesamte Insel Java hat.

Zwischenzeitlich war sie in Niederlassungen ausgeschwärmt, die im Fernen Osten verstreut und zur Festigung ihrer Handelswege bestimmt waren. Seit 1624 war die Insel Formosa besetzt. Vierzig Jahre später eroberten chinesische Piraten sie zurück, ohne Vergeltungsmaßnahmen hinnehmen zu müssen. Die kleine niederländische Kolonie wurde samt Frauen und Kindern niedergemetzelt oder in die Sklaverei getrieben. 1641 eroberte man Malakka, 1656 Colombo von den Portugiesen.[9]

Dagegen bewahrten die Beziehungen zum kontinentalen China und zu Japan einen präkolonialen Charakter. Chinesen und Japaner betrachteten diese Grobiane aus Holland mit wohlwollender Geringschätzung. Nach der Vertreibung der Ausländer billigte die japanische Regierung allein den Niederländern das Recht zu, ihre Häfen anzulaufen. Einmal im Jahr begab sich eine niederländische Gesandtschaft nach Edo: Für einen Tag waren ihre Mitglieder eingeladen, nach der Sitte ihres Landes zu singen und zu tanzen, um die Konkubinen des Shogun zum Lachen zu bringen! Was die Chinesen betrifft, deren Handelswege sich ständig mit denen der Holländer kreuzten, so schätzten sie jene ohne Illusionen ein: „Die Rotbärte, das heißt die Holländer, bewohnen den westlichen Ozean. Unersättlich und durchtrieben, kennen sie sich gut in kostbaren Waren aus und kämpfen geschickt, um den größtmöglichen Gewinn zu erringen. Für dieses Ziel setzen sie sogar ihr Leben aufs Spiel und erobern ohne weiteres die entferntesten Länder. Wem sie auf dem Meer begegnen, den plündern sie aus.“[10]

Die bedeutendste Episode dieser Geschichte war die Gründung der Kolonie am Kap der Guten Hoffnung. Als wichtige Station auf dem Weg nach Indien schien das Kap um die Jahrhundertmitte eine ständige holländische Präsenz zu erfordern. Die Siebzehn entsandten 1651 unter dem Kommando von Jan van Riebeek drei mit Siedlern und Vieh beladene Schiffe. Seitdem liefen jährlich etwa dreißig große Schiffe diesen Hafen an. In einem günstigen Klima lebte die Kolonie von der Viehzucht und dem Anbau von Obst und Wein und gedieh. Dennoch blieb diese Ansiedlung bäuerlicher Art, im niederländischen Imperium eine Ausnahmeerscheinung, lange Zeit recht unbedeutend. 1672 wurde ein ähnlicher Versuch auf der damals unbewohnten Insel Mauritius unternommen: Die O. I. K. siedelte hier etwa vierzig Pflanzerfamilien an.

Seit dem Ende des 16. Jahrhunderts hatte Usselincx versucht, seine Landsleute auf Amerika zu orientieren, wo sie Spanien an den Wurzeln seiner Macht hätten schlagen können. Nur die Korsaren verstanden ihn. Der Waffenstillstand war notwendig, um eine zweifache Handelsbewegung in diese Richtung auszulösen. Im Norden berührte diese die Küste des jetzigen Staates New York. Dieses „Neue Niederlande“ genannte Gebiet gab seinen Namen einer 1614 gegründeten Kompanie, die sich dem Handel mit Pelzwaren widmete. Im Süden berührte die

Handelslinie Brasilien. Gegen Ende des Waffenstillstands sicherten die Niederländer zwei Drittel des Exports an Zuckerrohr ab, das aus dieser Gegend kam. 1621 genehmigten die Generalstaaten die Gründung einer „Westindienkompanie", der sie das Handelsmonopol für die Westküsten Afrikas und die Ostküsten Amerikas zubilligten.

Wenig Glück war diesem Unternehmen beschieden. Offensichtlich war die Bestimmung der Niederlande eher, in Asien Fuß zu fassen denn in Amerika. Die Gelder, zum größten Teil aus Amsterdam, flossen nur spärlich. Zwei Jahre mußten vergehen, bevor das erste Schiff ausgerüstet wurde. Schließlich konnten ein paar Kontore in Brasilien eröffnet werden. Doch trotz der achthundert Schiffe, die sie in dreizehn Jahren auf den Atlantik schickte, sollte die Kompanie erst 1628 nach der Eroberung der Silberflotte die ersten Dividenden an ihre Aktionäre zahlen.

Durch diesen Erfolg ermutigt, entsandte sie Hans-Moritz von Nassau mit dem Titel eines Generalgouverneurs nach Pernambuco. Während der sieben Jahre seiner Amtszeit gelang es dem Prinzen, den Pflanzungen und Kontoren von Olinda, Pernambuco und Paraibo einen gewissen Aufschwung zu verschaffen. Doch in den Niederlanden selbst herrschte Uneinigkeit betreffs dieser Kolonien. Hans-Moritz verlangte Truppen gegen die Portugiesen. Die Truppen trafen nicht ein. Das Unternehmen wurde aufgegeben. Ab 1640 zogen sich die Holländer zurück. 1650 verließ der Anführer der endlich von den Ständen entsandten Hilfstruppe nach Auseinandersetzungen mit den Vertretern der Kompanie sein Kommando. Er wurde verhaftet. Doch 1661 verkaufte Den Haag seine brasilianische Besitzungen für acht Millionen Gulden an die Portugiesen.

In den „Neuen Niederlanden" kaufte die Kompanie 1626 von den Eingeborenenhäuptlingen für 60 Gulden ein Gebiet auf der Insel Manhattan, auf dem sie die Kolonie „Neu Amsterdam" errichtete. Diese Ansiedlung war vielversprechend.[11] Doch blieb sie sich selbst überlassen. 1667, als sie schon eine Bevölkerung von fast

10000 Seelen zählte, traten die Staaten sie im Tausch gegen Surinam an der wilden Küste Guyanas den Engländern ab. Dieser zweifache Verlust brachte die Kompanie endgültig ins Wanken. 1674 modifizierte man ihre Statuten und führte das Unternehmen in sehr viel bescheideneren Ausmaßen weiter. Die einzigen niederländischen Besitzungen in Amerika außer Surinam blieben Curaçao und ein paar Inseln der Kleinen Antillen.
Seit dieser Epoche war der holländische Großhandel im Niedergang begriffen. Die zu ausschließliche Entwicklung des Handels hatte zu einem aussichtslosen Wachstum der inneren Konkurrenz geführt. Der Westfälische Frieden, der die anderen Staaten Europas zu friedlichen Arbeiten veranlaßte, hatte mehrere äußere Absatzgebiete beschnitten. Die Märkte waren mit Kolonialprodukten gesättigt. Die Preise fielen, während die Betriebskosten stiegen, infolge der Kriege, die die Kompanie führte, um ihre Stellungen zu halten. Temple überliefert eine charakteristische Anekdote: „Ein Seemann, den ich neulich in der Kutsche zwischen Delft und Leiden traf, erzählte mir, daß er, bevor er Indien verließ, mit eigenen Augen drei Berge von Muskatnüssen auf einmal hat abbrennen sehen, von denen jeder so groß war, daß er nicht in eine Kirche gepaßt hätte."[12]
Zur selben Zeit fällte man auf den Molukken die Muskatnußbäume, um die Ernte zu verringern und die Preise hochzuhalten.

Siedler und Sklaven

Die Bevölkerung der niederländischen Ansiedlungen blieb immer gering. Eine Handvoll Abenteurer, Waisen, junger Männer aus gutem Haus, die von ihren Eltern verstoßen worden waren, bildeten den Hauptteil der Siedlergruppen. Wiederholt forderten die zuständigen Gouverneure die Entsendung von Frauen. Von Zeit zu Zeit schickte man eine Ladung Mädchen, die in den städtischen Waisenhäusern zusammengestellt worden war. Die Kompanien waren der Meinung, daß sie eher

Soldaten benötigten. Ein Mob von Kriegern zog durch das Reich, hier und dort in Garnisonen ohne rechte Wirkung vereint. Sommelsdyk, der Gouverneur von Surinam, wurde von einem Dutzend Meuterer umgebracht. Die Männer dagegen, auf denen die schwersten Verantwortungen lasteten, Admirale, Gouverneure, waren lange Zeit in ihrer Mehrzahl ehrbare Leute bescheidener Herkunft, die ihre Fähigkeiten und Leistungen einsetzten. Doch ein wachsendes Sozialprestige verband sich mit ihren Aufgaben. Am Ende des Jahrhunderts, als die kalvinistische Strenge eines Coen in Vergessenheit geraten war, fand man ihren ausgestellten Luxus, ihre Paläste, ihre Sklaven und ihre Ehrsucht normal, obwohl sie in starkem Gegensatz zu den verhältnismäßig einfachen Sitten ihres Vaterlands standen.

Die Aufgabe der Kolonien bestand nur darin, den Kompanien die friedliche Ausübung ihres Handels zu sichern. Den einheimischen Würdenträgern und ihren Vasallen überließ die Kompanie die Rechtsprechung und begnügte sich damit, über die Gewalt zu verfügen. Das allein war ihr wichtig, keine andere Macht sollte sich erheben. Daher rührt eine Reihe manchmal grausamer Kriege, wie jener, den Coen 1627 bis 1629 gegen das Oberhaupt von Mataram führte, der von Gewalttaten begleitet war, für deren Ausübung die Kompanie sich gelegentlich japanischer Handlanger bediente. So betrachtet eroberten die Gouverneure von Batavia, gefangen in dem Räderwerk, das sie in Gang gesetzt hatten, von Krieg zu Krieg in hundert Jahren Java, ohne daß sie es beabsichtigt hatten.

Als die erste Welle der Kolonisatoren in der zweiten Hälfte des Jahrhunderts verebbt war, brachen einige Prediger zu ihrer Indienreise auf. Nur die Bevölkerung von Formosa bereitete ihnen einen guten Empfang und ließ sich ohne Widerstand zum Kalvinismus bekehren. Man zählte auf der Insel bis zu zweiunddreißig Pastoren. Überall sonst beschränkte sich die Tätigkeit dieser Missionare auf den Kreis ihrer Landsleute. Im Gegensatz dazu betätigten sich mehrere von ihnen in Malaysia, auf Java, auf den Molukken als Sprachforscher, Historiker und Naturforscher. Auf alle Fälle blieben ihre Forschungen in den Niederlanden lange Zeit unbekannt und konnten die primitive Vorstellung, die man sich hier von den orientalischen Völkern machte, nicht modifizieren.

Da die Spanier keine Niederlassungen in Schwarzafrika hatten, wandten sie sich seit dem 16. Jahrhundert an die Holländer und Engländer, um ihre Kolonien in Amerika mit Sklaven zu versorgen. Die Westindienkompanie übernahm diesen Handel.[13] Doch hing die Einträglichkeit von der Stabilität der Beschaffungsgebiete ab. Die Expedition von de Ruyter an die Goldküste hatte kein anderes Ziel. In der Absicht, seine brasilianischen Plantagen mit Arbeitskräften zu versorgen, nahm Hans-Moritz 1637 die portugiesische Handelsniederlassung São Jorge del Mina ein. Vier Jahre später überließen die Portugiesen der Kompanie die Ausbeutung der angolanischen Küste. Seitdem konnte man jährlich bis zu 15 000 Sklaven für 30 Gulden pro Kopf kaufen. In Amerika wurden sie für 300 bis 500 Gulden weiterverkauft! Teilweise war es die Notwendigkeit, für diese Ware einen Platz zum freien Verkauf zu haben, der nach dem Verlust Brasiliens den Erwerb Surinams begründete.

Aus rechnerischer Sicht rechtfertigten die Risiken die enormen Gewinne. Das Risiko der Aufbringung, denn das Kapern eines Sklavenschiffes war für einen Korsaren ein Vermögen wert. Die Gefahren des Meeres für diese Kähne mit kleiner Tonnage. Schließlich das Risiko, daß die Ware beschädigt wurde, denn dieses schwarze Fleisch, das da, ob männlich oder weiblich, wochenlang unten im Laderaum aufgestapelt lag, starb wegen eines Nichts. So wachte der Kapitän über die Gesundheit seiner Ladung. In ernsten Fällen wurde mit der Muskete geschossen, um die Aufmerksamkeit Gottes auf dieses Elend zu lenken. Denn diese Sklavenhändler aus Flessingen, Hoorn oder Amsterdam waren brave Leute, zwar recht unsensibel, doch lasen sie die Bibel, und man hätte sie sehr in Erstaunen versetzt, wäre die Moral ihres Gewerbes angezweifelt worden. Wenn auch die Gesetze der Vereinigten Provinzen die Sklaverei verboten, das war eine Chance der Vorsehung für alle diese Schwarzen. Sollte es jemals einem von ihnen gelingen, der Teufel mag wissen wie, den Fuß auf niederländischen Boden zu setzen, würde er allein durch diese Tatsache frei, und sein Herr verlöre jegliches Recht, ihn zurückzukaufen. In den großen holländischen Städten traf man unter der Dienerschaft reicher Familien nicht selten solche Freigekommenen.

DIE INDUSTRIE

Der Schwachpunkt

Der niederländische Boden brachte nur zwei abbauwürdige Naturprodukte hervor, den Sand und den Torf. Der in Schichten aufgeschüttete oder verteilte Sand gab aufgrund seiner Anpassungsfähigkeit das beste Fundament für Bauten auf morastigem Boden ab. Ein Paradoxon in diesem von biblischen Erinnerungen durchdrungenen Land – auf Sand zu bauen bedeutete, für die Ewigkeit zu bauen. Deiche, Wälle, Fundamente – aus Sand. Dieser wertvolle Rohstoff wurde hauptsächlich in den Dünen gewonnen. In denen von Oegstgeest, deren Eigentümer der Magistrat von Leiden war, wurde das Material für die Instandhaltung der Stadt abgebaut. Im Norden des Landes hatten Dörfer, die im Mittelalter auf künstlichen Sandhügeln angelegt worden waren, Gruben in ihrem eigenen Boden ausgehoben und lebten von diesem Handel.
Der Torf lieferte, mehr noch als das Holz, den Standardbrennstoff.[1] In bestimmten Gebieten hatte sein intensiver und ungeschickter Abbau den Boden deformiert und Tümpel entstehen lassen, die den Mangel an Terrain, unter dem das Land litt, verschlimmerten. Zu Beginn des 17. Jahrhunderts stellte der Magistrat von Groningen dieses Gewerbe unter seine Verfügungsgewalt und gestaltete es etwas vernünftiger. Er ließ in den ausgedehnten Sümpfen des Sappemeers ein Netz schiffbarer Ka-

näle anlegen, an denen nach einem systematischen Plan „Torfstecherkolonien" angesiedelt wurden.
Scheibenförmig gestochen, ziegelförmig zurechtgeschnitten und an der Luft getrocknet, wurde der Torf auf Speichern zwischengelagert, wo er seinen Härtungsprozeß abschloß. Der friesische Torf, der poröser und bröckeliger war als der aus Groningen, wurde vor allem in Bäckerei- und Brauereiöfen verwendet.
Die niederländische Industrie, die in erster Linie eine verarbeitende Industrie war, verharrte, durch die Gesetzgebung der Gilden gehemmt, insgesamt gesehen auf handwerklichem Niveau, ihre wirtschaftliche Bedeutung in der Union war im Vergleich mit dem Transithandel relativ gering. Doch stellte dieses Fehlen einer soliden industriellen Basis auf lange Sicht für den Handel eine ernsthafte Beeinträchtigung dar, und die Industrie wiederum blieb in verhängnisvoller Weise dem Handelsverkehr unterworfen.
Dennoch hatte sie aus dem Zustrom flämischer Flüchtlinge genausoviel Gewinn gezogen wie der Handel, wenn nicht noch mehr, und vor allem besaß sie einen beträchtlichen technischen Trumpf, ihre Windmühlen, die fast kostenlos Energie produzierten und deren Verwendungsweisen sich an der Schwelle zum goldenen Jahrhundert vervielfältigten. Sägewerke, Papierfabriken, Ölraffinerien, Schießpulverfabriken funktionierten mit Hilfe von Mühlen. In den Müllereien gestatteten vervollkommnete Mühlsteine, die Gerste zu säubern, ohne sie zu zerkleinern, andere mahlten sie zu Mehl. Mühlen dienten zur Förderung von Wasser, als Pumpen. Der Mühlenbauer wurde zu einer Persönlichkeit, die mit dem Ingenieur unserer heutigen Gesellschaft vergleichbar ist. Jan Adriaenszen Leeghwater zählt zu den großen Männern seiner Zeit. Der älteste Mühlentyp wurde aus einem nahezu würfelförmigen Gehäuse gebildet, das ein Stockwerk hoch war und an dessen Gebälk man die Achse der Flügel befestigte. Das ganze Gehäuse drehte sich auf einem schweren, waagerechten Holzkreuz, das selbst wiederum auf einer unteren, feststehenden Etage ruhte. Um 1600 erfand man die zylinderförmige Mühle

mit unbeweglichem Rumpf. Ein Dach, das mit Hilfe von Hebeln ausgerichtet werden konnte, trug die Flügel. Kurz zuvor hatte Cornelis Corneliszen die *paltrok*[2] genannte Riesensägemühle erfunden, die zum Zerschneiden der schwersten Planken, besonders in den Schiffswerften, bestimmt war. Die eigentliche Mühle bildet eine Einheit mit der Werkstatt, die sie überragt und deren Sägen sie in Bewegung hält, das Gebälk ist beiden gemeinsam. Die Werkstatt öffnet sich auf Höhe der ersten Etage wie ein Speicher und erlaubt so, die Lastkähne mit Brettern zu beladen. Das ganze Bauwerk mit den Ausmaßen eines städtischen Gebäudes stand auf einem Sockel aus Mauerwerk, in dem bewegliche Halterungen rotierten. In die Landschaft eingefügt, häufig von einem Graben umgeben, den eine Hängebrücke überspannte, bildeten die Mühlen eine der Besonderheiten Hollands.[3] Sie wurden zum Mittelpunkt einer echten Folklore. Die Windmühlenflügel dienten zum Ausdruck volkstümlicher Gefühle. Die Flügel wurden mit Fahnen geschmückt. Wollte man eine große Freude anzeigen? Man hielt die Mühle so an, daß die Flügel ein senkrechtes Kreuz bildeten, auf dessen Spitze man manchmal eine Flagge hißte. Gab es eine Hochzeit im Dorf? An zwei aufeinanderfolgenden Sonntagen wurde die Mühle mit Blumen geschmückt. Eine mehr oder weniger starke Neigung der Flügel zeigte in den Provinzen Holland und Zeeland im Trauerfall den Verwandtschaftsgrad zwischen dem Müller und dem Verstorbenen an: 45 Grad kündeten von einer besonders schmerzlichen Trauer, wenn nicht von einer öffentlichen Katastrophe.[4]

Die Erfindung der Windmühle reichte bis ins Mittelalter zurück. Ihre industrielle Nutzung begann im 15. Jahrhundert vor allem in Zaandam. Um 1600 gab es in dieser Stadt und ihrer Umgebung etwa fünfzig Mühlen. Während des goldenen Jahrhunderts erhöhte sich ihre Anzahl in dem Maße, daß Zaanstreek zum größten Industriekomplex der Niederlande wurde. 1700 zählte man hier fast sechshundert Mühlen. Ihre wichtigste Tätigkeit bestand im Sägen von Bauholz, das auf dem Rhein importiert wurde und woran Amsterdam einen großen Bedarf hatte, sowohl für den Aufbau seiner neuen Stadtviertel als auch für den seiner Flotte. Die Widerstände der Amsterdamer Sägergilde, die blind an ihrer alten Methode, mit der Hand zu sägen, festhielten, konnten gegen diese Konkurrenz nichts ausrichten, und ab 1630 beherrschte Zaandam diesen Markt völlig.

Dieser Triumph kam allen Industriezweigen zunutze, die sich seit einem Viertel Jahrhundert in den Händen der Tischler aus dieser Gegend konzentrierten: Raps-, Rüben- und Hanfölmühlen, Fabriken, die Färbemittel auf der Basis von Brasilienholz, Kreide und Stärke herstellten, Bleiweißfabriken, Tabak- und Senfmühlen, Aufbereitungsanlagen für Grundstoffe der Seil- und Kabelherstellung, Walkmühlen, die von den Leuten aus der Gegend „Stinkmühlen“ genannt wurden, Gewürzmühlen und letztendlich Papiermühlen. Am Ende des Jahrhunderts brach jede halbe Stunde ein Warenschiff von Zaandam nach Amsterdam auf, das etwa fünfzehn Kilometer entfernt ist. Diese Nähe sowie die Existenz von Sägewerken hatten die Ansiedlung bedeutender Schiffswerften in Zaandam, die mit denen aus Rotterdam rivalisierten, begünstigt. Hier konnten spezialisierte Zimmerleute besser als überall sonst „nageln, zusammenfügen, schleifen, behauen, hobeln, bohren, sägen, spalten, Äste ausbrennen“[5]. Maschinelle Winden dienten zum Drillen der Wanten. Die Schiffsrümpfe wurden mittels Hebewinden hochgehievt. Eine Gruppe von Arbeitern, die auf hohen, vertikal verlaufenden Rädern von drei bis vier Meter Durchmesser stand, hielt sie mit ihren Füßen in Bewegung. Sie liefen auf der Stelle und senkten so die Schaufeln der Räder.

Am Ende des Jahrhunderts zählte Zaandam etwa fünfzig Baumeister und stellte jährlich dreißig bis fünfunddreißig Schiffe fertig, trotz der Unzulänglichkeiten seiner Anlagen. Mußten doch die Schiffe, die mehr als vierzig Meter lang waren, nach der Ausführung der ersten Arbeiten in einem Becken in ein anderes verlegt werden, und dieser Transport verlief – typisches Beispiel für die Zusammenhangslosigkeit der industriellen Substruktu-

ren – mittels menschlicher Zugkraft über einen mehr als zwei Meter hohen Deich und dann durch eine kreisbogenförmig verlaufende Straße, die an ihrer breitesten Stelle gerade acht Meter maß.
Außer Zaandam verdiente nur Leiden wirklich die Bezeichnung Industriestadt. Als Hauptstadt der Textilherstellung, vor allem auf der Basis von Wolle, hatte Leiden seine Produktion kraft alter Handwerkstraditionen und dank der Unterstützung durch flämische Flüchtlinge modernisiert und entwickelt. 1619 brachte die Stadt 110000 Stück Tuch – groben Wollstoff, Serge, Barchent –, das heißt viermal mehr als 1584, auf den Markt. Seit 1615 stellte sie auch Tuche „nach englischer Art" her. Eine gewisse Mechanisierung der Technik hatte diese Ausweitung begünstigt. Die alten fußgetriebenen Pumpen wurden durch Mühlen ersetzt. Dennoch blieben die Kraft des Menschen und des Pferds die Hauptenergiequellen. In den Jahren 1630 bis 1640 kommt es (teilweise aufgrund des Zustroms armer Flüchtlinge) zu einer Konzentration von Arbeitern. Es ist die Epoche erster kapitalistischer Methoden bei Wollkämmer- und Tuchmachermeistern, in bezug auf die Nutzung der Kredite und den Kampf gegen die Konkurrenz. Jene war stark auf den internationalen Märkten. Der Gewinn, den die Industriellen aus Leiden machten, erreichte niemals die Bedeutung desjenigen der Amsterdamer Händler.[6] In den Niederlanden selbst bedrohte Tilburg, das sich billig mit spanischer Wolle aus Schmuggelgeschäften versorgte, um 1630 für einen Moment die Vormachtstellung Leidens. In der Folge verloren die Familienbetriebe im Brabant und in Geldern jede Unabhängigkeit gegenüber den holländischen Manufakturen und arbeiteten häufig für diese. Ebenso blieben die Haarlemer Tuchbleichfabriken den Großhändlern unterworfen.[7]
Haarlem war ursprünglich mit Delft zusammen eines der Zentren für die Bierherstellung. Doch vergrößerte sich im Lauf des 17. Jahrhunderts die Konkurrenz in diesem Industriezweig sehr stark. Rotterdam, Groningen, Nijmegen, Amsterdam, Deventer, Arnhem und Dordrecht hatten ihrerseits Brauereien. Das erklärt insbeson-

dere den Niedergang von Delft. In dieser Stadt, in der am Ende des 16. Jahrhunderts ein Drittel der Handwerker Brauer waren, schlossen gegen 1600 neunundzwanzig Brauereien und weitere siebenundfünfzig in der ersten Hälfte des Jahrhunderts. 1667 waren fast gar keine mehr übrig.
Gouda verkaufte seine Pfeifen und seine Seile. Fast überall im Land wurden Ziegel gebrannt. Leute aus Antwerpen hatten in Amsterdam einige an den Hafenbetrieb gebundene Verarbeitungsindustrien gegründet. Seifensiedereien, die in der ganzen Welt berühmt waren. Zuckerrohrraffinerien, von denen es um 1630 schon etwa dreißig gab. Nach dem Verlust Brasiliens, des Großlieferanten, machte man das Zuckerrohr auf Java heimisch. 1662 brachte eine Flotte von hundert Schiffen den Rohzucker von den Antillen, den indischen Inseln, von Formosa und Siam über das IJ heran.
Die Diamantschleiferei, ein von dem Antwerpener Peter Goos in Amsterdam eingeführter Beruf, vereinigte niemals genügend Handwerker, um eine Gilde zu bilden. Deshalb blieb sie eine freie Tätigkeit, eine der wenigen, denen sich die Juden widmen konnten. Doch fristete das Diamanthandwerk im 17. Jahrhundert ein kärgliches Dasein und kam erst im 18. zur Blüte.

Das Fischereiwesen

Die Fischerei, die ursprüngliche Grundlage der holländischen und zeeländischen Wirtschaft, nutzte die natürlichen Ressourcen, war Handwerk und Handel in einem und blieb damit eines der ergiebigsten Gewerbe in den Seeprovinzen. Fisch gab es in den Niederlanden im Überfluß, er war Rohprodukt, Grundstoff, Nahrungsmittel und Tauschware. Dem allgegenwärtigen Fisch widmet sich eine spezielle Gilde, die seinen Handel reglementiert und die Hygiene bei seiner Verarbeitung überwacht. In Amsterdam kam es durch die beträchtliche Verbreitung dieser Gilde zu ihrer Aufsplitterung: die Räucherfischhändler bildeten eine eigene Gilde.

Hier und dort wahrten Verordnungen den Bäckern das Monopol, gebratenen Fisch zu verkaufen. An jeder Straßenecke gab es einen Laden, aus dem ein kräftiger Geruch drang und dessen Zunftzeichen den Fischzug Petri darstellte: Tonnen mit frischem Fisch, nach Arten sortiert, überschwemmten Bürgersteig und *voorhuis* unter Ketten von Hummern, die an der Markise aufgehängt waren. Auf den Märkten standen Männer zwischen den Fässern um die langen Bänke der Fischweiber herum, diskutierten und tranken Branntwein dabei ...

Der Ausgangspunkt der niederländischen Prosperität war die Erfindung des Pökelverfahrens um 1385 durch einen zeeländischen Fischer gewesen, das es gestattete, den Hering zu konservieren. Man nahm diesen aus, trennte Kiemen und Eingeweide – mit Ausnahme des Milchners – vom Filet und legte ihn in ein Faß mit Salz. Dieses Verfahren ermöglichte, die gewaltigen Naturreichtümer im Atlantik, die die jahreszeitlichen Heringsschwärme darstellten, auszubeuten. Auf den traditionellen Fischfang, der von rein lokaler Bedeutung war und nur der Ernährung diente, sollte ein ausgedehnter internationaler Handel folgen.

Seit Anbeginn des 15. Jahrhunderts gedieh er prächtig. Die Magistrate, die sich seiner entscheidenden Bedeutung für die Entwicklung des Landes bewußt waren, umgaben ihn mit Protektionsmaßnahmen, die alle politischen Erschütterungen überstanden und im 17. Jahrhundert aus dem Heringsfang das bestgeregelte Gewerbe machten. Der Fischfang konzentrierte sich anfänglich in den Häfen der Zuijderzee, vor allem in Enkhuizen, das ihm seinen Reichtum verdankte und im übrigen dem ihm von der Vorsehung bestimmten Tier seine Dankbarkeit bezeugte: In seinem Wappen stehen drei gekrönte Heringe. Dann schaltete sich Rotterdam in den Heringsfang ein. Im 17. Jahrhundert nahmen diese beiden Städte praktisch eine Monopolstellung in diesem Gewerbe ein. Mit den kleinen Nachbarhäfen, die sie beherrschten, brachten sie es auf ein Jahresprodukt von zehn Millionen Gulden und eine Flotte von fünfhundert Heringsfängern. Die Bedeutung dieser Fischerei zog den Aufbau einer wirklichen Industrie in den betreffenden Städten nach sich. Die Heringstonne reichte in der Tat nicht mehr aus, eine längere Konservierung, die ein Handel dieses Ausmaßes erforderlich machte, abzusichern.[8] In den Häfen mußten Verarbeitungsanlagen errichtet werden, die ein zweites Einpökeln des Herings ermöglichten. Die finanzielle Bedeutung dieser Maßnahme weckte Amsterdams Interesse an der Angelegenheit.

Die zahlreichen kleinen, an den Küsten Frieslands, Hollands und Zeelands verstreuten Häfen, die vom Monopol des Heringsfangs ausgeschlossen waren, fischten, je nach der Beschaffenheit ihrer Ausrüstung, auf hoher See oder entlang der Küsten Kabeljau, Wittling und Scholle. Dordrecht fing den Lachs aus dem Rhein. Gewisse arme Küstendörfer, die keine Schiffe besaßen, übernahmen den Transport des Fisches in die benachbarten Städte mit Hundefuhrwerken. Vlieland, die isolierteste der friesischen Inseln, lebte teilweise vom Sammeln der Miesmuscheln.

Seit dem Mittelalter hatten sich die Zaandamer Fischer auf den Fang von Aal spezialisiert, den seine periodischen Wanderungen in großen Mengen in holländische Gewässer führten. Diesen Fisch hielt man in ausgedehnten, in der Nähe der Stadt angelegten Teichen, und jedes Jahr zum Winteranfang wurde er verkauft. Nicht damit zufrieden, in ihrem eigenen Land zu fischen, erwirkten die Zaandamer von Dänemark das Recht, den Aal unterhalb der Insel Amager aufzubringen. Im Herbst verließ eine mit Bottichen für den Transport von lebendem Fisch ausgerüstete Fangflotte Zaandam. Nach dem Fischen fuhr sie gelegentlich bis an die Küsten Frankreichs hinab, um ihre Ware zu verkaufen. Die ab 1610 ausgeführten Trockenlegungen im Inneren der Provinz Holland schränkten die von den Aalen aufgesuchten Gebiete nach und nach ein. Gewisse Arten verschwanden. Nach 1640 verringerte sich die Rentabilität dieser Fischerei stark.

Während der ganzen ersten Hälfte des Jahrhunderts lastete eine schwere Bedrohung auf den Fischereigründen. Der Herzog von Parma, der 1583 die Stadt Dünkirchen erobert hatte, rüstete deren Flotte zum Kampf gegen die holländischen und zeeländischen Schiffe. Ganz Dünkirchen lebte sechzig Jahre lang von dieser Piraterie. Da die Dünkirchener vor allem entlang der Küsten operierten, drangen sie gelegentlich überraschend bis ins Innere der Häfen vor, zerschlugen die Anlagen und steckten die Schiffe in Brand. Der Waffenstillstand bremste ihre Unternehmungen keineswegs. In einem einzigen Jahr verlor Enkhuizen ungefähr hundert Heringsfänger. Das Fehlen jeglicher Handelstätigkeit im Hafen von Dünkirchen machte Repressalien vergeblich. Holländische Matrosen, von der Verheißung eines leichten Gewinns verführt, desertierten und verdingten sich bei den Piraten. Wenn die Heringsflotte im Frühjahr die Segel setzte, mußte sie von Kriegsschiffen geleitet werden. Die Generalstaaten untersagten, gefangenen Dünkirchenern Gnade zu gewähren, sie wurden ins Meer geworfen.[9] Dieser Zustand dauerte bis 1646. Dann gelang es einer französisch-holländischen Armee, Dünkirchen einzunehmen, das wieder Frankreich angegliedert wurde.[10]

Die Suche nach einem Seeweg um das nördliche Skandinavien ließen in den ersten Jahren des 17. Jahrhunderts die Engländer und dann die Holländer Herden von Walen begegnen, die diese Meere aufsuchten. 1611 rüsteten die Engländer zwei Walfänger aus. Im folgenden Jahr baute Amsterdam seinerseits einen, den es dem Kommando eines großzügig besoldeten englischen Lotsen unterstellte. Enkhuizen, Zaandam und Delft schlugen den gleichen Weg ein. Doch der Kampf gegen die englische Konkurrenz erforderte eine Gemeinschaftspolitik. 1614 gründete eine Gruppe holländischer Walfänger eine „Nordkompanie", die drei Jahre später einen offiziellen Status und das Exklusivrecht erhielt, zwischen Spitzbergen und Grönland auf Walfang zu gehen.

Die Gründer der Kompanie verfolgten ehrgeizige Ziele. Sie erbauten in Amsterdam drei gewaltige Speicher mit gemauerten, brunnenförmigen Kellern, die das Öl aufnehmen sollten und eine Gesamtkapazität von fast einer

Million Liter aufwiesen. Zur Gewinnung dieses Öls wurde in Spitzbergen eine Fabrik gebaut und für ihr Personal ein Dorf, Smeerenburg, das den Sommer über bewohnt war und nach Beendigung der Arbeiten verlassen wurde. Eine weitere Kolonie für die Saison errichtete man auf der Insel Jan Mayen[11] ... Diese Ansiedlungen waren von geringem Nutzen. Das Monopol der Kompanie wurde kaum respektiert und war übrigens auch schlecht definiert. Angesichts der Walfänger zogen die Wale weiter. Von da an mußte man sie auf hoher See jagen und das Öl an Bord gewinnen. Auf diese Weise für die Schläge der Engländer, mit denen die Dänen sich verbündet hatten, anfälliger geworden, mußte die Kompanie 1642 erleben, daß die Generalstaaten die Erneuerung ihres Privilegs ablehnten. Seitdem war der Walfang eine freie Tätigkeit, deren Handelszentrum Amsterdam blieb. Provisorische Vereinigungen, für die Dauer einer Saison gegründet, gestatteten, die erhöhten Kosten, die die Ausrüstung einer Fangflotte mit sich brachte, abzudecken. Die betreffenden Händler beteiligten sich je nachdem mit einem Viertel, $\frac{1}{32}$, $\frac{1}{64}$. Einer von ihnen leitete das Unternehmen gegen Bezahlung.

Ein Walfänger war dreißig bis vierzig Meter lang, die größten waren zehn Meter breit und im ganzen etwa sechs Meter hoch, davon waren vier Meter Tiefgang. Ein mit Eisen beschlagener Panzer aus Eichenholz verstärkte den massiven Rumpf und schützte ihn vor Stößen des Eises. Mit seinen sieben Schaluppen kostete ein solches Schiff um 1700 neu 25 000 Gulden. Die Ausrüstung umfaßte außer den Navigationsinstrumenten eine größere Anzahl von Waffen und für den Fischfang notwendige Behälter: 450 Fässer, 60 Fangleinen von 125 Klafter, geteerte, aus 90 geflochtenen Seilen gefertigte Taue, Harpunen mit Heften aus Steineiche, Sägen, Äxte, mehrere Arten von Jagdmessern. Die Vorbereitungen begannen, sobald es Herbst wurde. Die Besatzung zählte, je nach Größe des Schiffs, 50 bis 90 Männer. Der mit ihrer Anheuerung beauftragte Schiffseigner richtete sich in einer Herberge in der Nähe des Hafens ein und hißte eine Flagge. In Zaandam benutzte man dafür traditionellerweise eine Schenke mit dem Namen „Spitzbergen". Die Anheuerung geschah durch einen Vertrag, dessen Klauseln sowohl die Lohnzahlung als auch das Verhalten an Bord betrafen. Die Matrosen bekamen einen Vorschuß von 100 bis 150 Gulden ..., den sie alsbald vertrinken sollten. Der Rest ihres Gewinns bestand hauptsächlich aus einem Anteil am Fang. Im April wurde der Anker gelichtet. Man nahm Kurs auf Nord-Nord-Ost. Nach dem 60. Breitengrad holte man die Waffen hervor. Der Kapitän teilte die Mannschaft auf in die Harpuniere und diejenigen, die die Beute zerlegten. In der Nähe des 75. Breitengrads mußte das erste Treibeis überwunden werden. Die Wale erschienen zwischen dem 77. und dem 79. Breitengrad, südlich von Spitzbergen. Die Jagdtechnik war schon die gleiche, die Melville im 19. Jahrhundert in „Moby Dick" beschreiben würde.

DIE BEARBEITUNG DER ERDE

Ackerbau und Weidenutzung

Die Verwüstungen, die der Krieg verursacht hatte, vor allem die Deichbrüche (1576 waren zwei Drittel der Provinz Holland überflutet), trugen vor 1600 zum Niedergang der Landwirtschaft bei. Infolge von Preissteigerungen konnte zu Beginn des 17. Jahrhunderts ein schwacher Aufschwung verzeichnet werden. Doch hatte der landwirtschaftliche Sektor am allgemeinen Gedeihen keinen wirklichen Anteil. Nur die Gegenden Südhollands und bestimmte zeeländische Inseln scheinen Getreide und industrielle Pflanzen wie Raps oder Krapp in nennenswerten Mengen produziert zu haben.[1] Die Bodenbeschaffenheit eignete sich für den Getreideanbau sehr unterschiedlich, und dieser hatte unter den archaischen Methoden zu leiden. Die Erträge blieben zu gering, um Vorräte anzulegen. Außerdem importierten die Städte, die der bäuerlichen Wirtschaft gleichgültig ge-

genüberstanden, viel ausländischen Weizen, so daß das einheimische Korn sich kaum rentierte. In der ersten Hälfte des Jahrhunderts begnügte sich die große Mehrheit der Bauern mit der Bewirtschaftung ihrer Gemüsegärten und der Viehhaltung. Auch Mangeljahre waren nicht selten.

Die Viehzucht bildete, mehr noch als der Ackerbau im eigentlichen Sinne, die Quelle des landwirtschaftlichen Einkommens. Die Ausländer bewunderten Fülle und Widerstandsfähigkeit des niederländischen Viehbestands.[2] Die Vortrefflichkeit der Weiden gestattete, im Frühjahr mageres Vieh zu importieren, das man in Dänemark oder Holstein gekauft hatte, und es zu mästen, um es im Herbst mit Gewinn weiterzuverkaufen. Dennoch scheint die Milchproduktion im Vergleich zu modernen Maßstäben gering gewesen zu sein.[3] Mochte die Viehhaltung auf den schweren Böden Hollands, Zeelands und Frieslands auch gut gehen, war sie im Osten des Landes aufgrund der sandigen Bodenbeschaffenheit stark beeinträchtigt. Hier reichte eine etwas länger andauernde Trockenheit, eine schlechte Heuernte, um eine Katastrophe auszulösen. So wurde Drenthe 1621 durch Futtermangel getroffen: 2500 Pferde, 10000 Rinder und 50000 Schafe verendeten. Die Hälfte des bestellten Landes konnte nicht gedüngt werden, da es keinen natürlichen Dung gab, was an der folgenden Ernte deutlich zu spüren war. Erst infolge der großen Maßnahmen zur Trockenlegung, die um die Jahrhundertmitte ausgeführt wurden, konnte die Landwirtschaft ihre Krise überwinden.

Der Bauer war darauf angewiesen, aus seinem Vieh maximalen Gewinn herauszuholen. Für seinen eigenen Verbrauch behielt er die Molke, scheute sich jedoch mitunter nicht, da jegliche offizielle Kontrolle fehlte, die „volle" Milch, die er in der Stadt selbst (von Haus zu Haus, auf den Märkten) oder an die Großhändler verkaufte, zu verdünnen. Des weiteren war es nicht außergewöhnlich, Butter durch Beigabe von einer Extraprise Salz zu verfälschen. Der Käse, das am besten vermarktete landwirtschaftliche Produkt, entging solchen Gefahren. Auf

Bauernhöfen hergestellt, wurde er auf zentralen Märkten wie dem von Alkmaar abgesetzt, wo ihn Zwischenhändler en gros aufkauften. Parival[4] sah auf dem Markt von Hoorn an einem einzigen Tag tausend Bauernkarren vorbeiziehen, die mehr als 150 000 Pfund Käse zur Stadtwaage brachten. Um die Jahrhundertmitte exportierte Edam jährlich 500 Tonnen Laibe mit der roten Rinde.

Außerhalb der gewöhnlichen Märkte, wo die laufende Produktion verkauft wurde, fanden regelmäßige Messen statt, von denen einige das Privileg besaßen, für die Zeit ihrer Dauer Verfahren wegen Schulden auszusetzen. Der Pferdemarkt von Valkenburg im September war berühmt.

Deiche und Polder

Die Niederlande, so wurde Temple[5] von einem holländischen Minister erklärt, beschäftigten mit dem Unterhalt ihrer Deiche mehr Männer, als die nationale Weizenproduktion ernähren könne. Das war in der Tat das Paradoxon dieses Landes, das ein Sprichwort auf seine Weise zum Ausdruck bringt: „Gott hat die Welt erschaffen, der Holländer hat Holland gemacht." Den größten Teil der beiden reichsten Provinzen, Holland und Zeeland, bildet eine Bodensenke, die etwas unter dem Meeresspiegel liegt. Dies setzt ihn nicht nur dem Ansturm der Gezeiten aus, sondern auch den Auswirkungen der Binnengewässer. Durch eine Kette hoher Dünen vor dem Meer geschützt, mußten Holland und Zeeland im Lauf des Mittelalters[6] künstliche Dämme errichten, um die Mündung der großen Flüsse zu sichern und sie gleichzeitig einzudeichen. Im 17. Jahrhundert waren Küste und Flüsse befestigt. Obwohl es noch zahlreiche ungebändigte Gewässer, Seen und Sümpfe, gab, schloß ein dichtes Netz von Deichen das Land ein.[7] Das Werk wurde weitergeführt. Noch 1682 errichtete Amsterdam auf dem Südufer des IJ einen Deich, der ein Viertel mit fast zweitausend Häusern auch vor großen Überschwemmungen schützen sollte. Solche Arbeiten wurden mit

dem Bau von Schleusen entlang der Flüsse verbunden, wie jener technisch beachtenswerten, mit der Amsterdam 1674 die Amstel unterbrach.
Auf der Wasserseite bohrt sich eine Palisade aus starken Holzbohlen, die mit Eisenkrampen aneinander befestigt sind, in den Schlamm und dient als Wellenbrecher. Hinter ihr erhebt sich der eigentliche Deich, ein abgerundeter, mit Gras bedeckter Erdwall. Es ist wichtig, daß das Material eine gewisse Elastizität aufweist, damit es unter dem unregelmäßigen Druck der Wellen nicht bricht. Der von Pflanzen gehaltene Sand erfüllt diese Bedingung. Im 17. Jahrhundert wendete man eine neue Methode an, die darin bestand, Seegras unter die Erde zu mischen. In den gefährdeten Regionen baute man mehrere Reihen von Deichen in die Tiefe. Bei Unwetter oder Sturmflut brachten die Anwohner der Zuijderzee Schiffssegel zur Verstärkung auf den Deichen an.
Diese Erdpolster, in deren Schutz Holland lebte, waren allerdings leicht zu zerstören. Die Erosion nagte an ihnen ohne Unterlaß. So bildete ihre Unterhaltung eine der grundlegenden öffentlichen Aufgaben. Numerierte Grenzsteine, die Stück für Stück in den Deich eingelassen waren, kennzeichneten die Abschnitte, deren Überwachung dem jeweiligen Küstendorf anvertraut war. Eine Behörde koordinierte und kontrollierte unter der Leitung eines Zentralrats, dem ein Deichgraf *(Dykgrave)* vorstand.
Die Deiche stellten eine Verteidigungslinie dar. Trat der Kampf gegen das Wasser in eine aktive Phase, benutzte man Pumpen, die von Mühlen in Bewegung gehalten wurden, eine seit Beginn des 15. Jahrhunderts übliche Technik. Ebenso am Ende jedes Winters, um das Sickerwasser abzupumpen, das in mehreren Gegenden Hollands die Felder regelmäßig von November bis Februar bedeckte. Während dieser Zeit bot das Land den Anblick einer unendlichen Wasserfläche, die sich im Wind stürmisch bewegte und aus der Häuser, Hügel und Deiche wie Inseln auftauchten. Als 1638 Treibeis den Deich des IJssel durchbrochen hatte, konnte das Wasser, das das angrenzende flache Land überschwemmte, vollkom-

men mit Hilfe der Mühlen-Pumpen aufgefangen werden.

Das 17. Jahrhundert kannte keine Katastrophe, die mit der hohen Flutwelle zu Allerheiligen 1570 vergleichbar gewesen wäre.[8] Doch eine Überflutung wie die von 1638 war nicht selten. Die schlimmste ereignete sich am 16. November 1650. Dieses Mal durchbrachen vom Rhein geführte Eisschollen mehrere Deiche. Die IJssel schwoll an und trat ihrerseits über die Ufer. Die meisten von der Katastrophe überraschten Bauern konnten nicht entfliehen.

Auf ihre Dächer geflüchtet, waren sie in Gefahr, Hungers zu sterben. Sie verdankten ihre Errettung nur der in aller Eile von den Behörden organisierten Hilfe durch eine Barkenflotille. An der Küste nagte das Meer mit seinem regelmäßigen Ansturm am Terrain der Dörfer wie zum Beispiel Catwijk. Während des ganzen Winters 1650 bis 1651 ließen wolkenbruchartige Regenfälle Flüsse und Kanäle anschwellen, kurz vor der März-Tagundnachtgleiche wehte ein heftiger Wind aus Nord-Nord-West an den Küsten Hollands. Am 5. und 6. März brach ein Sturm von ungewöhnlicher Stärke zum Angriff auf die Deiche los. Die ganze Küstenbevölkerung wachte ängstlich. Die Deiche hielten stand. Doch eine Bresche in dem des heiligen Antonius in der Nähe von Amsterdam hätte fast zur Überschwemmung der Stadt geführt. Es gelang, sie abzudichten, doch die Keller standen schon unter Wasser, und beträchtliche Warenmengen in den Untergeschossen der Speicher waren durchnäßt.[9]

Ab 1550 begann man in großem Maßstab, die weiten Feuchtgebiete des Landes trockenzulegen.[10] Vor allem demographische Gegebenheiten drängten die Niederlande zu dieser unumgänglichen Entscheidung. In der ersten Hälfte des 17. Jahrhunderts kam ein finanzieller Beweggrund dazu: die Suche nach Investitionsmöglichkeiten. Die jährlich trockengelegte Fläche vergrößerte sich seitdem kontinuierlich. 1640 waren 1800 Hektar erreicht. Die Vervollkommnung der Mühlen-Pumpen gestattete die Trockenlegung von beträchtlichen Gebieten.

Ab 1609 benutzte man Mühlen, die hintereinander auf unterschiedlichem Bodenniveau errichtet waren und es ermöglichten, das Wasser stufenweise hochzupumpen und so Energie zu sparen und effektiver zu arbeiten.
Das erste Großprojekt wurde 1607 von Dirk van Oss, einem Mitglied des Direktoriums der O. I. K., vorgestellt. Von ein paar anderen Amsterdamer Kapitalisten und hohen Beamten unterstützt, verlangte er die Genehmigung, den See von Beemster im Nordwesten Amsterdams trockenzulegen. Er begründete seine Forderung unter diversen sozialen und landwirtschaftlichen Gesichtspunkten. In Wirklichkeit war das die erste bedeutende Spekulation, die eine Gruppe mächtiger Finanziers auf diesem Gebiet unternahm. Die Arbeiten begannen 1608. Man setzte erst sechzehn, dann zweiunddreißig Mühlen ein. Doch pumpten sie das Wasser auf die umliegenden Felder, was den Verdruß der Bauern hervorrief, die versuchten, die Deicharbeiten zu sabotieren. Die Staaten mußten einschreiten. Im Sommer 1609 waren die Pumparbeiten fast beendet. Doch im Januar 1610 beschädigte ein heftiger Sturm den Deich von Waterland, und das Meer brach über den Grund des trockengelegten Beemster herein. Ein Teil der betreffenden Kapitalisten nahm von dem Vorhaben Abstand. Im Sommer 1612 weihte eine Regierungsdelegation feierlich den neuen Polder ein.[11]
Man hatte die Illusion genährt, die gesamte Oberfläche des Sees bewirtschaften zu können. Doch man entdeckte, daß die Bodenbeschaffenheit sich dafür schlecht eignete. 1632 war erst ein Viertel des Beemster bestellt, ein Fünftel nutzte man als Weideland, ein Drittel als Wiesen, den Rest als Parks und Obstgärten.[12] Ein bezeichnender Umstand: 1640 gab es auf diesem Grund vierhundert Wohnhäuser, wovon nur die Hälfte von Bauern bewohnt war, zweiundfünfzig von ihnen waren Herrenhäuser, im Besitz reicher Patrizier. Die in die Trockenlegung investierten Gelder stammten nur selten aus bäuerlichen Ersparnissen, sondern vielmehr aus Handelsgewinnen. Ihre Rentabilität blieb im allgemeinen gering, und nach 1650 zogen sich die größten Ver-

mögen aus dieser Art der Anlage zurück, obwohl sie gesetzliche Vergünstigungen beinhaltete: eine dreißigjährige Steuerbefreiung, und der Boden wurde auf ewig zum Erbgut.

Zwischen 1612 und 1640 wurden die meisten Seen der Provinz Holland trockengelegt, so die von Wieringerwaard, Purmer, Wormer, Hugowaard, Schermer. Die Stadt Amsterdam übernahm die Drainage des Diemensees, der sie im Südwesten umspülte. In der gleichen Zeit wurden etwa zwanzig Sümpfe für die landwirtschaftliche Nutzung gewonnen, 45 000 Hektar im ganzen. Es scheint, daß die Siedler, die sich hier niederließen, ursprünglich Einwanderer waren.

Die Trockenlegung des Beemster war, wenn man dem Ingenieur Leeghwater Glauben schenken will, sein persönlicher Erfolg. Die modernen Historiker melden diesbezüglich allerdings Zweifel an. Doch Leeghwater verstand sich auf Publicity. Sein Renommee fand in ganz Europa Widerhall. Die Stadt Bordeaux, ebenso Emden, die Provinz Friesland, die Grafen von Epernon und Holstein und der Statthalter sollen seinen Rat eingeholt haben. Leeghwaters Ehrgeiz jedoch ging noch weiter. Zwischen Amsterdam und Leiden erstreckt sich der nach Haarlem benannte See, der größte des Landes. Seine stürmischen und gefährlichen Wasser (einer der Söhne des Königs von Böhmen ertrank darin 1629) nagen an den Ufern, so daß sich die Oberfläche des Sees in weniger als einem Jahrhundert verdoppelt hat: sie nimmt fast 10 000 Hektar ein. Leeghwater versicherte, die Beschaffenheit des Grundes untersucht und sich von seiner Fruchtbarkeit überzeugt zu haben. Jahrelang arbeitete er an seinem Projekt, erstellte Pläne und Karten. 1641 legte er seinen Bericht den Staaten von Holland und den Bürgermeistern der betreffenden Städte vor. Alsbald kommt es zu Einwänden und Streiterein. Amsterdam zeigte sich geneigt, Leiden lehnte ab und gab vor, all sein Wasser aus dem See zu beziehen. Die einen gaben zu bedenken, daß die Trockenlegung etwa 350 Gulden pro Hektar kosten würde, ein Preis, der weit unter dem wirklichen Wert des zu gewinnenden Bodens läge. Andere sahen nur die Gesamtsumme der Ausgaben, und diese dreieinhalb Millionen ließen sie zurückschrecken. Sie beriefen sich auf die technischen Schwierigkeiten – die Arbeiten würden den Einsatz von fünfhundert Mühlen erfordern. Das Projekt von Leeghwater wurde begraben.[13] Es scheint für die technischen Möglichkeiten, über die das 17. Jahrhundert verfügte, viel zu ehrgeizig gewesen zu sein.

SCHLUSSBEMERKUNG
DIE SÜSSE DER FREIHEIT

Als Buzenval, der Gesandte Frankreichs in Den Haag, 1593 an Scaliger schrieb, um ihn über das Land, in das die Universität von Leiden jenen eingeladen hatte, zu informieren, rühmte er die „Süße der Freiheit“[1], die hier herrschte. Diese „Süße“ versetzte in der Tat die Ausländer, sobald sie die Grenzen der Republik überschritten hatten, in Erstaunen. Was diesen Punkt betrifft, stimmen die Berichte ziemlich überein, und die mehr oder weniger spöttischen Einschränkungen, die sie über die Sitten oder den Charakter der Niederländer machen, entkräften selten das, was in den Augen der Liberalen Europas einen Grundsatz darstellt.

Nur jene, die wie Temple persönlich die politischen Institutionen dieser Nation kennenlernten, wußten von der Art der Freiheit, ihren Unsinnigkeiten und Widersprüchen. Was verstanden die meisten dieser mit soziologischen Überlegungen wenig vertrauten Beobachter unter „Freiheit“? Zweifellos einen für das Individuum im Schoße der Gemeinschaft ziemlich breiten Spielraum der Wahl und Initiative. Doch führten, wie wir gesehen haben, ein häufig engstirniger Konformismus, bedrükkende moralische Strenge und die fest verankerte Vorstellung, daß der Zweck die Mittel heilige, da zu einer Einförmigkeit des niederländischen Lebens. Der Triumph der bürgerlichen Werte wie Arbeit, Wirtschaft, Wohlstand nivellierte geistig breite Schichten der Gesellschaft und erstickte schließlich jede echte Kühnheit. Die Regierung war nichts weniger als demokratisch in dem Sinn, wie wir dieses Wort verstehen. Eine monopolistische Struktur beherrschte mehrere Bereiche der Wirtschaft. Nichtsdestotrotz blieben die Niederlande zwei Jahrhunderte lang ein Refugium, das Zulauf von überallher bekam.

Es ist schwierig, ein gerechtes Urteil zu fällen. Es hat den Anschein, daß die niederländische Freiheit eher die

Frucht der Sitten denn die der Institutionen war. Und, mehr noch, daß sie vielleicht gerade von den Widersprüchen dieser Gesellschaft hervorgebracht wurde: In der Praxis gab es viel Inkohärenz, wenig allgemeine Grundsätze, daraus resultierte auf allen Ebenen und selbst im Verhalten und Denken ein Empirismus, von dem das aggressive, heroische Individuum profitierte, und in dem der Findige die Schwachstellen des Systems aufspürte, wo er durchschlüpfen konnte, um nach seinem Gutdünken zu handeln.

Wie wir gesehen haben, verdrängte die neue Ethik alte, von den Vorfahren überkommene Neigungen nicht. Streng religiös blieb der Niederländer Epikureer. Besorgt um Bequemlichkeiten, um die Reinheit der Fassade, bewahrte er mehr als einen Zug der alten bäurischen Art. Die Lockung des Gewinns treibt ihn zu heroischen Leistungen. Von besonnenem, nachdenklichem, vorsichtigem Wesen, ist er kein Freund von Vergeltungsmaßnahmen und schwer zu begeistern. Doch ist seine Begeisterung einmal entfacht, bringt sie nichts zum Erlöschen.

Temple[2] kannte einen Holländer, der fünfundzwanzig Jahre seines Lebens darangesetzt hatte, einen Erdglobus herzustellen, einen anderen, der dreißig Jahre an einem Intarsientisch arbeitete. Doch diese Ausdauer, dank derer man niemals ein Unternehmen aufgibt, dieser Sinn für das Wirkliche, dank dem man niemals losstürmt, ohne zuvor den Weg ermessen zu haben,[3] sind selten gepaart mit weit vorausblickender Umsicht, mit Anpassungsfähigkeit sowie Improvisationsfähigkeit, die dem politischen Genie eigen sind.

Auf einer hohen Stufe des administrativen und kulturellen Fortschritts angelangt, nutzt der Niederländer des 17. Jahrhunderts kurzerhand dessen Wohltaten. Schließlich ist er kein Narr. Er findet, daß seine Republik vollkommen seinem Temperament entspricht, selbst in ihrer Unentschlossenheit und Unbeständigkeit.[4] Er betrachtet die Verschiedenheit der Menschen mit heiterem Blick und nimmt nur wenige Dinge tragisch, höchstens Gott oder das Geld. Das ist der Grund, weshalb im alltäglichen Treiben seine Freundlichkeit erst einmal betört. In keinem Land gibt es weniger Bluffer. Trotz der strengen gesellschaftlichen Gegensätze sind sich alle einig, sobald sich eine Gelegenheit ergibt, gemeinsam zu trinken.

Im öffentlichen Leben herrschen die gleichen augenscheinlichen Widersprüche. Die ausländischen Botschafter werden in Den Haag mit einem unerhörten Zeremoniell begrüßt. Die Gesandten der Stände empfangen sie schon zwanzig Kilometer vor der Stadt mit einem Festzug von fünfzig Karossen. Doch als 1654 der erblindete Botschafter Frankreichs seinen Abschied nehmen mußte, weigerte sich die Regierung, ihm ein Geschenk zu machen. Dies war keine feindliche Geste, sondern eine Maßnahme der Gerechtigkeit, denn gerade hatte man den Botschaftern der Vereinigten Provinzen untersagt, selbst Geschenke anzunehmen. Dagegen verlangte man von ihnen, daß sie sich in Fragen der Rangfolge übergenau verhalten sollten, und ließ sie in einem Luxus leben, den in den Niederlanden niemand genoß.[5]

Die Autonomie der lokalen Instanzen beruhte auf Verfahren, die uns manchmal wie eine Sabotage der Unionsakte erscheinen mögen.[6] Daher also, durch einen perspektivischen Effekt, der Eindruck, daß alles hier dem menschlichen Maß nähersteht, in größerer Übereinstimmung mit einer erprobten Weisheit und in der Reichweite eines jeden.[7] Die Niederländer, schreibt Saint-Évremond, lieben weniger die Freiheit, als sie die Unterdrückung hassen.[8] Nicht weniger hassen sie den Skandal und alles, was der Ehrenhaftigkeit ins Gesicht schlägt. 1650 gehen die Amsterdamer so weit, auf offener Bühne die außerehelichen Liebschaften Wilhelms II. darzustellen. Was zeigt deutlicher das Maß der Freiheit?

Die Merkantilisation des öffentlichen Geistes dagegen machte die Meinung für finanzielle Korruption wenig empfänglich. Wenn große Skandale selten sind, dann deshalb, weil eine ganz und gar krämerische Umsicht die seit dem Beginn des Jahrhunderts zur Gewohnheit gewordenen Schiebereien beherrscht: man kauft Wähler, Richter, Steuerkontrolleure, staatliche Mittel werden abgezweigt, und es kommt zu all den Entgleisungen, die in einer grundsätzlich auf den Handel orientierten Gesellschaft allgemeine Günstlings- und Vetternwirtschaft mit sich bringen. 1615 sieht man Bürgermeister Amsterdams das Katasterkontrollrecht mißbrauchen, um dem Fiskus ihre riesigen Grundgüter zu entziehen. Es scheint, daß sogar d'Oldenbarnevelt unter suspekten Bedingungen 20 000 Gulden von Heinrich IV. angenommen hat. 1650, nach dem Selbstmord von Cornelis Brusch, des Protokollführers der Generalstaaten, deckte eine Untersuchung eine Unterschlagungsaffäre auf, die sich auf eine Summe von zwei Millionen belief und bei der nicht weniger als sechzehn Deputierte die Hände im Spiel hatten. Das 17. Jahrhundert hat in Frankreich und England Schlimmeres erlebt. Die holländische Korruption hielt sich in den Grenzen der Freiheit. Die Kritik wandte sich mit Nachdruck gegen sie und geriet selbst in das System. Die Schmähschriftliteratur und die Worte der Prediger wirkten nicht als Notbremse, höchstens als Blitzableiter, sie waren für den Handel ungefährlich, ja seiner Einträglichkeit sogar eher förderlich, daher geduldet und alles in allem völlig nebensächlich.

Auf religiösem Gebiet loderten die Leidenschaften stärker. Während der Auseinandersetzung zwischen Arminiern und Gomaristen verstieg sich der Ton der Polemiken zu schlimmsten Beleidigungen, die kriminelle Tätlichkeiten hervorriefen. Doch 1632 setzte der Magistrat von Amsterdam diesem Streit in autoritärer Weise ein Ende, da er ihn schädlich fand für den guten Ablauf der Geschäfte. Das religiöse Gleichgewicht, das sich im Land nach und nach herausbildete, schien von einem Sieg der Toleranz zu zeugen. Ebensogut war es die Frucht des Wunsches, Reichtum zu erwerben, der seinerseits Frieden gebot.

So hatte sich ein im Europa jener Zeit einzigartiger Lebensstil entwickelt. „Die Menschen leben hier als Weltbürger, miteinander durch die Bande des Anstands und des Friedens verbunden, unter dem unparteiischen Schutz moderater Gesetze.“[9] Von einer besonderen komplexen Situation, die nicht in einzelne Elemente auflösbar ist, gibt diese Formulierung Temples eher die Folgen an als die Ursachen. Mehr als ein genaues Maß, zeigt sie einen Mittelwert auf. Doch ist es das Eigentümliche der Ursachen, weniger offensichtlich als ihre Wirkungen in Erscheinung zu treten, und es ist das Mittelmaß, das vom gewöhnlichen Individuum besser wahrgenommen wird, als es die Extreme werden. Es war nicht nur Illusion in der Nostalgie Parivals, der, bevor er dieses Land verließ, „nicht müde wurde, das Glück der Untertanen der Staaten von Holland zu bewundern, noch sich enthielt, sie um ihre Situation zu beneiden“[10].

ANMERKUNGEN UND QUELLEN

Der Leser möge hier keine komplette Bibliographie des goldenen Jahrhunderts erwarten, ein dicker Band würde nicht ausreichen. Einige, auf den Inhalt der folgenden Anmerkungen bezogene Literaturhinweise werden für ihn nützlicher sein. Die meisten der von mir zitierten Werke enthalten einen kritischen Apparat und eine Vielzahl von Verweisen. Besondere Beachtung verdient die bibliographische Aufstellung des schönen Buchs mit dem Titel *De tachtigjarige oorlog*, zusammengestellt von einem Kollektiv, Amsterdam, 1941.

Das Alltagsleben der Niederländer im 17. Jahrhundert war vor rund hundert Jahren Gegenstand zweier großer Werke des Historikers G. D. J. Schotel, die noch heute von grundlegender Bedeutung sind: *Het oudhollandse huisgezin* (Haarlem, 1868) und *Het maatschappelijk leven onzer voorouders* (Rotterdam, 1869). Die danach veröffentlichten Studien sind davon inspiriert und fügen dem wenig hinzu. Ich werde zitieren: A. L. J. de Vrankrijker, *Het maatschappelijk leven in Nederland in de gouden eeuw* (Amsterdam, 1937); A. W. Franken, *Het leven onzer voorouders* (Den Haag, 1942), und schließlich A. Mulder, *Zeven eeuwen Nederlandse levenskunst* (vier Bände, Amsterdam, 1940–1952), ein scheinliterarisches Werk, das sehr viel oberflächlicher ist. A. Staring hat in *De Hollanders thuis, gezelschapstukken uit drie eeuwen* (Den Haag, 1957) das Thema wieder aufgegriffen und vor allem die Zeugnisse darstellender Kunst untersucht.

Deren Verwendung erfordert größte Vorsicht, denn Maler und Kupferstecher fügen ihre Darstellungen ungezwungen aus manchmal anachronistischen Elementen zusammen. Nichtsdestotrotz gestatteten mir die Sammlungen des Mauritshuis von Den Haag und des Prentencabinet in Amsterdam gewisse theoretische Fakten nach mehreren Versuchen zu präzisieren.

Die von Ausländern, die die Niederlande bereist haben, veröffentlichten Berichte bilden eine wesentliche Informationsquelle. J. N. Jacobsen-Jensen gibt in *Reizigers te Amsterdam* (Amsterdam, 1919) eine Aufstellung davon. R. Murris analysiert in *Holland und die Holländer im 17. und 18. Jahrhundert aus der Sicht der Franzosen* (Paris, 1925) die von etwa dreißig Franzosen gesammelten Eindrücke, von denen mehrere aus verschiedensten Gründen vor 1700 lange Jahre in den Niederlanden verbrachten. Das 1669 von Jean-Nicolas Parival, einem ehemaligen Französischprofessor in Leiden, geschriebene und 1678 in Amsterdam

anonym unter dem Titel *Die Wonnen Hollands* veröffentlichte Buch war mir besonders nützlich. Ich bediente mich der Neuauflage von 1738. Eine interessante *Reise von Pierre Sartre durch Holland im Jahr 1719* wurde von V. Advielle (Paris, 1896) veröffentlicht. Die umfassendste Quelle dieser Art ist der 1673 von dem Botschafter William Temple verfaßte Bericht *Observations upon the United Provinces of the Netherlands*, dessen Originaltext von G. N. Clark (Cambridge, 1932) neuverlegt wurde, den ich jedoch in der alten holländischen Übersetzung zitiere (Rotterdam, 1692).
Es existieren mehrere ausgezeichnete Überblicksdarstellungen über die Geschichte des goldenen Jahrhunderts mit ihren vielfältigen Aspekten. Ich habe vor allem auf folgende zurückgegriffen: *Algemene geschiedenis der Nederlanden* (zwölf Bände, Utrecht, 1949–1958), Band V (für die Epoche von 1567 bis 1609), Band VI (1609–1648), und Band VII (1648–1748), wobei die den sozialen und ökonomischen Fragen gewidmeten Kapitel in den Bänden V und VI von T. S. Jansma und im Band VII von J. G. van Dillen besonders hervorzuheben sind. Dieses Gemeinschaftswerk zitiere ich unter der Abkürzung AGN. Das schon erwähnte *De tachtigjarige oorlog* zitiere ich unter Oorlog. Weiter beziehe ich mich auf: J. und A. Romein, *De lage landen bij de zee* (Utrecht, 3. Auflage, 1949); P. J. Muller, *Onze gouden eeuw* (drei Bände, Leiden, 1896–1898). In bezug auf die kolonialen Eroberungen: K. Glamann, *Dutch-asiatic trade 1624–1740* (Den Haag, 1958) und G. M. de Boer, *Van oude voyagien* (Amsterdam, 1912), das illustrierte Zusammenfassungen von Expeditionsberichten vom Ende des 16. bis zu Beginn des 18. Jahrhunderts aus einer Serie vorstellt. Den französischen Lesern empfehle ich das kleine Buch von M. Braure, *Geschichte der Niederlande* (Sammlung *Que sais-je?*, Nr. 490, Paris, 1951).
Das grundlegende, wenn auch teilweise veraltete Werk über die intellektuelle und künstlerische Kultur des goldenen Jahrhunderts bleibt jenes von C. Busken-Huet, *Het land van Rembrand*, das ich in der Neuauflage von Haarlem (1941) zitiere und dem man J. Huizinga, *Holländische Kultur des 17. Jahrhunderts* (Jena, 1933) hinzufügen muß sowie den schönen *Atlas van de Nederlandse beschaving* (Amsterdam 1958). Letzterer erscheint mir wegen des Umfangs und der Auswahl seiner Illustrationen besonders geeignet, den ausländischen Laien in die niederländische Zivilisation einzuführen. J. und A. Romein geben in ihren *Erflaters van onze beschaving* eine Reihe von Monographien diverser Persönlichkeiten, deren Einfluß ihre Epoche entscheidend prägte, der zweite Band ist dem 17. Jahrhundert gewidmet (Amsterdam, 1938).

Es existiert eine gute neuere Geschichte der niederländischen Literatur: *Geschiedenis van de letterkunde der Nederlanden,* ein in 's-Hertogenbosch veröffentlichtes Gemeinschaftswerk, das 17. Jahrhundert wird hier in den Bänden IV (1948) und V (1952) behandelt, geschrieben von G.A. van Es, G.S. Overdien und E. Rombauts. G. Derudder widmet einem der typischsten Repräsentanten dieser literarischen Epoche ein Buch in französisch: *Ein niederländischer Poet-Cats, sein Leben und seine Werke* (Calais, 1898).

Was die Malerei betrifft, hat das klassische Werk von Fromentin, *Die Meister von damals,* all seinen Charme und einen Teil seiner Beweiskraft bewahrt. Die zwei schönen Bände von W. Martin, *De hollandse schilderkunst in de 17e eeuw* (Amsterdam, o. D.), konzentrieren sich auf Frans Hals und dann auf Rembrandt.

Eine gewisse Anzahl spezieller Abhandlungen werden in den folgenden Anmerkungen angeführt. Die oben erwähnten Werke dagegen sind nur in verkürzter Form angegeben, es sei denn, es findet sich ein gegensätzlicher Hinweis, also Name des Autors und, falls es Anlaß dazu gibt, eines der Wörter aus dem Titel.

DIE STADT

1 Temple, S. 160.
2 Einige dieser Zeichen sollen später von Tabakhändlern als Fabrikationsmarke Verwendung finden.
3 Murris, S. 37, und Advielle, S. 31.
4 Eine Holzklaviatur mit Pedalen setzt die Hebeltasten in Bewegung, die mit den Glocken des Glockenspiels durch Metallfäden verbunden sind. Im 17. Jahrhundert findet ein neues System aus Hämmern, die von einer Walze bewegt werden, Verbreitung. Bewegliche, in den Löchern der Walze angebrachte Stifte bestimmen die Melodie, die man auf diese Weise variieren kann. Ursprünglich goß man jede Glocke so, daß sie eine einzige Note wiedergab. Um 1645 entdeckte man die Möglichkeit, ihren Ton zu verändern, indem man ihre Wand befeilte.
5 „Amsterdam, die groote stad,
die is gebouwd op palen.
Als die stad eens ommeviel,
wie zou dat betalen?"
6 Es ist außerordentlich schwierig, das Äquivalent für den Gulden des 17. Jahrhunderts in aktuellem französischen

Geld auszudrücken. Die Archive der Bank von Amsterdam geben Hinweise auf seinen absoluten Wert, doch sein relativer Wert und seine Kaufkraft sind kaum bekannt. Auf der Grundlage von Fakten, die N. W. Posthumus (Nederlandse prijsgeschiedenis, Leiden 1943) gesammelt hat, kann man zwischen dem Gulden von 1650 und dem Napoleon rein theoretisch und nur annähernd einen Kurs annehmen, der leicht unter 1:9 liegt, was nach dem Mittelkurs des Napoleon auf dem freien Markt 1958 400 Francs entsprach. Aber man muß in Betracht ziehen, daß die Bestandteile des niederländischen Budgets im 17. Jahrhundert schlecht mit denen des französischen Durchschnittsbudgets unserer Zeit vergleichbar sind und daß der Gulden von 1600 bis 1660 eine Reihe von Abwertungen erfahren hat, die ihn fast die Hälfte seines Wertes in bezug zum Gold verlieren ließen. Der Gulden wurde in 20 Stuiver unterteilt, der Stuiver in 16 Penningen.

7 Temple, S. 235f.

8 Murris, S. 193.

9 Franken, S. 211.

10 Die kalvinistische Kirche liebte die Bildhauerkunst nicht und ließ sie höchstens für die Gestaltung von Grabmalen zu, wie bei dem des Schweigsamen oder dem von Tromp, beide in Delft. Die Errichtung der Statue von Erasmus in Rotterdam löste einen heftigen Streit aus. Die Angewohnheit, die die Patrizier im Laufe des Jahrhunderts annahmen, die Parks ihrer Häuser mit Statuen zu schmücken, trug keineswegs zur Entwicklung einer echten Kunst bei.

11 AGN, S. 95.

12 Advielle, S. 51 und S. 55. Ein Bericht von 1632 vermerkt die Anzahl der Wohnungen in den wichtigsten Städten Hollands: Amsterdam – 15 000, Leiden – 8 300, Haarlem – 6 000, Rotterdam – 4 900, Delft – 4 800, Enkhuizen – 3 600, Dordrecht – 3 200. Verglichen mit den Ergebnissen der Volkszählung von 1622 schließen diese Zahlen folgende annähernde Durchschnittsbelegung der Wohnungen ein: 4 Personen in Rotterdam, 5 in Delft, 6 in Leiden, Enkhuizen und Dordrecht, 7 in Haarlem und fast 10 in Amsterdam, das so als überbevölkerte Stadt erscheint.

13 Die am Ende des Jahrhunderts importierte Sänfte hatte keinerlei Erfolg.

14 Parival, S. 83.

15 Die kommunalen Konten von 1679 umfassen diesbezüglich vier Posten: Unterhaltung der Lampen, Rüb- und Leinöl,

zwanzig Pfund Baumwolle für die Dochte, Lohn für die Anzünder. Ergibt eine Gesamtausgabe von 358 Gulden.
16 Murris, S. 138; Parival, S. 199; Temple, S. 150.

AUF DEM LAND

1 Eindruck französischer Reisender, Murris, S. 2.
2 G. Cohen, Französische Schriftsteller in Holland in der ersten Hälfte des 17. Jahrhunderts (Paris, 1920), S. 317 und S. 320. – Die Ausländer, die nur eine schnelle Reise durch die Niederlande machten, urteilen wohlwollender. Doch die meisten von ihnen besuchten das Land im Sommer und verallgemeinerten ihre Eindrücke mißbräuchlich. Gewisse Autoren von Reiseberichten gehen so weit, den Charme der holländischen Landschaft mit dem von Italien zu vergleichen (Murris, S. 22).
3 Ende des 17. Jahrhunderts erforderte der Bau eines solchen Bauernhofes folgende Materialien: 35 Kubikmeter Eichenholz, 30 Kubikmeter Lehm, 15 Kubikmeter Kuhmist und 12 Tonnen Stroh.
4 Ein bewundernswertes Freiluftmuseum in Arnhem hat Muster dieser verschiedenen bäuerlichen Stille bewahrt und gibt einen kommentierten Katalog heraus.

STRASSEN UND KANÄLE

1 Temple, S. 161.
2 Die Züge, die heute offensichtlich dieselbe Strecke fahren, brauchen zwei Stunden vierzig Minuten.
3 Von Groningen nach Amersfoort 6,25 Gulden in der ersten Klasse, 5,25 in der zweiten und 4,75 in der dritten.
4 Temple, S. 145.
5 Wie *De Amsterdamse Trekschuyt geladen met vrolijke geesten* (Die Amsterdamer Kutsche, beladen mit fröhlichen Leuten).
6 Die „Doelen“ – dies ist heute noch der Name zahlreicher Hotels in den Niederlanden.

DAS HAUS

1 Gewisse, stark bearbeitete Schränke kosteten bis 1000 Gulden.
2 Murris, S. 139.
3 Advielle, S. 30.
4 Murris, S. 73f.

DIE TOILETTE

1 De Vrankrijker, S. 15.
2 Murris, S. 141.
3 Der extrem hohe Preis der Perücke macht sie zu einem Gegenstand des größten Luxus und verbietet die Verallgemeinerung.
4 F. van Thienen, Das Kostüm der Blütezeit Hollands (Berlin, 1930), S. 50.
5 Und Juwelen. Diese waren von gleicher Art wie in unseren Tagen: Ohrringe, Kolliers, Ringe, Armbänder, zu denen sich die Haarnadeln gesellten. Die Goldschmiede benutzten vor allem Gold und Perlen.
6 Schotel, Huisgezin, S. 156.

DIE ERNÄHRUNG

1 Besonders beim Weintrinken, denn für das Bier bevorzugt man allgemein Becher aus Zinn.
2 Erst gegen Ende des 17. Jahrhunderts entstand eine europäische Porzellanindustrie. Die von Delft erlangte ihren Ruf erst im 18. Jahrhundert.
3 Die Aachener Kupferkessel sind während des ganzen Jahrhunderts an der Amsterdamer Börse sehr geschätzt (Posthumus, Tabelle 187).
4 Advielle, S. 30.
5 1650 kostet der Muskat zum Großhandelspreis 25 Gulden das Pfund, der Pfeffer einen halben Gulden (Posthumus, Tabelle 69 und 74). Zu diesen Ziffern muß man noch die sehr hohen Steuern hinzurechnen und die Spanne des Apothekers im Einzelhandel.
6 Auf holländisch, V. Franken, S. 93 f.
7 Schotel, Huisgezin, S. 349–351.
8 In Anbetracht der Tatsache, daß die Milch als landwirtschaftliches Produkt direkt vom Produzenten an den Verbraucher geliefert wurde, unterstand sie keiner Gilde.
9 Murris, S. 94.
10 „Een ey is d'armen troost met oly wel gebraen."
11 J. van Loenen, De Haarlemse brouwindustrie voor 1600 (Amsterdam, 1950), S. 53.
12 Franken, S. 94 f.

ABEND IN DER FAMILIE

1 „Kaart, keurs en kan bederven menig man.“ „De gelegenheid maakt de dief.“
2 Schotel, Huisgezin, S. 179–183, zitiert mehrere hundert Titel dieser Art.
3 Parival, S. 126.
4 Zitiert nach Schotel, Maatsch, S. 111.

DIE RELIGION

1 Temple, S. 198.
2 Die Bilderstürmerei der Jahre 1560 bis 1570 hatte einen sowohl revolutionären als auch religiösen Charakter: siehe Busken-Huet, S. 355.
3 Zitiert nach Romein, Lage L., S. 416.
4 Schotel, Huisgezin, S. 170.
5 Busken-Huet, S. 320.
6 Ein Einkommen von 500 Gulden im Jahr stellte für einen Prediger Reichtum dar.
7 Advielle, S. 43.
8 Temple, S. 185.
9 Romein, Lage L., S. 367.
10 Noch 1596 waren die ehemaligen Schüler der Jesuiten oder der belgischen Universitäten als einzige von öffentlichen Ämtern ausgeschlossen.
11 Die Rückeroberung ’s-Hertogenboschs von den Spaniern 1629 ging mit einem kurzen Ausbruch von Fanatismus einher (Plünderung der Kathedrale, Beschlagnahmungen), der die allgemeine Situation nicht beeinflußte.
12 L. Leuven, De boekhandel te Amsterdam door katholieken gedreven tijdens de Republiek (Epe, 1951), S. 11 und S. 27–30.

DIE KINDER

1 Parival, S. 31 f.
2 Parival, S. 32.

DAS BILDUNGSWESEN

1 Zitiert nach Schotel, Huisgezin, S. 84.
2 Zitiert nach De Vrankrijker, S. 131.
3 Wie „Das Postbüro von Cupido und Merkur“ (Schotel, Huisgezin, S. 254).

4 Trotz der im Laufe des Jahrhunderts gemachten Anstrengungen zur Verbesserung der Lese- und Rechenbücher.

5 Das 18. Jahrhundert brachte einen guten Dichter friesischer Sprache hervor, Gysbert Japiks (1603–1666), einen armen Schulmeister aus Bolsward, der bei seinen Zeitgenossen unbekannt war.

6 Zur Frage der Lateinschulen siehe E.J. Kuiper, De hollandse schoolorde van 1625 (Groningen, 1958).

7 Das Schulgeld schwankte zwischen 3 und 8 Gulden jährlich, der Kauf von Lehrbüchern, vom Staat verlegt und zu niedrigen Preisen verkauft, kostete für sechs Schuljahre um 1626 nicht mehr als 4 Gulden (nach Kuiper, S. 87).

8 Beurteilt man ihn nach der Höhe seines Einkommens, schwankte die gesellschaftliche Bedeutung des Rektors stark in Abhängigkeit von den Orten: der von Edam erhielt 1625 150 Gulden jährlich, der von Utrecht 1637 1300 (Kuiper, S. 87).

9 Ein Dokument von 1626 über die Veröffentlichung und Verteilung von Schulbüchern belegt indirekt die relative Bedeutung der Lateinschulen in den verschiedenen Städten Hollands: Amsterdam erhält 16 Prozent der Ausgabe, Dordrecht, Haarlem, Leiden, Delft und Rotterdam je 8 Prozent, Gouda, Alkmaar, Hoorn, Enkhuizen und Den Haag je 6 Prozent, neun kleine Städte teilen sich die verbleibenden 14 Prozent. Die Auflage eines jeden der betreffenden Lehrbücher schwankte zwischen 600 und 1200 Exemplaren. Diese Zahlen vermitteln eine Vorstellung vom geringen Bestand der Lateinschulen (Kuiper, S. 86f.).

10 Keinerlei Verordnung legte das Alter für die Aufnahme an den Fakultäten fest. Tatsächlich traf man selten Studenten unter sechzehn Jahren an und keine mit Diplom unter dreiundzwanzig.

11 Parival, S. 69f.

12 Vgl. die Übersicht von Cohen, S. 351f. Die Zahl 50 setzt sich etwa folgendermaßen zusammen: 22 in der Philosophie, 2 in Jura, 3 in Medizin, 17 in Theologie und 3 in Mathematik; 38 kommen aus den Seeprovinzen Westfrankreichs. 1630 hat der Mathematikprofessor von Leiden 6 französische Schüler, darunter Descartes.

13 Ein durchschnittlicher Jahreskredit deckte die üblichen Einkäufe.

14 1642 intervenierte der Utrechter Magistrat auf diese Weise beim Streit zwischen Descartes und Voetius.

15 Parival, S. 77.

DAS LIEBESLEBEN

1 Temple, S. 164.
2 Murris, S. 83, vgl. auch S. 57, und Temple, S. 165.
3 Murris, S. 84, und Parival, S. 39, stellen ebenfalls die Keuschheit der verheirateten Frauen der Leichtfertigkeit der Mädchen entgegen.
4 In den wohlhabenden Familien, wo ein Heiratsvertrag aufgestellt wurde, unterzeichnete man diesen am Tag der Verlobung.
5 All das war sehr teuer. Um 1640 konnten sich die Kosten einer vornehmen Hochzeit auf 4000 Gulden belaufen.
6 Nach Cohen zitierter Brief, S. 308.
7 Murris, S. 72.
8 Von Regnard berichtet: Murris, S. 100.

DIE HAUSFRAU

1 Gedicht von 1680, zitiert nach Murris, S. 59.
2 Murris, S. 61. – Die gleiche Bemerkung traf der Schweizer von Haller, zitiert nach Busken-Huet, S. 531.
3 Murris, S. 85f. und S. 97.
4 Gedicht zitiert nach Franken, S. 96.
5 Temple, S. 165.
6 Cohen, S. 537, und Busken-Huet, S. 338.
7 Diese Verordnungen galten auch für die Diener.
8 Parival, S. 30.
9 Murris, S. 119f.
10 Wie „Der schlecht geführte Haushalt", gemalt von 1663 bis 1665 und jetzt im Wellingtonmuseum in London.
11 Statt dessen benutzte man Spucknäpfe.
12 Parival, S. 40.
13 Überliefert von Busken-Huet, S. 436.
14 Schotel, Huisgezin, S. 323–325 und Franken, S. 83–84, erwähnen eine große Anzahl dieser Anpreisungen, manche davon in Versen.

DIE INNUNGEN

1 Ursprünglich wurde der Vorstand von den Gildenmitgliedern gewählt.
2 Murris, S. 113.
3 Nicht alle Handelszweige waren an der zentralen Börse vertreten. So gab es für den bedeutenden Getreidehandel in Amsterdam eine besondere Börse.

KRANKHEIT UND TOD

1 Temple, S. 177.
2 T. M. Torillon betrachtete in einer neueren, der Universität von Paris vorgelegten These die Krankheiten, durch die gewisse Gestalten auf den Bildern Brueghels gezeichnet sind, unter klinischem Gesichtspunkt. Solche Feststellungen sind zweifelhaft, und Brueghel lebte nicht im Holland des goldenen Jahrhunderts. Dennoch mag es interessant sein, einige der „Funde" von Dr. Torillon aufzuzählen: Gangräne durch verödete Thrombo-Angiitis, siphylitische Schwindsucht, spastische Paraplegie, diverse thyreoide Störungen und nicht weniger als fünf Arten der Blindheit …
3 Temple, S. 117, und Murris, S. 33.
4 Temple, S. 177.
5 Die recht verbreitete Radiesthesie hatte einen schlechten Ruf. Dennoch gestanden ihr gute Geister einen wissenschaftlichen Wert zu.
6 Die Abhandlung von Digby über dieses Medikament wurde ins Holländische übersetzt. Es setzte sich zusammen aus Eisenvitriol, das in der Sonne ausgebrannt, zerstampft und mit Gummiarabikum vermischt wurde.
7 Dagegen war es sehr modern, sich an den Quellen von Spa behandeln zu lassen.
8 Die Examensgebühr war sehr hoch: 250 Gulden, das heißt vier- bis fünfmal höher als die Promotionstaxe der Fakultäten.
9 Übersetzung eines von Schotel zitierten Beispiels, *Maatsch*, S. 285.
10 Diesen Namen gibt Parival ihnen, S. 228.
11 Murris, S. 34.

SPORT UND SPIEL

1 In den Küstenregionen wurde dieses Tier durch den Seeadler dezimiert.
2 Parival, S. 218.
3 Zitiert nach Cohen, S. 218.
4 Parival, S. 218f.
5 Zumindest in der ersten Hälfte des Jahrhunderts. Danach verringerte sich die Neigung zu Spielen im Freien.
6 Zitiert nach Franken, S. 176.
7 Zitiert nach Schotel, Huisgezin, S. 74.
8 Franken, S. 170f.

FESTESSEN UND TRINKGELAGE

1 Murris, S. 124f.
2 Temple, S. 166f.
3 Temple, S. 177.
4 Temple, S. 224.
5 Zitiert nach Cohen, S. 260.
6 Zu dieser Frage AGN, S. 103–105.
7 Von 1670 bis 1675 kostete der Wacholderbranntwein von Schiedam im Großhandel etwa 36 Gulden das Faß zu 142 Liter, die gleiche Menge Bordeauxbranntwein etwa 70 Gulden. Was den Wein aus Bordeaux betrifft, notierte die Amsterdamer Börse das 735-Liter-Faß zu unterschiedlichen Preisen, die zwischen 1620 und 1670 von 80 bis 156 Gulden reichten. Siehe Posthumus, Tabelle 96, 99 und 100.
8 Dieser medizinische Brauch war damals in ganz Europa üblich.
9 Advielle, S. 21.
10 Advielle, S. 22.
11 Der beste Tabak wurde aus Amerika importiert. Besonders schätzte man den Virginia und zum Schnupfen verschiedene von den Spaniern angebaute Sorten. Doch seit dem Beginn des Jahrhunderts pflanzte man Tabak unter großem Kostenaufwand in Zeeland, dann in Geldern, Overijssel und in der Gegend von Utrecht.

DIE ÖFFENTLICHEN FESTE

1 Parival, S. 172.
2 Temple, S. 214.
3 Die Verehrung dieses Heiligen war einst in der Diözese von Utrecht sehr populär, die Gebiete, die dazugehörten (und fast die sieben Provinzen umfaßten) zählten mehr als hundert, dem heiligen Martin geweihte Kirchen oder Kapellen.
4 Zitiert nach Schotel, Huisgezin, S. 218. Eine an Kinderliedern reiche Folklore untermalte das Fest des heiligen Nikolaus, ein Teil davon ist bis heute lebendig.
5 Die Marionetten dagegen sollten erst 1686 in Erscheinung treten.

DIE SCHÖNEN KÜNSTE

1 V. Romein, Lage L., S. 403–431, besonders S. 421.
2 Parival, S. 29.
3 Ich gebe hier die Städte an, wo diese Maler ihre Ausbildung erhielten.
4 Es ist unmöglich, allgemeingültige Preise anzugeben.
5 Zitiert nach Schotel, Huisgezin, S. 198.

DIE BELLETRISTIK

1 Die in den Rhetorik-Kammern sowohl für das „lyrische" als auch für das dramatische Genre verwendeten Techniken gehen aufs 15. Jahrhundert und auf die „großen französischen Rhetoriker" der Schule von Bourguignon zurück.
2 Trotz oder wegen des sehr populären Charakters ihrer Sprache spielten die Rhetoriker eine nicht unwesentliche Rolle bei der Herausbildung des gewöhnlichen Niederländisch und der modernen Literatursprache.
3 J. Prinsen, Rekeningen van de kosten van het rederijkerfeest te Leiden in 1596 (Historische Genootschap XXV, S. 444–489), untersucht die Rechnungen des Leidener Rhetorikerfests von 1596: die Kosten belaufen sich auf fast 2000 Gulden, eine für diese Zeit beträchtliche Summe.
4 Parival, S. 100.
5 Mulder, IV, S. 126.
6 Ein berühmter Schauspieler verdient 2 Gulden, ein vom Altersheim zur Verfügung gestellter Statist einen Drittel Gulden.
7 Murris, S. 179.
8 Zu dieser Frage siehe J. Fransen, Die französischen Schauspieler in Holland im 17. und 18. Jahrhundert (Paris, 1925). Von 1605 bis 1655 werden zwanzig französische Truppen vermeldet, zwölf davon in Den Haag.
9 Zu dieser Zeit werden die ersten literarischen Zeitschriften gegründet: von 1684 bis 1686 in Amsterdam zwei Zeitschriften in französischer Sprache, *Die Republik der Literatur* und *Die Universal- und historische Bibliothek*, die kritische Auszüge der neuesten Bücher wiedergaben, dann, 1692, *Die Bibliothek von Europa*, auf holländisch, die jene nachahmte.
10 Dieser zweite, seltsame Vorname von Maria wurde ihr von ihrem Vater zur Erinnerung an einen Schiffbruch gegeben, der sich in der Nähe der Insel Texel ereignet hatte, er bedeutet: „die Katastrophe von Texel".

11 Zitiert nach P. Brachin, Der Kreis von Muiden (Archive der *Lettres modernes*, Nr. 4, Paris, 1957).
12 Zu dieser Frage siehe Brachin.
13 1642 ist eine von einem Utrechter Verleger in 300 Exemplaren herausgegebene philosophisch-medizinische Zeitschrift mit streng akademischem Charakter in ein paar Tagen vergriffen.
14 Zitiert nach Cohen, S. 503.

DIE MACHT DER HIERARCHIEN

1 In deren Entwicklung sie eine sowohl antizipierende als auch kausale Rolle spielt: Der französische Aufschwung im 18. Jahrhundert sowie die Ausarbeitung einer ökonomischen Wissenschaft in England sind zum Teil den Reaktionen geschuldet, die die Konkurrenz des holländischen Handels in diesen Ländern auslöste.
2 Zitiert nach Franken, S. 19.
3 Was die Preise der Lebensmittel betrifft, sind sie uns durch die Börsenkurse nur für den Großhandel bekannt.
4 AGN, S. 139.
5 Temple, S. 156.
6 Ein höherer städtischer Beamter kann, in Ausnahmefällen, ein jährliches Gehalt von 5 000 Gulden beziehen. Ein städtischer Arzt in Amsterdam bekommt weniger als 1 500 bis 2 000. Die kommunalen Behörden behandeln diese Gehälter mit der größten Ungeniertheit: Paludanus, städtischer Arzt von Enkhuizen, sieht, wie sich das seine Schlag auf Schlag erhöht und dann um 50 Prozent verringert. Ein mit persönlichem Vertrag angestellter Universitätsprofessor bezieht zu Beginn des Jahrhunderts 500 bis 800 Gulden, dreißig Jahre später 1 000 bis 1 200. Doch es gibt große individuelle Unterschiede. Fast alle hohen Beamten besaßen ein persönliches Vermögen.
7 Leuven, S. 43; AGN, S. 122; Busken-Huet, S. 429.
8 Von De Vrankrijker angegebene Zahlen, S. 116. Arbeitszeit und Stundenlohn konnten jahreszeitlichen Schwankungen unterliegen: In der Tat verboten die Gilden im Rahmen des Möglichen die Arbeit bei künstlichem Licht. 1664 betrugen diese Schwankungen auf einer Schiffswerft etwa ein Drittel.
9 Aus den Verträgen, die Peter der Große nach 1668 holländischen Arbeitern anbot, die er nach Rußland holen wollte, konnte man schlußfolgern, daß 250 Gulden im Jahr, Kost

und Logis einen Arbeiter dieser Zeit in eine beneidenswerte Lage brachten.

10 Um 1663 erreichten die Nominallöhne ihren höchsten Stand. Die Verbreitung von Frauen- und Kinderarbeit, die den Markt sättigte, trug in der Folge zu ihrem Sinken bei, obwohl das Leben immer teurer wurde. Zu diesen Fragen siehe AGN, S. 142.

11 AGN, S. 141.

12 Romein, Lage L., S. 289.

13 Romein, Lage L., S. 356.

14 Bild des Rijksmuseums von Amsterdam. Die Jahreszahl ist umstritten, manche datieren es auf 1672.

15 Parival, S. 239.

16 Temple, S. 124.

DAS VOLK

1 AGN, S. 144.

2 Oorlog, S. 200.

3 Die im Laufe des Jahrhunderts verzeichneten Arbeiterbewegungen brachten rein ökonomische Forderungen zum Ausdruck. Politische Bedeutung hatten nur die Unruhen von 1618 und diejenigen von 1672, die zur Ermordung der Gebrüder Witt mit grausigen Begleitumständen führten (ihre Körper wurden vom Pöbel geschleift und an den Galgen gehängt). Ebenso wie in einem anderen Maß das 1622 fehlgeschlagene Attentat des Steinmetzen Balthasar Paul gegen die Börse von Amsterdam: dieser aus Namur stammende Arbeiter handelte im Auftrag der Spanier.

4 Parival, S. 24.

5 Murris, S. 106.

6 AGN, S. 145.

7 Parival, S. 23; Temple, S. 151f.

8 Parival, S. 23.

9 Murris, S. 143.

10 Murris, S. 113.

11 Cohen, S. 589f.

12 1745 brach in Friesland eine Revolte aus. Zu den Unruhen, die seit dem Ende des 17. Jahrhunderts die friesische Bauernschaft bewegten, siehe C. Pauw, Strubbelingen in stad en lande (Groningen, 1956).

MASSENELEND UND KRIMINALITÄT

1 Eine enorme Zahl für eine Stadt, die damals 50 000 Einwohner gehabt haben mag.
2 1611 genossen in Amsterdam mehr als 2 000 Familien diese Unterstützung. 1615 waren es 2 500. 1 600 verteilte der Diakon 200 000 Gulden in Münzen und sechs Tonnen Güter.
3 All dies brachte um 1665 dem Hospiz von Amsterdam 80 000 Gulden ein.
4 Auch Den Haag besaß ein *Spinhuis*.
5 „Das Eigentümliche der Tugend ist es, das zu beherrschen, wovor jedermann Angst hat."

DIE MÄNNER DES KRIEGES

1 Fast 7 000 Engländer, 2 500 Franzosen. Von insgesamt 18 942 Männern waren nur etwa 17 000 Infanteristen, dazu ein paar Kavallerie-Einheiten.
2 Anstelle von 120 bis 150.
3 Der Militärhaushalt von 1619, einer der niedrigsten des Jahrhunderts, beträgt etwas mehr als 500 000 Gulden, 1670 erreicht er 6 Millionen. Das Netto-Einkommen der Staaten liegt damals bei 40 Millionen (Temple, S. 242 und S. 244).
4 1683 verweigern Amsterdam und mehrere andere Städte Hollands Wilhelm III. die Truppen, die er für seinen Feldzug gegen Frankreich verlangte.
5 Busken-Huet, S. 611.
6 Vor dem Waffenstillstand etwa 13 Gulden für einen Zeitraum von 36 Tagen, siehe die von Cohen veröffentlichten Rechnungen, S. 35.
7 Das Kavallerieregiment war in fünf „Truppen" oder Schwadrone unterteilt.
8 Die Sammlungen des Arsenals von Dordrecht ließen Fachleute in Bewunderung ausbrechen. Seit Beginn des Jahrhunderts benutzten die Holländer Hinterladerkanonen.

AUSLÄNDER UND FLÜCHTLINGE

1 Parival, S. 22. – Eine sehr vage Schätzung, für die der Autor keinerlei Gewähr übernimmt. Zumindest weiß man, daß 63 Prozent der Menschen, die sich zwischen 1575 und 1619 in Leiden niederließen, aus Belgien und Frankreich kamen.
2 Ihr Einfluß auf die Wirtschaft des Landes wurde vor allem

nach 1685 spürbar, ohne jedoch von Dauer zu sein: unter den durch die Aufhebung des Edikts von Nantes nach Holland vertriebenen Hugenotten war eine gewisse Anzahl von Industriellen.

3 Parival, S. 33.

EIN REICHES LAND

1 Murris, S. 36.

2 Temple, S. 200f.

3 Oorlog, S. 192.

4 Temple, S. 160. – Der Autor gibt wahrscheinlich eine sehr vage Zahl an: Das private Sparguthaben, sagt er, macht 60 Prozent des Einkommens aus, der Fiskus verschlingt die Hälfte davon. In Frankreich oder England, fügt er hinzu, würde man bei einer Steuer von zwei Prozent „Haltet den Dieb" schreien.

5 Parival, S. 119f.

6 Jeder Schein mit einem höheren Wert als 600 Gulden mußte im Prinzip an den Schaltern bezahlt werden, sonst drohte eine Annullierung der Transaktionen.

7 Advielle, S. 22. – Ihrerseits gründeten Middelburg 1616, Delft 1621, Rotterdam 1635 Wechselbanken, deren Bedeutung niemals jene der Bank von Amsterdam erreichte.

8 Alle diese Münzen waren aus Silber. Die seltenen in Umlauf befindlichen Goldstücke waren zum größten Teil ausländischer Herkunft. Man tauschte sie zu einem schwankenden Kurs, dem Markt entsprechend. So liegt der Sovereign 1613 bei 14 Gulden, 1622 bei 15 und 1644 bei 16,5 und fällt im folgenden Jahr auf 14 zurück. Einige Städte wie Groningen, Zwolle, Nijmegen, Deventer prägen Goldgulden. – Was den Goldmarkt im Lauf des Jahrhunderts betrifft, siehe die Übersichten von Posthumus, S. 120 und S. 543ff. Amsterdam war zu einem Weltmarkt der Edelmetalle geworden.

9 Temple, S. 224.

10 Mehrere ausländische Währungen wurden regelmäßig an der Amsterdamer Börse notiert, so die von Frankfurt, Paris, London und Venedig seit 1609, die von Nürnberg und Lille seit 1634, von Stockholm seit 1664, von Leipzig und Madrid seit 1676.

11 Erst 1694 wurde er einzige offizielle Währung der Union.

12 Posthumus, S. LIV–LV.

13 Fünf Prozent für die Lebensmittel, die aus der Türkei über das Mittelmeer kamen: Das Risiko eines Piratenüberfalls

war auf dieser Strecke besonders groß. Vier Prozent für Importe aus Brasilien, 2,5 Prozent für solche aus Bordeaux. Ein Abweichen von der Route ohne zwingenden Grund schloß die Zahlung der Entschädigung aus, war es gerechtfertigt (durch einen Sturm oder andere Ursachen), gab es dem Versicherer ein Regreßrecht gegen den Kapitän. Siehe *Der Reichtum Hollands,* London, 1778 (Historischer Bericht über die O. I. K.), S. 81–106.

14 Das Porto für einen Brief von Utrecht nach Nijmegen oder Haarlem kostete 2 Stuiver, nach Deventer 3, nach Aachen 4, nach Brüssel 7, nach London 12 Stuiver.

15 Von Mulder angeführte Beispiele, III, S. 38f.

16 Die ungleichmäßige Verteilung der Steuern (geringe Einfuhrgebühren, hohe innere Abgaben, außerordentlich zahlreiche Gebühren) verwischte in den Augen gewisser Beobachter ihr allgemeines Ausmaß. Auch sind die Urteile von Zeitgenossen manchmal widersprüchlich.

17 Die Teilschuld der Provinz Holland belief sich auf 65 Millionen, für die ab 1655 ein Zins von 4,5 bis 5 Prozent gezahlt wurde.

18 Das System war von Ort zu Ort verschieden. Das des Hafens von Amsterdam wurde 1603, 1609 und 1651 modifiziert. Das von 's-Hertogenbosch und Tilburg machte diese Städte zu wirtschaftlichen Enklaven auf dem Territorium der Republik.

19 Parival, S. 121.

20 Das offizielle Verhältnis in den Abgaben der Provinzen zum gemeinsamen Haushalt betrug je 100 000 Gulden: Holland 58 000, Friesland 11 500, Zeeland 9 000, Utrecht und Groningen je 5 800, Geldern 5 600, Overijssel 3 500 (gerundete Zahlen).

21 Bei denen Steuerhinterziehung, mehr oder weniger legalisiert, eine recht verbreitete Gewohnheit war.

HANDEL UND UNTERNEHMUNGSGEIST

1 Siehe die Aufstellungen von Posthumus, S. XLIX–LII. – Die einzigen Nationalprodukte, die die Niederlande des 17. Jahrhunderts exportieren, stammen aus dem Fischfang und der Viehzucht. 1672 belaufen sich die Importe französischer Hüte auf 1 Million Gulden.

2 Textilhandwerk hatte sich um Tilburg, Eindhoven und Helmond entwickelt.

3 Vgl. die Anmerkungen von Temple, S. 201.

4 Amsterdam ist nicht nur eine relativ junge Stadt, sondern auch die Stelle, an der sie errichtet wurde, der Meerarm des IJ, existierte möglicherweise im Hochmittelalter noch nicht, zu einer Zeit, da die Rheinstädte Utrecht, Nijmegen oder Deventer schon eine recht lange Geschichte aufweisen konnten.

5 Murris, S. 40.

6 Parival, S. 152. – Diese Spezialisierung der Häfen hat nichts Außergewöhnliches. Sie zeigt einfach die allgemeine Orientierung der örtlichen Gewerbe an. Zu Vergleichszwecken hier die Geschäftszahlen einiger holländischer und zeeländischer Häfen nach dem AGN, S. 96, für 1624 und 1648 (in 10 000 Gulden): Amsterdam 1 069, Rotterdam 189, Enkhuizen 120, Flessingen 105 (1624) und Amsterdam 1 278, Rotterdam 180, Enkhuizen 79, Flessingen 141 (1648).

7 Temple, S. 223. – Die flüchtigen Beobachter neigen dazu, darin nur kleinlichen Geiz zu sehen, vgl. Murris, S. 92f.

8 Über diese beiden Reisen wurde von Teilnehmern berichtet: über die nach Nowaja Semlja von Gerrit de Veer, über die nach Java von Frank van den Does, siehe De Boer, S. 18–95.

9 Seit dem Ende des Mittelalters war der Hochseefischfang eine der wichtigsten Einnahmequellen der nördlichen Niederlande. Im 16. Jahrhundert hatte die Handelsschiffahrt in Nord- und Ostsee eine vitale Bedeutung für Holland erreicht.

DIE FLOTTE

1 Dies ist einer der Gründe, die den Minister von Ludwig XIV. dazu brachten, sein Einverständnis für den Krieg von 1672 zu geben.

2 Beispiele für diese Schwankungen, die genau jenen der internationalen Politik folgten: 1607 – 75 Schiffe und 10 000 Tonnen, 1615 – 50 und 20 000, 1628 – 125 und 30 000, 1652 – 75 und 20 000, 1658 – 50 und 10 000, 1665 – 125 und 60 000.

3 Die Eroberung der spanischen „Silberflotte" durch Piet Hein 1628 gilt immer noch als heldenhafte Kaperfahrt. Wenige Kriegsgeschehnisse des 17. Jahrhunderts stachelten die Vorstellungskraft des Volkes in diesem Maße an. Piet Hein erbeutete 66 Pfund Gold, 177 000 Pfund Silber und große Mengen wertvoller Waren. Der Gesamtwert der Beute belief sich auf 12 Millionen Gulden. Diese Summe diente dazu,

die Schulden der Kompanie zu begleichen. Der Rest wurde zu 50 Prozent an die Aktionäre, zu 10 Prozent an den Statthalter, zu ein Prozent an jedes Regierungsmitglied ... und zu 0,1 Prozent an Piet Hein verteilt! Die Mannschaft und die Angestellten der Kompanie erhielten hohe Belohnung, und man behielt noch eine Summe zurück, die erlaubte, die Expedition gegen 's-Hertogenbosch zu finanzieren. – Zur Zeit der Kommissionsbriefe wurde die Beute unter der Regierung (20 Prozent), der Admiralität (10 Prozent) und dem Reeder, dem Kapitän und der Mannschaft (zusammen 70 Prozent) aufgeteilt.

4 Zweifellos waren die in Holland zwischen 1606 und 1609 gegen die Korsaren ergriffenen Maßnahmen der Hauptgrund für diese „Desertionen". Des weiteren bekehrten sich manche von den Berbern gefangene Korsaren zum Islam, um den Galeeren zu entkommen.

5 Einem dieser Holländer, Simon le Danseur, wird die Einführung eines leichten Typs von Segelboot in Algier zugeschrieben, das die Galeeren ersetzte und Beweglichkeit und Effektivität der maurischen Piraten erhöhte.

HANDEL UND KOLONIALISIERUNG

1 Der von Amsterdam ausgehende Waffenschmuggel hielt seit 1609 an und scheint gelegentlich sogar von der lokalen Admiralität gegen den Willen der Staaten begünstigt worden zu sein. Während des Kriegs von 1672 waren die Armeen Ludwigs XIV. teilweise mit Munition ausgerüstet, die bei den Holländern gekauft worden war.

2 Absolute Zahlen des Handels im Sund nach AGN, S. 97.

3 Das Dokument legte fest, daß ausländische Schiffe nur noch Produkte ihres Herkunftslandes nach England bringen durften.

4 Auch der holländisch-dänische Seekonflikt von 1644 muß genannt werden, der durch die Aufhebung des Wegerechts durch den Sund ausgelöst worden war. Die englischen Kriege spielten sich auf See ab. Ludwig XIV. überfiel sogar das Territorium der Republik, er traf ins Herz.

5 Seit 1623 reichte die Kompanie bis ans andere Ende der muselmanischen Welt, sie richtete ein Kontor in Ormuz, in Persien, ein. 1626/27 besuchte eine persische Gesandtschaft Holland.

6 Also mehr als siebenmal das Kapital der englischen Ostindienkompanie, die 1600 in London gegründet wurde.

7 Parival vermerkt auf S. 56, daß sie unter Berücksichtigung der Marktschwankungen im Durchschnitt 300 Prozent einbrachten.

8 Zitiert nach Busken-Huet, S. 430.

9 1606 erreichte Abel Tasman aus Hoorn Australien. – Man weiß, daß die Kap Hoorn genannte Südspitze Amerikas ihren Namen nach der holländischen Stadt hat.

10 Zitiert nach Oorlog, S. 178.

11 Man bedenke, was die Pilgrim Fathers 1620 am Kap Cod gründeten! Die „May Flower" war übrigens von Holland aus in See gestochen. Doch niemand in diesem Land interessierte sich für ihr Unternehmen.

12 Temple, S. 234.

13 In den ersten fünfundzwanzig Jahren ihres Bestehens machte die Ostindienkompanie diesbezüglich einen Umsatz von 7 Millionen Gulden.

DIE INDUSTRIE

1 Es wurde auch Steinkohle aus Schottland und aus der Gegend von Lüttich importiert.

2 Dieses Wort, das eine Art bäuerlichen Mantel bezeichnet, wegen der Form des Gebäudes.

3 Die Wassermühlen, eine viel ältere Technik, behaupteten sich vor allem in Geldern, wo sie besonders von Papierfabriken genutzt wurden.

4 Am Ende des Jahrhunderts verwendete man in der Gegend von Zaandam Mühlen auf diese Weise, um Neuigkeiten zu übermitteln.

5 Nach dem Wortlaut des Zeugnisses, das Peter dem Großen verliehen wurde, der am Ende des Jahrhunderts nach Zaandam gekommen war, um seine Lehre zu machen. Zitiert nach Mulder, IV, S. 10.

6 Ein Teil der Textilindustrie blieb selbst in Leiden in den Händen kleiner Handwerker.

7 Dennoch handelte es sich hierbei um eine bedeutende Industrie, die um die Jahrhundertmitte in der Lage war, jährlich etwa 100 000 Stücke zu bearbeiten.

8 Um 1630 wurden von den 600 000 Hektoliter Fisch in Tonnen, die dieser Fang einbrachte, 80 Prozent exportiert.

9 Zur gleichen Zeit verbannte man im Fernen Osten Gefangene auf einsame Inseln. Siehe dazu Busken-Huet, S. 560.

10 Das neue Regime beseitigte die Piraterie übrigens nicht vollständig.

11 Die Arbeiter, die man hierher schickte, lebten unter grausamen Bedingungen, von denen die damals in der Marine verwendeten Gebetsbücher eine Vorstellung vermitteln: „Gebet, im Polarsommer zu sprechen“, „Gebet, zu sprechen, wenn man vom Eis eingeschlossen ist“ usw. (zitiert nach Oorlog, S. 186). Das Leben der Mannschaften, die während des Winters an Ort und Stelle blieben, um die Anlagen zu bewachen, war noch schlimmer.

DIE BEARBEITUNG DER ERDE

1 Nach Parival, S. 101, ist der Grundstückspreis zu Friedenszeiten sehr hoch: 1 200 bis 1 400 Gulden der Morgen (½ bis ⅓ Hektar) Weideland, 1 800 bis 2 000 Gulden für Ackerland und 2 500 bis 3 000 für Gärten.

2 Parival, S. 11.

3 Guicciardini (zitiert nach Schotel, Huisgezin, S. 327) vermerkt in seiner *Beschreibung der Niederlande* von 1565 mit Bewunderung die Tatsache, daß das Dorf Assendelf täglich 200 Hektoliter Milch produziert. Doch besteht seine Herde aus 4 000 Kühen. Das Mittel waren also 5 Liter pro Kuh, eine im Vergleich zu den aktuellen Normen lächerliche Zahl. Es ist sehr fraglich, ob sich die Zuchtbedingungen und die Produktivität zwischen 1550 und 1650 erhöht haben.

4 Parival, S. 208.

5 Temple, S. 149.

6 Im Mittelalter bestand das Territorium der Niederlande nördlich der „großen Flüsse“ aus einem Streifen Festland, der in Verlängerung der deutschen Ebene bis nach Utrecht reichte, einer Reihe von Dünen, die die Nordsee säumten, und einem Gebiet von Lagunen und Sümpfen zwischen den beiden, das im 15. Jahrhundert durch Dünenbrüche entstanden war. Die Trockenlegung dieser mittleren Region konnte nur dank dem Zusammentreffen von drei Faktoren ausgeführt werden, was im 15. Jahrhundert geschah: dem finanziellen Faktor (der sich aus der Gründung der Heringsfischereien ergab), dem politischen (Schaffung einer zentralen Behörde) und dem technischen Faktor (Übernahme der Windmühlen orientalischen Ursprungs).

7 Das erregte die einmütige Bewunderung der Ausländer und war für diese Zeit ein überraschender technischer Erfolg.

8 Eine der furchtbarsten Überschwemmungen, denen Holland zum Opfer fiel: 30 000 Menschen kamen hierbei um.

9 Siehe einen Bericht über diese Ereignisse bei Parival, S. 387f.

10 In den fünfundzwanzig Jahren, die dem Krieg vorausgingen, wurden auf diese Weise fast 40000 Hektar Boden für die Bestellung gewonnen. Während des Kriegs führte man die Trockenlegungen auf bescheidenerer Ebene fort: 300 bis 400 Hektar jährlich.

11 Dieses Wort bezeichnet alles trockengelegte Land, das bestellt oder als Weide genutzt wurde.

12 Das Gesamtprodukt dieser Ausbeute belief sich auf 250000 Gulden jährlich.

13 Der Haarlemer See wurde erst im 19. Jahrhundert trockengelegt.

SCHLUSSBEMERKUNG

1 Als Motto zu diesem Buch zitiert, Cohen, S. 201.

2 Temple, S. 166f.

3 Nach Temple, S. 161, beginnen die Behörden niemals große Arbeiten, ohne einen, manchmal recht knappen, Zeitraum für die Fertigstellung festgelegt zu haben, und man hält sich immer daran. Im ersten Kapitel haben wir gesehen, daß der Magistrat von Amsterdam sich beim Bau des neuen Rathauses einer solchen Maßnahme enthielt.

4 Urteil von Sorbière um 1650, von Murris überliefert, S. 229.

5 Die personelle Besetzung der Botschaften teilten sich die mächtigsten Provinzen untereinander auf: Holland ernannte den Botschafter in Paris, Zeeland den in London. Bei diesen Machenschaften wurden allgemeine Interessen zweitrangig. So geschah es, daß Zeeland eine Abordnung nach Paris entsandte, die den Auftrag hatte, die Botschaft Hollands lahmzulegen.

6 Oorlog, S. 223.

7 Temple, S. 212. Das ist einer der Gründe für den Zustrom von Flüchtlingen.

8 Murris, S. 78.

9 Temple, S. 198.

10 Parival, S. 219.

INHALT

VIERTER TEIL:
ZEITVERTREIB

FÜNFTER TEIL:
KUNST UND LITERATUR

SECHSTER TEIL:
DIE HOLLÄNDISCHE GESELLSCHAFT

SIEBTER TEIL:
HOLLAND BEI DER ARBEIT